Predigtstudien

Predigtstudien

Herausgegeben
von Birgit Weyel (Geschäftsführung),
Johann Hinrich Claussen, Wilfried Engemann, Wilhelm Gräb,
Doris Hiller, Kathrin Oxen, Christopher Spehr
und Christian Stäblein

Im Jahr erscheinen zwei Halbbände.

Predigtstudien

für das Kirchenjahr 2020/2021

Perikopenreihe III – Erster Halbband

Herausgegeben
von Birgit Weyel (Geschäftsführung),
Johann Hinrich Claussen, Wilfried Engemann, Wilhelm Gräb,
Doris Hiller, Kathrin Oxen, Christopher Spehr
und Christian Stäblein

Redaktion: Martin Kumlehn

Darstellungsschema

A-Teil: Texthermeneutik

I Eröffnung	II Erschließung des Textes	III Impulse
Was veranlasst zu einer Predigt mit diesem Text?	Welche Überzeugung vertritt der Verfasser des Textes? Welche existenziellen Erfahrungen ruft der Text auf? Wie *verstehe* ich heute den Text?	Was folgt aus meiner Textinterpretation für das Thema und die Intention der Predigt? Vorschläge für Predigt und Gottesdienst! **Werkstück Predigt**

B-Teil: Situationshermeneutik

IV Entgegnung	V Erschließung der Hörersituation	VI Predigtschritte
Wo ich A *nicht* folgen kann! Was leuchtet mir ein? Was sehe ich kritisch?	Welche existenziellen Erfahrungen und exemplarischen Situationen habe ich bei meiner Predigt mit diesem Text im Blick?	Was folgt aus meiner Interpretation der Situation für das Thema und die Intention der Predigt? Vorschläge für Predigt und Gottesdienst! **Werkstück Predigt**

MIX
Papier aus verantwortungsvollen Quellen
FSC
www.fsc.org   FSC® C083411

© Verlag Kreuz in der Verlag Herder GmbH, Freiburg 2020
Alle Rechte vorbehalten
www.verlag-kreuz.de

Umschlagkonzeption und -gestaltung: wunderlichundweigand, Schwäbisch Hall
Satz: Arnold & Domnick GbR, Leipzig
Herstellung: CPI books GmbH, Leck

Printed in Germany

ISSN 0079–4961
ISBN 978-3-451-60103-3

Inhalt

	Editorial Elke Rutzenhöfer	9
	Homiletischer Essay Christopher Spehr **Heilige predigen?**	10
29.11.2020	1. Advent Sacharja 9,9-10: **Zeichen für das, was nicht da ist** Doris Gräb / Wilhelm Gräb	16
06.12.2020	2. Advent Jakobus 5,7-8(9-11): **Warten … Ein Thema nicht nur im Advent** Simon Lacher / Gerald Kretzschmar	23
13.12.2020	3. Advent Lukas 1,67-79: **Gelobt sei Gott!** Ralf Stroh / Doris Gräb	30
20.12.2020	4. Advent 1 Mose 18,1-2.9-15: **Da kommt noch was!** Ulrike Wagner-Rau / Julia Koll	38
24.12.2020	Heiligabend (Christvesper) Jesaja 11,1-10: **Weihnachten, enthusiastisch zu feiern** Frank M. Lütze / Wilfried Engemann	45
24.12.2020	Heiligabend (Christnacht) Matthäus 1,18-25: **Gott mit uns** Johann Hinrich Claussen / Matthias Lobe	52
25.12.2020	1. Weihnachtstag Jesaja 52,7-10: **Können wir Gutes erwarten?** Ruth Poser / Kristin Merle	58
26.12.2020	2. Weihnachtstag Hebräer 1,1-4(5-14): **Vom himmlischen Thronsaal im finsteren Stall** Stefanie Wöhrle / Fabian Maysenhölder	65

27.12.2020	1. Sonntag nach Weihnachten	72
	Lukas 2,(22-24)25-38(39-40):	
	Missionarische Spiritualität	
	Harald Schroeter-Wittke / Inge Kirsner	
31.12.2020	Silvester	79
	2 Mose 13,20-22:	
	Wir gehen nicht allein	
	Martin Kumlehn / Thomas Stahlberg	
01.01.2021	Neujahr	86
	Philipper 4,10-13(14-20):	
	Unabhängig machende Abhängigkeit	
	Tobias Sarx / Jennifer Marcen	
03.01.2021	2. Sonntag nach Weihnachten	93
	Lukas 2,41-52:	
	Zunehmend Gott	
	Angelika Obert / Anne Gidion	
06.01.2021	Epiphanias	100
	Jesaja 60,1-6:	
	Mache dich auf!	
	Albrecht Grözinger / Elisabeth Grözinger	
10.01.2021	1. Sonntag nach Epiphanias	107
	Römer 12,1-8:	
	»Das Gute, das Wohlgefällige und das Vollkommene«	
	Friedemann Magaard / Kay-Ulrich Bronk	
17.01.2021	2. Sonntag nach Epiphanias	114
	Johannes 2,1-11:	
	Sie haben keinen Wein mehr	
	Stephanie Krause / Maximilian Baden	
24.01.2021	3. Sonntag nach Epiphanias	121
	Rut 1,1-19a:	
	Die »Neue«	
	Wiebke Köhler / Cornelia Coenen-Marx	
27.01.2021	Tag des Gedenkens an die Opfer des Nationalsozialismus	128
	Mt 10,26b-28(29-31):	
	… dass du nicht vergisst, was deine Augen gesehen haben!	
	Johannes Greifenstein / Georg Raatz	
31.01.2021	Letzter Sonntag nach Epiphanias	135
	2 Petrus 1,16-19(20-21):	
	Augenzeuge(n) des aufgehenden Morgensterns im Herzen	
	Tilman Fuß / Andreas Hinz	

07.02.2021	Sexagesimae (2. Sonntag vor der Passionszeit) Lukas 8,4-8(9-15): **Gott wird wachsen lassen** Andreas Kubik-Boltres / Martin Zerrath	143
14.02.2021	Estomihi (Sonntag vor der Passionszeit) Jesaja 58,1-9a: **Verzicht und Verschwendung** Christof Jaeger / Margrit Wegner	150
21.02.2021	Invokavit (1. Sonntag der Passionszeit) Johannes 13,21-30: **Kein Kuss für Judas** Henning Theurich / Wibke Janssen	156
28.02.2021	Reminiszere (2. Sonntag der Passionszeit) Jesaja 5,1-7: **Von Herzen wütend** Christina Weyerhäuser / Sonja Beckmayer	163
07.03.2021	Okuli (3. Sonntag der Passionszeit) Epheser 5,1-2(3-7)8-9: **Gott nachahmen – zwischen Licht und Finsternis** Kathrin Sauer / Carolyn Decke	170
14.03.2021	Lätare (4. Sonntag der Passionszeit) Johannes 12,20-24: **Sehnsucht nach der Sehnsucht** Martin Vorländer / Ursula Roth	178
21.03.2021	Judika (5. Sonntag der Passionszeit) Hiob 19,19-27: **Wissen – Verzweiflung – Gewissheit** Hajo Petsch / Dieter Beese	185
28.03.2021	Palmarum (6. Sonntag der Passionszeit) Hebräer 11,1-2(8-12.39-40); 12,1-3: **Wandern im Glauben** Doris Hiller / Wiebke Bähnk	192
01.04.2021	Gründonnerstag Matthäus 26,17-30: **Lebenstrotz und Hoffnungstrauen** Hans-Martin Gutmann / Frank Thomas Brinkmann	200
02.04.2021	Karfreitag Jesaja 52,13-53,12: **Gott verletzlich** Helge Martens / Stephan Schaede	208
03.04.2021	Osternacht Matthäus 28,1-10: **Jesu Auferstehung** Nina Spehr / Senta Zürn	215

04.04.2021	Ostersonntag 2 Mose 14,8-14.19-23.28-30a; 15,20-21: **»singt dem herrn, der nie eine uniform trägt«** Ralph Kunz / Thomas Schlag	222
05.04.2021	Ostermontag Offenbarung 5,6-14: **Das Buch des Lebens** Heike Springhart / Ute Niethammer	229
11.04.2021	Quasimodogeniti (1. Sonntag nach Ostern) Johannes 21,1-14: **Der Alltag ist unterbrochen, der Herr ist da!** Helmut Aßmann / Ben Petri	237
18.04.2021	Miserikordias Domini (2. Sonntag nach Ostern) Hesekiel 34,1-2(3-9)10-16.31: **Hirte-Sein** Heinz-Dieter Neef / Birgit Weyel	244
25.04.2021	Jubilate (3. Sonntag nach Ostern) Apostelgeschichte 17,22-34: **Gottes Geschlecht** Sabine Kast-Streib / Markus Engelhardt	251
02.05.2021	Kantate (4. Sonntag nach Ostern) Lukas 19,37-40: **Schreiende Steine** Friedrich W. Horn / Sebastian Feydt	259
09.05.2021	Rogate (5. Sonntag nach Ostern) Jesus Sirach 35,16-22a: **Vom Abheben und Ankommen** Christian Nottmeier / Matthias Lemme	267
13.05.2021	Christi Himmelfahrt Epheser 1,(15-20a)20b-23: **Große Gefühle** Simon Kuntze / Kord Schoeler	274
16.05.2021	Exaudi (6. Sonntag nach Ostern) Johannes 7,37-39: **Ach, diese Lücke!** Astrid Kleist / Marcus A. Friedrich	281

Vergleichstabelle zur neuen Predigtperikopenreihe	289
Perikopenverzeichnis	290
Anschriften	291

Editorial

Nach zwölf Jahren beendet Wilhelm Gräb seine Tätigkeit als geschäftsführender Herausgeber der Predigtstudien. Am Ende eines längeren Telefonats über seine Arbeit erinnerte er an die Warnung Schleiermachers vor der »Wut des Verstehens«. Ich musste unwillkürlich lächeln, denn die leidenschaftliche Anwaltschaft für die Situation der Predigthörerin und des Predigthörers mutet bei Gräb durchaus bisweilen wütend an. Aber diese Anmutung täuscht.

Wer Wilhelm Gräb liest und hört, weiß, dass er wie Schleiermacher auf die Selbsteindrücklichkeit des Sinnhaften setzt. Das tut er als Homiletiker in der Tradition Ernst Langes, ja, spätestens mit seiner Predigtlehre von 2013 ist er *der* Sachwalter des Begründers der Predigtstudien. Und das heißt: Text- und Situationsdeutung sind gleichbedeutend und bleiben die Richtschnur für jede Predigtvorbereitung. Nur wer sich in die situative Lebenswelt der Hörenden einfühlt *und* den biblischen Text dazu in Beziehung setzt, kann Relevanz der religiösen Rede erlangen. (Wie elementar die Frage der Relevanz ist, war selten so deutlich vor Augen wie im Coronajahr 2020.) Die dialogische Doppelstruktur, das Alleinstellungsmerkmal der Predigtstudien, hilft auch heute, eine biblizistische, existentialistische, psychologische oder wie auch immer geartete Verengung der Predigt zu vermeiden.

Wilhelm Gräb übergibt mit diesem Band die Geschäftsführung an die bisherige Mitherausgeberin Professorin Dr. Birgit Weyel, Tübingen. Der Verlag hat allen Grund, Wilhelm Gräb für sein lebenskluges, menschenfreundliches, ernsthaftes und dabei oft humorvolles Engagement für die Predigtstudien zu danken. Im nunmehr 53. Jahr ihres Bestehens sind sie so modern und lebensdienlich wie einst in einer Ladenkirche entworfen.

für den Verlag: Elke Rutzenhöfer

Homiletischer Essay

Christopher Spehr

Heilige predigen?

»Heilige« haben Konjunktur. Ob als Klimaaktivisten, Globalisierungsgegner oder Umweltikonen, Youtuber oder gar Virologen – Heilige sind wieder in. Sie beeindrucken, orientieren und überzeugen. Mehr noch: Moderne Heilige polarisieren, irritieren und rebellieren gegen bestehende Zwänge, wollen wachrütteln und etwas bewegen. Ja, sie setzen sich für die gute Sache ein und wollen die Welt retten. Je pointierter dies geschieht, umso attraktiver erscheinen sie. Die einen treten völlig seriös und mit stupendem Fachwissen auf, die anderen wählen halblegale Wege, um auf ihre Ziele aufmerksam zu machen. So unterschiedlich ihre Anliegen auch im Einzelnen sind, haben sie doch etwas gemeinsam. »Heilige« sind medial. Ihr Reden und Handeln wird durch die digitalen Medien gekonnt in Szene gesetzt. Sie sind auf Facebook, Twitter, Youtube oder Instagram unterwegs und erreichen wie Greta Thunberg Millionen Follower. Ihre Auftritte und Aktionen sind öffentlich und können live im Stream verfolgt werden. Egal, wo man sich gerade auf der Welt befindet. In Sekundenschnelle liken oder disliken die Anhängerinnen und Anhänger das Ereignis, so dass die Zustimmung zähl- und messbar wird. Die Follower lassen sich begeistern und stilisieren ihre Vorbilder zu herausgehobenen Menschen. Sie himmeln sie geradezu als Stars an und glauben ihnen. Weil die Akteure sich zudem für eine gute oder vermeintlich gute Sache engagieren, sind sie für viele Anhänger so etwas wie Heilige. Großartig, verehrungswürdig und nachahmenswert.

Längst haben die Heiligen des 21. Jahrhunderts ihren Platz in den Predigten gefunden. Engagiert werden ihre Haltungen vorgetragen und ihr Vorbildcharakter den Hörerinnen und Hörer vor Augen gemalt. Waren es in der zweiten Hälfte des 20. Jahrhunderts Menschen wie Mutter Theresa, Mahatma Gandhi, Martin Luther King oder Ernesto Cardenal, die in sozialdiakonischer oder befreiungspolitischer Zuspitzung als Referenzgestalten herangezogen wurden, dominieren heute Menschen wie Greta Thunberg, Luisa Neubauer, Rezo und andere. Jetzt sind es die Parteienkritiker, Klimaaktivisten, Umweltikonen, Globalisierungsgegner, Veganer und Bienenretter, die von Predigerinnen und Prediger in den Mittelpunkt gerückt werden, um die Gemeinde wachzurütteln. Nicht selten geschieht dies im Duktus gesetzlicher Moralisierung mit dem Ziel, bei den Zuhörerinnen und Zuhörern ein schlechtes Gewissen zu erzeugen. Doch ist das alles, wofür Greta und andere Aktivisten herhalten müssen? Gibt es auch eine homiletische Funktion, die über den klischeehaften Einsatz und die klerikale Revoluzzermentalität hinausgeht?

Die Rede von besonderen Menschen in der Predigt hat Tradition. Mehr noch: Die herausgehobenen Menschen gehören von Beginn an zum christlichen Glauben dazu. Heilige Männer und Frauen begegnen in der Bibel, als Märtyrer oder besondere Bekenner in der Alten Kirche, als wundertätige Heiler oder wortmächtige Mahner im Mittelalter. Seien es Polykarp von Smyrna, Martin von Tours, Nikolaus von Myra, Benedikt von Nursia oder Bonifatius, Elisabeth von Thüringen und Franz von Assisi. Von ihnen und vielen anderen berichten legendarische Heiligenviten, welche zentraler Bestandteil der Hagiografie sind. Zudem dienten Heiligenfeste, Heiligenkalender und Heiligenbilder der liturgischen, katechetischen und frömmigkeitspraktischen Vermittlung. Für die Bekanntmachung und Entfaltung der Heiligen kamen folglich spezifische mediale Formen zur Anwendung, die jahrhundertelang Bestand hatten. Heilige und Medien gehörten und gehören folglich zusammen. Damals wie heute. Und auch in der Predigt des Mittelalters nahmen Heiligenerzählungen großen Raum ein. Durch sie konnte ethisches Verhalten oder wundersames Wirken veranschaulicht und die Hörerinnen und Hörer zum Staunen gebracht werden. Die Aufmerksamkeit war dem Prediger – ob als Gelehrter in Klöstern, als Missionsprediger auf dem Land oder als Volksprediger in den Städten – garantiert. Heiligengeschichten faszinierten, beeindruckten und regten zum Nachahmen an. Denn sie stellten den oder die Heilige als Vorbild im Glauben und Handeln dar – und zwar sowohl im Leben als auch im Sterben.

Ein paar kirchen- und theologiegeschichtliche Erinnerungen seien der Vollständigkeit halber noch hinzugefügt: Theologisch war es die Nachfolge Christi, die als Kriterium für eine besondere Gottesbeziehung und Heiligkeit gedeutet wurde. Durch das blutige Martyrium des gewaltsamen Todes oder durch das unblutige Martyrium des Bekenners (Confessor) bzw. Asketen avancierten sie zu Heiligen. Insofern trat zum Vorbildcharakter bereits früh die Verehrung der Märtyrer hinzu. Diese Verehrung wurde nicht nur biblisch begründet, sondern auch kultisch ausgestaltet. Die Gräber der Märtyrer entwickelten sich zu Wallfahrtsorten und die Leichname zu heiligen Reliquien, von denen, so glaubten die Menschen, Wunderkräfte ausgingen. Über den Märtyrergräbern wurden Kirchen errichtet oder, wenn ein Märtyrerbegräbnis nicht vorhanden war, neue Kirchen mit Reliquien ausgestattet. Die von der Heiligenverehrung abgeleitete Reliquienverehrung führte bald schon zu einer wundergläubigen Materialisierung, die in der Volksfrömmigkeit weite Verbreitung fand. Aufgrund ihrer Heiligkeit galten die Heiligen bereits seit dem 3. Jahrhundert als Fürsprecher bei Gott. In den folgenden Jahrhunderten wurde es immer attraktiver, sie als Fürbitter anzurufen.

Mit der Ausdifferenzierung der Lebensbereiche im Mittelalter ging auch die Funktionalisierung der Heiligen einher. Jetzt wurden ihnen Zuständigkeitsbereiche zugeteilt. Sie avancierten von Fürbittern vor Gott zu Schützern vor bestimmten Gefahren wie z. B. der Pest (wie Rochus und Sebastian). Einen unkontrollierten Zuwachs an Heiligen suchte die römische Kirche seit dem 9. Jahrhundert durch ein geregeltes Verfahren der Heiligsprechung einzudämmen und zum päpstlichen Alleinrecht zu erklären. Gleichwohl schuf die Volksfrömmigkeit eine Vielzahl an neuen Heiligen mitsamt spezifischen Verehrungsformen. Am Ende des Mittelalters erfüllten die kanonisierten wie auch die nichtkanonisierten Heiligen zahlreiche religiöse Aufgaben und prägten das Bild von Kirche. Dass sie nicht nur in den Predigten breiten Raum einnahmen, ist nicht verwunderlich.

Der Heiligenkult stieß aber auch auf Widerspruch. Bereits die Humanisten kritisierten die Materialisierung der Frömmigkeit. Die Reformatoren verstärkten diese Kritik, auch wenn Martin Luther, Philipp Melanchthon und andere die Heiligen nicht völlig ablehnten. Neben der Gemeinde als »Gemeinschaft der Heiligen« bzw. Gläubigen (Dritter Artikel des Glaubensbekenntnisses) rückten sie zwei Aspekte in den Mittelpunkt: die *Glaubensstärkung* und den *Vorbildcharakter*. Brennglasartig wird diese evangelische Interpretation in Artikel 21 der Confessio Augustana formuliert, welcher über den Dienst der Heiligen handelt. Zum einen solle man der Heiligen gedenken, damit der Glaube gestärkt werde. Zum anderen solle man sich ein Beispiel an den guten Werken der Heiligen nehmen und diese auf das eigene Verhalten übertragen. Im ethischen Bereich sollen die Heiligen folglich Vorbild für das persönliche Verhalten und Handeln sein. Rigoros abgelehnt werden hingegen die Anrufung der Heiligen, die Hoffnung auf Vermittlung bei Gott, die Schutzfunktion und der Verdienstgedanke. Mit der Reformation waren die Weichen gestellt: Die katholische Heiligen*verehrung* war in ein evangelisches Heiligen*gedenken* umgewandelt worden.

Besonders im Luthertum blieb das Gedenken an zahlreiche altkirchliche und mittelalterliche Glaubenszeugen präsent, zu denen die Vorreformatoren John Wyclif und Jan Hus traten. Dass auch Luther selbst nach seinem Tod zum Glaubenszeugen stilisiert wurde, hatte nicht nur etwas mit der obrigkeitlich-gelenkten Gedenkkultur im Protestantismus, sondern auch mit frömmigkeitspraktischen Bedürfnissen zu tun. Die Monumentalisierung Luthers in Predigten und anderen Medien reichte von der Darstellung als Gottesmann und Propheten bis hin zum Wundertäter und Engel und nahm immer groteskere Züge an, die der Heiligenverehrung sehr nahekamen. Im 17. Jahrhundert wurde beispielsweise Luthers Sterbebett in Eisleben verbrannt, um den Wunderglauben zu unterbinden, ein Holzstückchen von Luther habe bei Zahnschmerzen heilende Wirkung.

Kehren wir mit diesen kirchenhistorischen Sensibilisierungen wieder zur Ausgangsfrage über die Funktion von herausgehobenen Personen in der Predigt zurück, so stellen wir fest: Auch heute werden in evangelischen Predigten großartige Menschen gewürdigt und ihre Taten als vorbildlich dargestellt. Zwar existiert zurecht eine gewisse aufgeklärte Skepsis gegenüber dem Begriff »Heilige«, zumal beim Begriff immer auch die römisch-katholischen Zuschreibungen mitschwingen, doch werden die modernen Glaubens- und Lebenszeugen nicht selten als genau solche präsentiert. Erinnert sei für das 20. Jahrhundert neben den einführend Genannten an Albert Schweitzer oder Dietrich Bonhoeffer. Ein kurzes Aufblitzen des Namens während der Predigt weckt bei den Hörerinnen und Hörern in der Regel Zustimmung und verstärkt durch die Nennung einer »Autorität« die Predigtaussage. Dieses Namedropping wird häufig durch bekannte Liedverse oder weniger bekannte Kurztexte – nennen wir sie summarisch Zitate – ergänzt. Die Zitate beispielsweise aus Bonhoeffers »Von guten Mächten« oder Klaus-Peter Hertzschs »Vertraut den neuen Wegen« erzeugen bei den Hörerinnen und Hörern positive Emotionen und befördern ein binnenkirchliches Wohlbefinden. Jede inhaltlich noch so mäßige Predigt wird durch ein passendes Zitat eines quasi-Heiligen schmackhafter und zugänglicher. Allerdings werden diese Effekte in der Regel nur bei solchen Personen erzielt, die bereits bekannt sind.

In der Predigtvorbereitung sollte daher wohlüberlegt werden, welche Funktion der modernen Referenzgestalt oder dem traditionellen Heiligen zukommt. Genauer ist zu fragen: Was will ich mit der Nennung ausdrücken? Geht es nur darum, Aufmerksamkeit oder Zustimmung zu erzeugen? Will ich als Predigerin oder Prediger die Hörerinnen und Hörer mit der Nennung aufrütteln oder erbauen, zum Nachdenken bringen oder Resonanzen erzeugen? Soll es dabei eher um Glaubens- und Lebensstärkung oder um den Vorbildcharakter gehen? Für problematisch halte ich das unvermittelte Namennennen oder die summarische Aneinanderreihung von Referenzgestalten, welche zwar binnenkirchliches Kopfnicken hervorrufen, aber darüber hinaus unverständlich bleiben.

Wie bei einer Referenzgestalt so sollte auch beim Zitat einer Autorität nach dessen Funktion gefragt werden. Wähle ich es, weil es meine Lieblingsstrophe oder mein Lieblingsgedicht ist? Und ich es besonders schön finde? Oder eröffnet das Zitat einen neuen bzw. verstärkenden Gedanken sowie Räume existenzieller Erfahrung? Im Blick auf den Predigttext dürfte nach dem Mehrwert des Zitates, im Blick auf die Hörerinnen und Hörer nach den vitalen Erfahrungen gefragt werden, die das Zitat zum Klingen bringt.

Um profunde Hintergrundinformationen in der Predigt mitschwingen zu lassen, ist der Kontext der besonderen Person oder des Zitates zu berücksichtigen. Beruht die Person auf legendarischer Erzählung oder ist sie historisch bezeugt? Wann und wo trat der Heilige oder die Referenzgestalt auf? Was ist ihr historisches Umfeld? Handelt es sich um einen Gelehrten, um einen Märtyrer oder um einen besonders faszinierenden Menschen? Welcher Konfession oder Religion bzw. welcher theologischen oder weltanschaulichen Strömung ist die Person zuzurechnen? Bei einem Zitat sind zudem die Quelle sowie der Zusammenhang von Bedeutung. Durch die Recherche von Lebensdaten und kirchengeschichtlichen Hintergründen sollten irrtümliche Einordnungen oder unhistorische Akzentsetzungen vermieden werden. In der Predigt selbst genügen oft wenige Striche, um die Person oder dessen Zitat zu kontextualisieren.

Bisweilen wird das Thema »Heilige« auch vom Proprium des Tages vorgegeben, besonders dann, wenn es sich um einen »Gedenktag eines Märtyrers der Kirche« oder um einen »Gedenktag eines Lehrers oder einer Lehrerin der Kirche« handelt. Beide Formen ventilieren die traditionellen »Typen« von Referenzgestalten, Gelehrte, die durch ihre Theologie und intellektuelle Fähigkeit überzeugen, und Lebenszeugen, die durch ihren Glauben und Leben beeindrucken. Der unterschiedliche Grund des Gedenkens sollte sowohl in der liturgischen Ausgestaltung als auch in der homiletischen Zuspitzung berücksichtigt werden. Unabhängig vom Charakter des oder der »Heiligen« sollte reflektiert werden, warum und wozu das Gedenken stattfindet. Gibt es lokale oder persönliche Bezüge zur Referenzgestalt (z. B. Kirchenpatron, früherer Amtsinhaber vor Ort)? Ist es eine einmalige Veranstaltung oder ein wiederkehrendes Format? Und schließlich: Was soll durch das Gedenken erreicht werden? Eine historisch-distanzierte Memoria oder eine gegenwärtig-anverwandelnde Erinnerung?

So herausfordernd die Verwendung von historischen oder modernen »Heiligen« in der Predigt auch ist, liegen in der behutsamen und wohlüberlegten Integration von Referenzgestalten gleichwohl homiletische Chancen. Natürlich sollte die historische Distanz z. B. zu den altkirchlichen Märtyrern bedacht und der »Heilige« als Mensch und gerade nicht als Übermensch erinnert werden. Aber durch das Wirken und das Schicksal von Personen können existenzielle Brücken zum Erfahrungshorizont der Hörerinnen und Hörer gebaut werden. Resonanzen können erzeugt und Modelle der Orientierung geboten werden. Theologische Inhalte können durch interessante Personen oder deren Zitate verlebendigt und veranschaulicht werden.

Mit historischer und homiletischer Sensibilität ausgestattet, bereichert die Einflechtung konkreter Lebensbilder oder einzelner Szenen aus dem

Leben eines Menschen die Predigt. Warum nicht mal eine Predigtreihe zu Glaubens- und Lebenszeugen halten? Neben den großen, oft männlichen Referenzgestalten könnten auch Frauengestalten, regionale Glaubens- und Lebenszeugen oder das Wirken einzelner, oft unbekannter Menschen bedacht werden. Die Geschichte, auch die kirchliche Zeitgeschichte, hält viele facettenreiche Persönlichkeiten bereit. Während des Corona-Lockdowns im Frühjahr 2020 wurde in der Bevölkerung beispielsweise den »Helden des Alltags« gedankt. Warum nicht über diese Menschen predigen, die es auch vor Ort in der Gemeinde gibt? Es müssen ja nicht immer Greta oder Bonhoeffer sein.

Heilige predigen? Aus kirchenhistorischer Perspektive ist die Antwort ein kontextuell-reflektiertes, aber beherztes Ja!

I. Advent

Sacharja 9,9-10:
Zeichen für das, was nicht da ist

Doris Gräb

I Eröffnung: Ein neuer Ton ist in der Welt

Tochter Zion, freue dich, jauchze laut, Jerusalem! – Inzwischen gehört es zu den beliebtesten Adventsliedern und zu den wenigen Chorälen in unserem Gesangbuch, die fast Volkslied-Charakter haben. Jerusalem, die Heilige Stadt, Symbol für Frieden und Heil und Glück, soll jauchzen und sich freuen. Und wir wollen es auch!

Das war nicht immer so. Im vorigen Gesangbuch, also bis zum Jahr 1994, war das Lied gar nicht abgedruckt. Mir war es bis dahin nur bekannt als vierstimmiger Satz aus Händels Oratorium »Judas Maccabäus« und vor allem bei den Posaunenchören beliebt. Und nun, unterlegt mit dem Text von Friedrich Heinrich Ranke, ist es der »Adventsschlager« schlechthin geworden. Ein jubelnder Klang im schneidigen Alla-Breve-Takt, inmitten der vielen Lichter und mit vertrauten Gerüchen umweht: So wird es Advent. Jetzt ist ein neuer Ton in der Welt.

Freut euch! Jauchzt! Es gibt genug Gründe zum Freuen! – Viele lassen sich anstecken. Ob sie am 1. Advent zum Gottesdienst und zum anschließenden Weihnachtsbazar auf den Kirchplatz kommen oder nicht: Da sind ja noch so viele andere Orte der Freude in dieser Zeit. Die Weihnachtsmärkte allüberall, zu denen man sich verabredet, um nett beieinander zu stehen und einen Glühwein zu schlürfen. Die Weihnachtsfeiern in den Schulen, in den Kindergärten, in den Betrieben. Die vielfältigen musikalischen Highlights in den Kirchen und in den Konzertsälen. Freut euch! Es wird anders werden in den kommenden Tagen und Wochen: Freundlicher, geselliger, friedvoller. Das ist zumindest die große Hoffnung, und manchmal geht sie ja auch ein wenig in Erfüllung.

II Erschließung des Textes: Ein Friedensbringer mitten im Krieg

Das Buch Sacharja (»Jahwe möge sich erinnern«) gliedert sich in zwei Teile, die unterschiedlich zu datieren sind: Die Kapitel 1–8 werden Protosacharja zugeschrieben, die Kapitel 9–14 Deuterosacharja. Protosacharja tritt in einer Zeit auf, in der nach der Rückkehr der Exilierten der Grundstein für den neuen Tempel zwar gelegt, der Bau aber noch längst nicht abgeschlossen ist und sich die Hoffnungen auf ein neues, großartiges Israel und Jerusalem mitnichten erfüllt haben. Dennoch: Die großen Hoffnungen kleidet er in sieben Visionen, die einen besonderen Spannungsbogen bilden und von dem Gott handeln, der seine Verheißungen für Jerusalem, für Israel, ja für die ganze Welt wahrmachen wird.

Anders als Protosacharja ist Deuterosacharja wesentlich später zu datieren. Die Hoffnung auf das große Heilsgeschehen findet sich in seinen Texten noch einmal gesteigert. Vermutlich hat Deuterosacharja beide Teile redigiert und zu einem Ganzen zusammengefügt.

Der Auftakt in Kapitel 9 (V. 1–8) spricht von der Erwartung, dass Gott als »oberster Kriegsherr« die heidnischen Nachbarn bezwingen und den großen Frieden herstellen wird. Beachtenswert ist der Wechsel von der 3. zur 1. Person. In V. 9 f. ist dann von einem ganz anderen König die Rede. Gott wird ihn einsetzen, und er wird kein kriegerischer König sein. Ein Gerechter und ein Helfer wird er sein, ein Friedensbringer, demütig auf einem Esel reitend. Der Retter, der Erlöser, der Garant des Friedens und des Heils für Jerusalem und Juda, ja, für den ganzen Erdkreis wird er sein. Nicht ohne Grund sind diese beiden Verse nun auch die bekanntesten Worte des gesamten Sacharjabuches. Vor allem Matthäus, aber auch Johannes haben sie aufgenommen, um den in Jerusalem einziehenden Jesus von Nazareth als eben diesen Friedensbringer zu beschreiben. Innerhalb des Sacharjabuches stellen sie eine Umkehrung aller Werte dar: Der Gott, auf den sie sich bislang in ihren Erwartungen auf eine gewaltsame Bezwingung der Nachbarvölker verlassen hatten, wird abgelöst von einem »king of peace amidst war« (Wolters, 255 ff.). Er ist »eindeutig eine zukünftige Gestalt« (Delkurt), der nicht nur Jerusalem, sondern der gesamten Welt Frieden bringen wird. Warum dieser Wechsel? Will Deuterosacharja an den kriegerischen Erfolg nicht mehr so recht glauben und setzt deswegen auf einen ganz Anderen?

Wir werden diese Frage nicht beantworten können. Doch es wundert nicht, dass insbesondere Matthäus Jesus von Nazareth, den Bergprediger, den Mann des Friedens und der Liebe, mit Sacharjas Hilfe noch einmal deutlicher zu konturieren vermag. Demütig und gerecht, auf einem Esel, dem Zeichen für seine Friedfertigkeit, reitet er in Jerusalem ein, um sein Reich des Friedens auszurufen. Von diesem Frieden auf Erden haben die himmlischen Chöre doch schon bei seiner Geburt gesungen. Hier spricht der alte Text uns bis heute an: »Amidst war« – inmitten all der großen und kleinen Kriege in unserer Welt gilt es die kleinen Hoffnungszeichen wahrzunehmen, die auf den großen Friedensbringer für Jerusalem und den Erdkreis hinweisen. Das soll das Thema unserer Predigt am 1. Advent sein.

III Impulse: Erfüllte Sehnsucht

Tochter Zion, freue dich! – Die fröhlichen Dur-Akkorde im flotten Alla-Breve-Takt wollen gar nicht recht passen zu dem leisen König, der auf einem Esel daherkommt – auch wenn es im 3. Vers unseres Liedes dann immerhin heißt: »Sei gegrüßet, *König mild*!« Auch Friedrich Heinrich Ranke, der Liederdichter, muss sich des Gegensatzes bewusst gewesen sein, zwischen Händels Musik, im Grunde eine Marschmusik, komponiert zur Huldigung des siegreichen königlichen Heeres – und der Friedensbotschaft des Textes. Hier spiegelt sich der Bruch, der auch das 9. Kapitel des Deuterosacharja durchzieht. Es gilt, diesen Bruch auszuhalten. Die jubelnde Freude auf den Advent und die reale Situation, die allenfalls zu leisen Hoffnungen auf Erfahrungen des Friedens ermutigt.

»In der Advents- und Weihnachtszeit sind die Kirchen ›am dransten‹ an den Leib & Seele-Bedürfnissen vieler (eben nicht nur Kirchen-)Menschen«. So Matthias Lemme in den Predigtstudien zum 1. Advent 2015 (Lemme, 14). Dieser Beobachtung kann ich mich nur anschließen. Denn bei diesen Leib- & Seele-Bedürfnissen geht es zwar auch um Bratwurst und Glühwein. Es geht aber noch mehr um die Sehnsucht nach Frieden und Gerechtigkeit. Und es geht um den inneren Frieden des Mit-mir-und-meinem-Leben-Eins-Seins.

»Eine gesegnete Adventszeit« wünschen wir uns deswegen. Einen schönen 1. Advent wünschen uns sogar die Damen an der Kasse des Supermarkts. Und wir tun ja auch manches dafür, dass es gelingen mag. An jedem Morgen ein wenig Ruhe und ein paar friedliche Minuten mit dem Kalender »Der Andere Advent«. An jedem Abend eine adventliche Andacht vor den Häusern in unserer Gemeinde. Die Pfadfinder bringen das Friedenslicht von Bethlehem in viele Gegenden unseres Landes. An den unterschiedlichsten Spendenaktionen beteiligen sich jetzt mehr Menschen als sonst – denn es wollen alle, dass die Welt gerechter und friedlicher wird.

Und der große Friede, der bis an die Enden der Erde reichen soll? Von dem die Engel über den Feldern von Bethlehem gesungen haben und den der Papst an jedem Weihnachtstag medienwirksam urbi et orbi verkündet? – Er war zu Zeiten des Deuterosacharja eine großartige Vision für Jerusalem und seine Nachbarn – mitten im Krieg – und daran hat sich bis heute nichts geändert. Und doch hat sich etwas geändert: Von jenem »milden Friedenskönig« können *wir* in den Evangelien hören und lesen. Seine Friedensbotschaft hat er mit seinem Leben und Sterben wahrhaftig gelebt, und sie wurde durch zwei Jahrtausende hindurch auch gepredigt und gehört. Sie ist nie verklungen, inmitten all der Kriege, die bis zum heutigen Tag geführt werden. Und manchmal beginnt sein Friedensreich sogar Wirklichkeit zu werden – »amidst war« – und unsere Sehnsucht geht in Erfüllung.

Vielleicht ähnlich, wie es Amos Oz in seinem Roman »Judas« beschreibt: Da lässt er den alten Gerschom Wald die Geschichte von einer Kreuzfahrerschar erzählen, »die sich in der Mitte des 11. Jahrhunderts von der Gegend um Avignon aus auf den Weg nach Jerusalem machte, um in ihr ... Seelenfrieden zu finden. Nicht nur einmal verirrten sie sich, nicht nur einmal litten sie unter Epidemien, unter der Kälte und dem Mangel ..., doch während der ganzen Zeit sahen sie das wunderbare Jerusalem vor sich ..., eine Stadt, in der es nichts Böses und kein Leid gab, nur himmlische Ruhe, von ewigem Licht des Erbarmens überflutet. So zogen sie weiter (...). Langsam sank ihre Stimmung ..., einige verschwanden nachts, andere wurden verrückt ..., je mehr sie ahnten, dass dieses ersehnte Jerusalem vielleicht keine Stadt war, sondern der Ausdruck ihrer Sehnsucht. Trotzdem zogen die Kreuzfahrer weiter, Richtung Jerusalem ..., bis sie an einem Sommerabend ... ein kleines Tal erreichten, ... mitten in einem Land, das heute als Slowenien bekannt ist. In ihren Augen war dieses Tal eine göttliche Oase, voller Quellen und Wiesen. Die Bauern des Dorfs machten einen ruhigen, gelassenen Eindruck (...). So kam es, dass die Kreuzfahrer ... beschlossen, diesem gesegneten Tal den Namen Jerusalem zu geben (...). Nachdem sie sich in diesem Jerusalem von den Strapazen erholt hatten, begannen sie, es mit eigenen Händen aufzubauen. (...) Sie nahmen sich die Mädchen des Dorfs zu ihren Frauen, sie bekamen Kinder, die in Jerusalem aufwuchsen und vergnügt im Jordan plantschten ..., die den Ölberg erklommen, hinunterliefen in den Garten Gethsemane (...). Und so leben sie bis zum heutigen Tag«, sagte Gerschom Wald, »ein reines Leben, ein freies Leben in der Heiligen Stadt im Gelobten Land, und das alles ohne Blutvergießen und ohne ständige Kämpfe mit Ungläubigen und mit Feinden. Sie leben in ihrem Jerusalem in Ruhe und Frieden« (Oz, 86 ff.).

Literatur: *Matthias Lemme,* Der Tag ist nicht mehr fern, in: Predigtstudien II/1 (2015/2016), Freiburg im Breisgau 2015, 13–16; *Amos Oz,* Judas, Berlin ⁵2019; *Al Wolters,* Zechariah, in: Historical Commentary on the old Testament, Leuven 2014.

Internet: *Holger Delkurt,* Sacharja/Sacharjabuch, in: Wibilex, abgerufen am 31.05.2020.

Wilhelm Gräb

IV Entgegnung: Der andere Advent

»Es könnte ja sein, dass dieses Jahr gar keine Adventsmärkte stattfinden.« Das musste ich A entgegenhalten, als ich mich Anfang Mai endlich an die Arbeit am B-Teil machte. »Das kannst du so nicht lassen! Du hast deinen A-Teil Ende Februar abgeschlossen, da war von dem allem noch nichts zu sehen.« – Anfang Mai spricht vieles dafür, dass es eine bruchlose Rückkehr in die Normalität unseres Adventserlebens zwischen Glühwein und Bratwurst, Lichterglanz, Weihnachtsoratorium und Liedersingen nicht geben wird. Wenn es so kommen sollte, was machen wir dann mit der adventskultursensiblen Predigtidee von A? Können wir trotzdem anschließen an die auf den Straßen und Plätzen, in den Häusern und Betrieben spürbare Adventsfreude? Wird die Gemeinde freudig einstimmen in das unserem Predigttext nachempfundene, von siegesgewisser Heilserwartung erfüllte Adventslied?

So wie in anderen Jahren wird es nicht sein! Entsprechend ging ich zunächst auf Distanz zu A. Diese Stimmungsmache greift nicht mehr! Der

Lichterglanz verbreitet bloßen Schein! Und vor allem, es steckt nichts religiös Gehaltvolles hinter all dem Budenzauber! Kein Warten auf Gott! Doch ehe ich mich weiter in den Sog dieser theologisch frustrierenden Zeitdiagnose ziehen ließ, kam mir in den Sinn, dass in diesem Jahr schon im April wieder Herrnhuter Sterne auf die Balkone gehängt und Kerzen in die Fenster gestellt wurden. Auch wir haben da mitgemacht. Wir wollten angesichts der Schockstarre, in die das ganze Land geraten war, ein Hoffnungszeichen setzen!

So kam es, dass ich der adventskulturkritischen Versuchung, die – entgegen meiner sonstigen theologischen Denkungsart – kurz in mir aufkeimte, erneut widerstand. Es ist einfach falsch, die lichtsymbolische Inszenierung der Advents- und Weihnachtszeit gering zu schätzen. Gewiss, wir arbeiten nur mit den beschränkten und immer zweideutigen Möglichkeiten unserer Event-, Konsum- und Wohltätigkeitskultur. Aber wir sollten versuchen, darin doch auch ein religiös bedeutsames Zeichen zu erkennen. Gerade weil es so bescheidene und so zweideutige Zeichen sind! Unsere adventskulturellen Inszenierungen sind kein Ausdruck von Glück und Lebensfülle. Die Atmosphären und Stimmungen, mit denen wir uns in adventliches Erleben zu versetzen versuchen, verlieren sich in einem Hohlraum. Sie offenbaren eine Leere, die wir aus eigener Kraft nicht füllen können.

Genau dadurch aber sind die Lichter, die wir in dieser Zeit zum Leuchten bringen, Zeichen des Advents, Zeichen für das, was nicht da ist, aber umso sehnlicher erwartet wird! Zeichen dessen, was fehlt! Ausdruck der Sehnsucht nach Erlösung! In einem unserer Adventslieder mündet diese Erlösungssehnsucht geradezu in einen Schrei der Verzweiflung. Das Warten wird unerträglich lang. Keine Wende zum Guten ist in Sicht. »Wo bleibst du Trost der ganzen Welt, darauf sie all ihr Hoffnung stellt?« (EG 7, Strophe 4)

Auch wir halten das Warten nicht aus. Wir ertragen die Leere nicht. Deshalb stellen wir uns mit unseren Adventskerzen und den die Freude der »Tochter Zion« besingenden Liedern am liebsten mitten hinein in die Menschenmenge. Auch wir wollen dem auf einem Esel in Jerusalem einreitenden Jesus voll siegesgewisser Begeisterung zujubeln. Und manchmal meinen wir sogar, wie A sagt, wenigstens bescheidene Zeichen der Erfüllung unserer Sehnsucht zu erkennen.

V Erschließung der Hörersituation: Erlösungssehnsucht

Die aus dem babylonischen Exil Zurückgekehrten schauen zum Tempel hinauf. Dort, vom Berg Zion, auf dem Gott wieder Wohnung genommen hat, von dort muss uns Hilfe kommen. Es wird uns Gerechtigkeit widerfahren und wir werden wieder in Frieden leben. Die den Weg hinauf nach Jerusalem säumenden Menschen schlagen Zweige von den Bäumen und streuen sie auf den Weg. Sie jubeln dem auf einem Esel in die Tempelstadt einreitenden Jesus zu. Er wird uns von der Gewaltherrschaft der Römer befreien und gerechte Verhältnisse schaffen!

Und wir? Wir hängen leuchtende Sterne auf die Balkone, stellen wärmende Kerzen in die Fenster und singen adventliche Lieder. Vor allem aber richten wir unseren sehnsuchtsvollen Blick auf Wissenschaftler, Politiker und Wirtschaftsführer. Es wird doch hoffentlich bald der rettende Impfstoff kommen! Wir brauchen jetzt einen, der klare Vorgaben macht und dafür sorgt, dass alle an einem Strang ziehen! Die Party ist vorbei! Jetzt kommt es auf die an, die Wege in eine andere Gesellschaft gehen! Wir können und dürfen nicht so weitermachen wie bisher! So viel *Erlösungssehnsucht* war im Grunde nie.

Sie geht in die verschiedensten Richtungen und sucht sich eine Vielzahl möglicher Erlöser. Keinem allein wird mehr zugetraut, dass er alle Probleme mit einem Schlage zu lösen imstande wäre. Dazu ist die moderne Gesellschaft zu komplex, differenziert sie sich zu sehr in verschiedene Funktionssysteme. Es erscheint von vornherein und völlig zu Recht als aussichtslos, dass das Ganze von einem Punkt aus und dann auch noch durch den einen Helden gerettet werden könnte. Nein, wir haben das Ganze nicht im Griff und kriegen es nicht in den Griff. Das Ganze der Gesellschaft nicht, das Ganze des eigenen Lebens nicht. Immer wieder geschehen Dinge, mit denen wir überhaupt nicht gerechnet haben und auch nicht rechnen konnten. Doch wir müssen damit fertig werden – und sehen oft nicht wie!

Wir dachten, wir hätten es geschafft, die Natur zu beherrschen, sie den Lebens- und Überlebensinteressen der Menschheit dienstbar machen zu können. Doch dann müssen wir zur Kenntnis nehmen, dass wir selbst Teil einer immer wieder unberechenbaren Natur sind. Und schon beginnt die fieberhafte Suche nach Möglichkeiten, wie wir die totale Kontrolle zurückgewinnen können. Wir erschrecken über Schicksalsschläge, die uns treffen. Unsere Lebenspläne werden durchkreuzt. Sofort revoltieren wir dagegen. Es muss sich mir doch wieder ein Weg ins Offene zeigen. Ich will mich auch wieder freuen können.

Wo das Ganze in Frage steht, da kommt, so sollte man meinen, auch die Religion ins Spiel. Zuletzt wollte es allerdings so scheinen, als sei sie zu einer eher marginalen Größe geworden. Gott scheint nur noch für die »Gläubigen« wichtig, denen man unter genau beschriebenen Sicherheitsauflagen ab und zu Gelegenheit gibt, die für sie offensichtlich wichtigen gottesdienstlichen Versammlungen abzuhalten! Doch dieser Schein trügt. Auch wenn Kirchenvertreter nur selten in den Talk-Shows vorkommen, »Gott« ist ein Wort unserer Alltagssprache, gerade dann, wenn es ums Ganze geht. »Oh mein Gott!« »Ach Gott, ach Gott!« Oder auch nur, immer leiser werdend, »ach, ach, ach!« – So sprechen, rufen, seufzen wir, wenn Unvorhersehbares über uns hereinbricht, durch das sich zugleich alles verändert. Nichts wird mehr so sein, wie es vorher war. Warum nur? Warum musste das passieren? Warum mir und warum gerade jetzt? Solches Sprechen, Rufen, Seufzen geht oft ins Leere. Vielleicht erwarten wir gar keine Antwort. Aber wir gestehen unsere Abhängigkeit, Angewiesenheit und Zerbrechlichkeit. Indem wir unsere Grenzen erfahren, greifen wir aber auch über sie hinaus. Sobald wir unsere Abhängigkeit fühlen, bewegt uns die Frage nach ihrem Woher. Wenn uns unsere Ohnmacht lähmt, heben auch wir die Augen auf zum Berg Zion: »Woher kommt mir Hilfe?« (Ps 121,1b)

VI Predigtschritte: Der Weg der Erlösung

Es ist eine großartige Vision, mit der Sacharja die aus dem Exil nach Jerusalem Heimkehrenden tröstet. Noch allerdings ist von der wunderbaren Zukunft, die er verspricht, nichts zu sehen. Der Retter ist eine zukünftige Gestalt. Doch es werden gerechte Verhältnisse entstehen. Ihr werdet Frieden finden, mit euch selbst, in euren Familien, mit euren Nachbarn, sogar auf dem ganzen Erdkreis. Eine Utopie ist das, die Vorstellung von einem Zustand, den alle sich erträumen und der doch keinen Ort zu haben scheint, in jeder Gegenwart nicht. Aber eine reale Utopie, keine bloße Fiktion! Immer wieder machen sich Menschen auf den Weg, diese Utopie zu verwirklichen, den Zion, die Stadt Gottes vor Augen. Was sie antreibt, ist ihre verwegene Hoffnung, den Ort zu finden oder selbst ihn schaffen zu können, an dem das Elend ein Ende hat und die Sehnsucht aller nach einem Leben in Frieden und Gerechtigkeit sich erfüllt. Dazu erzählt A die Geschichte der Kreuzfahrer aus dem Buch von Amos Oz.

Ich will die Geschichte vom Einzug Jesu in Jerusalem hinzunehmen, das Evangelium zum 1. Advent (Mt 21,1-11), das Jesus als den von Sacharja verheißenen Friedenskönig beschreibt.

Die Menschen stehen jubelnd am Wegesrand. Sie erwarten den, der Israel erlösen, die Fremdherrschaft abschütteln und ein Reich des Friedens und der Gerechtigkeit errichten wird. Doch nichts geschieht. Die Begeisterung der Menschen kippt deshalb bald um in bittere Enttäuschung. Wir hören das Evangelium zum 1. Advent auch am Palmsonntag. Der Triumphzug, der die Erlösungshoffnung vieler auf sich zog, ist zum bitteren Weg ins Leiden und Sterben, zum Weg ans Kreuz geworden. Doch worauf sollen wir dann unsere Hoffnung setzen? Dann, wenn wir an unsere Grenzen geraten, unsere Abhängigkeit, Bedürftigkeit und Zerbrechlichkeit erfahren? Wo soll ich Trost finden, wenn selbst der, auf den ich meine Hoffnung richtete, schwach und elend ist und nicht einmal die

Kraft gewinnt, die Dinge für sich selbst zum Guten zu wenden? »Woher kommt mir Hilfe?«

Doch das eben ist die Pointe der grotesken Geschichte, die Matthäus erzählt. Sie lässt eine Ahnung davon in uns aufkommen, wie Gott auf uns zukommt, wie er da ist und mit uns geht, wie er bei uns ist im Leben und im Sterben. Gott kommt nicht von außen oder von oben. Er greift nicht machtvoll ein ins Weltgeschehen, auch nicht in unser eigenes Leben. Er ist da, wie er in diesem demütig auf einem Esel nach Jerusalem hinaufziehenden Jesus da war. Er ist da in dem unbedingten Vertrauen, das Jesus auf ihn gesetzt hat – auch dann und dort noch, wo nichts zu erfahren war von Gottes Macht und er sich schließlich ganz von ihm verlassen fühlte.

Auch wir werden in dieses Vertrauen auf den uns inwendigen Gott hineinfinden. Das kann damit anfangen, dass wir dem auf dem Esel nach Jerusalem hinaufziehenden Jesus nicht nur freudig zuwinken, sondern mit Jesus mitgehen, ja, recht eigentlich mit ihm eins werden. Dazu wiederum hilft uns ein anderes, nicht weniger populäres Adventslied, in dem wir ebenfalls jauchzen und uns freuen über den in Sanftmütigkeit daherkommenden Helfer, der all unsere Not zum Ende bringt – wo wir dann in der letzten Strophe nur noch bitten: »Komm, o mein Heiland Jesu Christi, meins Herzens Tür dir offen ist...« (EG 1, Strophe 5).

2. Advent

Jakobus 5,7-8(9-11):

Warten ... Ein Thema nicht nur im Advent

Simon Lacher

I Eröffnung: Gegensätze

Die Predigtsituation des zweiten Adventssonntages ist eine besondere. Zunächst wird der Gottesdienst am Nikolaustag gefeiert. Der ein oder andere Familienmorgen war deshalb sicher schon vor dem Gottesdienst ein besonderer. Dann steht der Predigttext in dem von Luther so verachteten Jakobusbrief. Und im Text zeigt sich noch ein deutliches Gegenüber von Gegenwart und Zukunft, von Warten und Hoffen, Handeln und Richten. Die Gegenwart der Gemeinde trifft auf die Vision vom zukünftigen Reich Gottes.

Zwei recht starke Pole sind auch im vorweihnachtlichen Alltag der Hörerinnen und Hörer zu erwarten. Auf der einen Seite ist da der Wunsch nach heimeliger Wärme, Gemeinschaft und Harmonie, auf der anderen Seite aber der Stress schier unzähliger Vorbereitungen. Auf dem Weg zur Predigt soll es um genau solche Gegensätze gehen. In den Blick kommen soll dabei, was in der adventlichen Zeit des Wartens wohltuend und verändernd wirken kann.

II Erschließung des Textes: Geduld als Charakterzug

Die Predigtperikope befindet sich im Schlussteil des Jakobusbriefes. Im bisherigen Brieftext werden heftige Auseinandersetzungen zwischen Armen und Reichen in der Gemeinde beschrieben. Das führt den Verfasser des Briefes dazu, den Glauben aller Christen an das eigene Handeln zu binden. Wer an Gott glaubt, so die Botschaft, handelt nach dem doppelten Liebesgebot. Die Grenze zwischen Arm und Reich wird dann überwunden. All diese Gedanken stehen nun auch im Hintergrund des Predigttextes, der am Beginn eines zusammenfassenden und zuspitzenden Briefschlusses steht.

Innerhalb der Perikope zeigen die vielen betonten Imperative deutlich den ethischen Ton des Jakobusbriefes. Neben diesen Aufforderungen fällt der Blick zudem auf die von Gott verheißene Zukunft. Gegenwart und Zukunft zeigen sich als grundlegend unterschiedlich, aber doch aufs Tiefste aufeinander bezogen. Den Mittelpunkt beim Verstehen dieses Verhältnisses bildet die Aufforderung, »geduldig« zu sein (V. 7 u. 8). Dieser Geduld soll deshalb exegetisch nachgespürt werden. Der Verfasser beschreibt sie aus recht unterschiedlichen Blickwinkeln, nämlich (1.) durch ein Gleichnis, (2.) in der Identifikation der Geduld als ethische Grundhaltung, die (3.) in den Propheten ihr Vorbild hat, (4.) in der doppelten Verknüpfung mit der Gemeindesituation, (5.) im gemeinschaftsstiftenden Wesen und zuletzt (6.) in der verheißenen Belohnung.

1. Eine erste Annäherung an die Geduld erfolgt zunächst am Beispiel des Bauern, der sein Feld bestellt hat und nun auf die Ernte wartet. Ihn charakterisiert ein bleibendes Vertrauen »auf etwas, das sicher eintreten wird, aber nicht schon ›morgen‹« (Mußner, 202). Dabei zeigt sich eine Parallele zu den in V. 10 eingeführten Prophetengestalten, die statt des Samens das Wort säen. Beide warten hoffend: der Bauer auf die Ernte und der Prophet auf das Kommen der göttlichen Herrschaft. Beide bleiben in dieser Zeit aber nicht passiv. Sowohl der Bauer auf dem Feld als auch der Prophet im Volk richten ihren Arbeitsalltag und damit auch ihre Lebensweise an der Verheißung aus. Sie arbeiten an der Veränderung der Gegenwart, um die Verheißung im Hier und Jetzt vorzubereiten. Und doch bleibt das eigentliche Wirken beiden entzogen – die Erfüllung der Verheißung liegt außerhalb der eigenen Gestaltungsmöglichkeiten.

2. Diese Eigenschaften kann der Verfasser des Jakobusbriefes nun auf die Gemeinde beziehen. Auch ihnen bleibt die Rückkehr Christi als Einlösung der Verheißung entzogen. Auch sie haben hierauf keinen Einfluss. Und trotzdem ist das geduldige Warten auf die Wiederkunft gekennzeichnet durch »höchst[e] ›Aktivität‹ im Sinne einer radikalen Verwirklichung des ›Wortes‹« (Mußner, 210). Die Zwischen-Zeit, also die Zeit zwischen Auferstehung und Wiederkunft, ist die Zeit, in der jeder Einzelne und die Gemeinde insgesamt in der Liebe Gottes Handeln sollen. Dabei geht diese Forderung über einzelne ethische Weisungen weit hinaus. Beschrieben wird hier eine innere Grundhaltung, eine moralische Einstellung, eine im Glauben gefundene Überzeugung. Das Leben der Glaubenden wird in tiefster Art und Weise bestimmt, was sich in unterschiedlichsten Taten zeigt.

3. In der Beschreibung dieser Grundhaltung zeigen sich deutliche Überschneidungen zu den alttestamentlichen Propheten, denn diese haben ihr Leben ganz und gar am Dienst JHWHs ausgerichtet. Eine solche Lebenseinstellung soll daher das Vorbild für alle Glaubenden darstellen: Denken und Handeln an der göttlichen Gemeinschaft auszurichten soll Fixpunkt des eigenen Lebens sein.

4. Diese Lebenseinstellung ist im Jakobusbrief doppelt verknüpft: *Zunächst* theologisch in der geforderten Einheit von Glauben und Werken (vgl. Jak 2,22.26). Denn der Glaube verändert das Leben und damit auch alles Handeln. *Dann* situativ in den Auseinandersetzungen der Gemeinde. Vor allem der Streit zwischen Armen und Reichen bedroht die Gemeinde von innen. Durch Taten, die im Glauben wurzeln, soll diese Situation verändert werden.

5. Die Zielrichtung der Geduld zeigt sich klar im negativ formulierten Imperativ: »seufzt nicht widereinander« (V. 9). Dieses »gemeinschaftszerstörende [...] Fehlverhalten« (Frankenmölle, 686) nimmt zusammenfassend die Mahnungen des gesamten Briefes wieder auf. Gemeinschaft stiften, statt sie zu gefährden; in Gemeinschaft bringen, statt aus Gemeinschaft auszuschließen. Es leuchtet ein, dass diese Botschaft an anderer Stelle direkt mit dem doppelten Liebesgebot identifiziert wird (vgl. Jak 2,8).

6. Durch die Aufnahme der Hioberzählung kann der Verfasser zudem noch motivieren. Dort zeigt sich, dass das bleibende Festhalten an Gott belohnt wird. Und dies soll nicht nur Hiob, sondern auch den Gemeindegliedern gelten. Die Zukunftshoffnungen werden so zu einem starken Antrieb für die tätige Liebe in guten Werken. Gleichzeitig haben die Werke ihren Ursprung und ihren Grund nach wie vor im Glauben an Gott (vgl. Burchard, 203).

III Impulse: Zwischen Gegenwart und Zukunft

Als Zentrum der Perikope kann das aktive Warten als Lebenseinstellung beschrieben werden. Es gestaltet die Gegenwart und richtet sie auf die Zukunft aus. Von hier aus lassen sich mindestens drei verschiedene Schwerpunktsetzungen für eine Predigtgestaltung skizzieren: über die Fokussierung (1.) der heutigen Problemhorizonte in sozialen und kulturellen Unterschieden, (2.) des Nikolaustages und (3.) des Wartens im Advent.

1. Die Grundeinsicht der ersten Variante heißt: Das Geschenk des Glaubens verändert. Aus der unverdienten Annahme der ganzen Person verändern sich das Leben, die Wahrnehmung und das Handeln. Diese Veränderungen befreien dazu, andere Menschen ebenso anzunehmen. Unterschiede in Herkunft, Kultur, Besitz oder persönlichen Einstellungen müssen nicht mehr trennen, sondern können als ein gemeinsamer Schatz der Vielfalt in den Blick kommen. Die verbindende Liebe Gottes ist größer als alles, was trennt. Danach zu handeln ist unser gemeinsamer Auftrag. So kann das in der Zukunft liegende Reich Gottes schon hier und jetzt in Ansätzen erlebbar werden.

2. Der Dienst am Anderen ist gelebter Glauben. Gerade in Anknüpfung an den Nikolaustag und an die Legenden des Nikolaus von Myra kann die Liebe beschrieben werden, die den Nächsten wahrnimmt und sich voll und ganz für ihn einsetzt – hier eignen sich etwa die Legende der drei Goldklumpen oder das Kornwunder. Diese Liebe möchte über Grenzen hinweg wirken, um Gemeinschaft zu ermöglichen. Das ist nicht nur eine zentrale Botschaft des Predigttextes, sondern auch der anstehenden Geburt Christi.

3. Die Adventszeit ist die Zeit des Wartens und damit auch die Zeit der oben beschriebenen Geduld. Es bietet sich deshalb besonders an, die Zeit zwischen Jetzt und Dann, zwischen Welt und Himmel zu erkunden. Einen lebensnahen Vergleichsrahmen bietet eine erste erwartete und erhoffte Geburt. Noch viel stärker als in der Adventszeit wird in der Zeit zwischen Zeugung und Geburt die Gegenwart stark durch die Zukunft beeinflusst. Solche Formen von Veränderungen im Leben, die ihren Grund in der Hoffnung auf die Zukunft haben, zeigen sich auch im geduldigen Warten auf das Reich Gottes. Beide Perspektiven können so miteinander verbunden werden, um dieses Warten beschreibbar und nachfühlbar zu machen. Ein Predigteinstieg ist unten als Werkstück zu finden.

Als Fluchtpunkt aller Predigtzugänge bleibt die Hoffnung zu betonen, dass alles menschliche Handeln in Gottes Hand steht. Und dass Gott zu diesem menschlichen Handeln das Seine hinzugibt.

Werkstück Predigt (Einstieg)

»Ich bin schwanger!« Können Sie sich an diesen Moment noch erinnern? Oder können Sie ihn sich vorstellen? Egal ob Sie diesen Satz selbst gesagt oder ihn von ihrer Frau gehört haben, es ist ganz klar: Von jetzt an wird vieles anders. Das erste gemeinsame Kind. Aus dem Paar wird eine kleine Familie. Das ein oder andere Zimmer wird bald komplett anders aussehen. Die meisten Tage und Nächte auch. Es gibt einen neuen Mittelpunkt, der das gemeinsame Leben bestimmt. Können Sie sich an diesen Moment noch erinnern? Oder können Sie ihn sich vorstellen? – Der heutige Predigttext beschreibt die Folgen des Glaubens ähnlich tiefgreifend. Was das eine mit dem anderen gemein hat, darum soll es heute gehen.

Literatur: *Christoph Burchard*, Der Jakobusbrief (HNT), Tübingen 2000; *Hubert Frankenmölle*, Der Brief des Jakobus (ÖTK), Gütersloh 1994; *Franz Mußner*, Der Jakobusbrief (HThK), Freiburg im Breisgau/Basel/Wien 1981.

Gerald Kretzschmar

IV Entgegnung: Warten und Geduld haben es in sich

Warten heißt nicht, tatenlos herumsitzen, und Geduldigsein heißt nicht, vor Missständen die Augen zu verschließen. Warten und Geduldüben im Horizont der Wiederkunft Christi drängen in Taten, schon hier und heute aus der Welt eine bessere Welt zu machen. Diese Gedanken von A sprechen mich an. Gleichzeitig frage ich A zurück: Wie kann mir, wie kann unseren Zeitgenossinnen und Zeitgenossen dieses aktive Warten gelingen? Denn Warten und Geduld haben es in sich. Schnell fallen mir biografische Situationen ein, wo es gelungen ist, zu warten und geduldig zu sein; genau so schnell erinnere ich mich aber auch an Erfahrungen des Scheiterns. Meine Überlegungen zur Predigt kreisen daher um das Phänomen des Wartens. Und zwar in anthropologischer, aber auch in theologischer Sicht.

V Erschließung der Hörersituation: Warten und Geduld neu in den Blick nehmen

Weite Teile der Bevölkerung leben in der Adventszeit auf die Weihnachtsfeiertage zu. Der Modus dieser Wartezeit ist allerdings keiner der Besinnung: Das gesellschaftliche Leben ist von Hektik geprägt. Klassenarbeiten kurz vor Halbjahresende in den Schulen, Vorbereitungen für die Weihnachtstage in den Familien, noch fertig zu stellende Projekte oder Jahresabschlüsse im Beruf. Es herrscht Geschäftigkeit wie zu keiner anderen Zeit im Jahr. Und auch das gehört zu dieser besonderen Zeit: Der Blick auf die Zeit nach Weihnachten präsentiert schon die neuen »To-Do's«. Als existenzielle Lebenserfahrung, auf die sich die

Predigt bezieht, dient somit nicht eine besinnliche Adventszeit, sondern eher so etwas wie das Leben und Arbeiten in einem Hamsterrad, dem die Menschen in modernen Leistungsgesellschaften nicht entrinnen können: ein Leben in Stress, unter Handlungsdruck und unter vielfältigen Anforderungen.

In diese existenzielle Situation spielt der Predigttext das Thema Warten auf eine bemerkenswert passende Weise ein. Der Verfasser des Jakobusbriefes hat nämlich kein lineares Verständnis von Warten in dem Sinn, dass ich auf etwas warte, das dann nach einer mehr oder minder langen Zeitspanne in Erfüllung gehen wird. Ihn beschäftigt nicht die Frage, wie seine christlichen Zeitgenossinnen und Zeitgenossen angesichts einer Parusieverzögerung die Zeit bis zur Wiederkunft Christi gut und sinnvoll gestalten können (vgl. Burchard, 203). Vielmehr betrachtet der Verfasser des Jakobusbriefes das gesamte Leben als Wartezeit. Wenn er vom Warten spricht, stellt er sich die Frage, wie Christinnen und Christen ihrem Glauben im Leben Ausdruck verleihen können. Der theologische Bezugs- und Orientierungspunkt für eine christliche Lebensführung ist der Glaube an die ewige Gemeinschaft mit Gott in einem neuen Himmel und einer neuen Erde. Der Verfasser des Jakobusbriefes stellt bei seinen Überlegungen zum Warten als Grundform christlicher Existenz die Kategorie der Geduld in den Mittelpunkt.

In meiner Predigt nutze ich den Kasus des zweiten Advents, um über das Warten und das eng damit verbundene Thema der Geduld nachzudenken. Warten und Geduld sind fester Bestandteil unseres Lebens. Leistungsfähigkeit und Aktivität sind nur möglich, weil es Zeiten des Wartens und der Geduld gibt. Doch Warten im Spannungsfeld von Geduld und Ungeduld kommt im Leben auf ganz unterschiedliche Weise vor. Lebenspraktisch machen Menschen mit dem Warten sowohl Erfahrungen des Gelingens, aber auch des Scheiterns (vgl. Josuttis, 13). So weit die anthropologische Sicht. Die theologische Perspektive integriert das anthropologische Ambivalenzphänomen des Wartens. Hier ist der Gedanke leitend, dass all unser Handeln, sei es in Geduld oder in Ungeduld, in Gottes Hand liegt. So gesehen gibt es aus theologischer Sicht kein richtiges oder falsches Warten. Am Ende werden nicht wir es sein, die unser Handeln zur Vollendung führen, sondern Gott. Denn Gott ist derjenige, der auf uns wartet, weil er mit Tod und Auferstehung Jesu Christi bereits an dem Ziel steht, an dem er uns nach unserem irdischen Leben in seine Arme schließen wird. Und das ganz unabhängig davon, wie viel uns im Leben gelungen oder auch misslungen ist. Dieses Warten Gottes befreit Menschen im Modus des Glaubens dazu, ihrerseits zu warten und geduldig zu sein – und das nicht nur im Advent. Warten und Geduld gehören zu den Ausdrucksweisen christlicher Existenz. Sie eröffnen die Möglichkeit, sich selbst, die Mitmenschen und die gesamte Schöpfung verantwortungsvoll wahrzunehmen und entsprechend zu handeln. An dieser Stelle des Gedankengangs kommt das Weihnachtsfest ins Spiel. Es erzählt den Beginn der Lebensgeschichte Jesu, die davon handelt, wie Gott sich in Gestalt seines Sohnes ein Menschenleben lang geduldig Zeit genommen hat, in Liebe für uns Menschen da zu sein.

VI Predigtschritte: Warten und Geduld – der Versuch lohnt sich

Wenn der Gedankengang der Predigt dazu führt, dass die Hörerinnen und Hörer im dahinrauschenden Alltag ein wenig häufiger innehalten und etwas geduldiger mit sich und anderen sind, dann ist das Ziel der Predigt erreicht. Die Predigt soll keine Phantasie einer schwärmerischen Gelassenheitskultur als einer dem christlichen Glauben perfekt entsprechenden Lebensform entfalten. Ich möchte lediglich zeigen: Wir können – sprichwörtlich gesagt – nur wachsen und gedeihen, wenn wir immer wieder im Leben geduldig warten. Dazu befreit uns Gott.

In meiner Predigt spreche ich den Advent als vorweihnachtliche Wartezeit an. Ich frage: Wie genau warten wir? Mein Resümee lautet: Wir warten sehr geschäftig, sehr ungeduldig.

Jetzt gehe ich auf den Predigttext ein. Ich schildere, dass es hier nicht um ein Warten geht, das ein baldiges Ende haben wird, sondern um Warten in Geduld als Kennzeichen christlichen Lebens.

Ich frage: Welche Erfahrungen machen wir in unserem Leben mit Warten und Geduld? Im Modus des exemplarischen Ich schildere ich ambivalente Erfahrungen, die Menschen mit dem Warten und der Geduld machen: zuversichtliches/hoffnungsloses Warten; Warten mit dem Gefühl der Sicherheit/verzweifeltes Warten; zum Ziel führende Geduld/zu lange Geduld; nützliche/schädliche Ungeduld usw.

Ich frage: Sprechen die ambivalenten Erfahrungen mit dem Warten und der Geduld nicht dagegen, im Leben überhaupt zu warten und geduldig zu sein? Mit dem Predigttext ermutige ich dazu, es mit dem Warten und der Geduld zu versuchen.

Als theologischen Grund für diese Ermutigung nenne ich Gottes Güte. Beim Warten und beim Geduldigsein müssen wir nicht perfekt sein. Es reicht, es immer wieder zu versuchen. Schon dadurch kann aus dieser Welt eine bessere Welt werden. Und am Ende sind nicht wir es, sondern Gott, der einen neuen Himmel und eine neue Erde erschaffen wird.

Am Ende der Predigt beziehe ich meine Predigtgedanken auf das bevorstehende Weihnachtsfest.

Werkstück Predigt (Schluss)

Vielleicht denken Sie jetzt: »Was hat diese Predigt mit Advent und Weihnachten zu tun?« Tatsächlich: Ich habe grundsätzliche Dinge über Warten und Geduld gesagt. Über Dinge, die man dabei richtig oder falsch machen kann. Ich habe über die Freiheit geredet, die Gott uns zum Warten und zur Geduld schenkt. Ich habe dazu ermutigt, im Alltag immer wieder ganz bewusst einmal zu warten und geduldig zu sein. Weil das Ausdruck unseres christlichen Glaubens sein kann. Weil es uns und unseren Mitmenschen gut tut. Was hat das mit dem Weg auf Weihnachten hin zu tun? Ich verrate es ihnen: An Weihnachten feiern wir die Geburt Jesu. Diese Geburt war der Beginn einer Lebensgeschichte, in der Warten und Geduld eine besondere Rolle spielten. Die Lebensgeschichte Jesu erzählt von einem Menschen, der gewartet hat und geduldig war. Er war geduldig, mit den Pharisäern und Schriftgelehrten; er hastete nicht übers Land, sondern nahm sich Zeit für diejenigen, die am Rand der Gesellschaft standen – für Zöllner, für sozial geächtete Frauen; er ging zu Kranken, zu Aussätzigen, zu denen sonst keiner geht; und er wartete, als die Soldaten kamen, um ihn zu verhaften. Weil Jesus wartete, wurde die Welt, wurden wir erlöst. Ein für alle Mal. Darum passt es – so mein Gedanke –, heute am zweiten Advent zur Vorbereitung auf das Weihnachtsfest über das Warten und die Geduld zu predigen. Möge Gott uns allen immer wieder neu die Kraft und die Freiheit schenken, zu warten und geduldig zu sein. Amen.

Liedvorschlag: EG 152 »Wir warten dein, o Gottes Sohn«

Literatur: *Christoph Burchard*, Der Jakobusbrief (HNT), Tübingen 2000; *Manfred Josuttis*, Erleuchte uns mit deinem Licht. Gedanken und Gebete zu den Gottesdiensten des Kirchenjahres, Göttingen 2009.

3. Advent

Lukas 1,67-79:
Gelobt sei Gott!

Ralf Stroh

I Eröffnung: Erwartungsvoll leben aus erinnerter Hoffnung

Die Adventszeit mit ihrer gespannten Ausrichtung auf Weihnachten ist immer dreierlei zugleich. Sie ist die Erwartung dessen, was aussteht: die Weihnachtstage als religiös-kirchliches Fest. Für die einen bewusst als religiöses Fest erlebt und gelebt. Für die anderen einfach eine willkommene Unterbrechung des Alltags. Für die einen mal mit Vorfreude, mal mit Unwillen erwartete Familientage, für die anderen als Tage besonders bedrückender Einsamkeit erwartet und wieder für andere erwartet als Auftakt jener Zeit »zwischen den Jahren«, bevor ein neues Jahr beginnt. Schwebend zeitlose Tage, in denen einem die konkreten Wochentage abhandenkommen und Tage nur noch einfach Tage sind. Zugleich – und das ist der zweite Aspekt – ist in dieser je individuellen Erwartung der Weihnachtstage und des kommenden Jahres all das enthalten, was sie zu dieser konkreten Erwartung hat werden lassen. Das verbindet die adventliche Erwartung mit jeder menschlichen Erwartung. Erwartung ist immer auch Erinnerung: Erinnerung des vergangenen Jahres, des vergangenen Lebens, das in seinen Wirkungen gerade nicht vergangen, sondern höchst gegenwärtig ist mit all dem, was uns geschenkt oder genommen wurde, was wir versäumt oder getan haben – in diesem Jahr der Corona-Pandemie, aber auch schon zuvor. Und als diese erinnerungsvolle Erwartung, die in ihrer Erinnerung alles andere als rückwärtsgewandt, sondern zukunftsoffen ist, ist Erwartung drittens immer auch Vergegenwärtigung: Wahrnehmung, Erleben unserer selbst als Wesen, die jetzt leben, die nicht nur eine Geschichte haben, sondern eine Geschichte sind. Wesen, die nicht nur Gegenstand von Geschichten sind, sondern selbst ihre eigene Geschichte erzählen – nicht, indem sie sich selbst erfinden, sondern indem sie sich selbst finden, denn auch alle Fiktion intendiert Wahrheit: Was wird noch aus mir werden, aus mir und denen, die mir lieb sind; aber auch aus mir und allen, mit denen ich gemeinsam lebe, aus mir und der Welt im Ganzen?

Auch das Evangelium des Lukas beschreibt in diesem Sinne das Leben Jesu von Nazareth nicht als Fiktion im Sinne von Erfindung, sondern als Finden und Offenlegen der Wahrheit über Jesus als den Christus. Der Lobgesang des Zacharias (Lk 1,67 ff.), als Benedictus zum wesentlichen Bestandteil der Morgenliturgie geworden, ist – wie das ganze lukanische Doppelwerk aus Evangelium und Apostelgeschichte – ebenfalls durch den Dreiklang aus Vergegenwärtigung, Erinnerung und Erwartung gekennzeichnet. Das Neue, das mit Jesus beginnt und von Johannes, dem Sohn des Zacharias und der Elisabeth, angekündigt wird, steht nicht außerhalb der Zeit und aller menschlich-geschichtlichen Zusammenhänge, sondern eröffnet den unverstellten Blick auf den Sinn und das Ziel allen menschlichen Lebens und damit auch meines eigenen Lebens: ein Leben führen, das nicht einem blinden Naturgesetz unterworfen ist, sondern dem Gott Israels, dessen Wille Erlösung und nicht Knechtschaft ist, »dass wir, erlöst aus der Hand der Feinde, ihm dienten ohne Furcht unser Leben lang in Heiligkeit und Gerechtigkeit vor seinen Augen« (1,74 f.). Diese gewisse Erwartung bestimmt für den Evangelisten Lukas bereits die Gegenwart mit ihrem Fundament erinnerter Hoffnungen, die sich dem Glauben nicht als Wunschträume, sondern als feste Zusagen vergegenwärtigen.

II Erschließung des Textes: Hoffnung als eminent praktische Kategorie

Der Lobgesang des Zacharias gliedert sich in zwei Teile. Der *erste* Teil Lk 1,68-75 erinnert in der Art eines Lobpsalms an die bereits erfahrene Treue Gottes, der wahr macht, was er zusagt. Genau so, »wie er vorzeiten geredet hat durch den Mund seiner heiligen Propheten« (1,70). Ziel des göttlichen Heilshandelns, das Gegenstand des Lobes ist, ist für

Lukas nicht ein Zustand, in dem alle menschliche Aktivität an ihr Ende kommt, sondern ein besonders qualifiziertes menschliches Handeln: Gott dienen »ohne Furcht unser Leben lang in Heiligkeit und Gerechtigkeit vor seinen Augen« (1,74 f.).

Der *zweite* Teil des Lobgesangs Lk 1,76-79 adressiert Johannes, den neugeborenen Sohn des Zacharias. Indem er Zacharias seinen Sohn als »Wegbereiter« des Erlösers ansprechen lässt, integriert Lukas sowohl den erwarteten Erlöser selbst als auch das von diesem vermittelte Heil in den Lauf der Geschichte. »Das aufgehende Licht aus der Höhe« (1,78) vergleichgültigt gerade nicht alles irdische Leben, sondern bringt es zu seiner Bestimmung: »auf dass es erscheine denen, die sitzen in Finsternis und Schatten des Todes, und richte unsere Füße auf den Weg des Friedens« (1,79).

Zum »Wegbereiter« des Erlösers wird Johannes dabei nicht durch irgendwelche magischen Fähigkeiten, sondern dadurch, dass er »Erkenntnis des Heils« gibt (1,77). Es ist ein Bildungsgeschehen, das Johannes initiiert – allerdings, wie dessen späteres Auftreten erkennen lässt, ein umfassendes Bildungsgeschehen, das nicht intellektualistisch verkürzt ist, sondern den Menschen mit allen seinen Sinnen anspricht: mit Kopf und Herz, mit Haut und Haaren, mit aller Körperlichkeit und aller Beseeltheit. Das Heil betrifft den ganzen Menschen, genau so wie ja auch aller Kummer und aller Schmerz den ganzen Menschen ergreifen. Das erinnerte Leben, das unsere Gegenwart trägt und unsere Erwartungen ausrichtet, ist nie nur ein gedankliches Konstrukt, sondern immer eine konkrete leibhafte Erfahrung. Hoffnung ist keine theoretische, sondern eine eminent praktische Kategorie.

III Impulse: Das Leben ist bestimmt durch das, was sein wird

Neues gibt es für uns Menschen immer nur in geschichtlichen Zusammenhängen. Veränderung ist immer konkrete, geschichtlich verortete Veränderung. Die ersehnte Veränderung zum Besseren kann nur dadurch als tröstend und heilsam erlebt werden, dass sie uns gerade nicht aus unseren Lebenszusammenhängen herausnimmt, sondern nur dadurch, dass sie sich in genau diesen und keinen anderen Lebenszusammenhängen heilsam und tröstend, beglückend und erfüllend auswirkt. Gerade dadurch, dass es sich jetzt und hier vollzieht, überrascht uns das Glück und verblüfft es uns: die Liebe, die wir finden. Der Trost, der uns zuteil wird. Das Gelingen, das uns geschenkt wird. Das Unglück, das uns nicht in die Einsamkeit wirft, sondern Anteilnahme erfahren lässt und getragen werden kann. Das Glück lässt sich eben nicht einfach aus den gegebenen Umständen ableiten und vollständig erklären. Es ist ein Geschenk, ein Segen.

Exemplarisch führt das Lukas an den Geburtsgeschichten Jesu und Johannes' vor. Ein Kind gibt es nur als Kind einer bestimmten Mutter. Ein Kind wird immer in bestimmte Lebensumstände, in eine bestimmte Familie hinein geboren. Erwartet oder unerwartet, lang ersehnt oder unverhofft, mit jungen oder älteren Eltern, in ein gefestigtes soziales Umfeld oder in Zeiten der Krise und der Unsicherheit. Und zugleich ist dieses Kind niemals vollständig durch diese Umstände abschließend festgelegt – weder Jesus noch Johannes, weder ich noch du. Jeder Mensch und jede geschichtliche Situation ist zukunftsoffen, nicht abschließend determiniert durch das, was ist, sondern durch das, was sein wird. Dass diese Zukunft aber nicht als trostlos, sondern als heilvoll erhofft werden und gewiss sein kann, hat mit dem konkreten Gehalt der Erinnerungen zu tun, die Menschen sich vergegenwärtigen können, und damit, wer sich in diesen Erinnerungen als der machtvolle Autor jeder menschlichen Gegenwart wie Zukunft präsentiert – oftmals gegen den Augenschein und gegen die übliche Meinung. Für Lukas ist dies unbezweifelbar der treue Gott Israels, der sich selbst präsentiert hat als der »ich bin, der ich sein werde« (Ex 3,14).

Weil dies so ist, ist auch die Adventszeit mit ihrer gespannten Ausrichtung auf das Weihnachtsfest als das Fest der Geburt des Erlösers immer nur dadurch konkrete Erwartung, dass diese Erwartung eingebettet ist in die konkrete Erinnerungstradition der christlichen Frömmigkeit. Und deren Vergegenwärtigung ist unauflösbar eingebunden in die konkreten Lebenszusammenhänge hier und heute, deren konkreter Gehalt nur in ihrer Zukunftsoffenheit angemessen erfasst wird. Indem der Glaube eine von der Erinnerung getragene Zukunftsperspektive besitzt, vermag er in der Gegenwart zu orientieren – im Advent, aber auch zu allen übrigen Zeiten des Jahres.

Werkstück Predigt (Einstieg)
Liebe Gemeinde, inzwischen sind wir schon beim dritten Advent angekommen. Mit dem Advent beginnt das Kirchenjahr. Und es beginnt gleich mit einer großen Vorfreude auf das Fest, dem wir uns mit Siebenmeilenstiefeln nähern. Der Vorfreude auf Weihnachten, das Fest der Liebe. Der Kontrast könnte kaum größer sein zwischen den Gefühlen und Erfahrungen, die am Ende des Kirchenjahres zur Sprache kommen – an Volkstrauertag, Buß- und Bettag und Ewigkeitssonntag – und dem hellen Kinderlachen der Krippenspiele und der Friedensbotschaft des Christfestes. Manchmal scheint es uns, als lägen Welten zwischen der düsteren Gefühlswelt des Novembers und der so ganz anderen Stimmung der Adventszeit.

Und doch erhalten all unsere Hoffnung und Sehnsucht, die mit dem Weihnachtsfest einen so prominenten Ort der Besinnung gefunden haben, nur dadurch ihre besondere Bedeutung, dass sie sich aus den Erfahrungen und Gefühlen der ganzen Fülle unseres Lebens speisen. Nur weil das Leben uns zumutet, Lasten zu tragen, hat unsere Hoffnung Gewicht. Wir vergessen nicht, was hinter uns liegt, wenn wir uns nach vorn ausrichten. Ganz im Gegenteil gibt uns erst die Erinnerung die besondere

Richtung unserer Hoffnung vor – unserer Hoffnung für uns selbst wie für die Welt im Ganzen. Als Beispiel dafür möchte ich heute zu Ihnen von Zacharias sprechen, dem Vater des Johannes, den man den Täufer nennt, und von dem Lukas in unserem heutigen Predigttext erzählt.

Literatur: *Agnes Bidmon*, Denkmodelle der Hoffnung in Philosophie und Literatur. Eine typologische Annäherung, Berlin/New York 2016; *Michael Wolter*, Das Lukasevangelium, Tübingen 2008.

Doris Gräb

IV Entgegnung: Aufatmen nach einer Zeit des erschrockenen Schweigens

Erinnerung – Erwartung – Vergegenwärtigung: So konzentriert – oder reduziert – A den poetischen und mit vielerlei Schrifthinweisen reich ausgestalteten Hymnus des Zacharias. Mit nüchternem Verstand kann ich dem folgen – und möchte gleichzeitig doch widersprechen: Wie? Das ist unsere Botschaft am 3. Advent? Geht es nicht auch anders, zu Herzen gehender, die Herzen berührender?

Wie kann das Benedictus mit all seinen Zitaten und verschlungenen thematischen Anspielungen so konkret werden, dass es uns wirklich angeht? Sprachlos wurde Zacharias, nachdem ihm der Engel die Geburt eines Sohnes angekündigt hatte. In Schockstarre war er gefallen. Wie kann einem betagten Ehepaar noch ein Kind geschenkt werden? Wie kann so etwas möglich sein?

Doch es wird tatsächlich wahr: Elisabeth wird schwanger, Johannes wird geboren. Und aus Zacharias brechen Freude und Dankbarkeit geradezu heraus: Gelobt sei Gott! Das sind seine ersten Worte, nachdem sich seine Zunge wieder gelöst hatte. Und dann reichert er sein »Gelobt sei Gott« an mit den Erinnerungen an all die Wohltaten, die Gott seinem Volk bereits erwiesen hat und die auch den Weg des neugeborenen Johannes als den Wegbereiter eines noch viel Größeren begleiten und prägen werden. Gelobt sei Gott! Jetzt! Ein Aufatmen nach einer Zeit des erschrockenen Schweigens.

V Erschließung der Hörersituation: Die Nacht ist vorgedrungen

Schockstarre. Erschrockenes Schweigen: Ich möchte offenlassen, wie diese Begriffe in der Predigt am 3. Advent zu füllen sein werden. Zu vieles ist unabsehbar. Was mich beim Schreiben jetzt im Juni bewegt und mich immer wieder schier sprachlos macht, lässt sich nicht ohne weiteres in die Adventszeit transportieren.

Aber die Frage bleibt: Werden wir am 3. Advent in ein erleichtertes »Gelobt sei Gott« einstimmen – und aus tiefstem Herzen aufatmen können? Nicht mehr erschrocken über das, was war, was uns widerfahren ist? Tatsächlich dankbar dafür, dass wir durch Krisen hindurchgetragen wurden und wieder reden – und sogar singen können? Ähnlich wie das Volk Israel in seiner langen und wechselvollen Geschichte? Und werden wir angesichts all unserer Erinnerungen dann auch voller Freude vorausschauen können auf die Geburt des Krippenkindes, den Sohn des Allerhöchsten?

An einer Stelle des Hymnus wird das geradezu überschwängliche Gotteslob des Zacharias mit den Erinnerungen an den gnädigen Gott, der seine Zusagen wahr gemacht hat und sie auch in der Zukunft wahr machen wird, etwas verhaltener, nämlich dort, wo vom aufgehenden Licht aus der Höhe die Rede ist. Jene Zeit, in der die Finsternis schwindet und das Licht des neuen Tages aufscheint. Licht und Finsternis – es ist das ewig bleibende Thema im Advent. Deswegen die in jedem Jahr wiederkehrende Freude auf das Licht, auf die Lichter, die doch immer noch viel mehr sind als nur Kitsch und Konsum. In den Adventslichtern spiegelt sich die bleibende Sehnsucht, dass die dunklen Realitäten dieser Welt und manchmal auch unseres eigenen Lebens nicht die alleinige und alles beherrschende Wirklichkeit sind. Da ist noch mehr! Da scheint etwas auf, sogar in denen, die »sitzen in Finsternis und Schatten des Todes.«

Die unvergleichliche Spannung zwischen Finsternis und Licht, die den Anbruch des Tages noch in einem merkwürdigen Zwischenzustand hält, ist in vielen Texten der Bibel und auch in vielen Liedern Symbol für Gottes »Besuch«, für unsere Erfahrungen mit Gott in unserem Leben und in unserer Welt. Vermutlich deswegen hat man bei der Revision der Perikopenordnung dem bisherigen Wochenlied zum 3. Advent, das sich ganz auf die Gestalt des Täufers konzentriert (EG 10 »Mit Ernst o Menschenkinder«), ein zweites zur Auswahl hinzugefügt, nämlich Jochen Kleppers »Die Nacht ist vorgedrungen, der Tag ist nicht mehr fern« (EG 16). Sehr verhalten nimmt Jochen Klepper die Lichtsymbolik auf. Da wird keine strahlende Weihnachtssonne besungen, sondern allenfalls der Morgenstern, der unübersehbar das Ende der Nacht vor allem denen ankündigt, die in der Finsternis, in ihren Tränen und Ängsten gefangen sind und denen weder ein Wort noch ein Ton zu entlocken sind.

Gelobt sei Gott? Wird sich die Zunge lösen können aus dem erschrockenen Schweigen? »Auch wer zur Nacht geweinet, der stimme froh mit ein, der Morgenstern bescheinet auch deine Angst und Pein.« Jochen Klepper wusste um die Dunkelheiten des Lebens. Das Lied, im Jahr 1938 geschrieben, spiegelt bereits seine Ängste und Sorgen, die ihn im Jahr 1942 dann in den Abgrund stürzen ließen. Weit entfernt ist sein

Lied von allem betörenden Lichterglanz, von ungebrochener vorweihnachtlicher Freude auf das, was kommt. »Gott will im Dunkel wohnen, und hat es doch erhellt...« – Nein, es ist noch längst nicht alles gut. Der Schock ist, anders als bei Zacharias, noch nicht ganz gewichen. Nur leise, nur ganz verhalten hebt er den Blick hinauf zu dem hellen Stern, der auch noch in die tiefste Dunkelheit hineinzudringen vermag. Und er wagt es sogar, noch weiter zu schauen, bis zum Stall von Bethlehem, in dem das Kind zur Welt kommt, das allem Leid, aller Schuld, aller Sprachlosigkeit ein Ende machen wird: »Ihr sollt das Heil dort finden, das aller Zeiten Lauf von Anfang an verkündet, seit eure Schuld geschah...«

Diese Ambivalenz ist es, die auch uns am 3. Advent prägen wird und in unserer Predigt zum Ausdruck gebracht werden will.

VI Predigtschritte: Gelobt sei Gott – ein leises oder auch kräftiges Aufatmen

1. Gelobt sei Gott! Das Benedictus des Zacharias gehört neben dem Magnificat und den beiden Verkündigungsgeschichten zum großen Präludium des Lukasevangeliums, das uns schließlich zur Weihnachtsgeschichte hinführt. Lukas ist nicht nur ein großer Maler, sondern auch ein begnadeter Schreiber, ein großer Zusammendenker von Worten und Geschichten. Gelobt sei Gott! Es sind die ersten Worte, nachdem sich die Zunge des Zacharias wieder gelöst hatte. Er atmet auf – und erinnert sich in seinem Aufatmen an Gottes Gnadentaten gegenüber seinem Volk, die ihn wiederum auf das vorausschauen lassen, was noch aussteht, die Geburt des Erlösers, des Sohnes des Allerhöchsten.

2. Können wir ungebrochen einstimmen? Da sind Krisenerfahrungen, die uns manchmal verstummen lassen. Der Zustand der Welt im Großen und im Kleinen: Er verhindert ein ungebrochenes »Gelobt sei Gott«. Allenfalls ein allmähliches Aufatmen. Ein leises »Gott sei Dank«.

3. Eben diese Spannung spiegelt sich in Jochen Kleppers Lied: »Die Nacht ist vorgedrungen« (EG 16). Es ist das Wochenlied an diesem 3. Advent – und das nicht ohne Grund. Der Widerstreit von Nacht und Tag – von Dunkelheit und Licht: Wir finden ihn eben auch im Benedictus, wo Zacharias vom aufgehenden Licht aus der Höhe in der Frühe des Morgens singt, das auch die berührt, die in Finsternis und im Schatten des Todes sitzen. Mit eher leisen Tönen will uns Jochen Klepper aufmerksam machen auf das, was ist, und auf das, was kommt. Und vor allem darauf, dass sich, ungeachtet dessen, was um uns herum auch an Schwerem und Dunklem sein mag, das Licht immer wieder durchsetzt und die Herzen zu erleuchten vermag.

Werkstück Predigt (Einstieg)

Liebe Gemeinde!

Es ist ein altes Lied, das an diesem 3. Advent unser Predigttext sein soll. Zacharias singt es, und vermutlich haben wir die einzelnen Sätze gar nicht bis ins Einzelne verstanden. Aber so geht es uns ja manchmal mit den Liedern. Doch ihren Grundton, ihre Stimmung, die können wir aufnehmen, viel leichter als die einzelnen Worte.

Ein freudiges »Gelobt sei Gott!« bricht als erstes aus Zacharias heraus, nachdem er die Sprache wiedergefunden hat. Zuvor nämlich ein erschrockenes Schweigen angesichts dessen, was ihm der Engel angekündigt hatte: Elisabeth, deine Frau, wird dir einen Sohn gebären und du sollst ihm den Namen Johannes geben. Da versagen dem betagten Zacharias die Worte. Zumindest so lange, bis das Kind Johannes tatsächlich das Licht der Welt erblickt hat und dem Vater dann sein Loblied von den Lippen kommt.

Gelobt sei Gott! Kein erschrockenes Schweigen mehr. Kein Verstummen angesichts all dessen, was uns heute beschwert, was uns umgetrieben hat in den vergangenen Wochen und Monaten. Da ist noch mehr! Schaut hinauf! Schaut hinüber! Das aufgehende Licht aus der Höhe – an jedem neuen Morgen ist es da und weist uns zeichenhaft darauf hin, dass es das Leben auch gut mit uns meint.

Schaut hinauf, zum Morgenstern, der uns dessen gewiss macht, dass die Nacht mehr und mehr weicht. Und der uns nicht zuletzt den Weg zum Stall von Bethlehem weist. Schaut hin auf die drei Kerzen auf dem Adventskranz. Sie zeugen von einem anderen, einem guten Vorzeichen vor unserem Leben.

Gelobt sei Gott! Denn er hat besucht und erlöst sein Volk.

Es klingt schon so weihnachtlich. Und wir spüren doch, wie dringend wir das alles brauchen: Wie sehr wir uns sehnen nach dem Licht aus der Höhe, nach dem Besuch Gottes im Stall von Bethlehem, nach dem Kind, für das Johannes nur der Wegbereiter sein soll und das unsere Füße auf den Weg des Friedens setzen will.

Ausdrücklich empfehlen möchte ich den Vorschlag der Perikopen-Kommission, das Benedictus von mehreren Sprecherinnen lesen zu lassen.

Literatur: *Ulrike Wagner-Rau,* Umständlicher Bericht über eine Erdenfahrt, in: Predigtstudien V/1 (2012/2013), Freiburg im Breisgau 2012, 13–16.

4. Advent

I Mose 18,1-2.9-15:

Da kommt noch was!

Ulrike Wagner-Rau

I Eröffnung: Woran denken die Alten?

Zwei alte Menschen stehen im Zentrum der Geschichte. Und vor allem ältere Menschen werden vermutlich auch an diesem 4. Advent in der Kirche sein. Die anderen treffen noch die letzten Vorbereitungen für das Fest, schreiben Karten, machen Besuche, nehmen sich vor, vier Tage später, am Heiligabend, zum Gottesdienst zu kommen. Die Älteren hingegen haben Zeit, denken zurück an frühere Jahre, in denen so viel zu tun war in diesen Wochen vor Weihnachten. Jetzt ist das vorbei. Aber die Erinnerungen sind stark.

Sara und Abraham – zwei alte Menschen. Was mag sie beschäftigen? Sie haben viel hinter sich: einen langen Weg der Migration durch fremde Länder, schwierige Ehegeschichten, die Trennung vom Bruder und seiner Familie, über lange Jahre hinweg vergebliche Versuche, ein Kind zu bekommen. Man kann sich vorstellen, dass ihre Gedanken oft in die Vergangenheit schweifen. Dankbarkeit und Trauer mischen sich. Sie wissen, was ihnen alles nicht geglückt ist und was immer wieder weh tut. Gott war ihr Begleiter. Er hat ihnen viel versprochen. Hoffnung und Zuversicht auf eine gute Zukunft haben sie durch schwere Tage hindurchgetragen. Aber was soll jetzt noch kommen? Auf jeden Fall der Tod in nicht allzu ferner Zukunft. Das ist gewiss. Aber sonst? Haben sie noch etwas zu erwarten?

II Erschließung des Textes: Ein Kind – trotz alledem

Dass einem alten Paar die überraschende Ankündigung einer Geburt widerfährt, kennen wir aus dem Lukasevangelium. Elisabeth und Zacharias geht es ebenso. Aber die Geschichte vom göttlichen Besuch bei Abraham und Sara in Mamre hat doch ihren ganz eigenen Charakter. Die Erzählung ist Teil eines Sagenkreises über die Stammeltern des Südens, der vermutlich die älteste Schicht der Abrahamsüberlieferung bildet (vgl. Fischer, 339–341). Dies ist jedenfalls die Meinung eines größeren Teils der Forschung. Ein hervorstehendes Merkmal dieser Erzählungen (Gen 12,10-20; 16; 18,1-15; 20; 21; 23) ist die Bedeutung der Frauengestalten in ihrem Zusammenhang – dies freilich in einem patriarchalen Kontext. Der Wert der Frauen hängt an der Fähigkeit, einen Sohn zu gebären. Das Motiv, das die Geschichten miteinander verbindet, ist das Versprechen von Nachkommenschaft und die wiederholte Gefährdung seiner Erfüllung.

Gen 12 erzählt, wie die junge Sara, die – obwohl auf ihrer Gemeinschaft mit Abraham die Verheißung ruht – von ihrem Mann an den Harem des ägyptischen Pharaos übergeben, sodann aber von Jahwe gerettet wird. »[D]as Eingreifen JHWHs für Sara [ist] nicht nur als Rettung einer wehrlos preisgegebenen Frau zu verstehen, sondern als Bewahrung seiner Verheißungsträgerin!« (Fischer, 348) Aber auch in den folgenden Jahren, so Gen 16, wartet das Paar vergeblich auf Nachkommen. Sara ist unfruchtbar. Sie ergreift jetzt die Initiative, um – vermittelt über ihre Sklavin Hagar – ein Kind herbeizuschaffen. Jedoch der Versuch scheitert; denn Hagar flieht vor der demütigenden Behandlung durch Abraham und Sara. Ihr Sohn Ismael wird zwar von Gott gerettet, aber das Erzelternpaar bleibt kinderlos zurück, mittlerweile in hohem Alter. In diese Situation trifft die Erzählung Gen 18,1-15, in der dem Paar erneut ein Sohn verheißen wird. Ehe sich die Verheißung mit der Geburt Isaaks endlich erfüllt (Kap. 21), gibt es allerdings ein weiteres retardierendes Zwischenspiel: Sara wird nochmals an einen anderen Mann preisgegeben und erneut gerettet (Kap. 20).

»Die Botschaft ist eindeutig: Obwohl Gott treu zu seinen Verheißungen steht, mangelt es doch am langen Atem, die Erfüllung zu erwarten, und man handelt nach eigenen Plänen. (...) Der Abraham-Sara-Kreis ... konfrontiert den Leser und die Leserin mit Kleinglauben und Preisgabe.« (Fischer, 354) In diesen Geschichten zeigt sich nicht nur eine dunkle Kehrseite der Glaubenstreue Abrahams, die in den späteren Schichten der Überlieferung hervorgehoben wird, sondern auch Sara ist Opfer und Täterin zugleich.

Der Predigttext ist kunstvoll konstruiert: Die Leserin weiß vom ersten Vers an, dass Abraham und Sara Besuch von Gott erhalten, diese selbst sind aber ahnungslos. Sie folgen den Regeln der Gastfreundschaft, als die drei Männer bei ihnen auftauchen. Wie die drei im Einzelnen zu identifizieren sind, bleibt unklar. Ist es Gott mit zwei Boten? Lehnt sich die Erzählung hier an ähnliche Motive in der religionsgeschichtlichen Umwelt an? Für die Predigt ist das nicht erheblich. Jedenfalls ist in diesen Dreien Gott repräsentiert. Abraham lässt Wasser bringen, damit sie sich die Füße waschen können. Sara backt Brot, ein Kalb wird geschlachtet. Die Gäste werden aufs Beste versorgt, so, wie es üblich ist.

Nach dem Essen folgt die Szene, in der sich die Gäste als Gottesboten erweisen, indem sie ankündigen, dass Sara in Jahresfrist einen Sohn gebären wird. Daraufhin kommt Sara nicht nur als Brotbäckerin, sondern als Dialogpartnerin ins Spiel: Zwar steht sie hinter der Tür, aber als sie lacht, reagiert Gott. Zunächst teilt er ihr vermittelt über Abraham mit, dass seine Verheißung ernst zu nehmen sei. Schließlich – als sie ihr Lachen erschrocken leugnet – wendet er sich direkt an sie: »Du hast gelacht«

(V. 15). Das hier benutzte hebräische Verb für »lachen« kehrt im Namen des verheißenen Sohnes, Isaak, wieder (vgl. Mühling). Auch in Gen 21,6 wird es gebraucht, hier kausativ im Sinn von »Gott hat mich lachen lassen« (vgl. Michel). Die Szene zeichnet also eine Sara, die zwar alt, aber dennoch sehr lebendig ist, mit Witz und sexuellen Phantasien begabt. Zugleich hat sie auch Züge einer resignierten Frau, die nicht mehr daran glauben kann, dass ihr noch eine Schwangerschaft widerfährt.

Was kann man erwarten und worauf kann man hoffen? Die meisten Menschen bleiben handlungsfähig und lebendig auch dann, wenn schwere Erfahrungen ihren Weg belasten. Die Möglichkeit der Resignation steht zwar hinter der Tür, nicht nur das fröhliche, sondern auch das bittere oder mindestens ungläubige Lachen, aber ebenso gibt es den Mut, hervorzutreten, sich dem Kommenden zu öffnen und etwas Neues zu beginnen. Enttäuschungen bleiben wohl in keinem Leben aus. Aber dann erscheint Unerwartetes, kommt es zu einer überraschenden Begegnung oder eine Aufgabe tut sich auf, mit der vernünftigerweise nicht zu rechnen war. Freilich muss man solche Überraschungen einzuladen und zu bewirken wissen, wenn sie sich zeigen. Spezifisch menschlich sei, so Hannah Arendt, »die aus dem Handeln sich ergebende Verantwortung für die Welt, die anzeigt, daß Menschen zwar sterben müssen, aber deshalb noch nicht geboren werden, um zu sterben, sondern im Gegenteil, um etwas Neues anzufangen, solange der Lebensprozeß das eigentlich personal-menschliche Substrat, das mit ihnen in die Welt kam, nicht zerrieben hat. (...) Daß man in der Welt Vertrauen haben und daß man für die Welt hoffen darf, ist vielleicht nirgends knapper und schöner ausgedrückt als in den Worten, mit denen die Weihnachtsoratorien die ›frohe Botschaft‹ verkünden: ›Uns ist ein Kind geboren.‹« (Arendt, 316 f.) Nicht an den Tod zu glauben, sondern an die Möglichkeit, Neues zu erfahren und hervorzubringen, so lange man lebt, das ist auch die Botschaft der Philosophin.

III Impulse: Der lange Bogen der Erwartung

Die Vorweihnachtszeit ist eine Zeit, die von Erinnerungen durchzogen ist. Wie es früher war, das ist Thema in vielen adventlichen Geschichten. Und es ist Teil der individuellen Erinnerung, die in diesen Tagen den Menschen näher ist als in anderen Zeiten.

Auch die Geschichten von Abraham und Sara können in der Predigt so erzählt werden, dass sie Erlebtes in der Geschichte der Hörenden wachrufen: der lange Bogen von Erwartungen und Enttäuschungen, von Gottesfürchtigkeit und ungeduldigen Aktionen auf eigene Faust, von immer wieder erwachendem Vertrauen in die Geburt des Neuen und der zugleich wachsenden Resignation. Was soll noch kommen, wenn der Tod näherrückt?

Auf diese Frage gibt die Geschichte eine klare Antwort: Mit jedem Moment des Lebens kann etwas Neues beginnen. Dieses Versprechen ist unabhängig vom Alter und hartnäckiger als die schmerzlichen Verluste und Niederlagen. Da kommt noch was! Manchmal will man darüber lachen – bitter, spöttisch oder einfach belustigt, wenn man die Realität ehrlich wahrnimmt. Aber wenn das Versprechen trotzdem laut wird, die Möglichkeit sich zeigt und neues Leben sich ankündigt, dann ist es gut, die Tür weit zu öffnen und den Tisch üppig zu decken.

Literatur: *Hannah Arendt,* Vita activa oder: Vom tätigen Leben, München 1981; *Irmtraud Fischer,* Die Erzeltern Israels. Feministisch-theologische Studien zu Genesis 12-36, Berlin/New York 1994.

Internet: *Andreas Michel,* Art. Isaak, in: Wibilex, https://www.bibelwissenschaft.de/stichwort/21862/; *Anke Mühling,* Art. Sarai/Sara in: Wibilex, https://www.bibelwissenschaft.de/stichwort/26065/, beide abgerufen am 31.05.2020.

Julia Koll

IV Entgegnung: Was gibt's da zu lachen?

»Mit jedem Moment des Lebens kann etwas Neues beginnen.« – Das ist für mich der Spitzensatz in A's Annäherung an den Predigttext. Die Geschichte der lachenden Sara wird als Einspruch gegen Resignation und Hoffnungslosigkeit nachgezeichnet. Die Geburt eines Kindes ist die eindrücklichste Form des Neuen, von dem Hannah Arendt schreibt. Geboren werden aber auch Ideen, tiefe Einsichten, eine neue Liebe, eine Gelassenheit, die ich mir nie zugetraut hätte. »Da kommt noch was!« Diese Erwartung will A besonders den alten Menschen ans Herz legen. Im letzten Viertel oder Fünftel ihres Lebens sind ihnen ihre Erinnerungen näher als der Blick nach vorn.

Zugleich bezieht A die so detailreich erzählte Szene, dieses Urbild der Gastfreundschaft, auf unseren Umgang mit dem Neuen in jeglicher Form. Bin ich bereit, der Verheißung entgegenzugehen, mich ihr zu öffnen und sie zu nähren? Ein schöner, überzeugender Gedanke!
Nicht zuletzt weil er erlaubt, der kleinen Erzählung selbst noch etwas nachzugehen. Bis vor kurzem ist sie in unseren Leseordnungen unberücksichtigt geblieben; umso erfreulicher, dass sie im Zuge der Perikopenrevision als Frauengeschichte einen angemessenen liturgischen Ort gefunden hat. Sara ist in den Kapiteln zuvor immer wieder aufgetreten –

nicht nur als stumme Frau an Abrahams Seite, sondern auch als Akteurin im Umgang mit ihrer Sklavin Hagar. Die Verse 12 bis 15 aber wirken viel direkter und intimer. Bezeichnend finde ich dabei, wie sich Saras Erstaunen in V. 12 artikuliert: Nicht Schwangerschaft und das Leben mit Kind gehen ihr zuerst durch den Sinn, sondern Lust und Liebe. Anders übrigens als bei Abraham, dem Gott in Gen 17,16 schon einmal dasselbe Versprechen gegeben hat. Anders auch als in V. 13 zitiert – Gott hat offenbar nicht richtig hingehört… oder das Gelächter falsch interpretiert. Denn Sara lacht. Diese Notiz ist für mich das Eigentümlichste und Besondere dieser kleinen Szene. Was steckt in diesem Lachen? Dieser Spur möchte ich weiter folgen.

II Erschließung der Hörersituation: Juchzet, frohlocket?

Der 4. Advent ist der Sonntag der Vorfreude. Vier Tage vor Weihnachten ist die festliche Atmosphäre meist schon mit Händen zu greifen, und anders als an den vorausgegangenen Adventssonntagen lässt sich dieser naheliegende Grundton auch im liturgischen Proprium wiederfinden. Dabei rechne ich an diesem Sonntag durchaus nicht nur mit Seniorinnen und Senioren. Vielerorts finden Singegottesdienste oder Baumschmück-Aktionen für die ganze Familie statt. Und außerdem: Die Alterskohorten der 70-, 80-, 90-Jährigen sind heutzutage genauso heterogen und ausdifferenziert wie der Rest der Gesellschaft. Die eine bricht mehrmals im Jahr in die weite Welt auf. Der andere setzt sich im Couchsessel zur Ruhe. Die Bereitschaft, Veränderung zu erwarten und sich auf Neues zu freuen, lässt sich nicht am Alter festmachen. Das hat sich in diesem Jahr auch im Umgang mit der Corona-Pandemie eindrücklich gezeigt. Wohl dem, der in einer solchen Krise mit Phantasie für die Zukunft begabt ist und sich traut, auf ein gutes Ende zu hoffen – und sei es gegen den Augenschein. Lachen ist nicht nur ein Thema, das Menschen unterschiedlichster Generationen berührt. Es könnte sich erstaunlicherweise gerade mit Blick auf die kollektiven Erfahrungen dieses Jahres als passend erweisen, denn Lachen kann viel mehr und auch ganz anderes sein als ein Ausdruck von Freude.

Die klassische phänomenologische Analyse des Lachens stammt von Helmuth Plessner. Er sieht darin »unbeherrschte und ungeformte Eruptionen des gleichsam verselbständigten Körpers« (Plessner, 225). Lachen ist keine Kulturtechnik, es kommt über mich und ist kaum steuerbar. Diese körperliche Dynamik bringt die »Bibel in gerechter Sprache« deutlicher zum Ausdruck, indem sie das hebräische Verb für »Lachen« mit »Juchzen« übersetzt. Ausgelöst wird das Lachen oder Juchzen nicht selten durch eine Kontrasterfahrung: Etwas passt nicht zusammen, ist nicht zu fassen – so wie bei Sara, die die Worte des Gastes hört und ernst nimmt und der plötzlich etwas Unglaubliches vor Augen steht.

Die südafrikanische Alttestamentlerin Juliana Claassens meint deshalb in Gen 18 »karnevalistische Untertöne« ausmachen zu können. Im Karneval, so Claassens im Anschluss an Mikhail Bakhtin, erlaube es das Gelächter, die offizielle Weltsicht in Frage zu stellen und sich von ihr zu distanzieren. Lachen wird also zu einer Praxis des Transzendierens – »a hopeful reminder that no structure is permanent« (Claassens, 297). Lachen ist mithin eine vitale Reaktion auf in Bewegung geratene Wirklichkeit. Die Welt um mich herum entpuppt sich als viel weniger statisch als gedacht – und im Lachen komme auch ich in Bewegung, viel mehr z. B. als beim Sprechen.

Ist Saras Juchzen also wirklich Ausdruck ihres Zweifels? Gerhard Marcel Martin deutet es genau umgekehrt: »Nur weil Sara sich dem Widerspruch zwischen ihrer realen Existenz und der für genauso real gehaltenen Verheißung aussetzt, weil sie ihn zulässt und auf sich wirken lässt, lacht sie.« (Martin, 283)

Bei aller Ambivalenz lässt sich doch festhalten, dass das Lachen oft freudig getönt ist. So steckt auch in Saras Lachen schon eine Lust an diesem Unfassbaren, ein Hauch von Vorfreude und Ausgelassenheit. Ähnlich haben die ersten Mauerstürmerinnen und -stürmer am 9. November 1989 gelacht. So lachen manche politisch Gefangene, wenn sie aus ihrer Haft entlassen werden. Und in Ansätzen lässt es sich auch tagtäglich bei Gewinnspielen im Radio erleben, wenn die Gewinner ihr Glück kaum fassen können.

III Impulse: ... du wirst schon sehen!

»Jauchzet, frohlocket« – in normalen Jahren erschallt in vielen Kirchen landauf, landab Johann Sebastian Bachs Weihnachtsoratorium schon an den Adventswochenenden. Wird uns kurz vor Weihnachten 2020 zum Lachen, Jauchzen oder Juchzen zumute sein? Mit Sara tritt an diesem Sonntag eine Urahnin Marias auf, die sich zu juchzen traut. Ihre unmittelbare Reaktion klingt neugieriger und stärker als Marias nüchternes »Mir geschehe, wie du gesagt hast«. Sind auch wir bereit, einem Versprechen zu trauen, dessen Erfüllung alles andere als sicher ist?

»Lach' ruhig weiter, du wirst schon sehen...« – so hat Gerhard Marcel Martin die Gottesrede in V. 13 f. frei interpretiert (Martin, 284). In diesen Worten bleibt die Ambivalenz spürbar, die Saras Lachen kennzeichnet: Das Nicht-Fassen-Können, die aufkeimende (Vor-)Freude, die bleibende Erwartung. Vermutlich wird diese Gemengelage auch vielen Predigthörenden vertraut sein.

So möchte ich das Lachen als eine zutiefst körperliche Weise beschreiben, auf eine in Aussicht gestellte Freude zu reagieren. Zugleich steckt darin schon etwas von dem, was verheißen ist. Welche schönen Aussichten würden mich denn staunen lassen und meine Vorfreude wecken? Einige davon sollte die Predigerin ausmalen: Nach der Pandemie gelingt ein Umbau der Wirtschaft hin zu mehr Klimaschutz. Auf den Feldern tummeln sich allmählich wieder Insekten und Singvögel, die vom Aussterben bedroht waren. – Nach einer langen Trauerphase findet die Nachbarin von gegenüber einen neuen Partner und blüht auf wie ein junges Mädchen. – Ein Weihnachtsfest, das in einen festgefahrenen Familienkonflikt heilsame Bewegung bringt...

Dabei sollte die Predigerin der Versuchung widerstehen, lustig sein zu wollen. Nota bene: Das Lachen kommt über mich, erst recht das heilige Lachen! Es ist nichts, was ich mir vornehmen oder anderen verordnen kann. Ein Ziel könnte es viel eher sein, etwas von der lustvollen und neugierigen Atmosphäre anklingen zu lassen, die Sara in V. 12 umgibt – und so die Zuhörenden »bei sich selbst« ins Juchzen zu bringen.

Werkstück Predigt (Einstieg)

Sie blecken die Zähne und machen seltsame Geräusche. Sie japsen und jauchzen, quieken und tirilieren. Sie tönen im Staccato oder Glissando. Es sieht eigentümlich aus und hört sich auch so an, und doch macht es die Menschen meistens schöner, wenn sie lachen. Es gibt das höhnische Lachen und das höfliche. Das Lachen kann mir im Halse stecken bleiben. Ich kann mich zum Lachen zwingen, dann ist es falsch.

Das wahre Lachen aber kommt über mich. Es ereilt mich, steckt an und schüttelt mich. Das wahre Lachen ist mehr als ein Ho-ho, es feiert alle Vokale dieser Welt. In diesem Sound stecken Ja und Auja, Gutmütiges, Übermütiges und Erstaunen. Und nicht nur der Mund lacht, sondern auch die Augen, der Hals, das Zwerchfell, der Bauch, der ganze Mensch. Mir widerfährt Gutes. Ich kann es nicht fassen und nicht für mich behalten.

Wie wird wohl Saras Lachen geklungen haben?

Literatur: *Juliana M. Claassens*, Laughter and Tears: Carnivalistic Overtones in the Stories of Sarah and Hagar, Perspectives in Religious Studies 32 (2005), 295–308; *Gerhard Marcel Martin*, Zur Idee einer Theologie des Lachens. Eine Skizze nach vorn (1996), in: Ders., Lebensräume – Gottesräume. Praktisch-theologische Themenfelder in enzyklopädischer Perspektive, Stuttgart 2017, 278–294; *Helmuth Plessner*, Lachen und Weinen. Eine Untersuchung der Grenzen menschlichen Verhaltens, in: Ders., Gesammelte Schriften VII, Frankfurt am Main 1982.

Heiligabend (Christvesper)

Jesaja 11,1-10:
Weihnachten, enthusiastisch zu feiern

Frank M. Lütze

I Eröffnung: Seltsam unirdische Gerechtigkeit

In der Mitteldeutschen Zeitung fand sich im November 2011 ein Bild von Krippenfiguren für eine lebensgroße Krippe auf dem Hallenser Weihnachtsmarkt. Darunter die Bildunterschrift: »Angekommen sind auf dem Markt neben dem Weihnachtsbaum auch die ersten Märchen-Figuren«. Soll man lachen über die Verwechslung von Weihnachtsgeschichte und Schneewittchen? Oder sich aufregen über Spätfolgen staatlich-szientistischer Propaganda, der zufolge es »die« wissenschaftliche Weltsicht und daneben eben noch Religion mit ihren »Märchen« gibt? Vermutlich tut man gut daran, weder dem einen noch dem anderen Impuls zu folgen. Weihnachten ist ja nicht nur in volkstümlichen Traditionen Erzähl- und Märchenzeit.

Auch jene biblischen Überlieferungen, die die Perikopenordnung für die Christvesper vorsieht, kombinieren Erzählungen, Visionen und Traumbilder; dabei sind, wie Jes 11 zeigt, wenn nicht märchenhafte, so doch utopische Züge keineswegs ausgeschlossen. Die Schönheit und poetische Wucht, mit der hier das Bild vom gerechten Herrscher und seinem Wirken bis in die Natur hinein entfaltet wird, macht den Text zu einem solitären Kunstwerk, das – etwa als Lesung – gut für sich stehen kann. Darüber zu predigen darf nicht heißen, den Text zu zerteilen, ihn (womöglich sukzessive) auszulegen oder ihn gar in schlichte ethische Anweisungen umzumünzen. Möglich ist aus meiner Sicht nur ein neuer Text als Echo auf eine biblische Perikope, deren utopischer, unweltlicher – oder besser: gegenweltlicher – Charakter nicht verloren gehen soll.

II Erschließung des Textes: Einer, der Mensch und Schöpfung zurechtbringt

Die Vision vom gerechten Spross Isais wird im Neuen Testament sporadisch auf Jesus von Nazareth bezogen (etwa 2 Thess 2,8, Röm 15,12 oder Offb 5,5). Vollends eindeutig macht die Perikopenordnung daraus einen christologischen Text, wenn sie Jes 11 für den zweiten Christtag (so bis 2017) bzw. für die Christvesper vorsieht. Eine Predigt am Heiligabend kann diesen Bezug kaum ausblenden, darf ihn freilich auch nicht künstlich in einen Text projizieren, der nur in einem bestimmten Sinn christologisch anschlussfähig und darum hier zunächst in seiner Eigenheit wahrzunehmen ist.

Schaut man sich die Vision vom gerechten Herrscher in Jes 11 an, wird schnell deutlich, dass man weit mehr über ein Amt als über eine konkrete Person erfährt. Der Text liest sich im Grunde wie eine Stellenbeschreibung (die in mehr als einer Hinsicht der Beschreibung des assyrischen Königs in Kap. 10 antitypisch gegenübergestellt ist): Der Kommende wird Gerechtigkeit durchsetzen. Er wird unparteiisch und den tatsächlichen Umständen angemessen richten (man mag bei »nicht nach dem, was seine Augen sehen« an 1 Sam 16,7 denken); er wird das Recht der Benachteiligten stärken; er wird Gewalttätige wirksam in die Schranken weisen, dabei selbst allein sprachliche Macht gebrauchend. Zwar werden damit nach altorientalischem Verständnis klassische Königstugenden beschrieben und wird der Kommende in die Tradition des judäischen Königshauses eingezeichnet (ob, wie manche Exegeten meinen, die Rückführung auf Davids Vater das Scheitern der Davididendynastie voraussetzt, sei dahingestellt); doch bleibt der Text so zurückhaltend im Blick auf die amtsausübende Person, dass nicht zu klären ist, an welche historische Situation und Gestalt gedacht wird (vgl. Beuken, 305). Ohnehin geht die Initiative, wie V. 2 deutlich macht, nicht von einem klugen Subjekt, sondern von Gottes Geist aus, der den Angekündigten erfüllt und der so stark in ihm präsent scheint, dass die Grenzen zwischen Himmel und Erde partiell verschwimmen: »Gerechtigkeit« und »Treue« als Epitheta (V. 5) sind Begriffe, die sonst nur Gott zukommen.

Die Vision einer gerechten Welt, auf der sich niemand auf Kosten des anderen entfaltet, wird im anschließenden Motiv vom Tierfrieden in poetisch dichter Form fortgesetzt. Paarweise werden Räuber- und Beutetiere (bzw. in V. 7 Kinder und Schlangen) einander zugeordnet in friedlicher Koexistenz: Schöpfung wird zu ihrem Recht gebracht, so, wie sie einst gemeint war (vgl. V. 7c mit Gen 1,30!), erfüllt von der Gegenwart Gottes (V. 9) wie am ersten Schöpfungsmorgen. Zugleich strahlt die Gerechtigkeit über das Gottesvolk hinaus, wie der (wohl redaktionelle) V. 10 in Aufnahme der Völkerwallfahrt zum Zion (Jes 2) deutlich macht.

III Impulse: Remembering the future

1. Eine Predigt über Jes 11 am Heiligen Abend kann von einem Bezug auf das Weihnachtsgeschehen kaum absehen. Will man nicht das volkstümliche, freilich vom Kontext V. 3–5 kaum ablösbare Motiv vom Tierfrieden

isoliert aufnehmen und als Bild vom Weihnachtsfrieden interpretieren (was manche Krippendarstellungen tun, wenn neben Herdentieren auch Bären an die Krippe eilen), bieten die Geisterfüllung des Kommenden sowie das Herstellen von Gerechtigkeit bzw. das Zu-Recht-Bringen der Schöpfung (EG 36,5!) weihnachtliche Motive, die freilich nach vorne weisen: Nicht das Kind in der Krippe, sondern der erwachsene Jesus, der, von Gottes Geist geleitet, Menschen die bessere Gerechtigkeit (Mt 5,20) lehrt, rücksichtslose Selbstentfaltung in die Schranken weist und Benachteiligte zu ihrem Recht bringt, kommt damit in den Blick. Es ist dieser (synoptische) Jesus, weniger der bei Paulus beschriebene Erlöser, auf den die alte Stellenbeschreibung aus Jes 11 zutrifft.

2. Die Vision von einer gerechten Welt, in der niemand mehr sich auf Kosten anderer entfaltet, überschreitet den Rahmen des Vorstellbaren, wie die Bilder von paradiesischer Konvivenz zeigen: Raubtier und Beute leben friedlich nebeneinander. Auch in dieser Horizontüberschreitung passt ja der Text in gewisser Weise zu Weihnachten, einem Fest, das durch ein eigentümliches Ineinander von Erwartbarem und Überraschungsmomenten, von Realem und Surrealem gekennzeichnet ist. Alle Jahre wieder öffnet sich an Heiligabend der Himmel, verkünden Engel vom oben herab Frieden und werden auf den Kanzeln unirdische Gegenwelten in Szene gesetzt: Eine *Routine des Unerhörten*, ein Paradoxon, das Bölls Kurzgeschichte »Nicht nur zur Weihnachtszeit« wunderbar in Szene setzt. Für eine Heiligabendpredigt, eingeklemmt zwischen Krippenspiel und Stille Nacht, kann diese Festtagsroutine fatal sein: Sie droht aus Jes 11 ein Weihnachtsmärchen mit ethischer Empfehlung zu netterem Miteinander zu machen, in etwa das, was man vom Heiligabend erwartet und danach wieder vergisst. Wie kann demgegenüber aus der Imagination von Schöpfung, wie sie einst gemeint war, eine »Erinnerung an die Zukunft« (Joannis Zizioulas), eine gegenüber dem Status quo »gefährliche Erinnerung« (Johann Baptist Metz), werden, die der Lebensentfaltung auf Kosten anderer den Boden entzieht und, inspiriert vom Geist Jesu, Lust auf eine bessere Gerechtigkeit macht?

3. Die Verbindung von Gerechtigkeits- und Schöpfungsmotiven in Jes 11 lässt an aktuelle Nachhaltigkeitsdebatten denken. Allerdings hat sich bei genauerem Hinsehen die argumentative Verbindung beider Themenbereiche umgedreht: Während Jes 11 imaginiert, dass gerechte menschliche Verhältnisse auf die Natur abfärben, wird umgekehrt gegenwärtig der Umgang mit natürlichen Ressourcen auch zu einer Frage der Gerechtigkeit gegenüber nachkommenden Generationen. Immerhin kann man, wenn man eine »ökologische« Auslegung präferiert, gemeinsam mit Jes 11 an der Hoffnung festhalten, dass irgendwann nicht nur menschliche Verhältnisse, sondern auch die seufzende Schöpfung (Röm 8,18-22) zurechtgebracht wird. Brutale Formen der Lebensentfaltung auf Kosten

Anderer wird man dabei gegenwärtig weniger für Prädatoren im Tierreich als für Menschen in ihrem Verhältnis zu natürlichen Ressourcen und Mitkreaturen konstatieren.

Literatur: *Willem A. M. Beuken*, Jesaja 1-12. Unter Mitwirkung und in Übersetzung aus dem Niederländischen von Ulrich Berges (HThKAT), Freiburg im Breisgau/Basel/Wien 2003.

Wilfried Engemann

IV Entgegnung: Ein gutes Gewissen und Enthusiasmus

Die Feier des Weihnachtsgeschehens im Horizont der Erfahrungen *dieses* Textes anzubahnen läuft auf klare Positionierungen hinaus. In der Predigt wird's »zur Sache gehen«. Hinter den weit ausgreifenden Visionen dieses Textes steht ja ein entschlossenes: »So nicht mehr! Wir haben es satt! Wir haben aber auch Visionen und Ideen, wie es anders sein könnte!« Die über weite Strecken von mangelnder Einsicht, ehrgeizigem Machtstreben und sozialer Gewissenlosigkeit geprägte Politik aus vorexilischer Zeit hat nicht nur die *Sehnsucht* nach einer Wende genährt; den hochgeschossenen Erwartungen ist inzwischen, zumal bei den Intellektuellen des Landes, die *Entschlossenheit* zur Seite getreten, sich nun auch entsprechend der gewachsenen »Erkenntnis des Herrn« (V. 9) – d.h. auch der Erkenntnis der Wahrheit und des Durchblicks auf die Dinge, wie sie sind – zu verhalten. Dazu gehört es einerseits, den »Stock seines Wortes« und den »Hauch seines Mundes« (V. 4) in Aktion zu sehen, was das eigene Agieren – das Reden des Propheten ebenso wie die Stimme des Volkes – selbstverständlich einschließt. Dazu gehört es andererseits aber auch, die eigene Religiosität mit einer visionären Grundstimmung zu verbinden, in gewisser Hinsicht: »enthusiastisch« zu sein, um erfüllt und beseelt davon reden zu können, wohin man will – und damit zu sagen, wer man ist.

Die von A als Predigtperspektive ins Spiel gebrachte »Nachhaltigkeitsdebatte«, besser gesagt, der *Enthusiasmus* Hunderttausender Jugendlicher, die ihr »So nicht mehr!« auf den Straßen und Plätzen der Welt artikulieren und allen Ernstes *glauben*, dass man »damit« aufhören *kann*, ist ein gutes Beispiel für die Wirksamkeit einer enthusiastischen Glaubenshaltung: Ihre Quelle wird *gleichzeitig* aus *der Erfahrung der Unerträglichkeit* bestimmter Zustände (Leid), aus *dem Verständnis ihrer Ursachen* (Wissen), aus dem *Respekt vor der eigenen Erkenntnis* (Gewissen) und einer neuen *Wertschätzung bzw. Neuinterpretation bewährter Traditionen* gespeist. Diese Gemengelage ist übrigens typisch für die Anbahnung revolutionärer Ideen und entsprechende, von einer neuen Epoche kündende Manifeste, von denen uns mit diesem Text ein klassisches Musterexemplar präsentiert wird.

Allerdings kommt es darauf an – für die Rezeption der Predigt hängt wirklich sehr viel davon ab –, den Anwesenden mit solchen Erfahrungen, Einblicken und Einsichten kein schlechtes Gewissen zu machen, ihnen nicht zum soundsovielten Male um die Ohren zu schlagen, dass es (Gott) zu wenig gewesen sei, was jeder Einzelne (z. B. in Sachen Nachhaltigkeit) unternommen habe. Im Gegenteil! Ein »Manifest« – wie dieser Text eines ist und wie die Predigt eines werden könnte – ist kein Sündenspiegel. Es gilt, den zumal in einer Christvesper zum Gottesdienst versammelten Menschen *ein gutes Gewissen* zu machen, eines, das sie ganz bei der Sache sein lässt, das ihnen Hingabe und die Erfahrung der Leidenschaft ermöglicht im Blick auf das, worauf sie enthusiastisch zugehen, worauf sie sich »werfen«, woraufhin sie leben, was sie für erstrebenswert halten, wofür sie zu »kämpfen« bereit sind.

V Erschließung der Hörersituation: Eine Stellenbeschreibung für jedermann

A hat sachkundig bilanziert, dass als Protagonist dieses Geschehens kein als konkrete Person identifizierbarer Held ins Spiel gebracht wird, sondern dass sich das Ganze wie eine »Stellenbeschreibung« für einen weisen und gerechten Herrscher liest, der sich erst noch finden muss. Was in dieser »Stellenbeschreibung« steht, kann freilich nie und nimmer einfach von oben angeordnet oder herrschaftlich eingeräumt werden; es geht um eine *Daseinskultur* bzw. um Lebensformen, die deswegen funktionieren, weil viele sie sich *zu eigen* gemacht haben. Den Lesern dieses Textes wird vor Augen gestellt, worauf die von ihnen eingenommene Haltung der »Gottesfurcht« (V. 1–2) hinausläuft, darauf nämlich, dem eigenen Gewissen zu folgen: Die sich schließlich durchsetzenden Veränderungen werden nicht vom »Establishment« der Macht angebahnt, nicht von den scheinbar »alternativlos« überlieferten, inzwischen ausgedient habenden Herrschaftsstrukturen Davids und Salomos. Der aufschäumende Enthusiasmus für ein neues Konzept gemeinsamen Lebens bzw. eines religiös stimmig erscheinenden Daseins kommt *von unten*, aus der völlig unbedeutenden »Wurzel Jesse«, von Leuten mit Stallgeruch, die allerdings von Gerechtigkeit, Solidarität und Friedfertigkeit beseelt sind (V. 4–9).

Die Kunst einer Predigt mit *diesem* Text ausgerechnet vor der *Kulisse des Stalls* von Bethlehem wird unter anderem darin liegen, den Anwesenden jene »Stellenbeschreibung« nicht als Dienstanweisung, sondern *indikativisch als Beschreibung ihrer »Stelle«*, ihrer Stellung in der Welt, als Ausdruck der Reichweite *ihres* Glaubens, *ihrer* Liebe und *ihrer* Hoffnung zu vermitteln. Die, die da sind, sind – wie seinerzeit die Hirten und die Weisen – genau die Richtigen für den Neuaufbruch zu Bedingungen, unter denen wir schon leben.

In religionsgeschichtlicher Hinsicht besticht dieser Text durch die Bezeugung der Situation eines »enthusiastischen Erwachens« (vgl. Eßbach, 392–402). Er spiegelt ein aus einem neuen, »intensiven Werteerleben« (Eßbach, 29) heraus verfasstes Programm, das auf echte historische Erfahrungen reagiert: auf politische Frustrationen und soziale Ungerechtigkeiten, auf existenzielle Erschütterungen, auf religiöse Ernüchterung und den Plausibilitätsverlust einer Theologie, die auf Sieg gesetzt hatte, ohne die permanente Bedrohung durch starke Gegner abwenden zu können. Religionssoziologisch gesprochen: Nachdem die Intellektuellen Israels erfahren haben, wohin sie mit der alten Staatsreligion gekommen sind, denken sie nun darüber nach, mit welchen Prämissen und Visionen sie ab jetzt über die Runden kommen könnten, was sie glauben – kurz: wie sie künftig ihre Religion *leben* wollen.

Hierfür bietet der Stall von Bethlehem ein ausgesprochen beredtes Ambiente. Menschen müssen Jahrhunderte später wiederum einen sehr großen Teil ihrer üblichen Vorstellungen zur Durchsetzung von Interessen, zur Illustration von Macht, zur Präsentation von Autorität usw. hinter sich gelassen haben, um die Geschichte von einem Kind in einem Fressgestell für Schafe begeistert als Manifest eines wünschenswerten In-der-Welt-Seins in Umlauf zu bringen. Ist dieser durchaus religiöse Enthusiasmus etwas für uns enthusiasmusgeschädigte Westeuropäer?

VI Predigtschritte: Sich darauf besinnen, wer man sein will

Die Perikopenrevisionskommission hat gewiss eine gute Entscheidung getroffen, dieses Manifest, zuvor gut beim 2. Weihnachtstag versteckt, nun als Predigttext auf den Heiligabend zu verlegen und ihn damit noch zentraler zu stellen. Wie können wir mit ihm predigen, wenn wir die oben skizzierten Prämissen zu Text und Situation gelten lassen?

1. Statt den Eindruck zu erwecken, beim Handeln aus Glauben ginge es darum, alles Menschenmögliche noch richtiger, besser und gründlicher zu machen, sollten bei den Anwesenden zunächst Vorstellungen und Werte aufgerufen werden, die ihnen längst lieb und teuer sind, Aussichten, die sie im Leben motivieren, Optionen, von denen sie aus guten Gründen nicht abrücken. Dass sie Christen sind, ist ja schon Ausdruck bzw. Folge der Visionen, von bzw. mit denen sie zu leben gelernt haben. Sie machen das Leben reich und tief. Sie sind der magische Gegenpol zu den Frustrationen. Auf Liebe, Vertrauen, Zivilcourage, Vergebung, Nachsicht, Solidarität, Friedfertigkeit, Demut usw. zu setzen gehört zur Praxis von Enthusiasten: Sie sind nicht aus Gehorsam so, sondern weil sie wissen, was gut für sie ist – und weil sie anders als *mit* diesen Visionen nicht leben wollen.

2. Wer das tut, dem bleiben Enttäuschungen bis hin zu Leiderfahrungen nicht erspart. Wer den »Stock seines Wortes« zu gebrauchen weiß, stößt rasch auf Widerstand. Der norwegische Bischof Eivind Berggrav (1884–1959) schrieb den Lutheranern ins Stammbuch, nicht zu vergessen, dass ihre klaren – ihrem Gewissen und ihren begründeten Visionen und Hoffnungen folgenden – *Worte* und das daraus resultierende *Leiden* die einzigen probaten »christlichen Waffen« seien (Berggrav, 308), die den Zielen dienten, für die sie eingesetzt werden – für eine menschliche Welt.

3. Diese Werte und Präferenzen, Haltungen und Visionen, die sich in einem derart enthusiastischen Fest wie Weihnachten und seinem Evangelium manifestieren, haben auch dann Gewicht und Bedeutung, wenn ihre »Erfüllung« immer wieder fraglich erscheint. Wir haben sie ja nicht nur, um Ziele zu erreichen, sondern auch, um sagen zu können, wer wir sind. Sie zu erinnern bedeutet, sich der eigenen Identität zu vergewissern und darauf zu besinnen, wer man – seinem Gewissen und seinen Visionen folgend – sein will.

Werkstück Predigt (Einstieg)

Liebe Gemeinde! Weihnachten ist ein enthusiastisch gefeiertes Fest. Wie könnte das anders sein angesichts der »Story«, die den Kern dieses Festes prägt: Wir feiern es in Erinnerung an die Geschichte jener *Nacht*, die uns erzählt, wie Gott sich den Menschen *weihte*. »Weihen« sind ein Zeichen dafür, wie wichtig jemandem die Person oder Gruppe ist, mit der er sich durch die Weihehandlung verbindet, um sich künftig noch stärker von ihr in Anspruch nehmen zu lassen. Jemandem etwas oder gar *uns* weihen – das machen wir natürlich nur dann, wenn wir erwarten können, dass uns dieses Gegenüber, dem wir uns damit anvertrauen, auch wirklich gut tut. Von daher ist es verständlich, dass Weihnachten mit einem so starken Erwartungshorizont gefeiert wird.

In diese begründete Neugier sind wir auch selbst einbezogen – mit unseren Erwartungen an uns selbst: nicht nur unser Tun und Lassen betreffend, sondern unsere Person, unser Leben, unser Lebensgefühl betreffend – Erwartungen, die die Weihnachtsgeschichte mit ihren kühnen Optionen ja selbst befeuert! Was hat man den Menschen in der Geschichte der Religionen, die christliche eingeschlossen, nicht alles abverlangt und zugemutet, um ihnen, den Elenden, den nach Leben Hungernden, an sich selbst und der Welt Verzweifelnden, eine Gottesbeziehung zuzuerkennen: Opfer, Steuern, Mitgliedschaften, Rituale, Sakramente. Die Weihnachtsgeschichte schafft das alles nicht ab, aber sie erzählt – und dadurch wird sie zur subversivsten Geschichte des Neuen Testaments –, dass Gott das nicht braucht, um mit uns zu sein, sondern dass er sich ungefragt »hineinhängt«, sich selbst um seinen »Familienanschluss« kümmert – und dabei auch schon mal das Kind spielt.

Eine ähnliche Korrektur des Erwartungshorizonts wird im Predigttext aufgemacht, der sich stark von der etablierten Staatsreligion abgrenzt. (…)

Literatur: *Eivind Berggrav*, Der Staat und der Mensch, Hamburg 1946; *Wolfgang Eßbach*, Religionssoziologie 1: Glaubenskrieg und Revolution als Wiege neuer Religionen, Paderborn 2014.

Heiligabend (Christnacht)
Matthäus 1,18-25:
Gott mit uns

Johann Hinrich Claussen

I Eröffnung: Die traumhafte Wahrheit der Nacht

Die Nacht hält ihre eigene Wahrheit bereit, und die ist anders als die sonnenklaren Richtigkeiten des Tages, die sich begreifen und beweisen lassen. Sie ist nicht zu greifen und doch ergreifend, dunkel und licht zugleich, verborgen und offenbar in einem. Sie kann erschrecken, das übliche Dahinleben erschüttern und manchmal genau dadurch einen neuen Weg aufzeigen.

Eigentlich ist die Nacht zum Schlafen da. Und mancher wird recht müde sein, der zur Christnacht in die Kirche gekommen ist – müde vom Weingeruch, vom Rausch der Dinge, der Adventszeit, dem Fest, einem langen Jahr, all der Arbeit. Schön und warm kann solch eine Müdigkeit am Ende eines hohen Festtages sein. Die Gedanken werden ruhig und beginnen eigene Wege zu gehen. Träume werden wach.

In diesen Träumen, den im richtigen Schlaf empfangenen und den im müde umherschweifenden Sinnieren gesponnenen, kann eine eigene Wahrheit enthalten sein, eine Wahrheit der Nacht. Vergessenes und Verdrängtes treten in ihnen auf, Ersehntes und Vermisstes zeigen sich, Ängste finden lebendigen Ausdruck, Verbindungen werden gestiftet, die bei Tageslicht undenkbar wären. Eine Ahnung über die Grenzen unseres Begreifens mag in solchen Träumen aufleuchten, von einem letzten Grund und einem absoluten Ziel.

So werden sich viele Gottesdienstbesucher und -besucherinnen in der Christnacht ihre mal klaren, mal traumverlorenen Gedanken machen. Und sie werden diese mit ihrem eigenen Leben in diesem zu Ende gehenden Jahr verbinden. Denn Weihnachten ist eine kleine, aber bedeutsame Zeitenwende – besonders für die große Zahl derer, die über das Jahr nur selten, an Heiligabend aber ganz gewiss in die Kirche gehen. So nah am Ende des alten und am Anfang des neuen Kalenderjahres geht in der Christnacht der Blick der meisten zurück, und sie erinnern sich an Erlebtes und Erlittenes in diesem Jahr. Da ist 2020 in der Tat einiges vorgefallen, was viele Gottesdienstbesucher mit gemischten, sorgenvollen Gefühlen nun auf das neue Jahr schauen lassen wird. Jetzt sind sie gemeinsam da, in diesem mit Bilden, Worten und Klängen so aufgeladenen Raum, und können kaum anders, als ihre Lebenszeit vor dem Horizont des Ewigen zu bedenken – auf eine Weise, wie es an einem gewöhnlichen Tag nicht möglich wäre.

II Erschließung des Textes: Ein Traum am Scheideweg

Über die Weisheit von Perikopenrevisionskommissionen wird gern einmal gerätselt, zum Beispiel wenn sie unbekannte, versteckte und dazu schwer verständliche Bibeltexte für die nachmittäglichen Christvespern vorschlagen. Da sollte man doch schlicht über die Festlegende, die Weihnachtsgeschichte aus Lukas 2, predigen – was natürlich so schlicht nicht ist. Aber in der Heiligen Nacht, wenn es in der Kirche etwas ruhiger und nachdenklicher zugeht, kann man der Gemeinde auch die andere Weihnachtsgeschichte zumuten. Sie ist zwar deutlich weniger bekannt und lässt all die Requisiten vermissen, an die sich die traditionelle Weihnachtssentimentalität anknüpft: die Krippe, die Hirten, der Stern, die Engel, das traute, hochheilige Paar. Zudem ist sie genau genommen gar keine Weihnachts-, sondern eine Adventsgeschichte und darin eine Parallele zur Weihnachtsvorgeschichte in Lukas 1. So wie dort ein Engel zu Maria kommt, um ihr die wunderbare Geburt anzukündigen, erscheint hier ein Engel Joseph im Traum, um ihn über die befremdlichen Umstände der Schwangerschaft seiner Frau aufzuklären und zur Fürsorge für sie und das Neugeborene zu verpflichten. Über beiden Erzählungen steht ein »Fürchte dich nicht!« des Engels. Doch während Lukas diese Ereignisse in die zwei Lobgesänge der Maria und des Zacharias münden lässt, fehlt bei Matthäus solch ein Jubel – aus gutem Grund. Stattdessen endet die Perikope mit der nackten Feststellung der Geburt Jesu.

Im Zentrum dieser Weihnachts-/Nichtweihnachtsgeschichte steht ein Traum. Doch bevor man diese Perikope allzu träumerisch liest, sollte man sich vergegenwärtigen, was ihr vorausgeht und was ihr folgt. Vorgeschaltet ist ihr der Stammbaum Jesu – ein Text, den selbst bibliophilste Exegeten lieber überspringen. Dabei enthält er einen zentralen, verborgenen Hinweis, ohne den man den Traum Josephs nicht verstehen würde. Mich hat der großartige, wenn auch oft verstörende *graphic novel*-Autor Chester Brown darauf aufmerksam gemacht. In einem exegetischen Comic-Essay weist er auf den seltsamen Umstand hin, dass in dieser Genealogie neben all den Männern – Patriarchen und Könige darunter –, die sich anscheinend ohne weibliche Mitwirkung fortpflanzen, immerhin auch fünf Frauen genannt werden. Doch es sind allesamt Frauen, die den damaligen Moralvorstellungen nicht entsprachen: Tamar, die in ihrer Not als kinderlose Witwe ihren Schwiegervater Juda verführte; Rahab, eine »Hure« aus Jericho, die Israeliten das Leben rettete; Rut, die ihre Ehre aufs

Spiel setzte, um Boas zu gewinnen und ihre Schwiegermutter sowie sich selbst zu retten; Batseba, mit der David Ehebruch beging, um daraufhin ihren Mann in den Tod zu schicken; und schließlich Maria: eine junge Frau, die vor der Eheschließung mit ihrem rechtmäßigen Gatten schwanger geworden ist. Diese fünf bilden gemeinsam eine Linie moralisch verdächtiger und zum Teil fremdländischer Frauen, die dennoch in dieser Männergenealogie mit ihrem Namen verzeichnet sind. Denn mit ihnen, vor allem aber mit der letzten von ihnen, verbindet sich eine Verheißung.

Vor dem Traum steht die Gefahr der Entehrung einer Frau, der Beschämung eines Mannes sowie der Verstoßung von Mutter und Kind. Auf den Traum folgen eine Geburt in der Fremde, dann tödliche Pläne, Flucht, massenhafter Kindermord, Exil. Fast wäre das Neugeborene einem dieser Schrecken zum Opfer gefallen. Aber ein Traum sollte es retten. Denn in einem nächtlichen Traum erscheint ein Engel Gottes dem frommen Joseph, der am Tage darüber nachgedacht hatte, seine schwangere Verlobte zu verlassen, und stimmt ihn um. Er nimmt ihm seine Angst, bekräftigt die Bindung zwischen ihm und seiner Frau, ermutigt ihn, zu ihr und dem erwarteten Kind zu stehen, klärt ihn über den göttlichen Ursprung ihrer Schwangerschaft auf, kündigt ihm die Geburt eines einzigartigen Sohnes an, der sein Volk retten wird, leitet dies aus einem Wort der Heiligen Schrift ab, der Ankündigung eines Neugeborenen, in dessen Namen das große Heil ausgesprochen ist: »Gott mit uns«.

All dies in einem einzigen Traum – erstaunlich auch, dass Joseph sich im Moment des Erwachens an all dies erinnert und mehr noch diesen Traum zur Richtschnur seines Lebens macht. Er stand an einem Scheideweg: bei Maria bleiben oder sie verlassen, das Kind als Sohn annehmen oder dem Elend überlassen. Doch der Traum hat ihm die richtige Entscheidung eingegeben. Er wird als Ehemann und Vater seinen Fürsorgepflichten nachkommen, seine kleine Familie durch alle Gefahren hindurchführen. So hilft der vermeintlich Gehörnte einen göttlichen Heilsplan sicher auszuführen. Dazu hat ihn kein autoritärer Befehl, keine moralische Ermahnung bewegt, sondern ein nächtlicher Traum, der seine ganz eigene Wahrheit besitzt. Sie heißt: »Gott mit uns«.

III Impulse: Mein Traum – mein Gott – mein Weg

Wie viel soll man von dieser Geschichte und ihrem bibelkundlichen Hintergrund in dieser späten Predigt erzählen? Ich schwanke, weil es jetzt zwar nicht die Aufgabe sein kann, exegetische Unterweisungen zu erteilen, die Menschen aber bestimmt so vollgestopft mit aktuellen Deutungen und neuesten Prophezeiungen zur Post-Corona-Zeit sein werden, dass es gar nicht schaden kann, ihnen eine biblische Geschichte vorzustellen, in die sich vertiefen können wie in einem fernen Spiegel.

Dabei würde ich mich auf das Motiv des Traums konzentrieren, der seine eigene Wahrheit hat. Was sind meine Träume, was schaue ich in ihnen, was geben sie mir, wozu bewegen sie mich? Ausmalen würde ich den Traum Josephs, der zeigt, was ein heilsamer Traum enthalten und bewirken kann. Vor allem stiftet er eine furchtlose Gewissheit, zu der uns die taghelle Wirklichkeit kaum eine Tür weist: Gott mit uns. Dies ist ein Traum, wie der Glaube selbst ein Traum ist. Aber er ist kein Nachtgespinst, sondern führt in den Tag, all die dunklen Tage hindurch, auf den wir warten, vor denen uns graut. Und verweist uns an unsere Mitmenschen, unsere Familie, die Geliebten und die Freunde. So lässt er uns unsere Lebensaufgabe erkennen und mutig angehen. So wird dieser Traum Wirklichkeit – nein, verändert er diese.

Mir scheint, dass es in dieser Predigt besonders darauf ankommt, nach einem für viele schweren Jahr und vor einem für viele beängstigenden Jahr Zuversicht, Phantasie, Entschlossenheit und Gewissheit zu spenden. Das kann eine Predigt allein nicht leisten. Aber sie kann von einem Traum erzählen, der auch unser sein kann – ein Traum, der meinen müden Glauben an Gott aufweckt, meinem Leben eine sichere Ausrichtung gibt und den wir in dieser späten Stunde miteinander teilen.

Literatur: *Chester Brown,* Mary wept over the feet of Jesus. Prostitution and religious obedience in the Bible, Montreal 2016.

Matthias Lobe

IV Entgegnung: Die »eigene Wahrheit« des Traums

A stellt die »eigene Wahrheit« des Traums in den Mittelpunkt der mitternächtlichen Weihnachtsmeditation: ein Rückblick auf ein schwieriges Jahr in einer emotional aufgeladenen Situation, die nach Deutung und nach Vergewisserung verlangt. Den eigenen Traum zu empfangen, lehrt uns das Hören auf die Erfahrung, die der neutestamentliche Joseph gemacht hat. Ebenso wie der alttestamentliche Joseph empfängt er das Stärkende – Zuversicht, Phantasie und Entschlossenheit – nicht so sehr aus seiner eigenen Reflexion, sondern aus den Traumbildern, die ihm geschickt werden, bzw. die in ihm entstehen. Ganz im Sinne des Hölderlin-Worts aus dem Hyperion: »Ein Gott ist der Mensch, wenn er träumt, ein Bettler, wenn er nachdenkt« (im Jahr der 250. Wiederkehr des Geburtstags dieses eigensinnigen Dichters und Denkers sei hier auf ihn verwiesen).

Haben Träume eine Wahrheit oder sind sie Trugbilder? Die Wortgeschichte bringt das Wort »träumen« mit Trugbildern in einen Zusammenhang. Träume scheinen das Gegenteil von Realität zu sein. Wer träumt, den muss man wachrütteln. Er verpasst sonst die Wirklichkeit, also die Wahrheit. Nur im Schlaf darf man träumen, denn hier ist es unvermeidlich. Zwischen »wahr« und »unwahr« bewegt sich der Traum. Seine Wahrheit ist eingeschränkt, sie gilt nicht für alle, so wie etwa die Gleichung »1+1=2« für alle Menschen gilt. Mathematische Sätze, wissenschaftliche Aussagen haben eine allgemeine Wahrheit. Doch unwahr sind Träume deswegen noch nicht, denn sie sind Teil der Wirklichkeit, sie geschehen doch. Auch wenn sie keine Vernunftwahrheiten enthalten, sagen sie etwas über die Wahrheit einer konkreten menschlichen Existenz, nämlich deiner Existenz: »Du bist es, der diese Wirklichkeit nur kennt.« Oder mit den Worten des Dichters Cees Nooteboom gesprochen: »Träume sind wahr, weil sie geschehen, unwahr, weil niemand sie sieht, / außer dem einsamen Träumer, / in seinen Augen nur ihm zugehörig.« (Claussen, 217)

In diesem Sinne ist die »eigene Wahrheit« der Träume, von der A spricht, eine höchst individuell zugespitzte, nur mich selbst meinende Wahrheit. Anders als beim alttestamentlichen Traumdeuter Joseph fallen beim neutestamentlichen Träumer Joseph das Empfangen und das Deuten zusammen.

V Erschließung der Hörersituation: Die Geburtsgeschichte Jesu als religiöse Summe

Vergleicht man die Geburtserzählungen von Lukas und Matthäus, erschließt sich das Eigene unseres Predigtabschnitts am besten. Matthäus erzählt die Weihnachtsgeschichte auf seine Weise, und er erzählt sie für die Gebildeten. Das fängt schon damit an, dass Maria und Josef ihr Kind, wie es sich gehört, zuhause zur Welt bringen. Von einer Volkszählung ist nicht die Rede und ein Stall kommt auch nicht vor. Maria und Josef sind nicht reich, sie sind aber auch nicht arm.

Matthäus erzählt seine Geschichte als Weltereignis. Nicht irgendwelchen Hirten von nebenan wird hier eine Offenbarung zuteil, sondern den Weisen aus dem Morgenland. Und das war damals die Bildungselite. Der Orient war das geistige Zentrum der Welt: Da gab es Bibliotheken, Mathematik, Medizin und Philosophie auf höchstem Niveau. Die Schrift ist dort erfunden worden und auch die Astronomie, die Lehre von den Himmelskörpern – von den Sternen. Von dort kommen die drei Weisen. Es sind gelehrte Wissenschaftler, die behaupten, sie hätten aus der Sternenkonstellation die Geburt des Gottessohnes herausgelesen. Matthäus bemüht also die allerhöchsten Autoritäten – wahrscheinlich, weil er nur so glaubhaft machen kann, dass ausgerechnet in einem Dorf wie Bethlehem der Messias zur Welt gekommen sein soll. Und trotzdem wird ihn noch so mancher ausgelacht haben dafür.

Es gibt noch einen anderen Unterschied zur Weihnachtsgeschichte des Lukas. Die Version des Matthäus ist ein richtiger Krimi und ein ziemlich blutrünstiger noch dazu. Denn als dem König Herodes zu Ohren kommt, dass in Bethlehem der König der Juden geboren worden sein soll, bekommt er es mit der Angst zu tun. Er fürchtet um seine Macht. Und weil ihm niemand sagt, wo genau dieses Kind zu finden ist, schickt er seine Soldaten aus, um jedes Kind in seinem Reich, das jünger ist als zwei Jahre, umbringen zu lassen. Maria und Josef fliehen nach Ägypten und können ihr Kind nur mit knapper Not vor dem Gemetzel retten. Im Mittelpunkt der matthäischen Erzählung steht also nicht so sehr die Geburt des Kindes, sondern vielmehr dessen *wundersame Errettung*.

Und jetzt wird es spannend. Ob dieser Kindermord des Herodes nämlich tatsächlich stattgefunden hat, das ist mindestens umstritten. Es wäre ja zu vermuten, dass der Mord an Tausenden von Kindern in den Geschichtsbüchern seine Spuren hinterlassen haben müsste – dem ist aber nicht so. Wenn Matthäus es aber dennoch so erzählt, als sei es so gewesen, dann muss er dafür einen Grund gehabt haben. Und ein Grund war ganz sicher, dass Matthäus zum Ausdruck bringen wollte, dass dieses Kind in der Krippe, der Inbegriff der menschlichen Hoffnungen und Sehnsüchte, dass dieses Kind von Anfang an in höchstem Maße gefährdet gewesen ist und dass all das, wofür dieses Kind steht, immer gefährdet und in Gefahr sein wird. An diesem Kind scheiden sich die Geister. Die einen bringen Geschenke und beten an, die anderen wollen es töten. Sie bringen Hunderte, Tausende von Kindern um, aber dieses eine Kind bekommen sie nicht. Es steht für das »Gott mit uns«, das es selbst am eigenen Leibe gerade erfährt. Matthäus verbirgt so in seiner Geburtserzählung Jesu bereits die Erlösungstat Gottes, für die das Leben, Sterben und Auferstehen Jesu als Ganzes steht.

VI Predigtschritte: Folgt euren Träumen!

Werkstück Predigt (Einstieg)

Die Weihnachtsgeschichte des Evangelisten Matthäus erzählt die Rettung des gefährdeten Kindes. Und sie erzählt auch, wodurch diese Rettung möglich wird: Sie wird möglich durch Träume.

Am Anfang träumt Josef. Der hatte Maria eigentlich verlassen wollen. Er wollte Frau und Kind im Stich lassen, und das hätte beide in große Gefahr gebracht. Aber im Traum erscheint ihm ein Engel und der sagt zu ihm: »Fürchte dich nicht und nimm Maria zu dir, denn was sie empfangen hat, ist heilig.« Josef folgt seinem Traum und rettet damit Mutter und Kind das Leben. Später sind es die Weisen aus dem Morgenland, die träumen. Gott befiehlt ihnen im Traum, dem König Herodes nichts zu sagen von der Geburt dieses Kindes. Auch sie folgen ihrem Traum und schützen so das Kind vor seinem größten Feind. Schließlich träumt noch einmal Josef. Wieder ist es ein Engel, der zu ihm spricht, und wieder geht es um das Überleben dieses einen Kindes. Josef hört auf seinen Traum und flieht mit Maria und dem Jesuskind nach Ägypten. Hunderte von Kindern werden ermordet, aber dieses eine Kind überlebt. Es überlebt, weil die Menschen, denen es anvertraut war, ihren Träumen gefolgt sind. Es überlebt, weil der, der es umbringen wollte, nicht geträumt hat. Das also ist die Weihnachtsbotschaft des Matthäus: Folgt euren Träumen! Nehmt sie ernst! Fürchtet euch nicht vor diesem Kind! Es schenkt euch euer Leben neu, wenn ihr es bewahrt und beschützt!

Liedvorschlag: EG 32 »Zu Bethlehem geboren«.

Literatur: *Johann Hinrich Claussen (Hg.)*, Spiegelungen. Biblische Texte und moderne Lyrik, Zürich 2004; *Friedrich Hölderlin,* Hyperion, Leipzig 1999.

I. Weihnachtstag

Jesaja 52,7-10:

Können wir Gutes erwarten?

Ruth Poser

I Eröffnung: Wer kommt, wenn Gott zur Welt kommt?

Wer am ersten Weihnachtstag den Gottesdienst besucht, gehört wohl in aller Regel zum engeren Kreis. Vielleicht geht es in ihm in besonderer Weise (auch) um Menschen, die älter sind, alleine leben, die sich einsam oder »ortlos« fühlen, die Sinn und Orientierung suchen über die weithin als anstrengend und »stressig« empfundene Vorweihnachtszeit und den »erwartungs- (oft nicht: »erfüllungs-)behafteten« Heiligabend hinaus.

Dass der Predigttext Jes 52,7-10 vom 4. Adventssonntag auf den ersten Weihnachtstag gerückt ist, ist aus meiner Sicht ein gutes Zeichen. Es bietet, was das Verhältnis der Testamente betrifft, die Chance, aus dem »Verheißungs-/Erfüllungs-Schema« herauszutreten und deutlich zu machen, dass Gottes »Zur-Welt-Kommen« – und zwar als gegenwärtiges Geschehen! – zentrales Thema beider Bibelteile und somit der einen Schrift ist.

II Erschließung des Textes: Paradox(olog)ien

Der Entstehungskontext des Teils der Jesajaschrift, der nach einer (kollektiven?) anonymen Verfassergestalt auch Deuterojesaja genannt wird (Jes 40-55.60-62), wird zumeist in der zweiten Hälfte des sechsten vorchristlichen Jahrhunderts im babylonischen Exil vermutet.

Unter den in zweiter und dritter Generation im Exil Lebenden (von den 597 und 587 v. Chr. Deportierten selbst waren vermutlich schon viele gestorben) hat sich »eine resignative und verzweifelte Stimmung ... ausgebreitet (...). Der Klage über und dem Protest gegen die Zerstörung Jerusalems und des Tempels sowie den Verlust der Eigenstaatlichkeit Judas ist mit der Zeit eine Einstellung unter den Exilierten gefolgt, in der sie die Überlegenheit der babylonischen Religion, Kultur, Zivilisation, Wissenschaft und Politik über die hergebrachten Traditionen des Glaubens an JHWH anzuerkennen bereit waren. Sie erscheinen im Begriff, sich in Babylon einzurichten und der Faszination der babylonischen Hochkultur zu erliegen. (...) [D]ie Texte [werben] dafür, die durch die Politik des Perserkönigs Kyrus (558–530 v. Chr., R.P.) eröffnete Möglichkeit der Rückkehr nach Jerusalem wahrzunehmen.« (Jüngling, 400)

Es ist denkbar, dass Jes 52,7-10 den hymnischen Abschluss einer Deuterojesaja-Grundschrift von vor 539 v. Chr. (kampflose Einnahme Babylons durch Kyrus) darstellt, die durch die einander korrespondierenden Texte Jes 40,9-11 und Jes 52,7-10 gerahmt war. Die Verse 40,9 und 52,7 enthalten jeweils zweimal die insgesamt seltene »Boten-« bzw. »Botinnenwurzel« bśr (LXX: euaggelizein). Für die Auslegung der Predigtperikope ist dies vor allem insofern von Bedeutung, als es Aufschluss geben könnte über die Identität des in 52,7 erwähnten »Freudenboten« (generisches *Maskulinum*), heißt es doch in 40,9 (BigS): »Auf einen hohen Berg steige hinauf, Freudenbotin Zion! Erhebe mit Macht deine Stimme, Freudenbotin Jerusalem!« In Jes 52,7-10 ist Zion (*Femininum*) die Größe, an die die Friedens- und Befreiungsbotschaft gerichtet ist (V. 7) und zu der die Gottheit Israels zurückkehrt (V. 8). Bei Zion (Jerusalem) scheint es sich somit um eine sehr »fluide« Metapher zu handeln, die zugleich repräsentativ-räumliche und kollektiv-personale Aspekte hat:

Sie ist die (vormals) reiche und geschmückte »Stadt-Frau«, die ihre Bewohnerinnen und Bewohner lange Zeit geschützt und genährt hat, die aber dann belagert, zu Boden geworfen, entkleidet, vergewaltigt, erobert und ausgebeutet worden ist – und die schließlich wieder aufstehen, die Zeichen ihrer Gefangenschaft ablegen, sich reinigen, prächtig kleiden und neu zu Kraft kommen wird (vgl. z. B. 52,1 f.), als Freundin, Geliebte, Partnerin JHWHs (v.a. 54,1-10; vgl. 50,1). Sie steht für die gegenwärtig in Trümmern liegende vormalige Hauptstadt des Südreichs Israel in Juda und symbolisiert den Wohnort JHWHs in Israel, aber auch in zahlreichen Zions-Texten. Nicht zuletzt repräsentiert »Zion« ihre (deportierten und nicht-deportierten) Bewohner und Bewohnerinnen in Vergangenheit, Gegenwart und Zukunft, und die Idee, dass diese neues Leben in Fülle erfahren werden – aller Ohnmacht, Hoffnungslosigkeit und Schuldverstrickung zum Trotz (vgl. z. B. 49,20-23).

Vor diesem Hintergrund möchte ich Jes 52,7-10 und weite Teile der zwischen 40,9-11 und der Predigtperikope liegenden Texte im Sinne eines

»para-doxen« hymnischen Sprachereignisses begreifen, in dessen Verlauf Zion sich auf-macht, aufsteht, in Bewegung kommt und zur Freudenbotin auf hohem Berg aufsteigt. So kommt Zion (und kommen die in und mit Zion Lebenden) neu zu sich – so kehrt aber auch Gott um zu (s) einem irdischen Wohnort, verwirklichen sich, im Hier und Jetzt einer para-doxen Doxologie Gottes Befreiung, Trost und »Lösung«: JHWH, thronend, König geworden auf Zions immer vielstimmiger werdenden Lobgesängen (vgl. Ps 22,4).

»Am Anfang (V.7) war es eine Stimme, die Stimme des Freudenboten; dann kamen die jubelnden Stimmen der Späher hinzu (V.8), und nun, in dem hier anschließenden Loblied (V.9f., R.P.), der ganze Chor der ›Trümmer Jerusalems‹: eine für Deuterojesaja so typische überschwengliche Paradoxie.« (Westermann, 203)

Aber – warum »muss« der Freudenbote, die Freudenbotin eigentlich »auf die Berge«/auf einen hohen Berg? Vielleicht ist dies aus (und mit) mehreren Perspektiven zu beantworten, die alle, zumindest implizit, in Jes 40-55 enthalten sind.

1. Berge können die Sicht versperren, Hindernisse darstellen, sich als nur mühsam besteig- oder gar völlig »unbezwingbar« erweisen. Die für JHWH gebahnte Prozessionsstraße jedenfalls soll von solchen Hindernissen frei sein (40,3-5; vgl. 62,10!).

2. Zion macht einiges durch, bevor sie als Freudenbotin in Erscheinung treten und wahrgenommen werden kann: Sie muss in Bewegung kommen, sich öffnen, aufrichten, aufbrechen, aufsteigen, schweren Schrittes, leichtfüßig werden. Dass das nicht »ohne Weiteres« geht, wenn man sich in Müdigkeit und Mattheit – Resignation und Depression – gebunden und befangen fühlt, ist wahrscheinlich nur realistisch (vgl. z.B. 40,6-8.26-31).

3. Wer auf einem hohen Berg steht, sieht neu, weiter, anderes als die »Mühen der Ebene«. Von oben stellen sich Räume und Zeiten verwandelt dar, Verengungen und Verkrustungen können sich lösen. Es ist sogar möglich, dass darin Zukunft, dass Gottes Advent »einbricht«, sich jubelnd einen Weg in die Welt bahnt (42,10-12).

4. In vielen Kulturen gelten vor allem besonders hohe oder »ansehnliche« Berge als Wohnorte von Gottheiten oder werden mit Gottheiten identifiziert (vgl. z.B. auch 14,13); Menschen haben auf ihnen nichts »zu suchen«. Anders als Jes 56-59.63-66 aber kennt Jes 40-55.60-62 nicht einmal einen »Tempelberg« und stellt die Berge als Schöpfungswerke JHWHs unter anderen dar, wenn auch als einigermaßen erhabene und beständige (vgl. 54,10). Ihre vornehmste Aufgabe, mit der sie gleich mehrfach betraut werden, ist der Lobpreis der ohne Ende treuen Gottheit Israels – gemeinsam mit allem Geschaffenen (44,23; 49,13; 55,12).

5. Wer »auf den Bergen« angekommen ist, kann weithin hörbar und sichtbar sein, fesselt nicht selten die Aufmerksamkeit derjenigen, die das Wagnis des »Auf-Sehens« oder »Hin-Lauschens« auf sich nehmen. Wer auf diese Weise berührt wird, kommt, vielleicht, selbst in Bewegung und verändert sich.

Dieses In-Bewegung-Kommen ist meines Erachtens auch der Grund, warum Jes 52,7 ausgerechnet »die Füße« als »lieblich«, »schön« oder »passend« bezeichnet – in den eventuell später ergänzten Versen 52,11f. spiegelt sich dies in dem eindringlich formulierten Auftrag an die im Exil

Lebenden, »von dort« aufzubrechen und sich, beschützt durch JHWH, nun selbst auf den Weg zu machen.

Die Füße sind es, die Aufrichtung, Losgehen und Unterwegssein ermöglichen, sie tragen durch manches hindurch. Sie haben mit Macht, gelegentlich mit Herrschaft und Gewalt, aber auch mit Sich-Erleben, Sich-Spüren im Raum, und nicht zuletzt mit »Frei-Werden« zu tun (zu diesen vielfältigen Bedeutungsnuancen vgl. z. B. Jes 23,7; 28,3; 32,20; 41,2 f.; 49,23; 60,13 f. sowie Ez 37,10). Claus Westermann zitiert eine auf den fraglichen Zusammenhang bezogene Äußerung von Christopher R. North: »But feet are hardly beautiful«, und schreibt dazu: »[D]iese Bemerkung verkennt, daß das ›Schöne‹ im hebräischen Denken etwas anderes ist als für uns. Schönes ist Geschehendes (...). Schön sind die Füße des Boten nicht in ihrer Gegenständlichkeit, sondern als das die Schönheit des Eintreffens der Botschaft Anzeigende; und dies ist ›schön‹ eben darin, daß es den Jubel erweckt« (Westermann, 202). Dass in der geschilderten Schönheit auch ein ästhetisches Moment enthalten ist, ist jedoch meines Erachtens nicht auszuschließen. Gelegentlich wird in der hebräischen Bibel auch auf die Bewegungsmöglichkeiten menschlicher Körper und etwa deren Schnelligkeit, Leichtfüßigkeit und Behändigkeit angespielt, in denen Vitalität, Lebendigkeit, Freude und Anmut zum Ausdruck kommen (vgl. z. B. Hab 18,34; Hab 3,19). Darüber hinaus wird, wer die Bewegungen anderer sinnlich miterlebt – eine Wirkung der sogenannten Spiegelneurone –, oftmals selbst »in Schwingungen« mit entsprechenden »Körpergefühlen« versetzt.

III Impulse: »Höhentheologie«

Bei der Beschäftigung mit Jes 52,7-10 habe ich immer wieder an die Lebensgeschichte des Wiener Psychiaters, Philosophen – und Bergsteigers – Viktor E. Frankl (1905–1997) und die von ihm entwickelte Logotherapie denken müssen. Sein Fragen nach dem Logos, d.h. nach dem »Sinn«, wird auch als »Höhenpsychologie« bezeichnet, in erster Linie in Abgrenzung zur Tiefenpsychologie Sigmund Freuds und Alfred Adlers. Deren Menschenbilder waren deutlich vom Triebhaften bzw. Defizitären her geprägt, während Frankl die »Himmelswurzeln« bzw. eine geistige Dimension als menschlich wesentlich ansah. Während der Mensch Physis und Psyche *hat, ist* er oder sie Geist. In der Logotherapie wird in diesem Zusammenhang sogar vom *Wunder der Menschwerdung* gesprochen:

»Das ›Wunder‹ der Menschwerdung, das sich also in jedem Menschen wiederholt, hält insofern ein Leben lang an, als es den Menschen befähigt, ein Leben lang mehr als Opfer und Ausgeburt des Schicksals zu sein. Der Geist durchstößt Kausalketten, indem er auf Selbgkeiten unterschiedlich reagiert.« (Lukas, 16)

Während der Shoah wurde nahezu Frankls gesamte Familie ermordet; er selbst war von 1942 bis 1945 in verschiedenen Konzentrationslagern inhaftiert. Er überlebte – und beschrieb, bearbeitete das durchlittene Grauen in seinem erstmals 1946 erschienenen Buch ... *trotzdem Ja zum Leben sagen. Ein Psychologe erlebt das Konzentrationslager*, das immer wieder auch um die Frage kreist, wie Menschen angesichts unsagbarer

Schrecken Sinn finden bzw.: vom Sinn gefunden werden können. Zwar ist jede Sinnfindung einzigartig und unverfügbar, grundsätzlich aber kann ein Mensch Frankl zufolge auf dreierlei Weisen zum sinn-erfüllten Leben, zur Zukunft gerufen werden: 1. im Setzen einer Tat oder im Schaffen eines Werks, 2. im Erleben z. B. von Natur, Kunst, Musik, Theater, Forschung und in der Begegnung mit anderen Menschen, in Liebe, Freundschaft, Partnerschaft, und 3. in einem der eigenen Person entsprechenden und »gestalteten« Durchstehen von Leiden und Sterben – denn das Leben bleibt, so Frankl, auch angesichts des Todes bedingungslos sinnträchtig (vgl. Frankl, 103 f.).

Eindrucksvoll schildert Frankl einen ihn und einige Mitgefangene inmitten des Terrors treffenden beglückend-sinnlichen Moment: »Wer unsere Gesichter gesehen hätte, strahlend vor Entzücken, als wir durch die vergitterten Luken eines Gefangenentransportwaggons auf der Bahnfahrt von Auschwitz in ein bayerisches Lager auf die Salzburger Berge hinaussahen, deren Gipfel gerade im Abendrot erstrahlten, der hätte es nie glauben können, daß es die Gesichter von Menschen waren, die praktisch mit ihrem Leben abgeschlossen hatten; trotzdem – oder gerade deshalb? – waren sie hingerissen vom jahrelang entbehrten Anblick der Naturschönheit.« (Frankl, 66)

Auch die Erinnerung an Erlebtes und »Begriffenes« half Frankl, Zuversicht zu bewahren: »›Bergsteigen, die Erinnerung daran, wie sich der Fels anfühlt, das war einer der Beweggründe, die Schrecken des KZs zu überstehen‹, so Viktor Frankl. Als er zum ersten Mal nach der Gefangenschaft seine Hand an den Fels legte, sei er glücklich gewesen wie selten zuvor.« (s. u. Internet: Rambauske) Solche Erinnerung richtet auf die Zukunft aus. Zukunft kann sich öffnen – und zwar auch inmitten tiefster Entwürdigung –, wenn es gelingt, sich als zukünftig handelnd zu imaginieren, und zwar sehr konkret. Frankl tat das sehr häufig, stellte sich z. B. vor, wie er Jahre später einen wissenschaftlichen Vortrag über sein Erleben des Konzentrationslagers halten würde: »Und mit diesem Trick gelingt es mir, mich irgendwie über die Situation, über die Gegenwart und über ihr Leid zu stellen, und sie so zu schauen, als ob sie schon Vergangenheit darstellte und ich selbst, mitsamt all meinem Leiden, Objekt einer interessanten psychologisch-wissenschaftlichen Untersuchung wäre, die ich selber vornehme.« (Frankl, 112)

Vom Sinn gefunden werden, sinn-erfüllt leben – in der Sprache des Predigttextes heißt das vielleicht: von Gottes Zukunft, Gottes Entgegenkommen, Gottes Zur-Welt-Kommen berührt werden, sich berühren lassen und in die – je eigene – Bewegung versetzt werden, auf die Welt und ihre Geschöpfe und nicht zuletzt auf Gott zu.

Literatur: *Viktor E. Frankl,* ... trotzdem Ja zum Leben sagen. Ein Psychologe erlebt das Konzentrationslager, München ⁵2013; *Hans-Winfried Jüngling,* Das Buch Jesaja, in: Erich Zenger u.a., Einleitung in das Alte Testament, Stuttgart ³1998, 381–404; *Elisabeth Lukas,* Der Schlüssel zu einem sinnvollen Leben. Die Höhenpsychologie Viktor E. Frankls, München 2011; *Claus Westermann,* Das Buch Jesaja. Kapitel 40–66 (ATD 19), Göttingen/Zürich ⁵1986.

Internet: *Thomas Rambauske,* Viktor Frankl – Zum Sinn klettern (2005), in: www.bergnews.com, abgerufen am 31.05.2020.

Kristin Merle

IV Entgegnung: Können wir Gutes erwarten?

Vor allem zwei Dinge stehen mir nach der Lektüre von A's Text vor Augen: Zum einen sind da die im Exil Lebenden, die dort möglicherweise schon auf gar nichts anderes mehr als das Vorfindliche hoffen. An sie ergeht die Freudenbotschaft! Zum anderen lese ich von der unglaublichen Möglichkeit, als Mensch Momente der Erfüllung und des Glücks erleben zu können inmitten extremer lebensfeindlicher Umgebungen. Das berührt mich. Beides lässt mich fragen: Können wir Gutes erwarten? Sind wir fähig, auf Gutes zu hoffen wider allen Augenschein? Gibt es einen guten Grund, der uns eben dazu anreizt? Die Frage »Können wir Gutes erwarten?« ermöglicht, einen Bogen zu schlagen zu alltäglichen Erfahrungen, aber auch zur weihnachtlichen Situation, die noch stärker zu thematisieren wäre. »Können wir Gutes erwarten?« fragt nach meinem Möglichkeitssinn, es fragt nach den Spielräumen unserer Wirklichkeit und der Notwendigkeit, Vorfindliches um des Lebens willen zu transzendieren.

V Erschließung der Hörersituation: Systemrelevanz und Systemkrise

1. Gottesdienstbesucherinnen und -besucher kommen an Weihnachten in die Kirche, um (auch) Worte zu hören und Lieder zu singen, die von einer anderen Wirklichkeit zeugen, als sie alltäglich oft erfahren wird. Weihnachten ist par excellence das Fest, an dem etwas ganz und gar Außergewöhnliches inszeniert wird, und es ist der Auftakt zu einer ganzen Serie von Unwahrscheinlichkeiten, denen Gottesdienstbesucher und -besucherinnen im Kirchenjahr begegnen werden. Welchen Status hat das Weihnachtsfest, die Erinnerung an das realitätsbeanspruchende Unwahrscheinliche in unserem Leben?

2. Peter L. Berger hat von »zwei Pluralismen« gesprochen, mit denen wir leben, darin die selbstverständliche Koexistenz säkularer Logik und religiöser Überzeugungen. Selbst wenn das die Signatur der postmodernen Existenz ist: Was geschieht, wenn ich für diese Welt glaube und annehme, dass die Worte »Jesajas« Wahrheitsgehalt besitzen und Konsequenzen nicht nur in einer religiösen Sonderwelt, sondern hier und heute haben, wenn Frieden, Gutes, Heil, die Gegenwart Gottes proklamiert werden? In diesem Sinne geht es nicht darum, Systeme getrennt zu halten, sondern Bereiche des Lebens durchlässig füreinander zu halten, »kognitive Kontamination« (Berger) zuzulassen, die Transformation von Wirklichkeit über die (Re-)Inszenierung von Hoffnungs- und Sehnsuchtsbildern in einem lebensdienlichen Sinne zu befördern.

Die performative Kraft von Sehnsuchtsbildern wird auf eindrückliche Weise anschaulich in einer Szene im Film *Bande des filles*: Der Film erzählt die Geschichte von Marieme, die in der Banlieue von Paris aufwächst und die in einer Gruppe mit drei anderen Mädchen Strategien des Widerstands erprobt gegenüber den kaum zu entkommenden Zuschreibungen und vermachteten Lebensverhältnissen. Die Clique tanzt eines Abends in geklauten Kleidern in einem Hotelzimmer zu Rihannas Song *Diamonds*, glücklich, ausgelassen, präsent im Moment der Transzendenz, die jungen Frauen singen selbst laut: »We're beautiful like diamonds in the sky / Shine bright like a diamond / Shine bright like a diamond.« Die Szene wird damit zu einer Form der Initiation: Marieme wird sich nicht zufrieden geben mit den an sie herangetragenen Erwartungshaltungen. Sie geht ihren eigenen Weg (der Film lässt offen, welcher das ist).

3. Der mit der Corona-Krise neu aufgekommene Begriff der Systemrelevanz stellt mit all seinen Ambivalenzen die Frage, in welchem System wir eigentlich leben und wer die Deutungshoheit darüber hat, was »systemrelevant« ist und was nicht. Entgegen einengender Klassifizierungen wäre gerade an Weihnachten – dem Fest, mit dem die »Umkehrung aller Werte« einhergeht – daran zu erinnern, dass alles Leben relevant ist, dass die Verheißung des Heils gerade darin besteht, dass Diastasen und Konkurrenzen überwunden werden wie auch Systeme überhaupt, die Menschen (wertend) kategorisieren und identitätsmäßig festlegen wollen in wichtiger und unwichtiger, schwarz und weiß, homo- und heterosexuell etc. pp. Weihnachten bedeutet: die Krise des Systems in den gegenwärtigen Formen dieser Welt.

Um die Bedeutung von Spiel- und neu zu ersinnenden Lebensräumen geht es in Paul B. Preciados *Ein Apartment auf dem Uranus*. Dort heißt es u.a.: »Für den Subalternen heißt Sprechen nicht allein, der performativen Gewalt des herrschenden Diskurses zu widerstehen. Es heißt auch, dissidente Theater zu ersinnen, in denen es möglich wird, eine andere performative Kraft zu erzeugen. Eine neue Äußerungsszene zu erfinden (…). Sich zu entstellen, seine Identität abzulegen, um die vom herrschenden Performativ beschädigte Subjektivität zu reparieren. (…) Wenn wir einen anderen Performativ wagen, wer werden wir sein?« (Preciado, 112 f.)

VI Predigtschritte: Einen anderen Performativ wagen

In der Predigt ginge es vor dem Hintergrund der vorgestellten Überlegungen darum, über die Auseinandersetzung mit Jes 52,7-10 für die Hörerinnen und Hörer eine Freudenbotschaft erklingen zu lassen, die sie verstehen können als eine, die in ihrem Leben Relevanz hat. Denkbar wären folgende Schritte: 1. »Weihnachtliche« Eröffnung: Können wir Gutes erwarten? Sind wir fähig, auf Gutes zu hoffen, möglicherweise wider allen Augenschein?; 2. Thematisierung des Predigttextes in seiner historischen Situation; 3. Aufgreifen des Berg-Motivs (Teil A): aus einer anderen Perspektive kann noch einmal anderes gesehen, gedacht werden, außerhalb herkömmlicher Systeme; 4. Kritik des Denkens in Systemen, Weihnachten als Krise menschlicher Systeme; 5. Was wäre, wenn wir uns im weihnachtlichen Nachvollzug die Freiheit nähmen,

»dissidente Theater« zu ersinnen, neue Lebensräume zu kreieren – und einander konsequent als Gleiche anerkennten? Das wäre eine heilsame Lebensform.

Werkstück Predigt (Einstieg)

Liebe Gemeinde, können wir Gutes erwarten? Können Sie Gutes erwarten? Rechnen Sie damit, dass etwas in Ihrem Leben passiert, das Ihre Sicht auf die Dinge ver-rückt, radikal verändert – das Sie aber auch heilen lässt? – Jahr für Jahr feiern wir Weihnachten. Ich gebe zu: Mir kommt darüber das Systemsprengende des Festes oft abhanden. Vor lauter Gewohnheit, aber vielleicht auch, weil die Geschichte letztendlich so unwahrscheinlich ist. Ein Gott, der unter uns Menschen leben will? Ernsthaft? Mit solchen skeptischen Zeitgenossen hatte schon die Jesajaschrift zu tun ...

Literatur: *Peter L. Berger*, Altäre der Moderne. Religion in pluralistischen Gesellschaften, Frankfurt am Main; *Paul B. Preciado*, Ein Apartment auf dem Uranus. Chroniken eines Übergangs, Berlin 2020.

Film: *Bande de filles*, Regie: Céline Sciamma, Frankreich 2014.

2. Weihnachtstag

Hebräer 1,1-4(5-14):
Vom himmlischen Thronsaal im finsteren Stall

Stefanie Wöhrle

I Eröffnung: Ein für alle Mal

Festliche Ruhe kehrt ein. Der Baum ist bewundert, die Geschenke sind verteilt und ausgepackt. Die Familie ist zusammengekommen: Schöne, harmonische Stunden liegen hinter den Menschen, die am zweiten Weihnachtsfeiertag den Gottesdienst besuchen. Vielleicht haben sie aber auch eine spannungsreiche Zeit, in der familiäre Konflikte aufgebrochen sind, erfahren. Der weihnachtliche Stress fällt jetzt ab. Im Gottesdienst am zweiten Feiertag haben die Ereignisse des Heiligen Abends einen ungestörten Raum, ihre Wirkung zu entfalten – der Gesang der himmlischen Heerscharen klingt noch in den Ohren, der Geruch der Hirten und ihrer Schafe hängt noch in der Luft und das andächtige Paar mit dem neugeborenen Kind im Stall ist noch deutlich vor dem inneren Auge zu sehen. Nun ist Zeit, über das in dieser Nacht Geschehene nachzudenken und sich an einer eigenen Antwort auf die Frage zu probieren, wer dieses Kind in der Krippe eigentlich ist und was von ihm zu halten ist.

Hebr 1,1-4 als Predigttext des zweiten Weihnachtsfeiertages gibt eine eindeutige, theologisch gut durchdachte und sprachlich bis ins Kleinste ausgearbeitete Antwort auf diese Frage. Er befördert die Gemeinde dabei aus dem ärmlichen Stall hinaus mitten in den himmlischen Thronsaal Gottes hinein. Bei diesem Kind in der Krippe, so ist der Text an diesem Festtag zu verstehen, handelt es sich um niemand anderen, als den Sohn Gottes, in dem sich Gott ein für alle Mal am Ende aller Zeiten offenbart.

Der Abstand zwischen dem weihnachtlichen Kind in der Krippe und dem hier beschriebenen himmlischen Sohn Gottes könnte größer nicht sein. Diesen Abstand gilt es in der Predigt in den Blick zu nehmen, sorgt er doch damals zur Zeit der Abfassung des Hebräerbriefs wie heute für so manche Glaubenskrise und verstellt er für manchen Menschen sogar gänzlich den Zugang zum Glauben. Wichtig wird sein, die Einheit des Kindes in der Krippe mit dem Gottessohn zur Rechten Gottes zu betonen. Jesus darf weder zu menschlich noch zu himmlisch verstanden werden. Denn seine eigene Göttlichkeit ist gerade darin begründet, dass in seiner Person die irdische mit der himmlischen Welt untrennbar verbunden ist. Seine Wesenheit ist exakt zwischen Himmel und Erde zu erfassen. Der Horizont des weihnachtlichen, allzu menschlichen Geschehens der Geburt wird so zum Himmel hin geweitet und zugleich das himmlische Geschehen der Inthronisation des Sohnes Gottes geerdet. Die Predigt versucht, dieses Geschehen zu beschreiben, ja besser noch, die weihnachtliche Festgemeinde in dieses einzubeziehen.

II Erschließung des Textes: Jesus, Gottes Wort an die Menschen

Die Sprache der ersten Verse des Hebräerbriefs ist an Feierlichkeit und rhetorischer Stilistik kaum zu übertreffen. Vermutlich hat der Verfasser auf einen alten Hymnus zurückgegriffen, der den Adressaten bekannt gewesen sein dürfte. Vertraute Worte sollen die Menschen abholen, ihren müde gewordenen Glauben wieder neu erwecken. In komprimierter, liturgischer Sprache wird zu Beginn des Briefes deutlich gemacht, an wen die Christen eigentlich glauben: an Jesus, die Offenbarung Gottes schlechthin. Hatte Gott zu den Vätern und den Propheten gesprochen, spricht er nun ein für alle Mal selbst in seinem Sohn. In ihm spricht er die Menschen direkt und unmittelbar an und geht so mit ihnen eine lebendige Beziehung ein. Eine weitere Offenbarung ist unnötig. In Jesus hat Gott alles gesagt, was über ihn zu sagen wäre.

Die folgenden Verse sind eine Ausführung dieses in V. 1–2a geäußerten Grundbekenntnisses. Nun wird der Sohn näher beschrieben: Er ist Erbe des Alls und zugleich an der Schöpfung Beteiligter. Er steht damit am Ende des Alls ebenso wie schon an seinem Anfang. Auf diese Weise wird hervorgehoben, dass er schon immer und für immer zum göttlichen Geheimnis der Welt gehört. Als Abglanz der Herrlichkeit Gottes kommt in ihm das Licht Gottes in die Welt, ja mehr noch: Er ist der »Abdruck des Daseins Gottes« selbst (V. 3). So kommt im Sohn Gottes, in Jesus, seine Offenbarung zu seinem nicht zu übertreffenden Höhepunkt. »Durch den Sohn eröffnet Gott im Zeitenlauf den Zugang zu den Höhen mit seinem himmlischen Heiligtum« (Karrer, 121).

Doch der Sohn ist nicht nur Medium der Offenbarung Gottes. Er wird auch selbst aktiv. Er trägt das All durch das Wort seiner Kraft (V. 3). Damit ist der Sohn nicht nur der Anfang und das Ende der Welt, sondern er sorgt durch sein Wort auch für den Erhalt der Schöpfung durch alle Spannungen, Krisen und Brüche – vielleicht auch die zu Weihnachten erfahrenen – hindurch. Er vereint durch sein Wort die Welt zum Heil, ja vervollkommnet die Schöpfung durch sein Reden und Handeln. Schließlich bewirkt der Sohn die Reinigung von der Sünde. So ist es er allein, der den Menschen Zugang zum Heil ermöglicht. Schließlich führt diese Erniedrigung des Sohnes in seinem Tod am Kreuz zu seiner ewigen Erhöhung. Die Herrlichkeit des Sohnes ist ohne sein Leben und Sterben in der Welt, also ohne seine Existenz in der Geschichte, schlichtweg undenkbar.

Zu Beginn seines Briefes beschreibt der Verfasser des Hebräerbriefs die Grundlage des Glaubens seiner Adressaten und der Christen allgemein: Jesus, Gottes Wort an die Menschen am Ende aller Zeiten. Er ist – vor allem durch die Reinigung von den Sünden am Kreuz – in die Geschichte eingegangen und offenbart so das Wesen Gottes ein für alle Mal. Wenn dieser Text der Predigttext für den zweiten Feiertag ist, so wird der Blick auf den Beginn der geschichtlichen Existenz Jesu gelenkt: seine Geburt.

III Impulse: Geerdeter Himmel

Gewaltige Bilder werden in Hebr 1,1-4 bemüht, um den Glaubensgrund der Christen zu beschreiben. Es sind Bilder, die einem den Atem stocken lassen, die ehrfürchtig zurückschrecken lassen. Es sind Bilder, die fremd sind und die gerade heute kaum noch anschlussfähig erscheinen. Dieser Text erklingt am zweiten Weihnachtsfeiertag. Damit werden die hohen Worte gleichsam geerdet. Es wird deutlich: Zu Weihnachten nimmt die geschichtliche Existenz des Sohnes seinen Anfang. Gott redet in keinem anderen als dem Kind in der Krippe. Alle himmlischen und hoheitlichen Beschreibungen sind diesem schutzlosen Säugling zu eigen. Seine Geschichte, sein Reden und Handeln sind nichts anderes als Gottes Wort, das an jeden einzelnen gerichtet ist. In diesem Jesus erkennen wir Gott selbst. So ist der weihnachtliche Stall nichts anderes als der himmlische Thronsaal Gottes.

Zu Weihnachten feiern wir, dass die Distanz zwischen Himmel und Erde aufgehoben wird. Himmlischer Glanz erfüllt den Stall und von dort aus die Welt. Dieser himmlische Glanz, der von Hebr 1,1-4 ausgeht, ermahnt uns, trotz aller weihnachtlichen Verzückung, die die Krippenszene auslösen kann, nicht beim menschlichen Jesus stehen zu bleiben. Denn in ihm kommt kein anderer zur Welt als der Sohn Gottes, der in großen Worten und Bildern klar der göttlichen Welt zugeordnet wird. Zu Weihnachten gilt es darum, über den oft allzu menschlichen Tellerrand hinauszublicken und ein Stück Himmel auf unsre Erde zu holen. Jesus ist geboren, der als Schöpfungsmittler und Erbe des Alls die Geheimnisse der Welt kennt und sie schließlich zum Heil führt. Er wandelt nicht nur als einfacher Mensch auf Erden, er trägt die Welt durch sein Wort.

In der Predigt kann dies dargestellt werden, indem die Geschichte Jesu, z. B. seine Heilungen, seine Zuwendung zu den Ausgegrenzten und Verlorenen, schließlich sein Tod am Kreuz und seine Auferstehung in den Blick genommen werden und daraufhin befragt werden, inwiefern hier etwas vom himmlischen Glanz der göttlichen Welt in unserer irdischen Welt zu finden ist. Die Predigt schließt dann mit einem Blick in die Welt, die im himmlischen Glanz erstrahlt. Leitend könnte hier das Rahner-Wort von der Offenbarung Gottes im Wort sein:

»Wenn wir sagen: es ist Weihnacht, dann sagen wir: Gott hat sein letztes, sein tiefstes, sein schönstes Wort im fleischgewordenen Wort in die Welt hineingesagt, ein Wort, das nicht mehr rückgängig gemacht werden kann, weil es Gottes endgültige Tat, weil es Gott selbst in der Welt ist. Und dieses Wort heißt: ich liebe dich, du Welt und du Mensch.« (Rahner, 21)

Werkstück Gottesdienst (Einstieg)

»Da liegt es, das Kindlein, auf Heu und auf Stroh.« Da stehe ich, mitten im Stall. Der Geruch von Heu und Stroh steigt mir in die Nase, ich spüre die Wärme, die von Ochs und Esel ausgeht. Vorsichtig nähere ich mich Maria und Josef, die versonnen in die Krippe blicken. Mein Blick fällt auf das kleine runzlige, rote Wesen in der Krippe. Wer bist du, kleines Menschenkind?

Die Tür geht auf. Raue Gesellen kommen herein. Hirten, die nach Schaf und Lagerfeuerrauch stinken. Auch sie bewegen sich ganz vorsichtig. Wagen einen Blick auf das kleine Kind. Sie erzählen von einem hellen, gleißenden Licht, das sie mitten in der Nacht aus dem Schlaf gerissen hat. Von Engeln, die so schön gesungen haben, wie sie es noch nie zuvor gehört haben – einfach himmlisch war das. Sie haben vom Retter gesungen, den Gott schickt. Es soll zu finden sein in einer Krippe in einem Stall. Deswegen sind sie hier. Sie wollen es mit eigenen Augen sehen.

Mein Blick fällt auf das kleine, runzlige Wesen in der Krippe. Wer bist du, kleines Menschenkind?

[Verlesung des Predigttextes]

Mir ist ganz schwindelig ob der großen, bedeutenden Worte. Mein Blick fällt auf das kleine, runzlige Wesen in der Krippe. Wer bist du, kleines Menschenkind?

Lieder: EG 43 »Ihr Kinderlein kommet«; EG 56 »Weil Gott in tiefster Nacht erschienen«.

Literatur: *Erich Gräßer*, An die Hebräer (EKK XVII/1), Zürich u.a. 1990; *Martin Karrer*, Der Brief an die Hebräer (ÖTK), Gütersloh 2002; *Claus-Peter März*, Studien zum Hebräerbrief, Stuttgart 2005; *Karl Rahner*, Was Weihnachten bedeutet, Freiburg im Breisgau 2014; *August Strobel*, Der Brief an die Hebräer (NTD 9/2), Göttingen [13]1991.

Fabian Maysenhölder

IV Entgegnung: Kontrastierung als Anknüpfung

Ich finde mich in den Beschreibungen von A zu einem großen Teil wieder. Besonders die Beschreibungen zu Gottes endgültiger, unmittelbarer Offenbarung in Jesus, die keine Zusätze mehr braucht, ist sowohl textgemäß als auch deutlich zu unterstreichen. A beschreibt dabei ein Problem, das auch ich sehe: Diese gewaltigen Einstiegsworte des Hebräerbriefes sind Bilder, die heute wohl kaum noch anschlussfähig sind. Mir stellt sich also gerade vor dem Hintergrund der Ausführungen von A die Frage, auf welche Weise diese theologischen Schwergewichte begreifbar werden können. Wie kann dieser hier so mächtig beschriebene Jesus in der Erfahrungswelt der Hörerinnen und Hörer Fuß fassen?

A wählt den Weg, die Geschichte Jesu in den Vordergrund zu stellen. Ich möchte dieser Herangehensweise eine weitere zur Seite stellen. Eine, die meines Erachtens in der Theologie des Protestantismus unserer Zeit nahezu vollständig fehlt und vielleicht genau darin ihre Kraft entfalten kann. Diese Perspektive wird im Predigttext explizit angesprochen und hat gerade an den Weihnachtstagen einen ganz besonderen Platz: *die Rede von den Engeln*. Der Verfasser des Hebräerbriefs selbst wählt die Kontrastierung mit den Engeln als Anknüpfungsmodell für die Verdeutlichung seiner Christologie. Dies kann in einer Predigt aktualisiert und entfaltet werden.

V Erschließung der Hörersituation: Mut zur Rede von den Engeln!

Die Hörerinnen und Hörer werden in V. 4 geradezu provoziert, über Engel nachzudenken – gerade vor dem weihnachtlichen Hintergrund der Predigt. Am zweiten Weihnachtstag sind die Engel noch in jedem Haushalt allgegenwärtig. Das »*Gloria in excelsis Deo*« ertönt noch klar und deutlich in den Köpfen. Doch ich möchte die These vertreten, dass Engel nicht nur an Weihnachten hochaktuell sind. Sie sind auch in den übrigen Jahreszeiten in der Alltagswelt überall zu finden. Man muss nur den Schritt in die nächste Buchhandlung tun, um in den entsprechenden Ecken allerlei Engelbücher, Postkarten und kleine Statuen zu finden. Theologen wie Thomas Ruster sprechen gar von Engeln als der »Religion für unsere Zeit« (Ruster, 11 ff.). Und das ist keine bloße Spekulation: Die Hälfte aller Deutschen glaubt an Engel (Müller, s. u. Internet).

Es kann also mit gutem Grund davon ausgegangen werden, dass die Predigthörer und -hörerinnen je eigene Vorstellungen von Engeln mitbringen, vielleicht sogar von Engel-Erlebnissen in ihrem Leben berichten können. Viele existenzielle (und Tranzendenz-)Erfahrungen werden mit Engeln in Verbindung gebracht. Das begegnet auch in vielen (Seelsorge-)Gesprächen: Da sind die sprichwörtlichen »Schutzengel«, die manchmal sogar lebensrettend eingreifen. Da sind innere Stimmen, Eingebungen, die im Leben auf bestimmte Wege leiten, manchmal Menschen zusammenführen. Manchmal sind es vielleicht auch nur Vorstellungen davon, dass Engel Menschen sind, die einem eben im richtigen Moment begegnen: ein richtiges Wort sprechen, ein offenes Ohr haben, zu unerwarteten Helfern in der Not werden. Die Rede von Engeln ist in solch einer säkular-angelologischen Perspektive sogar für nichtgläubige Menschen anschlussfähig.

Da stimmt es traurig, dass die Gottesboten heute evangelisch-theologisch kaum bis gar nicht gefüllt sind. Umso wertvoller ist es, dass hier der Predigttext selbst explizit die Kontrastierung zwischen den Engeln und Jesus eröffnet – nicht nur bereits in V. 4, sondern auch im folgenden optionalen Teil V. 5–14. Offenbar war die Frage, was Jesus von einem Engel unterscheidet, für die frühen Christen ein Thema! Wie kann aber diese Kontrastierung für eine Predigt heute erträglich sein? Engelvorstellungen und -erfahrungen sind so individuell wie die Menschen, die die Predigt hören. Für eine solche Breite muss in einer Predigt Raum bleiben. Freilich sind die Predigenden auch gefordert, Stellung zu beziehen und sich in der Predigtvorbereitung Gedanken über die eigene Angelologie zu machen und sprachfähig zu werden. Diese Auseinandersetzung lohnt auch für andere pastorale Kontexte. So sind sie in vielen Taufgesprächen Thema – Ps 91,11 zählt zu den beliebtesten Taufsprüchen. Wir sollten die Rede von den Engeln nicht den Esoterikern überlassen! Das kann geschehen, indem die Predigt verschiedene Engelvorstellungen würdigt. Schließlich gibt es auch in der Bibel keine Einheitlichkeit in der Beschreibung der Boten Gottes (vgl. etwa Gen 18, Num 22, Apg 12 oder die Beschreibungen der Offb).

Vor allem zwei Grundzüge biblischer Engelvorstellungen sind für eine Predigt, die sich für diesen Weg entscheidet, wesentlich: 1. Engel haben in der Bibel keine unabhängige, eigenständige Existenz. Sie existieren nur innerhalb ihres Dienstes für Gott und gehen ganz in ihrem Auftrag auf (Hebr 1,14). 2. Engel treten ganz hinter ihrer Funktion zurück, über sich selbst hinauszuweisen: auf Gott. Das zeigt nicht zuletzt die Weihnachtsgeschichte sehr eindrucksvoll (vgl. zu beiden Aspekten Heidtmann, 195 ff.).

Vor diesem Hintergrund können die Vorstellungen der Hörerinnen und Hörer eingeordnet werden und abgegrenzt werden zu dem Jesus, den uns Hebr 1 präsentiert. Jesus ist eben kein Engel. Es geht hier um die Offenbarung einer neuen Dimension! In Jesus zeigt sich Gott endgültig und vollständig. Nicht bruchstückhaft bezogen auf einzelne Erfahrungen, wie wir es uns von Engeln vorstellen (z. B. Schutzengel). In Jesus offenbart sich Gott uns auch dauerhaft und *bleibend* (V. 7–8). Nicht temporär und flüchtig. Gott ist in Jesus mehr als seine Engel: Er kommt an Weihnachten, um zu bleiben. Und er tut dies, indem er die weihnachtliche Szene zum himmlischen Thronsaal macht, wie A schön beschreibt: Der ewige Gott selbst nimmt Gestalt an, bejubelt von den Boten, die auf ihn verweisen. Letztlich führt die Kontrastierung von Jesus und den Gottesboten zu der Feststellung: Alles, was wir Engeln zuschreiben, sind Gotteserfahrungen. Gott selbst ist es, der uns begleitet, in allen existenziellen Lebenserfahrungen – wie auch immer wir uns diese Begleitung konkret vorstellen. Was für ein nahbarer Gott, der nicht »nur« seine Boten schickt, sondern selbst zu uns in diese Welt kommt!

VI Predigtschritte: Gott kommt, um zu bleiben

Diese Überlegungen zielen auf ein klares Predigtthema: die Einordnung der existenziellen Erfahrungen und Vorstellungen, die viele heute mit Engeln in Verbindung bringen. Sei es biografisch, sprichwörtlich oder auch nur, weil uns andere Worte dafür fehlen. Die Offenbarung Gottes in Jesus macht diese Erfahrungen nicht wertlos (vgl. V. 1: Gott redet auf vielerlei Weise!). Aber sie ordnen diese Erfahrungen ein und führen sie auf ihren Urgrund zurück: auf den Gott, der sich in Jesus letztgültig offenbart hat.

Als *Einstieg* können die Hörerinnen und Hörer in ihren Vorstellungen von Engeln durchaus provoziert und angeregt werden – vielleicht sogar visuell mit konkreten Darstellungen von Engeln, die sich zuhauf z. B. im Internet finden.

In einem weiteren Schritt kann dann der Bezug zur Weihnachtsgeschichte erfolgen: Auch hier werden Engel auf eine ganz bestimmte Art und Weise dargestellt. Hier kann sich nun der *Predigttext* anschließen; angesichts der Fülle von Aussagen ist es meines Erachtens sinnvoll, die Lesung zunächst auf V. 1–4 beschränken und später ggf. Auszüge aus V. 5–14 zu zitieren.

Für die Hörenden unmittelbar existenziell-relevant wird die Predigt schließlich in ihrem *Skopus*: In all diesen Erfahrungen mit dem Transzendenten steckt Gott. Der Gott, der »zu uns geredet hat durch den Sohn« (V. 2) und der »alle Dinge mit seinem kräftigen Wort trägt« (V. 3). Der Gott, der an Weihnachten in Jesus auf diese Welt kam. Und es ist eine Begegnung, die umfassend und allumgreifend ist: Gott offenbart sich uns in Jesus ganz, nicht nur in Auszügen. Und es ist keine flüchtige Begegnung wie mit den Engeln: Es ist eine Begegnung, die auf Dauer ausgelegt ist. Gott lässt uns nicht mehr los.

Werkstück Predigt (Schluss)
Bald sind die letzten Weihnachtslieder verklungen. Die himmlischen Chöre wieder stumm, die Holz-Engel neben der Krippe unterm Christbaum wieder ordnungsgemäß in Kisten verstaut. Die Begegnungen mit Engeln werden – in welcher Form auch immer – wieder weniger.

Eines aber bleibt: Gott, der größer ist als die Engel. Es bleibt nicht beim weihnachtlichen »Gloria in excelsis deo« der Engel auf den Feldern. Gott hat sich in Jesus auf den Weg in diese Welt gemacht. Zu uns. Um uns nahe zu sein, weil er uns liebt. Nicht, um kurz bei uns vorbeizuschauen und uns eine Botschaft zu überbringen. Sondern um bei uns zu bleiben.

Lieder: EG Württemberg 572 »Gloria in excelsis Deo«; EG 41 »Jauchzet, ihr Himmel«; EG 54 »Hört der Engel helle Lieder«.

Literatur: *Dieter Heidtmann*, Die Engel: Grenzgestalten Gottes, Neukirchen-Vluyn 1999; *Thomas Ruster*, Die neue Engelreligion, Kevelaer 2010.

Internet: *Paulus Müller*, https://www.deutschlandfunknova.de/beitrag/engel-mehr-menschen-glauben-an-schutzengel-als-an-gott, abgerufen am 31.05.2020.

I. Sonntag nach Weihnachten
Lukas 2,(22-24)25-38(39-40):
Missionarische Spiritualität

Harald Schroeter-Wittke

I Eröffnung: Zwischen den Jahren – nach dem Spiel ist vor dem Spiel

Im Mittelalter waren die »Zwölften« (Sartori) bzw. Rauhnächte zwischen Weihnachten und Epiphanias terminiert. Sie resultieren aus den 12 Nächten und 11 Tagen, die das Sonnenjahr länger sind als das Mondjahr und bewegen die Kalender in vielen Kulturen. Durch das bürgerliche Neujahrsfest wurden sie reduziert zu einer »Übergangsphase« (Gennep, 172) zwischen Weihnachten und Neujahr: zwischen den Jahren. Bis heute begegnen Reste mittelalterlichen Brauchtums in dieser »Schwellenzeit« (Fechtner), die auch als »tote Zeit« (Stankowski) gilt, in der man Zukunft erforschen kann (Bleigießen) oder sich – bei aller Geschäftigkeit, die auch diese »offene Zeit« (Stankowski) durchzieht – dessen gewahr wird, »dass alles sich wandelt, dass es nichts Unveränderliches gibt« (Simm, 139). Zwischen den Jahren befinden sich viele zwischen Zur-Ruhe-Kommen und Langeweile, zwischen dem Weihnachtstrubel und dem Neubeginn eines hektischen Jahres, zwischen den Familienzwängen an Weihnachten und den Alltagszwängen des kommenden Jahres. Für viele stellt zwischen den Jahren in ihrem Dahinplätschern und Nachklappen eine stärker wahrnehmbare Auszeit dar als die Weihnachtstage.

Auch Lk 2,22-40, das Evangelium für den 1. Sonntag nach dem Christfest, klappt emotional nach und kann als Spiegelbild dieser Zeit zwischen den Jahren gelesen werden. Einerseits gilt: »Lk 1.2 sind insgesamt als Einleitung in das lukanische Schriftwerk zu verstehen, in der fast alle theologischen Themen bereits formuliert sind, die im weiteren erneut aufgegriffen und entfaltet werden.« (Janssen/Lamb, 517) Andererseits kommen wir aber emotional meist nur bis zu Maria und den Hirten in Lk 2,19f. Schon die Beschneidung Jesu Lk 2,21 haben wir nur selten auf dem Schirm und auch die nachfolgenden Verse, in denen an Jesus gehandelt wird, bevor er ab Lk 2,41 selbstständig agiert, spielen in unserer Tradition kaum eine Rolle, auch wenn das Nunc dimittis (Lk 2,29-32) als Abendgebet insbesondere in den Klöstern eine große Bedeutung für die westliche Liturgiegeschichte hat.

Dabei lässt sich mit guten Gründen behaupten, dass Lk 2,22-40 den Zielpunkt der lukanischen Vorgeschichte darstellt. Während Maria und Josef sich auf dem Rückweg in ihren Alltag in Nazareth befinden und by the way den Tempel mitsamt den dazugehörenden Riten aufsuchen, bricht erneut Gottes Welt in ihre Welt ein und es geschieht Verwunderliches (V. 33) wie schon in der Weihnachtsgeschichte (V. 18): *Ierousalem* (V. 25) wird *Hierosolyma* (V. 22), »das heilige Jerusalem« (Jankowski, 27). Das Lukasevangelium beginnt mit Zacharias im Tempel (Lk 1,9) und endet nach der Himmelfahrt im Tempel (Lk 24,53). »Der Tempel als heiliger Ort der Gegenwart Gottes ist der adäquate Ort, an dem sich die Heiligkeit Jesu erweisen wird.« (Ganser-Kerperin, 123) Dies geschieht in Lk 2,22-40 in dreifacher Weise: Der Tempel ist Zielort der »Tora-Frömmigkeit« (Ganser-Kerperin, 118), »Ort charismatisch-prophetischen Handelns« (ebd., 123), »Offenbarungsort des Messias« (Ganser-Kerperin, 129) und schließlich in Lk 2,41-52 »Ort Jesu« (Ganser-Kerperin, 136).

II Erschließung des Textes: Verwundert und verwundet – wie wir ins Spiel kommen

Die große Mehrzahl der in Lk 1f. auftretenden Personen sind gesellschaftliche Randfiguren und leben in prekären Situationen: Zacharias und Elisabeth, die Hirten, Maria und Josef, Simeon und Hanna. Aber gerade diese Marginalisierten sind die zentralen Adressaten des Evangeliums (vgl. Dillmann), das seinen Weg geht »vom Licht für die Hirten (2,9)« zum »Licht für die Heiden (2,32)« (Kahl, 135). Simeon nimmt das Kind je nach Übersetzung auf den Arm oder in die Arme. Beide Gesten ehren dieses Kind und gehen den Umstehenden ans Herz. Sodann lobt er Gott mit dem Nunc dimittis, welches das in diesem Kind erschienene Heil erstmals über das Volk Israel hinaus deklamiert. Erst mit dieser ungeheuerlichen Öffnung im Lobgesang des Simeon kommen wir Heiden ins Spiel. Dabei bezeichnet nicht schon V. 31 alle Völker, sondern alle Stämme Israels, ganz Israel, weil sich *laos* bei Lukas immer auf das Gottesvolk bezieht (vgl. Stegemann). Doch in V. 32 öffnet sich dann der Raum des Evangeliums für die Völker (*ethnä*). Daher klappen auch wir nach, was das Heil V. 30 (*soterion*) angeht. Wie kommen wir dabei inhaltlich ins Spiel?

Vater und Mutter (V. 33) des Kindes stellen Protagonisten derjenigen dar, denen das Heil zugespielt wird. Beide sind verwundert; für beide ist das, was mit den Hirten und hier mit Simeon geschieht, unglaublich. Der Vater bleibt dabei Randfigur, die das ganze Geschehen sozial allererst ermöglicht, von seiner einmaligen beiläufigen Erwähnung in Lk 1,27 über die Geschichten in Lk 2 bis hin zu seiner letzten Erwähnung im Stammbaum Jesu, wo Jesus explizit für einen Sohn Josefs gehalten wird (Lk 3,23). Maria hingegen spielt in diesen Geschichten eine Hauptrolle, weshalb sie von Simeon eigens ins Gebet genommen wird: »Ein Schwert wird auch dein Leben durchdringen.« (V. 35 BigS) Dabei handelt es sich um »das große und breite Schwert, das bei barbarischen Völkern, besonders den Thraziern, im Gebrauch war« (Bauer, 1475). Wer sich auf dieses Kind einlässt, macht sich verwundbar. Diese auf die Verwunderung folgende Verwundbarkeit ist mehr als ein Stich ins Herz, eher ein Stich ins Wespennest. Denn dieses Kind »ist bestimmt, viele in Israel zum Fallen und Aufstehen zu bringen, und zu einem Zeichen, das Widerspruch herausfordert« (V. 34 BigS). Maria als Inbegriff der Gläubigen wird zur mater dolorosa, die Tod und Auferstehung (*anastasis* V. 34) durchschreiten wird.

III Impulse: Davon ich singen, segnen und sagen will – missionarische Spiritualität

Das Kommen Gottes in diese Welt wird in Lk 1f. in vier Hymnen gepriesen, die die lukanische Kindheitsgeschichte strukturieren: das Magnificat (Lk 1,46-55), das Benedictus (Lk 1,68-79), das Gloria in excelsis deo (Lk 2,14) und das Nunc dimittis (Lk 2,29-32). Das Nunc dimittis geschieht dabei im Modus des *eulogein* (V. 28), des Segnens – ebenso wie die Weissagung an Maria (V. 34). Während das Nunc dimittis als ein Segnen Gottes allerdings im Hymnus Sprache findet, begegnet das Segnen der Maria als harte Weissagung, als »eine erste dunkle Schattenseite« (Wasserberg, 147), die es in sich hat. Inwiefern kann Gerichtsansage, End-Scheidung Segen sein? Klar ist, dass der Lobgesang hier an sein Ende kommt. Welchen Klang aber kann dann die Marienverheißung von Hinfälligkeit und Auferstehung annehmen? Ist er durchdringend wie das Schwert der Thrazier (Thraker)? Oder klagend mit der Anklage, wieso einer so jungen Frau aus solch prekären Verhältnissen um Gottes willen eine solche Weissagung angetan wird? Oder eher leise wie ein Gesang, der »Scham« als »gefühlte Ohnmacht« (Bammel, 29) zum Klingen bringt? Deutlich ist jedenfalls: Jesus ist nicht schmerzfrei zu haben!

Hier kommt Hanna, »Gnade« ins Spiel. »Als einzige Frau im Neuen Testament trägt sie den Titel ›Prophetin‹.« (Schmitt-Pridik, 197) Hanna lässt uns mit dieser durch Simeon angestoßenen Frage nicht allein. Ihre gottesdienstliche Aktivität mit Tag und Nacht Fasten und Beten ist prophetisch konnotiert als eine, die auf Befreiung zielt, auf das, was Not wendet. »In diesem Sinne bezeichnet der Gottesdienst Hannas ein widerständiges Handeln, das auf Befreiung und ein Ende der Not des unterdrückten Volkes hinarbeitet.« (Janssen, 195) Ihr Gotteslob zielt auf Homologie, auf Bekenntnis, denn Lukas verwendet hier im Unterschied zu Simeon nicht *eulogein* (V. 28 u. 34), sondern *anthomologeomai* (V. 38). So erzählt (*lalein*, V. 38) Hanna allen Umstehenden, die auf die Aus- und Erlösung Jerusalems warten, ihre prophetische Sicht der Dinge. Schon Simeon sang davon, dass er nun als Sklave (*doulos*) von seinem Herrn (*despotäs*) in Freiheit entlassen sei (V. 29a). Aber erst Hanna wird zur Bekennerin, zur Protagonistin der eigenen Worte, die nicht überliefert sind, damit wir Lesenden und Hörenden in dieser Geschichte an ihre Stelle geraten und unsere eigenen Worte finden und sagen über dieses Kind, das die Welt bewegt und erlöst. Hanna treibt das Singen und Segnen weiter ins Sagen, in die Verkündigungshandlung, in eine »missionarische Spiritualität« (Weiss, 1), die in, mit und unter aller Scham über die eigenen Verstrickungen, Ohnmachtserfahrungen und daraus resultierenden Aggressionsschübe und Depressionen zu dem paulinischen Satz findet: »Ich schäme mich des Evangeliums nicht« (Röm 1,16).

Literatur: *Christina-Maria Bammel*, Scham zur Sprache kommen lassen, in: Junge Kirche 81 (2020), Heft 1, 29–31; *Walter Bauer*, Wörterbuch zum Neuen Testament, Berlin/New York ⁶1988; *Rainer Dillmann*, Die lukanische Kindheitsgeschichte als Aktualisierung frühjüdischer Armenfrömmigkeit und ihre Bedeutung, in: Cordula Langner (Hg.), Handle danach und du wirst leben. Reichtum und Solidarität im Werk des Lukas, Stuttgart 2011, 23–42; *Kristian Fechtner*, Schwellenzeit. Erkundungen zur kulturellen und gottesdienstlichen Praxis des Jahreswechsels, Gütersloh 2001; *Heiner Ganser-Kerperin*, Das Zeugnis des Tempels. Studien zur Bedeutung des Tempelmotivs im lukanischen Doppelwerk, Münster 2000; *Arnold van Gennep*, Übergangsriten, Frankfurt am Main/New York 1991; *Gerhard Jankowski*, Das Evangelium nach Lukas. Texte & Kontexte 38 (2015), Nr. 145–147; *Claudia Janssen*, Elisabet und Hanna – zwei widerständige Frauen in neutestamentlicher Zeit. Eine sozialgeschichtliche Untersuchung, Mainz 1998; *Claudia Janssen/Regine Lamb*, Das Evangelium nach Lukas. Die Erniedrigten werden erhöht, in: Luise Schottroff/Marie-Theres Wacker (Hg.), Kompendium Feministische Bibelauslegung, Gütersloh ²1999, 513–526; *Brigitte Kahl*, Armenevangelium und Heidenevangelium. »Sola scriptura« und die ökumenische Traditionsproblematik im Licht von Väterkonflikt und Väterkonsens bei Lukas, Berlin (Ost) 1987; *Paul Sartori*, Art. Zwölften, in: Handwörterbuch des deutschen Aberglaubens 9 (1941), 979–992; *Ursula Schmitt-Pridik*, Hoffnungsvolles Altern. Gerontologische Bibelauslegung, Neukirchen-Vluyn 2003; *Hans-Joachim Simm* (Hg.), Lektüre zwischen den Jahren. Alles auf der Welt ist Wandel, Frankfurt am Main/Leipzig 2003; *Wolfgang Stegemann*, »Licht der Völker« bei Lukas, in: Claus Bussmann/Walter Radl (Hg.), Der Treue Gottes trauen. Beiträge zum Werk des Lukas, Freiburg u.a. 1991, 81–97; *Günter Wasserberg*, Aus Israels Mitte – Heil für die Welt. Eine narrativ-exegetische Studie zur Theologie des Lukas, Berlin/New York 1998; *Jutta Weiss*, Die Zeit der Scham ist noch nicht vorbei. Impuls zu einer missionarischen Spiritualität, in: Junge Kirche 81 (2020), Heft 1, 1–3.

Musik: *Martin Stankowski*, Zwischen den Jahren, in: Talking Horns & St.Ankowski (CD), Verwirrte Hirten, Westpark Music Köln 2012, Nr. 7.

Inge Kirsner

IV Entgegnung: Das Heil sehen

Die Zeit zwischen den Jahren ist eine wunderbare Zeit, eine Zeit, die nicht von dieser Welt ist. A spricht es kurz an, es sind die Rauhnächte, jene 12 Nächte zwischen Christfest und Epiphanias, in der die Tiere so sprechen können, dass die Menschen sie verstehen. Heidnische Bräuche und Vorstellungen lappen in diese Zeit zwischen den Jahren hinein (Steffensky, 3), und vielleicht ist es auch nicht ganz zufällig, dass die prophetischen Reden der zwei Alten, Simeon und Hanna, hier hineinfallen. So willkürlich – weil gesetzt – dieser Termin auch scheinen mag, so passend ist es doch, dass »gehört« (und gesehen) werden kann, was in der betriebsamen Zeit (der Vorweihnachtszeit, der Geburt selbst) untergeht.

Es geht um diejenigen, die (noch) nicht ganz oder bald nicht mehr »von dieser Welt« sind. Es sprechen die Alten (über das – gerade vom Himmel auf die Erde gekommene – Kind), und sie werden gehört. Das Kind wurde empfangen, und die allererste Zeit danach gehört ganz den Eltern; so wie das Fest der Geburt gefeiert wurde und jetzt das Leben mit dem Geschenk beginnt, noch in aller Stille. Jetzt ist es gut, so könnte es bleiben, aber Simeon spricht noch weiter, spricht vom Schwert, der Zeit des Schmerzes, die kommen wird. Ganz Israel wartet auf die Erlösung, so spricht auch Hanna und formuliert damit etwas, was mit jeder Geburt verbunden ist: die Möglichkeit, dass der neue Mensch die Welt betreten hat, der Erlöser, die Erlöserin, der oder die den Schmerz beenden wird. Dieser Erlöser wird jetzt »sichtbar« (Nassauer, 221–222.255); Simeon und Hanna sehen das Heil, sie empfangen es, es offenbart sich ihnen im Kind und sie geben dieser Offenbarung Ausdruck.

V Erschließung der Hörersituation: Zwangspause als Hörraum

Diese besondere Zeit zwischen den Jahren ist herausgehoben aus dem üblichen betriebsamen Wahnsinn. Vielleicht ist jetzt die Zeit, das Empfangene zu bedenken, der besonderen Gnade des In-die-Welt-gekommen-Seins Gottes und des Menschen nachzuspüren. Vielleicht genügend Zeit, die Geschenke zu würdigen, die Bücher z. B. zu lesen.

Möglicherweise ist auch »Fuchs 8« dabei, die kleine Erzählung von George Saunders, die Sicht eines Fuchses, der die Menschensprache verstehen und schreiben lernt, auf diese Welt – und vielleicht ist ja jetzt auch die richtige Zeit, um darauf zu hören, was die Tiere zu sagen haben. Fuks 8, wie er sich selbst nennt, muss erleben, wie der Wald, den er mit seinem Rudel bewohnt hat, einer Mall weichen muss. Als er mit seinem Freund Fuks 7 diese Mall auf der Suche nach Nahrung aufsucht, wird nach dem Verlassen dieses zunächst paradiesisch erscheinenden Ortes sein Freund von Bauarbeitern auf grausame Weise getötet. Fuks 8 kann flüchten und gerät an ein neues Rudel. Doch sein Vertrauen in die Menschen und in die Geschicke der Lebewesen ist zerstört. Ganz allmählich kann der Traumatisierte sich wieder der Schönheit des Lebens öffnen, als er eine Gefährtin findet und sie ein erstes Kind bekommen. Doch verlangt er eine Antwort von den Menschen und schreibt ihnen – einem von ihnen – einen Brief. Denn er weiß, dass die Menschen ein Happy End lieben – das könnte es geben, wenn er Antwort auf seine Frage nach einer möglichen Anthropodizee bekommt.

Für Maria ist die Zeit der Schmerzen mit der Geburt nicht zu Ende – wobei dieser Schmerz sowohl ihrem individuellen Schicksal entspricht als auch ihre Eigenschaft als exemplarische Vertreterin des in Jesus erneuerten Bundesvolkes anspricht (vgl. Dillon, 204–205). Diese Zeit fängt gerade erst an, wie sie es auch von Simeon hört und wie es A in III beschreibt. Oft werden Krippe und Kreuz miteinander assoziiert, die Wiege ist aus demselben Holz wie das Folterinstrument. Das eine ist ohne das andere nicht zu haben, Weihnachten und Ostern gehören zusammen. Das Empfangen des Lebens und das Loslassen. Das Transformieren des Schmerzes.

Darum geht es auch in einem Roman, der ein langer Brief des Sohnes an die Mutter ist. In Ocean Vuongs »Auf Erden sind wir kurz grandios« wird erzählt, dass das, was Menschen Tieren antun, sie sich auch gegenseitig zufügen. Und ihren Kindern, die, wie Tiere, zunächst unschuldige Geschöpfe sind. Und die wir nicht beschützen können vor dem Leben und vor den Menschen und vor dem Tod, es nur eine kleine Weile versuchen können.

VI Predigtschritte: So lass mich doch dein Kripplein sein

Ein Gang durch die vorgeschlagenen Lieder ist zugleich der Gang durch die Predigt. Das Innewerden des Empfangenen wird in den ersten beiden Strophen des Paul-Gerhardt-Liedes »Ich steh an deine Krippen hier« (EG 37) verdeutlicht. Es ist die Freude über diese »Sinngebung senkrecht von oben« – wie es Kinder immer sind. Es ist die Freude über die Zeit zwischen den Zeiten, in der wir das Wunder begreifen können und offen sind für Wunderbares, für Zeichen und Prophezeiungen. Dann folgt mit Strophe 3 – in: »Ich lag in tiefster Todesnacht« – das Gewahrwerden dessen, was wir sonst mit der Betriebsamkeit des Alltags überspielen. Es ist die Zeit der Ängste, des Verspielens der Gnade, der Angst vor der Zukunft der kommenden Generationen. Der Schmerz des Daseins wird spürbarer als seine Herrlichkeit. Es ist das Schwert, das uns durchdringt. Doch dann wieder der Blick auf das Kind, dem wir zur Krippe werden: »So lass mich doch dein Kripplein sein, komm, komm und lege bei mir ein, dich und all deine Freuden.« (Strophe 9) Das Moll grundiert das Dur, letzteres erhellt den Grundton mit der Gewissheit der Freude: Hiersein ist herrlich!

Der Schmerz, den Simeon der Maria ankündigt, wird überstrahlt durch die Worte Hannas, die Gott preist und die Erlösung im und durch das Kind ankündigt. Ein wunderbares Schlusslied für den Ausdruck dieser Freude ist das Epiphaniaslied »Jesus ist kommen« (EG 66) mit den Strophen 1, 4, 7 und 9.

Werkstück Predigt (Schluss)

Wir haben jetzt, in der Zeit zwischen den Jahren, noch genügend Muße, um das Kind zu betrachten, das uns geschenkt wurde. In dem »Porträt eines Kindes« von Richard Exner kommt beides zum Ausdruck, was uns beschäftigt, wenn wir – nicht nur dieses Kind, sondern alle – Kinder betrachten: die Freude über das Leben, das hier noch einmal neu beginnt, und das noch »unverstellt« ist; und der Schmerz über das, was kommen wird, und dann doch wieder die Freude:

Porträt eines Kindes

Wie viel
durch diese sehr offenen Augen
noch durchmuß

an Menschen, Bildern
und Schrecken,
an Tränen und Garben
von Licht –

Jetzt spiegeln sie,
zwischen Fristen von Schlaf,
von außen und innen
den Himmel.

(Exner, 51)

Literatur: *Richard J. Dillon*, The Hymns of Saint Luke. Lyricism and Narrative Strategy in Luke 1–2, Washington D.C. 2013; *Richard Exner*, Gedichte, 1953–1991, © 1994 by Radius-Verlag, Stuttgart; *Sigrid Früh*, Rauhnächte. Märchen, Brauchtum, Aberglaube, Waiblingen 1999; *Gudrun Michaela Nassauer*, Heil sehen. Strategien anschaulicher Christologie in Lk 1-2, Freiburg im Breisgau; *George Saunders*, Fuchs 8, München 2019; *Ocean Vuong*, Auf Erden sind wir kurz grandios, München 2019.

Internet: *Fulbert Steffensky*, Ich werde immer heidnischer, Interview mit Patrik Schwarz in: https://www.zeit.de/2018/29/fulbert-steffensky-prediger-glaube-gott/seite-3, abgerufen am 31.05.2020.

Silvester

2 Mose 13,20-22:
Wir gehen nicht allein

Martin Kumlehn

I Eröffnung: Unabweisbares Endlichkeitsbewusstsein

Silvester ist *die* kollektive Kasualie par excellence. Im Mittelpunkt von Gottesdienst und Predigt steht eine existenzielle Erfahrung, die alle teilen: Das alte Jahr ist unwiderruflich vorbei, das neue hat noch nicht begonnen. Im Übergang zwischen dem alten und dem neuen Jahr werden wir unserer *Endlichkeit* ansichtig und damit – beinahe zwangsläufig – *religiös,* im Sinne der Definition von Hermann Schrödter: »Unter Religion verstehen wir Ausdruck und Erscheinung des Bewusstseins radikaler Endlichkeit der menschlichen Existenz und deren reale Überwindung.« (Schrödter, 298)

Wie alles, was lebt, ist auch menschliche Existenz endlich und vergänglich. *Im Prinzip* ist uns das – wohl im Unterschied zu allem anderen, was lebt – bewusst. Doch an Silvester rückt uns die Endlichkeitsdimension unseres Daseins dermaßen »auf die Pelle«, dass sie sowohl rituell-symbolisch als auch kognitiv-sprachlich »bearbeitet« werden muss.

II Erschließung des Textes: »Mein Leben ist immer in Gefahr« (Ps 119,109)

Dass unser Leben *ständig* vom Tod bedroht ist, ist uns glücklicherweise nicht gleichermaßen *ständig* bewusst. Niemand könnte seinen Alltag bestehen, wenn er stets daran denken müsste. Gleichwohl steckt in dieser

Beobachtung bereits ein Hinweis darauf, dass und wie religiöse Deutungen, Rituale und Narrative gewissermaßen untergründig helfen, unser Endlichkeitsbewusstsein ebenfalls *ständig* »in Schach zu halten« und im Sinne Schrödters real zu überwinden. Sie rufen das elementare Bedürfnis nach Schutz und Bewahrung auf (vgl. Ps 119,114 – eine entsprechend Versauswahl aus diesem Psalm könnte die Jahresschlussandacht eröffnen) *und* geben zugleich existenziellen Halt, gründen unser Dasein im Sinn, indem sie den spezifisch religiös-symbolischen Zugang zu den – ebenfalls tief in uns verankerten – Ressourcen der Lebensbejahung und Lebenszuversicht eröffnen.

Vor diesem Hintergrund – aber im Grunde *nur* vor diesem Hintergrund – ist die Auswahl von 2 Mose 13,20-22 für eine Andacht oder einen Gottesdienst an Silvester nachvollziehbar. Die erst 1978 in die Ordnung der gottesdienstlichen Lesungen und Predigttexte aufgenommene Perikope bildet das Scharnier zwischen dem Abschluss des Plagenzyklus in Ex 12,39 und dem Anfang der Erzählung von der wundersamen Errettung aus dem Meer Ex 14,5. Während diese Legenden im Narrativ gestaltet sind, unterbricht V. 21 mit dem Partizip »holek« den Fluss der dramatischen Erzählungen und akzentuiert damit die *Beständigkeit* von Jahwes Begleitung, die durch die märchenhaften Motive von Wolkensäule und Feuerschein symbolisiert wird (vgl. auch 1 Mose 40,36-38, 4 Mose 9,15-23 und Ps 78,4). »Der führende Beistand reicht weiter als das einzelne, kontingente historische Geschehen, und sei es so zentral wie der Exodus« (Otto, 23). Diese Beständigkeit Jahwes wird auch noch einmal durch das dreimalige »bei Tag und bei Nacht« in diesen beiden Versen unterstrichen. Darin liegt denn auch der Hauptgesichtspunkt für eine Predigt über diesen Text an Silvester.

III Impulse: » ... und mit euch gehen in ein neues Jahr« (EG 65,1)

Das Jahr 2020 hat gezeigt, wozu Menschen, Gesellschaften und Staaten angesichts einer akuten Bedrohung ihres Lebens und ihrer Lebensgrundlagen in der Lage sind. Mir scheint darin ein wichtiger Hinweis darauf zu liegen, dass es entgegen einer weit verbreiteten pessimistischen, fatalistischen und gelegentlich geradezu defätistischen Einstellung zu den Überlebenschancen der Menschheit doch auch markante Hoffnungszeichen für eine humanere und gerechtere Welt wahrzunehmen gilt. Dem menschlichen Endlichkeitsbewusstsein steht noch immer ein utopisches Sehnsuchtsverlangen nach dem Guten, Menschlichen, Schönen gegenüber – oder sollte man besser sagen: zur Seite?

Aus der Kraft dieses Sehnsuchtsverlangens speist sich die »Plausibilität« einer religiösen Symbolik, in der Gott als Schutz und Orientierung in Wolke und Feuer präsent ist und den Weg weist – in unwegsamem Gelände, zwischen Sukkot und Etam, zwischen dem alten und dem neuen Jahr. Und umgekehrt stärkt die im Glauben an Gottes beständige Gegenwart zeichenhaft symbolisierte Hoffnung unsere Widerstandskraft gegen allfällige Angst und Resignation: »Waren nicht Gräber in Ägypten, dass du uns wegführen musstest, damit wir in der Wüste sterben?« (Ex 14,11a) Weil er – weil Gott – mit uns auch in dieses neue Jahr geht, können wir angesichts dessen, was uns beständig bedroht und trotz mancherlei Zweifel dennoch zuversichtlich und mutig unser Leben leben.

Werkstück Predigt (Einstieg)

Und wieder geht ein Jahr zu Ende. Wieder halten wir inne und schauen zurück, ziehen Bilanz. Was hat das vergangene Jahr gebracht? Was haben wir geschafft und was ist uns wieder nicht gelungen? Welche Schicksalsschläge haben uns getroffen? Und was hat uns glücklich gemacht?

Jede und jeder von uns wird auf diese Fragen ganz eigene, persönliche Antworten geben müssen. Was uns aber wohl alle miteinander verbindet, das ist das Gefühl, dass die Zeit rast, dass sie immer schneller und schneller an uns vorbeirauscht. Für ältere Menschen mag das noch stärker gelten als für jüngere.

Und seltsam: Während einem auf der einen Seite mancher Tag, manche Stunde lang, *zu* lang zu werden droht, erscheint auf der anderen Seite so ein Jahr viel zu kurz. Johann Wolfgang von Goethe hat diesem Gefühl in einem Gedicht so Ausdruck verliehen:

Was wird mir jede Stunde so bang?
Das Leben ist kurz, der Tag ist lang.
Und immer sehnt sich fort das Herz,
Ich weiß nicht recht ob himmelwärts.

(Goethe, 70)

Diese Sehnsucht – ich weiß nicht recht ob himmelwärts – macht sich Silvester ganz besonders gern breit.

Literatur: *Johann Wolfgang von Goethe,* West-östlicher Divan, in: Berliner Ausgabe. Poetische Werke, Bd. 3, Berlin 1963; *Eckart Otto,* Altjahrsabend: 2. Mose 13,20-22, in: Horst Nitschke (Hg.), Gottesdienstpraxis. Serie A, Reihe IV (Ergänzungsband Exegesen), Gütersloh 1987, 23–24; *Hermann Schrödter,* Analytische Philosophie. Hauptstandpunkte und Grundprobleme, Freiburg im Breisgau/München 1979.

Thomas Stahlberg

IV Entgegnung: Silvesterstimmungen

Das Bewusstsein der Endlichkeit steht im Mittelpunkt der Überlegungen von A: Im Wechsel zwischen den Jahren drängt sich besonders das Gespür für die Vergänglichkeit des Lebens herauf. Die einzelnen Tage sind zwar nicht unbedingt alle erfüllt, aber die Jahre vergehen doch oft erstaunlich schnell. Den Moment des Übergangs am Altjahrsabend sensibel als eine Art »weltliche Kasualie« zu gestalten, ist die Aufgabe des Gottesdienstes – dieser Intention von A ist meiner Auffassung nach unbedingt zuzustimmen. Die Grundlinien dafür sind in seinem Teil bereits im Wesentlichen dargelegt, mit Rückbezügen gleichermaßen auf biblische wie auf theologische Grundaussagen, sogar auch mit etwas Goethe – da kommt es jetzt nur noch darauf an, ein wenig mehr Anschauung und Gefühl in die Predigt hineinzubringen.

Denn gerade weil der Jahreswechsel durchaus ein sehr emotionaler Moment sein kann, halte ich es für wichtig, den Raum dafür noch etwas weiter zu öffnen: Es geht nicht nur um Endlichkeit und Vergänglichkeit im Allgemeinen, sondern näherhin – in der Rückschau auf das vergangene Jahr – auch um so unterschiedliche Dinge wie Melancholie, Trauern, Abschiednehmen, Loslassen, Danken oder Feiern – oder eben einfach Nachdenklichkeit. Es geht zugleich im Blick auf die kommende Zeit vielleicht um Angst und Unsicherheit oder Skepsis, vermutlich aber auch um den Wunsch nach Erneuerung oder um Sehnsucht, Erwartung und Hoffnung. Und in all dem geht es natürlich auch um die untergründigen Wünsche nach Beständigkeit und Sicherheit, nach Begleitung, Schutz und Bewahrung (was die vorgeschlagene Perikope von den beiden »Säulen« aus Rauch und Feuer für diese kollektive Abend-Kasualie sicher besonders plausibel macht).

V Erschließung der Hörersituation: Der Weg ist das Ziel

Ein Jahr geht zu Ende: Dazu gehören *erfüllte Tage*, Tage, die unbeschwert waren und wo die Dinge gut ausgegangen sind. Es ist wichtig, in der Predigt sich exemplarisch daran zu erinnern und Raum zu geben, um dieses Gute mit Dank in Gottes Hand zurückzulegen. Denn allzu leicht drängen sich ja sonst häufig die Niederlagen und Lasten, die negativen Momente unangemessen in den Vordergrund. Deshalb könnte es eine erste Aufgabe der Predigt sein, zunächst die positive »Ernte« des vergangenen Jahres ins Bewusstsein zu heben: als ein Gegengewicht, als eine versöhnliche Spur in der endlosen Kette von Sorgen, Pflichten und Problemen, die aus sich selbst heraus leider nie zur Ruhe kommen.

Denn im Allgemeinen ist es natürlich so: Wenn wir an das vergangene Jahr zurückdenken, dann kommen meist ganz von selbst viele unabgeschlossene und eher belastende Dinge in uns hoch. Wir müssen uns erinnern an Leid und an Streit, an leere Stunden, an verpasste Gelegenheiten. Wir denken an Abschiede und an nahe Menschen, die von uns gegangen sind.

In diesem Jahr wird es zudem sicher unvermeidlich sein, in irgendeiner umgrenzten Form auch das Corona-Virus zu erwähnen – und die nun überall lauernde Angst vor Ansteckung, die schleichende Vergiftung von Nähe und Begegnung als »Gefahr« sowie die menschlichen und finanziellen Lasten im Gefälle der Hygiene-Schutzmaßnahmen, an deren Folgen wir wahrscheinlich noch längere Zeit tragen werden.

Jenseits der wechselnden, jeweils tagesaktuellen Debatten und Strategien zur medizinisch-sozialen Krisenbewältigung scheint mir in diesem Zusammenhang die *bleibende Ausgesetztheit des Lebens* ein angemessener Akzent für die Predigt zum Altjahrsabend 2020: Es ist ein Irrtum zu meinen, wir könnten das Leben fest in der Kontrolle haben und uns verlässlich absichern gegen Unglück und Katastrophen. Immer können – völlig unabhängig von Corona usw. – familiäre Zerwürfnisse, medizinische Befunde oder berufliche bzw. finanzielle Krisensituationen plötzlich über uns hereinbrechen, und dann kann von einem auf den anderen Tag die Welt für uns ganz anders aussehen. Oder mit einem bekannten Zitat von Erich Kästner:

»Wird's besser? Wird's schlimmer?« fragt man alljährlich.
Seien wir ehrlich: Leben ist immer lebensgefährlich.«

(Kästner, 85)

»Leben ist immer lebensgefährlich«: Das gilt auf allen Ebenen, der persönlichen ebenso wie der gesellschaftlichen, und das ist in diesem Jahr nur einmal wieder besonders deutlich geworden. Doch muss diese Ungeschütztheit kein Grund sein, von einer Sorge zur nächsten, von einer Angst zur anderen zu leben. Im Gegenteil: Es geht in der Predigt um ein Grundvertrauen in Gottes helfende, stärkende Gegenwart gerade in Gefahrenmomenten – und um den Glauben daran, dass am Ende nicht der Tod, sondern das Leben auf uns wartet.

Für viele mögliche Gefahren und Gefährdungen können wir versuchen, einigermaßen vernünftige Vorkehrungen zu treffen: Versicherungen, Vorsorgeuntersuchungen, Trainings und Schutzmaßnahmen aller Art. Über eine solche äußere Vergewisserung hinaus aber stärkt uns der Glaube *innerlich* – besonders in solchen schwierigen Zeiten wie im vergangenen Jahr: dass wir dennoch – trotz der allgemeinen Bedrohungsszenarien – neugierig und zuversichtlich am Leben teilnehmen können. Der Glaube an Gott ist unsere positive innere Kraft, damit wir uns nicht ängstlich abschotten in einer vermeintlich »keimfreien« Sicherheitszone, die wir doch niemals wirklich finden werden.

Der Auszug der Israeliten aus dem Land Ägypten – das war einer der ganz großen Aufbrüche der Glaubensgeschichte. Ein Drama von Furcht und Kampf, eine Geschichte von dem langen, mutigen Weg hinaus endlich in ein neues Land. »Israel verläßt das Kulturland und geht in die unbekannte, bedrohliche Wüste.« (Grethlein, 53) Ganz menschlich wird dann hier in der Bibel davon erzählt, wie Gott dabei das Volk lotst und es fürsorglich begleitet bei seinem schwierigen Aufbruch: Auf Umwegen verlassen sie das alte Land Ägypten, damit sie erstmal Zeit und Abstand gewinnen. Denn zu groß war die Versuchung, vorschnell aufzugeben: Dass nämlich die Leute auf dem direkten Weg losmarschieren und dann beim ersten Hindernis gleich wieder umkehren wollen in die Vergangenheit, zu den berühmten »Fleischtöpfen«.

Für die Predigt legt es sich nahe, diese Ambivalenz im Geschehen von Abschied und Aufbruch zu parallelisieren in Richtung auf den Übergang von einem Jahr zum anderen – auch wenn dieser Übergang gemeinhin nicht so ein dramatisches Geschehen ist wie der Auszug aus Ägypten. Aber es geht dennoch dabei auch um eine Ablösung vom Alten, um die innere Kraft des Vertrauens und um eine Stärkung für die neuen Wege in der Zukunft.

Doch das Wichtigste an diesem Abschied ist, dass der Übergang ein behüteter und begleiteter ist:

Der Herr aber zog vor ihnen her,
am Tage in einer Wolkensäule, um ihnen den Weg zu zeigen,
und des Nachts in einer Feuersäule, um ihnen zu leuchten.

Die Israeliten dürfen – und müssen! – Ägypten verlassen und in neues, unbekanntes Land aufbrechen, doch ihr Gott ist ein Gott, der mitgeht: *Sie sind nicht allein unterwegs.* Im Zeichen der Wolkensäule bei Tag und der Feuersäule bei Nacht begleitet er sein Volk auf diesem Weg durch die Wüste. Ich würde diese Zusage in ihrer bildhaften bzw. poetischen Kraft durchaus einfach stehen lassen und sie auf der »Sachebene« nicht weiter zergliedern, sondern sie – genauso wie das Auszugsmotiv – für die Predigt parallelisieren. »Gott zieht uns voran in das neue Jahr« – das heißt dann: Da liegen nicht nur Hürden und Probleme vor uns, sondern wir sind umgeben von Gottes guten Kräften, vom »Leuchten« seiner fürsorglichen Gegenwart. Und wenn wir also weitergehen nach vorne, dann sollen wir die Augen offenhalten für Gottes helfende Zeichen unterwegs: für die Türen, die sich öffnen; für die Menschen, die uns Mut machen; oder für Möglichkeiten, die uns auf dem Weg zuwachsen. Diese Zeichen Gottes sind wie Nahrung unterwegs zum Leben: dass wir uns nicht aufgeben, oder abgestumpft und frustriert werden, sondern neugierig bleiben auf das, was noch kommen soll. *Wir sind unterwegs, wir sind noch nicht am Ziel.*

VI Predigtschritte: Gott geht mit

Ein Gott, der mitgeht – das ist bis heute das wichtigste Merkmal Gottes: dass er die Menschen nicht allein lässt mit den Ängsten und den Sorgen auf ihrem Weg, sondern dass er *bei ihnen ist*. So sollen auch wir gehen mit Vertrauen: *Wir gehen nicht allein*. Wir haben einen Gott, der mit uns geht auf unseren Weg auch durch Verlust und Veränderung – eine Hilfe, eine Kraft bei Tag ebenso wie bei Nacht, im Schönen wie im Schweren.

Werkstück Predigt (Schluss)

Der Gott, der mitgeht: Das ist unser Glaube – dass wir nicht alles alleine schaffen müssen, dass wir Fehler machen dürfen und dass wir Vertrauen haben können. Wir *dürfen* weiterziehen – niemand kann uns festschreiben auf die Vergangenheit, niemand darf uns festnageln auf einen Ort, eine Form, einen Standpunkt. Aber zugleich auch: Wir *müssen* weiterziehen – wir können unser Leben nicht konservieren, wir können unser Glück nicht auf Vorrat haben oder einfrieren. Sondern immer wieder müssen wir loslassen und beweglich bleiben, immer wieder geht es darum, dass wir uns öffnen und das Leben neu entdecken. Mit diesem Vertrauen: Gott ist schon da – wo wir auch hinkommen. »Du bist mein Schutz und mein Schild; ich hoffe auf dein Wort.« (Ps 119,114)

Unser größtes Zeichen für dieses Mitsein Gottes, das ist heute nicht eine Windhose oder eine Feuersäule. Sondern das ist der Mensch Jesus Christus. Er ist unser sichtbares Zeichen, dass Gott uns nicht allein lässt. Gegen das Gerede der anderen; gegen unsere eigene Verstrickung in Fehler und Versäumnisse oder Schuld; und auch gegen unseren Kleinmut und Kleinglauben: Da setzt Gott das große Zeichen der Ermutigung, den Menschen Jesus Christus, der unser Leben kennengelernt hat und der weiß, wie sich das Leben anfühlt:

Gemeinschaft – und Einsamkeit, Verrat;

Erfolge – und Niederlage, Ohnmacht;

zerstörerische Kräfte – und heilende Kräfte des Lebens.

Und er hat es auf seinem Weg selbst erfahren, welche Hilfe im Vertrauen auf Gott liegt – festzuhalten an dem Glauben: Nichts kann uns scheiden von der Liebe Gottes! An diesen Gott der Liebe, an diesen Gott, der mitgeht, sollen wir uns halten, denn seine Kraft ist größer als alles, was uns das Leben bedroht und klein macht.

Literatur: *Christian Grethlein*, Altjahrsabend; in: GPM 48 (1993/94), 52–57; *Erich Kästner*, Wird's besser? Wird's schlimmer? Gebrauchstexte für (fast) jeden Anlass, München 2011.

Neujahr

Philipper 4,10-13(14-20):
Unabhängig machende Abhängigkeit

Tobias Sarx

I Eröffnung: Neujahr – Rückblick und Ausblick

Nun ist es da, das neue Jahr. Wenn am 1. Januar der Gottesdienst beginnt, liegt der Zauber des Jahreswechsels bereits mindestens zehn – meist sogar 16 oder 17 Stunden zurück. Die meisten Menschen haben mit Freunden oder im Kreis der Familie Silvester gefeiert, und auch diejenigen, die allein waren oder schon schliefen, werden am Vorabend manchen Gedanken darauf verwendet haben, Bilanz zu ziehen. Die Rückschau auf die Erlebnisse des vergangenen Jahres ist selten Selbstzweck, sie mündet meist in die bange Frage, was denn das neue Jahr mit sich bringen wird. Vielleicht ist den Gottesdienstbesuchern und -besucherinnen auch gar nicht bange zumute, sondern der Blick ins neue Jahr weckt Vorfreude auf schöne Ereignisse.

Silvester und Neujahr sind eine Scharnierstelle zwischen Altem und Neuem bzw. zwischen dem, was schon war, und dem, was noch in der Zukunft liegt. Es fällt leicht, den Predigttext in diesem Sinne auszulegen, denn Paulus hält selbst Rückschau, und er macht einen guten Vorschlag, wie Leben im Angesicht vieler Unwägbarkeiten gelingen kann. Der Text eröffnet sogar Perspektiven, mit verpassten Chancen umzugehen, denn der exzellent ausgebildete Paulus sitzt im Gefängnis. Wenn er nicht Apostel geworden wäre, hätte ihm eine gesellschaftlich angesehene berufliche Position mit gesichertem Einkommen offengestanden. Anstatt im Kreis seiner Familie das Leben genießen zu können, saß er nun in stickigen und dreckigen Gefängnissen. Paulus bemühte sich zwar stets darum, das Leiden um des Glaubens willen positiv zu deuten, aber er wird sich manches Mal gefragt haben: Was habe ich falsch gemacht, dass ich das ertragen muss?

II Erschließung des Textes: Unabhängig und trotzdem nahbar

Karl-Wilhelm Niebuhr nennt als zentrales Anliegen des Philipperbriefes »Bewährung des Glaubens in Bedrängnissen« (Niebuhr, 256). Es geht also nicht um einen euphorischen Neustart, der zu Jahresbeginn ohnehin meist nicht gelingt (die meisten »guten Vorsätze« für das neue Jahr werden laut Umfragen innerhalb der ersten zwei Wochen fallen gelassen). Dennoch sollte in der Predigt eine positive Grundhaltung vorherrschen, denn Paulus leitet den Abschnitt mit »Ich bin aber hocherfreut« ein. Damit findet der Text Anschluss an die vorhergehende Passage, in der Paulus die Philipper regelrecht nötigt, sich zu freuen (Kap. 4,4). Die Botschaft lautet also: Bei allen vorhandenen Schwierigkeiten – es gibt Grund zur Freude. Im konkreten Fall ist es die Geldspende der Gemeinde in Philippi, die Anlass zu positiven Gefühlen gibt. Vielleicht gelingt es, in der Predigt an schöne Erlebnisse anzuknüpfen, die bei der Gottesdienstgemeinde Zuversicht wecken, dass auch das neue Jahr Gutes hervorbringen wird.

Die positive Grundhaltung stellt sich nicht automatisch ein. Paulus gibt in V. 11 offen zu, dass er erst »lernen« (manthánō) musste, sich in seiner Zuversicht unabhängig von äußeren Lebensumständen zu machen. »Ich habe gelernt, mir genügen zu lassen, wie's mir auch geht. Ich kann niedrig sein und kann hoch sein; mir ist alles und jedes vertraut: beides, satt sein und hungern, beides, Überfluss haben und Mangel leiden.«

Ebenfalls in V. 11 findet sich ein zweites Schlüsselwort: autarkēs. Es ist in den deutschen Sprachgebrauch übergegangen: autark sein, autark leben. Auch wenn das Wort im ursprünglichen Sinne auf wirtschaftliche Zusammenhänge bezogen ist (»wirtschaftliche Unabhängigkeit und rechtliche Selbstbestimmung des ›Hauses‹, d.h. der Sippe oder Großfamilie«; Eckey, 106) und auch Paulus im Text davon spricht, nicht von Geldspenden jedweder Art abhängig zu sein, so wird der Text erst vor dem Hintergrund des stoischen Autarkiegedankens verständlich: Das Ideal dieser griechisch-philosophischen Richtung war nicht, äußerlich autark zu leben, sondern innere Ruhe zu finden – unabhängig, frei und unberührt von den Umständen und Gegebenheiten des Schicksals (vgl. Barth, 76).

Im Bibeltext geht es nicht darum, sich krampfhaft anzustrengen, einem philosophischen Ideal zu entsprechen. Vielmehr zielt der Text auf ein Verstehen hin, und zwar nicht auf ein intellektuelles Verstehen, sondern auf ein Verstehen tief im Inneren der eigenen Existenz. Paulus nutzt hier ein Wort aus dem Bereich der griechischen Mysterienreligionen. Luther übersetzt V. 12 »mir ist alles und jedes vertraut«. Wörtlich müsste es heißen: »In alles und jedes bin ich eingeweiht.« Das Verb myéō kommt nur hier im Neuen Testament vor. Die Gläubigen werden durch Christus in ein Geheimnis eingeweiht. In das Geheimnis, unabhängig von Schicksalsschlägen mit Zuversicht in die Zukunft blicken zu können: »Ich vermag alles durch den, der mich mächtig macht.« (V. 13)
Diesem Geheimnis gilt es, während der Predigt auf die Spur zu kommen. Es gründet im Christusgeschehen, das mich befähigt, mit der Vergangenheit Frieden zu schließen, die Zukunft in Gottes Hand zu legen und

dadurch ganz in der Gegenwart zu leben. Das geschieht – wie bereits erwähnt – nicht automatisch, insofern gilt es, vorhandene Sorgen und Ängste ernst zu nehmen. Aber es ist erlernbar, in dieser Weise innerlich zur Ruhe zu kommen. Die Predigt kann Hilfestellung dazu geben, indem sie entlastet: Gottes Liebe und Annahme sind nicht abhängig von äußerem Erfolg. Sie gelten auch und gerade in schweren Lebenslagen – sogar dann, wenn man im gesellschaftlichen Ansehen ganz unten angekommen ist. Es ist in diesem Zusammenhang nicht unwichtig, dass Paulus den Brief aus dem Gefängnis heraus schreibt.

Diese unbedingte Annahme Gottes im »Letzten« raubt den äußeren Umständen ihre alles beherrschende Stellung (vgl. Bonhoeffers Unterscheidung von »Vorletztem«« und »Letztem«): Es besteht keine Notwendigkeit mehr, mit vergangenen Chancen zu hadern. Und es ist auch nicht notwendig, alle Aufmerksamkeit darauf zu verwenden, den gegenwärtigen Überfluss für die Zukunft zu sichern bzw. zu vermehren. Durch Christus entsteht so ein freier Blick für die Gegenwart: Heute, am 1. Januar, darf ich glücklich sein – unabhängig davon, ob ich im Überfluss lebe oder im Mangel.

III Impulse: In der Gegenwart leben

Als Hilfe, die Gegenwart nicht durch Hadern mit der Vergangenheit und Sorge vor der Zukunft aus dem Blick zu verlieren, kann folgende Geschichte dienen:

»Es kamen einmal ein paar Suchende zu einem alten Weisen. ›Herr‹, fragten sie, ›was tust du, um glücklich und zufrieden zu sein? Wir haben gehört, dein Herz sei immer leicht, und wir wären auch gerne so glücklich wie du.‹ Der Alte antwortete mit mildem Lächeln: ›Wenn ich liege, dann liege ich. Wenn ich aufstehe, dann stehe ich auf. Wenn ich gehe, dann gehe ich und wenn ich esse, dann esse ich.‹ Die Fragenden schauten etwas betreten in die Runde.

Einer platzte schließlich heraus: ›Bitte, treibe keinen Spott mit uns. Was du sagst, tun wir auch. Wir schlafen, essen und gehen. Aber wir sind nicht glücklich. Was also ist dein Geheimnis?‹ Es kam die gleiche Antwort: ›Wenn ich liege, dann liege ich. Wenn ich aufstehe, dann stehe ich auf. Wenn ich gehe, dann gehe ich und wenn ich esse, dann esse ich.‹ Die Unruhe und den Unmut der Suchenden spürend, fügte der Meister nach einer Weile hinzu: ›Sicher liegt auch ihr und ihr geht auch und ihr esst. Aber während ihr liegt, denkt ihr schon ans Aufstehen. Während ihr aufsteht, überlegt ihr, wohin ihr geht, und während ihr geht, fragt ihr euch, was ihr essen werdet. So sind eure Gedanken ständig anderswo und nicht da, wo ihr gerade seid. Im Schnittpunkt zwischen Vergangenheit und Zukunft findet ihr das eigentliche Leben. Lasst euch auf diesen nicht messbaren Augenblick ganz ein und ihr habt die Chance, wirklich glücklich und zufrieden zu sein.« (Verfasser unbekannt, zit. nach Mayer, 122 f.).

Ergänzend zur Geschichte wird das in V. 13 formulierte Gottvertrauen in der Predigt ein wichtiger Bezugspunkt sein: Paulus gelingt seine innerliche Unabhängigkeit von äußeren Umständen nur, indem er sich der existenziellen Abhängigkeit zu Gott bewusst wird. Sogar im Gefängnis weiß er sich von Gott getragen und so schafft er es, seinen Blick von den alles bedrückenden Sorgen abzuwenden hin zu den Chancen, die ihm die Gegenwart bietet: Er schreibt einen Brief und signalisiert den Philippern: Ihr seid mir nicht egal.

Werkstück Predigt

Auf einer Skala von 1 bis 10 – Wie zufrieden sind Sie? Eins wäre sehr unzufrieden, zehn vollkommen zufrieden. Wie zufrieden sind Sie? Vor einigen Wochen las ich in der Zeitung einen Bericht, der mich überrascht hat: Laut einer repräsentativen Umfrage sind wir Deutsche so zufrieden wie nie zuvor seit der Wiedervereinigung. 7,14 Punkte gaben sich die Befragten im Durchschnitt auf der Skala von 1–10. Wir sind also eher zufrieden als unzufrieden. Und das, obwohl uns Deutschen ja nicht zu Unrecht der Ruf vorauseilt, ständig mürrisch zu sein, an allem und jedem herumzunörgeln und nie zufrieden zu sein, wenn etwas nicht vollständig perfekt ist.

Literatur: *Gerhard Barth*, Der Brief an die Philipper (ZBK), Zürich 1979; *Wilfried Eckey*, Die Briefe des Paulus an die Philipper und an Philemon. Ein Kommentar, Neukirchen-Vluyn 2006; *Heike Mayer*, Achtsamkeit. Gelassen leben in einer hektischen Welt, München 2018; *Karl-Wilhelm Niebuhr*, Grundinformation Neues Testament, Göttingen ⁴2011.

Internet: https://www.faz.net/aktuell/gesellschaft/menschen/glueckslatas-wo-die-deutschen-am-gluecklichsten-sind-16469672.html, abgerufen am 31.05.2020.

Jennifer Marcen

IV Entgegnung: Mehr als nur positive Grundhaltung

Mit A sitze ich im Gottesdienst zu Neujahr mit einer Mischung aus retrospektiver Begutachtung des Vorjahres und der prospektiven Erwartung an das kommende Jahr. Ich bin auch bei A, wenn er betont, dass es bei dieser Rück- und Vorschau immer auch um Chancen, deren Wahrung und Versäumen geht. Was habe ich gut gemacht im letzten Jahr? Was sollte ich im nächsten Jahr anders, noch besser machen? Welche Vorhaben sind mir geglückt und welche nicht? Die entscheidende Frage hinter diesen müsste allerdings sein: Warum glückt mir manches und anderes nicht? Womit habe ich diesen Erfolg verdient? Oder auch: Womit habe ich einen Nicht-Erfolg verdient?!

A schlägt vor, eine positive Grundhaltung zu erlernen, mit Zuversicht auch Schicksalsschläge zu ertragen und aus dem Geheimnis des Christusgeschehens heraus innerliche Ruhe zu finden. Daran kann ich nichts Falsches finden. Doch möchte ich über A's hier beschriebene »positive Grundhaltung«, zu der Paulus animieren möge, hinausgehen. Dieser

Predigttext, mit V. 11 und 13 im Mittelpunkt an einem Neujahrstag gelesen und den Hörern zur Deutung ihres Lebens ans Herz gelegt, läuft meines Erachtens auf eine Beschäftigung mit dem Verhältnis von Autarkie und Dependenz im jeweiligen Leben hinaus. Wo bin ich wovon abhängig? Wo oder wie kann ich mich davon freimachen? Möchte ich nicht – manchmal wenigstens – autark sein, unabhängig vom Rest der Welt? Wirtschaftlich wie emotional? Mache aber zugleich immer wieder die Erfahrung, dass ich alles andere als »autark« von meiner Umwelt bin? Muss auch schmerzhaft erfahren, dass sich trotz größter Bemühung, nicht nur »hoch sein«, »satt sein« und »Überfluss« einstellen?

A bereitet mir den Weg mit seinem Gedanken zur Autarkie, doch meine ich, dass Paulus es nicht bei stoischer Ruhe belassen hätte. Paulus geht es hier nicht nur um seine sein Schicksal mal mehr mal weniger stoischleise ertragende Grundhaltung, sondern darum, woher eigentlich sein Geschick kommt. Und dieses kann er sich offensichtlich bei aller betonter Autarkie nicht selbst machen. Er ist abhängig. Und zwar von dem, der ihn mächtig macht (V. 13). Sein Schicksal, sein Befinden, Überfluss und Mangel sind nicht allein in seiner Hand. In genau dieser Abhängigkeit gründet dann das, was als »stoische« Ruhe beobachtet werden kann.

V Erschließung der Hörersituation: Autarkie der Abhängigkeit

Den Wunsch nach Unabhängigkeit, auf niemandes Unterstützung angewiesen zu sein, seines eigenen Glückes Schmied zu sein, sein Leben vollständig selbst gestalten zu können, frei von Zwängen und äußeren Umständen – kurz: sich selbst zu genügen – werden viele kennen. Wenigstens temporär. Die Menschen, und auch ich, wären gerne unabhängiger von ihren Mitmenschen, seien es Familienangehörige, Chefs, Nachbarn oder die anderen Autofahrer im allmorgendlichen Stau; unabhängiger von den Befindlichkeiten anderer; unabhängiger von gesellschaftlichen Normen und Erwartungen; unabhängiger auch von der Gunst und dem Wohlwollen anderer. Ein autarkes Leben scheint seinen Reiz besonders darin zu haben, dass einem weniger in seine Pläne, in sein Leben hineingepfuscht werden kann.

Unabhängig sein wird dann als eine wichtige Fertigkeit für ein erfolgreiches, gelungenes Leben angesehen. Das Leben selbst in die Hand nehmen, seine Ziele auch ohne die Hilfe anderer erreichen, die Freiheit zu tun und zu lassen, was man will – das scheint dem Zeitgeist gemäß zu sein. Weil der moderne Mensch sich mehr denn je als Individuum versteht, ist die Gefahr, einer Illusion unbegrenzter Freiheit bzw. weitgehender Autarkie aufzusitzen, groß. Wer allerdings wirklich unabhängig wäre, der wäre gleichzeitig auch voll verantwortlich für sein Sein, sein

Werden, sein Schicksal. Weite Teile der Ratgeberliteratur funktionieren auf diesem Prinzip. Dort bekommt man den Eindruck, man müsse die Dinge nur richtig angehen, dann würde man sofort und mit absoluter Gewissheit Erfolg haben. Glück, Erfolg, gelingendes Leben wird so zum selbst machbaren stets verfügbaren Gut. Dann muss man auch nicht im Knast sitzen wie unser Paulus hier.

Paulus betont allerdings, aus dem Gefängnis heraus, seine »Autarkie«. Die Unterstützung der Philipper brauche er ja gar nicht existenziell. Es ist nur ein »nice to have«. Aber eben kein Muss. Paulus hat gelernt, im Zweifelsfall auch ohne Hilfe – autark – klarzukommen. Ich höre den Dank des Paulus an die Philipper, eigentlich seine Lieblingsgemeinde, und die Betonung des Autark-Seins mindestens ein wenig passiv-aggressiv auf Beziehungsebene. Auf mich wirkt er nicht, wie jemand der stoisch (im Sinne stoischer Philosophie) alles erträgt, ohne Gefühlsregung sein Schicksal hinnimmt. Doch, er regt sich auf. Und so kennen wir Paulus auch. Er ist einer, der sich echauffiert, der sich auch emotional einbringt, dem auch mal die Hutschnur platzt. In V. 10 empfindet er große Freude oder beim Anblick der Götzenbilder in Athen erfasst ihn heftiger Zorn. Das ist kein Mann, der stoisch unaufgeregt durch die Welt geht.

Dieser Paulus betont weiter, dass er sich auf alles einstellen könne, mit allem irgendwie zurechtkommen könne. Das heißt aber noch lange nicht, dass es ihn nicht affiziert. Wer in seiner Berufung als Apostel aus der Stadt geprügelt, gesteinigt, ins Gefängnis geworfen, von Freunden fallengelassen, dabei auch noch krank wird und dann auch noch immer zwischen allen Fronten steht, der wäre ein Zombie, wenn er alles stoisch, ohne jede Gefühlsregung, ertragen würde.
Nein, es lässt ihn nicht kalt. Doch es bestimmt ihn nicht. Es bestimmt nicht sein Leben. Er ist nicht vollends abhängig von den Umständen, die ihm das Leben bietet. Er kann alles, Hohes wie Tiefes, Gutes und Schlechtes, irgendwie aushalten. Er hat gelernt, in jeder Lage unabhängig zu sein. In diesem Sinne ist er »autark«.

Und zugleich ist er in dieser »Autarkie« absolut abhängig. Denn er vermag all das nur durch den, der ihn dazu bemächtigt, der ihm dazu die Kraft gibt. Ohne dieses »Woher« der Kraft, soviel scheint für Paulus klar, wäre er heillos verloren. Hier sitzt der entscheidende Unterschied zur stoischen Philosophie: In der Idealvorstellung ist diese Unabhängigkeit unbedingt und allein die Leistung des Menschen, Paulus jedoch nennt eine Bedingung seiner *Unabhängigkeit*: die *Abhängigkeit* von dem, der ihn mächtig macht.

Paulus' »Autarkie« verdankt sich einem Gottesverhältnis, das ihm genug Kraft gibt, um auch die widrigen Umstände irgendwie durchzuhalten und sich an den guten Zeiten zu erfreuen.

Diese absolut abhängige Unabhängigkeit beschreibt ein religiöses Grundgefühl (vgl. Schleiermachers Gefühl der schlechthinnigen Abhängigkeit). Paulus fühlt sich in seiner Gottesbeziehung so getragen, dass er (vielleicht sogar etwas trotzig) behaupten kann, von allen Umwelteinflüssen in allen Lagen unabhängig zu sein.

VI Predigtschritte: Soviel du brauchst

Die Predigt wird sich um den Gedanken des Autark-Seins und dessen Bedingungen drehen, d.h. um eine Unabhängigkeit in Abhängigkeit. Der Kasus Neujahr bietet über Rück- und Vorschau viele Möglichkeiten, sich der (Un-)Abhängigkeiten im eigenen Leben und besonders im Bezug auf gelingendes Leben zu verdeutlichen.

Besonders rund um den Jahreswechsel empfiehlt sich der Verweis auf Dietrich Bonhoeffer, sein Lied »Von guten Mächten« wird ohnehin mit Recht zur liturgischen Grundausstattung des Gottesdienstes gehören. Von ihm stammt auch ein Glaubensbekenntnis (s. u.), das fast auf V. 13 zu beruhen scheint. Auch Dietrich Bonhoeffer sitzt im Gefängnis. Er spricht schon fast mit den Worten des Paulus, dass er jede Not aushalten kann, weil er die Kraft dazu von außen bekommt. Immer genau so viel, wie es in der Situation unbedingt braucht. Und nie im Voraus, schließlich sollen wir Menschen uns nicht zu sicher sein und vor allem nicht meinen, wir könnten uns selbst aus dem Sumpf ziehen. Nein, Selbsterlösung steht damit nicht auf dem Programm. Auch Bonhoeffer kann sagen: »Alles vermag ich durch den, der mir die Kraft dazu gibt.« (V. 13)

Es bietet sich zum Jahreswechsel an, konkrete Situationen durchzuspielen, wie sie 2020 in manchen Familien so oder so ähnlich vorgekommen sein mögen: Wer hätte wohl gedacht, dass es möglich sein würde, wochenlang mit kaum bis gar keinem Sozialkontakt auszukommen oder über Wochen hinweg seine Kinder parallel zum Home-Office zu betreuen und im Home-Schooling zugleich zu unterrichten? Diese Situationen gingen einigen weit über die eigenen Kräfte. Und doch, sitzen sie nun vor Ihnen in den Kirchenbänken und haben es irgendwie hinbekommen. Trotz sicher mancher Momente, in denen man nicht mehr wusste, wie es weitergehen könnte. Wer diese Erfahrung als »nicht selbst gemacht«, sondern als unverfügbar, als Gabe, ansehen kann, der kann es auch schaffen, sich weniger Sorgen um die Zukunft zu machen.

Eine besondere Herausforderung wird es darstellen, von den beiden Super Heroes der Christenheit auf den/die Einzelne/n zurückzukommen. Denn dieses Gottvertrauen, das Paulus und Bonhoeffer hier zeigen, ist bewundernswert, aber es ist nicht einfach anzuempfehlen. Wer von uns »hat« diese unabhängig machende Abhängigkeit? Kann ich das überhaupt »haben«? Und wenn ja, wie komme ich da dran? Paulus beschreibt, er habe das gelernt. Ich behaupte, das ging nur unter der Voraussetzung dieser intensiven Gottesbeziehung. Und damit war es ein Geschenk und

kein Verdienst: Diese Problematisierung sollte in der Predigt nicht fehlen!
»Ich glaube, dass Gott uns in jeder Notlage so viel Widerstandskraft geben will, wie wir brauchen. Aber er gibt sie nicht im Voraus, damit wir uns nicht auf uns selbst, sondern allein auf ihn verlassen. In solchem Glauben müsste alle Angst vor der Zukunft überwunden sein.« (Bonhoeffer, 30).

Literatur: *Dietrich Bonhoeffer*, Widerstand und Ergebung (DBW 8), München 2004.

2. Sonntag nach Weihnachten
Lukas 2,41-52:
Zunehmend Gott

Angelika Obert

I Eröffnung: Was Jesus sich erlauben konnte!

Meine Mutter hat gar nicht erst gefragt: Warum? Wenn ich zu spät nach Hause kam, war für sie klar: Das hast du mir angetan. Du achtest mich nicht. Und ich blieb sprachlos. So habe ich im Kindergottesdienst gestaunt und war auch neidisch auf den zwölfjährigen Jesus: Was der sich erlauben konnte! Vielleicht, dass mir da schon etwas vom rebellischen Geist der Bibel in die Kindheit geschienen ist?

Nun habe ich aber inzwischen auch genug Erfahrung als Mutter, um mit Maria zu fühlen: Welche Ängste hat sie ausgestanden während dieser dreitägigen Suche nach dem verschwundenen Kind! Wenn er so unauffindbar war, musste doch etwas Schreckliches passiert sein! Kein Wunder, dass sie fassungslos reagiert, als der Knabe dann so gesund und munter im Tempel steht und einfach bloß sein eigenes Ding macht. Als Mutter, merke ich, lebe ich mit der Vorstellung, dass es dem Sohn nur gut gehen kann, wenn ich ihn irgendwie in Sichtweite habe, jedenfalls weiß, dass er den geltenden Regeln folgt. Sonst droht Gefahr.

Als Erwachsene ist es für mich klar, dass ich alle Tage den Regeln folge, die mir ein sicheres bürgerliches Leben garantieren. Sonst würde ja Gefahr drohen. Im Netz der sozialen Übereinkünfte bin ich zu Hause, sie geben mir Halt. Der Text Lk 2 legt mir aber nah: Jenseits davon droht nicht nur Gefahr, jenseits davon ist auch der Bereich Gottes. Kann ich mir vorstellen, wie Jesus zuerst beim Vater im Himmel zu Hause zu sein?

Was würde das für mich ändern?

II Erschließung des Textes: Zu Hause beim Vater im Himmel

So, wie er gerahmt ist, kann der Abschnitt, mit dem Lukas seine Vorgeschichte abschließt, als »konventionelle Biografie überdurchschnittlich begabter Jugendlicher« (Wolter, 151) gelesen werden. Aber er enthält Sprengstoff, der alle Konvention hinter sich lässt. Zielt er doch ab auf das erste Wort, das Jesus im Lukasevangelium selbst sagt und mit dem er sich selbst definiert: »Wisst ihr nicht, dass ich sein muss in dem, was meines Vaters ist?« Auch das letzte Wort Jesu am Kreuz wird dem Vater gelten, der Vater im Himmel ist. Unter patriarchalem Vorzeichen steht »Vater« für Herkunft und Zugehörigkeit, für Orientierung und Wertebewusstsein. »Vater« ist die Instanz, die Gehorsam verlangt. Der »Vater im Himmel« aber nimmt all dem, was wir heute unter den Begriff »Über-Ich« fassen, die Macht und setzt andere Maßstäbe. Diese werden im Text allerdings genau verortet: Nicht irgendwie jenseits irdischer Gehorsamspflicht ist Jesus, sondern im Tempel, im Gespräch mit den Schriftgelehrten über das Gesetz und die Propheten. Seine Selbstbestimmung ist eng mit der Hoffnung Israels verbunden: Es gilt, die »Schrift« zu erfüllen (vgl. Busse, 174). Dass sie sich im Weg Jesu erfüllt hat, wird am Ende den Jüngern auf dem Weg nach Emmaus aufgehen. Zuvor aber stößt Jesus auf Unverständnis, auch bei seinen Angehörigen. Wie verständlich dieses »Unverständnis« ist, wird gleich hier zu Beginn sehr deutlich, wenn es uns in der Angst der Eltern begegnet, die ihren Sohn verloren glauben. Fromm wie sie sind, können sie sich doch nicht daran freuen, dass der 12-Jährige sich dem Reich Gottes so tief verbunden weiß. Es fällt ihnen nicht ein, dass er beim Vater im Himmel gut aufgehoben ist. Sie haben erlebt, dass er ihrem Gesichtskreis entschwunden ist, und konnten nicht anders, als ihn in Gefahr zu vermuten. Nicht verstehen können sie, wo er anders hingehören könnte als zu ihnen. Und wir können das verstehen – als Eltern allemal.

Später wird Jesus auch von denen, die ihm folgen wollen, erwarten, dass sie ihre familiären Bindungen drangeben um des Reiches Gottes willen (Lk 9,59-62; 14,25-35). Er wird als seine »wahren Verwandten« diejenigen benennen, die »Gottes Wort hören und tun« (Lk 8,19-21), und prophezeien, dass es um seinetwillen harten Streit geben wird zwischen den engsten Angehörigen (Lk 18,29).

So wird es also auch für diejenigen, die »seine Herrlichkeit sehen« wollen (Wochenspruch), so sein, dass sie ihre Zugehörigkeiten und Gehorsamspflichten neu definieren dürfen oder müssen. Das Dürfen steht im Vordergrund: Es ist um Gottes Willen erlaubt, sich den elterlichen Erwartungen zu entziehen und auch die verinnerlichten Über-Ich-Instanzen in Frage zu stellen. Die gesellschaftlich gesetzten Maßstäbe an Leistungs- und Anpassungsfähigkeit, Erfolg und Ansehen haben nicht letzte

Geltung. Aber zugleich lösen sich im Bereich des Vaters im Himmels auch alle Sicherheit versprechenden »Wir«-Gefühle auf: Herkunft, Milieu, nationale und ethnische Zugehörigkeit sind keine Kriterien mehr, die Abgrenzung erlauben. Der »Nächste« ist auch der Fremde, der mich braucht (Lk 10). Es ist klar, dass solche Freiheit auch den Streit provoziert, nicht zuletzt den Widerstreit im eigenen Herzen. Dabei – so legt es das Textende nah – kann die einmal gewonnene Freiheit im Bereich des himmlischen Vaters auch bedeuten, dass ich mich nicht in endlose Familienstreitigkeiten verbeiße. Wenn Vater und Mutter keine definierende Macht mehr über mich haben, muss ich mich ihnen gegenüber auch nicht im Modus des Widerspruchs befinden.

III Impulse: Wo gehöre ich hin?

»Eure Kinder sind nicht eure Kinder...« Der berühmte Eltern-Text von Khalil Gibran passt zur Perikope. Es bietet sich an, der Erfahrung der Eltern nachzugehen und insbesondere in einer gut bürgerlichen Gemeinde zu fragen, was es auf sich hat mit dem oft sehr heftigen Bemühen, dafür zu sorgen, dass das eigene Kind die »besten Chancen« bekommt. Ich will aber doch vom Ort Jesu aus denken und fragen: Wo gehöre ich hin? Welcher Erwartung folge ich? Ein paar Tage nach Weihnachten lässt sich da eng an die realen Familienerlebnisse anknüpfen, denn in der Hauptsache wird Weihnachten als Familienfest gefeiert und von vielen so auch als anstrengend erlebt. Und dann sind sie froh, wenn es vorbei ist. In Berlin jedenfalls treffen sich viele Jugendliche nach dem obligatorischen Weihnachtsessen bei Vater und Mutter in der Heiligen Nacht noch in einer Kneipe, um sich wieder »frei« zu fühlen.

Jesus wählt den Tempel, um sich der familiären Enge zu entziehen, und der wäre zu beschreiben als ein Ort wirklicher Freiheit: der Freiheit, in der Weite Gottes zu Hause zu sein, von ihm bejaht zur Familie seiner »Kinder« zu gehören. Zu sagen wäre, dass die »Herrlichkeit«, die wir zu Weihnachten gern sehen würden, in diesem befreienden Nahekommen Gottes liegt. In seiner Weite muss ich nicht alle Anerkennung von Vater, Mutter und Co. erwarten und mich auch ihren Erwartungen nicht blindlings fügen. Was dann auch bedeutet, ins neue Jahr zu gehen nicht mit einer Fülle von Sorgen oder Vorsätzen, sondern in der Zuversicht, dass nicht mehr von mir erwartet wird als Offenheit für die Begegnung mit den Nächsten auf dem Weg.

Als Ausgangspunkt für die Predigt kann ich mir den Weihnachtsschlager »I'll be home at Christmas« vorstellen. Was wir mit »home« verbinden, lässt sich daran entwickeln und sagen, dass »home at Christmas« nicht weniger bedeutet als »zu Hause beim Vater im Himmel«. Wenn es im Song dann am Ende heißt »if only in my dreams«, wird die große

Zusage auch wieder hinreichend geerdet. Denn aus dem Widerstreit zwischen »home« auf Erden mit allen dazugehörenden Verpflichtungen und Sorgen und dem »home« beim Vater im Himmel kommen wir ja nicht heraus.

Zum Thema »Zu Hause-Sein beim Vater im Himmel« fallen mir auch diese Gedichtzeilen aus dem Exil ein: »Zur Heimat erkor ich mir die Liebe« *(Mascha Kaléko)* und »Anstelle von Heimat halte ich die Verwandlungen der Welt« *(Nelly Sachs).*

Werkstück Predigt

Ein Glück! Die Feiertage sind vorbei. Endlich ist alles wieder normal. Viele kenne ich, die erleichtert sind, wenn Weihnachten überstanden ist. Es ist eben oft auch anstrengend, das tagelange Feiern im Kreis der Familie. Und für die meisten gehört das ja doch zusammen: Weihnachten und Familie. Mutter, Vater, Kind – die heilige Familie ist aufgestellt unterm Weihnachtsbaum. Und so gehört es sich auch am Esstisch und in der Sofaecke: Man ist in Familie. Die groß gewordenen Kinder kehren zurück ins Elternhaus und wenn sie selbst schon Kinder haben, dann machen sich die Großmütter auf zu ihnen.

»I'll be home for Christmas«, heißt es in einem berühmten Weihnachtsschlager. Home, daheim, das ist da, wo Vater, Mutter, Kind beieinander sind. Aber welches Home ist da so ganz frei von Spannungen? Nicht nur im Stillen ist der Vater unzufrieden mit dem Sohn, der so wenig Ehrgeiz hat. Nicht verkneifen kann sich die Mutter ihr Befremden über das Aussehen der Tochter. Nicht lange aushalten kann die Schwester die Art, wie der kleine Bruder immer das Wort führt. Zu Hause bei den Lieben – da gerät man doch schnell auch in ein Netz von alten Rollenmustern, die zwicken wie ein zu enges Kleid. Und wenn es auch gemütlich zugeht und friedlich – so ist's doch ganz schön, wenn die Enge wieder aufhört: Irgendwie befreit fühlen sich darum nicht Wenige, wenn's vorbei ist – endlich wieder Alltag und bisschen Abstand voneinander.

Auch der Junge Jesus sucht Abstand und ist dabei nicht gerade rücksichtsvoll. Sagt nicht einmal Bescheid, sondern entzieht sich einfach so. Dabei will er gar nicht weglaufen. Er will nur da ankommen, wo er wirklich hingehört...

Literatur: Ulrich Busse, Das »Evangelium« des Lukas, in: Claus Bussmann/Walter Radl (Hg.), Der Treue Gottes trauen, Freiburg im Breisgau 1991; *Michael Wolter,* Lukasevangelium (HNT), Tübingen 2008.

Anne Gidion

IV Entgegnung: Pubertät ist, wenn die Eltern schwierig werden

Wie A stecken auch mir beide Perspektiven noch in den Knochen. Die Mutter, wund gewartet in den dehnenden Stunden nach Mitternacht, erschöpft von der Rücksichtslosigkeit der 16-Jährigen, deren eigene Uhr ganz anders lief. Und auch das eigene jahrelange Warten auf die anvertrauten Teenager in der großen Stadt, schon in Handy-Zeiten, aber just deshalb noch verabredungsresistenter.

Vor diesem eigenen Hintergrund fällt der Blick auf die Jesus-Geschichte leicht: ein 12-Jähriger, drei Tage unauffindbar, egal wie reif für sein Alter – ein Albtraum für suchende und wartende Eltern. Und wie A bewundere auch ich hier wie so oft die Jesus-Logik, die die Warte-Sorge-Planungs-Logik der Elternfiguren außer Kraft setzt. »Jenseits der sozialen Übereinkünfte droht nicht nur Gefahr, jenseits davon ist auch der Bereich Gottes« – für mich ein starker Satz von A. Ich folge A in die Texterschließung hinein – im Kern der Erzählung steckt erst einmal die Sprengung der Konventionen. Jesus ist mit seiner Vater-im-Himmel-Logik jenseits der Vater-und-Mutter-Logik rebellierender Halbwüchsiger. Er lässt den Eltern-Vorwurf ins Leere gehen, denn er befindet sich ja gerade nicht im subjektiv rechtsfreien Raum verspäteter U-Bahnen und illegaler Substanzen, sondern im Raum eines größeren Rechts und größerer Übereinkünfte. Er muss »in dem sein, was seines Vaters ist«, und das ist größer, wichtiger als die konventionellen sozialen Bindungen. Auch darauf verweist A bereits stimmig: Das Lukasevangelium zeigt das immer wieder – lasst die Toten ihre Toten begraben (Lk 9,59-62), und wahrhaft verwandt ist, wer Gottes Wort hört und ihm folgt (Lk 8,19-21). In der Tat, Lukas legt Wert auf die »neue Gehorsamspflichten« (A) der neuen Zeit, die mit Jesus angebrochen ist. Gott-Vater sticht Mutter-und-Vater. Der komplette Beginn des Lukasevangeliums sprengt die gängigen sozialen Übereinkünfte, stößt die Gewaltigen vom Thron und erhebt die Niedrigen (Lk 1,52). Neue Zeit, andere Regeln.

Auffällig bleibt, dass der Evangelist Lukas weder an einer pädagogischen Pointe noch am Lokalkolorit einer Lausbubengeschichte Interesse zu haben scheint – beides bleiben Nebenstrecken. Es geht also um etwas anderes.

V Erschließung der Hörersituation: Was war das für ein Jahr!

Der Raum Gottes als Raum jenseits sozialer Übereinkünfte – zugleich regt sich just dort mein Widerspruch. Was soziale Übereinkünfte wert sind, wird das zurückliegende Jahr 2020 gezeigt haben. Der zweite Sonntag nach dem Christfest ist noch aufgeladen von Weihnachten und Neujahr, ist noch im Jahresrückblicks-Modus. Weihnachten, Fest der sozialen Übereinkünfte, ist noch so frisch wie das Silvester mit Jahresrückblicken auf ein gewiss in jeder Hinsicht erschütterndes Jahr. Da vom Bereich Gottes als »jenseits der sozialen Übereinkünfte« zu sprechen, erscheint mir zu gewagt. Eher von einem Gott, der überall hin mitgeht.

Was für ein Jahr – und wie viele soziale Übereinkünfte wurden geprüft und für nicht ganz so zentral befunden. Was für Menschen der Kerngemeinde selbstverständlich ist – Palmarum, Karfreitag, Osternacht, Ostersonntag – wurde privat gefeiert oder am Bildschirm oder gar nicht.

Sich versammeln – vielleicht war das dann besonders kostbar in der Advents- und Weihnachtszeit. Einfach Drauflosfeiern – ein rares Geschenk ins neue Jahr. Ja, besser soll es werden, das neue Jahr, das wünscht man sich oft, aber in diesem Jahr vermutlich besonders. Und vielleicht ist radikaler Wandel, Umdrehung der Verhältnisse gar nicht so herbeigesehnt wie Ruhe und Ausrichtung und ein Gefühl für Sicherheit und stabile Verhältnisse. Weder der lukanische Erzähler noch die auf Jesus Hörenden nehmen Anstoß am klugen Jesuskind, um die Inhalte seiner Weisheit und Erfahrung scheint es gar nicht zu gehen.

IV Predigtschritte: Gott verändert sich

Pubertät ist, wenn die Eltern schwierig werden – das wäre ein naheliegender Predigteinstieg, der gewiss bei vielen eigene Erfahrungen ansticht. Gerade nach Weihnachten und Silvester – unzählige Jugendliche werden zu spät zu Hause gewesen sein und am dritten Tag des neuen Jahres nur widerwillig den Kopf aus den Kissen recken, um die elterlichen Vorstellungen der Sonntagsgestaltung zur Kenntnis zu nehmen. Wie A im Werkstück Predigt andeutet, geht die Eltern-Kind-Interaktion zunächst ins Leere. Mutter: Warum hast du uns das angetan? – Kind: Warum habt ihr mich gesucht?

Jesus ist anders, das zeigt die Empfängnis, das zeigt die Geburt und so verhält er sich im Tempel. Wer ihm zuhört, verwundert sich oder bewundert »seinen Verstand und seine Antworten« (Lk 2,47). Jesus ist zwölf Jahre alt und beeindruckt die Religionsprofessionellen seiner Zeit. Zugleich: Er ist noch im Werden. Die Interaktion mit seinen Eltern lässt ihn nicht unbeeindruckt, er geht mit ihnen nach Hause »und war ihnen gehorsam« (Lk 2,51). Jesusbeziehungen entwickeln sich. Und darin entwickelt sich Gott. Ein lernender, ein dazulernender Gottessohn. Lukas zeichnet hier ein ungewohnt dynamisches Bild von Gott. Er lässt den Eltern ihre Würde. Sie stehen nicht nur da und sind abgehängte Alte, die die neue Zeit nicht verstanden haben. Sondern das Gott-Kind-Jesus geht mit ihnen mit und gehorcht und wächst noch »an Weisheit, Alter und Gnade bei Gott und den Menschen« (Lk 2,52). Hinter der Coming-of-age-Geschichte, hinter der Eltern-Kind-Parabel ist die Frage verborgen: Wer ist dieser Jesus? Und wie wird Jesus, was er ist? Ist das vorstellbar: ein lernender Gott? Im Zentrum einer lernenden Gemeinde?

Weihnachten leuchtet noch nach, Epiphanias steht vor der Tür, die Engel hängen noch im Fenster und der Herrnhuter Stern. Die Neujahrsfrage treibt durch Herz und Hirn: Wie kommen wir ans Ziel? Wie geht gutes Leben? Woher wissen wir, dass wir am Ziel sind? Ist etwas dran an der weihnachtlichen Beschwörung des göttlichen Kindes, an dem wir alle zu Kindern werden, hat das eine Bedeutung für mein Verhältnis zu mir selbst und zur Welt und zu den Menschen um mich herum? Gibt es einen Relevanzfunken für mein wirkliches Leben in diesem holden Knaben mit lockigem Haar?

Der zwölfjährige Jugendliche im Tempel ist klug und in seiner Weise autonom. Er ist Gottes Kind und er ist jung und er ist noch nicht fertig. Denn: »Gottes Sein ist im Werden« (Jüngel). Schon immer, bis heute. Jesus ist nicht deshalb Gott, weil er so rebellisch ist und dadurch die Welt aus den Angeln hebt. Kein jugendlicher Superheld, der alles schon weiß, aber erst noch lernen muss, mit seinen theologischen Superkräften umzugehen. Sondern als Gott ein Mensch. Jesus ist, wird und bleibt Gott durch die Geschichten hindurch und durch die Zeit und bis heute, weil er Mensch ist, wird und bleibt. In der Tempelerzählung steckt Gottes große Einladung zum Menschsein und -werden, ein ganzes Leben lang.

Werkstück Predigt (Schluss oder Mitte)

… Wie kann das gehen im neuen Jahr – immer weiter wachsen an Weisheit und Erfahrung?
Ich schlüpfe in den Trost der alten Texte und fühle ihren Puls und Atem. Ich sitze mit Jesus im Tempel und höre ihm zu. Ich brauche die Verbindung mit denen vor mir, und ich suche meinen eigenen Weg.
Glauben heißt auch in der Tradition der Toten und der lebenden Geschwister zu stehen und nicht nur auf die eigene Stärke angewiesen zu sein.
Glauben, Zweifeln, Weglaufen und wieder Zurück-Finden gehören zum Glauben dazu. Glaube ist nichts, was man einmal erworben hat, und dann bleibt es für immer. Glaube entsteht immer wieder neu – im Ringen, im Fragen, im Verbundenbleiben. Und Wachsen und Werden und Lernen gehen immer weiter. Auch im neuen Jahr.
Amen.

Lied: EG 209 »Ich möcht', dass einer mit mir geht«.

Literatur: *Eberhard Jüngel*, Gottes Sein ist im Werden, Tübingen 1965.

Epiphanias

Jesaja 60,1-6:
Mache dich auf!

Albrecht Grözinger

I Eröffnung: Licht, Licht, Licht

Mit einer ungeheuren Wucht hebt der biblische Text an: *Mache dich auf, werde licht*. Diese Sätze sprechen unmittelbar an. Nicht nur in der dunklen Jahreszeit, obschon wir in dieser Zeit für solche Worte besonders empfänglich sein dürften. Diese ersten fünf Worte des Textes ziehen mich so in ihren Bann, dass sie meine weitere Lektüre und das Nachdenken darüber vorgezeichnet haben. Ich sehe darin einen homiletischen Hinweis darauf, wie über diesen Text gepredigt werden könnte.

Offensichtlich geht es nicht nur mir so. Die Lichtmetaphorik zeichnet sich prägend in die abendländische Geistesgeschichte ein. Das, was ich von anderen Kulturkreisen weiß, gibt mir Anlass zu der Vermutung, dass die Lichtmetaphorik auch dort eine wichtige Rolle spielt.

Bereits in Genesis 1 ist das Licht in vielfältiger Weise präsent. Im berühmten Höhlengleichnis des Plato werden Licht und Wahrheit miteinander verknüpft. Für Augustinus ist Gott das *intelligible Licht*, das *Licht machende Licht*. In mannigfacher Weise wird dieses Motiv in der Christentumsgeschichte aufgenommen und variiert – in Texten der theologischen Reflexion ebenso wie in der praktizierten Frömmigkeit (Kirchenlieder). Interessanterweise verliert die Lichtmetaphorik nichts von ihrer Attraktivität im Übergang vom christlich bestimmten Europa zum »säkularen Zeitalter« (Charles Taylor). In der Aufklärung wird Europa zu dem Kontinent, in dem sich die Menschen gegenseitig ein Licht aufstecken. Kant spricht in den *Prolegomena zu einer jeden künftigen Metaphysik, die als Wissenschaft wird auftreten können* davon, dass David Hume ihm den Funken lieferte, mit dem er, Kant, dann ein Licht angezündet hätte. Aber es ist nicht nur der Verstand, den das Licht erhellt, sondern auch die Sehnsüchte und Hoffnungen der Menschen der Moderne machen sich am Licht fest: *Brüder, zur Sonne, zur Freiheit, Brüder zum Lichte empor...* – so sang bereits die frühe Arbeiterbewegung. Und in der *Internationalen*, dem Hoffnungslied (wenn auch verratene und betrogene Hoffnung) von Millionen von Menschen, scheint das Licht der Sonne *ohn' Unterlass*.

Mag in uns Heutigen der feste Glauben der Vergangenheit und dessen säkularer Abglanz in vielfältiger Weise gebrochen und diffus geworden sein, so bleibt doch ganz unverkennbar bis in die fiktiven Welten von Hollywood und des Internets hinein die Attraktivität des Lichtes erhalten – vielleicht weniger in der großen Emphase von Friedrich Nietzsche (*Licht wird alles, was ich fasse, Kohle alles, was ich lasse, Flamme bin ich sicherlich*), aber doch in der alltäglichen Sehnsucht nach einem Licht, das erleuchtet, das erwärmt, das begeistert. Kleine Flammen sind wir alle...

II Erschließung des Textes: Globalisierte Hoffnung

Jes 60,1-6 zeichnet sich in die große Spur der europäischen Lichtmetaphern-Geschichte in der Weise ein, dass hier das Licht als das aufgehende Licht der Herrlichkeit (Kabod) Gottes verstanden wird. Dieses Licht hat einen Ursprung und eine Zielrichtung: *Gott, der sich der Menschen erbarmt*. Die historische Situation, in der diese Worte gesprochen wurden, lässt sich relativ genau bestimmen. Ein großer Teil der Exilierten ist nach Jerusalem heimgekehrt, aber noch nicht alle. Das Exil in Babylon ist noch nicht ganz zu Ende und Jerusalem ist auch nicht mehr das, was es einmal war. *Zwischen Hoffnung und Hoffnung* siedelt sich unser Text an. Für mich sind dabei drei Perspektiven des Textes wichtig geworden.

1. Die Finsternis, das Erdreich und die darauf wohnenden Völker werden mit dem leuchtenden *Kabod* Gottes kontrastiert. Der *Kabod* erhebt sich über die Dunkelheit. Es ist beinahe so, als würde sich der erste Schöpfungstag wiederholen: *Und die Erde war wüst und leer; und es war finster auf der Tiefe... Und Gott sprach: Es werde Licht.* (Gen 1,2-3) Nein, es scheint nicht nur so, hier findet ein neuer Schöpfungstag statt. Die Finsternis, die uns – damals und heute – umgibt, wird durch die schöpferische Kraft Gottes überwunden. *We shall overcome* – oder besser und genauer: *God has overcome*, und wir werden in diese Befreiungsbewegung Gottes hineingenommen. Dies könnte für mich eine zentrale Botschaft der Predigt sein. In vorsichtigen Worten, die mehr von tastender Hoffnung und dankbarer Zuversicht als von Triumphalismus bestimmt sein sollten.

2. Die Befreiungsbewegung Gottes gilt nicht nur den zwölf Stämmen Israels, sondern der ganzen Welt. Dies ist eine Erkenntnis, die sich in den späten Teilen der hebräischen Bibel immer stärker durchsetzt. Die Hoffnung wird gleichsam globalisiert. Die Menschen in Israel lernen offensichtlich, dass man nicht für sich allein hoffen kann. Wer hofft, hofft für die ganze Welt. Im Text erscheint dies nur gebrochen. Noch ist Jerusalem das Zentrum und die Völker kommen zu Israel. Aber es sind eben die Völker, die kommen. Die Völker, die kommen, bedeuten nicht Bedrohung und Gefahr, sondern sie bringen ihren ganzen materiellen und kulturellen Reichtum mit sich. Wie gesagt, das alles sehr gebrochen und auf Israel zentriert. Aber eine Perspektive ist eröffnet...

3. Immer wieder hat man dem Protestantismus vorgeworfen, eine zu intellektuell geratene Version des Christentums zu sein, ob zu Recht oder zu Unrecht, lasse ich dahingestellt. Und bereits das *intelligible Licht* des

Augustinus hat eine kognitive Schlagseite. Umso bedeutsamer ist es, dass die Worte unseres Predigttextes unser ganzes kognitives, sinnliches und emotionales menschliches Vermögen in Anspruch nehmen: *Hebe deine Augen auf und sieh umher... Dann wirst du deine Lust sehen und vor Freude strahlen und dein Herz wird erbeben.* Das Kirchenlied hat schon recht: *Nun danket alle Gott mit Herzen, Mund und Händen.* Der *Kabod* Gottes umgreift unseren Verstand, unsere Sinnenwelt und unsere Emotionen gleichermaßen. In einer Predigt über diesen Text sollte davon etwas zu schmecken sein.

III Impulse: Licht vom unerschöpften Lichte

Ich schlage eine Predigt vor, die um das Licht kreist, das von der Kabod Gottes ausgeht. Wer vom Licht redet, darf von der Dunkelheit nicht schweigen. Das weiß auch der Predigttext. Deshalb darf, ja muss wohl eine solche Predigt auch die dunklen Seiten unserer Erfahrungen und Existenz benennen.

Viele Kirchenlieder tun genau das. Ich kann mir einen Gottesdienst vorstellen, der das Thema des Kabodlichtes liturgisch von Anfang anstimmt. Es gibt eine Fülle von Liedern, die uns homiletisch-liturgisch anregen können. *Brich an, du schönes Morgenlicht* (EG 33). Vielleicht kann sogar die wunderschöne Vertonung aus Bachs Weihnachtsoratorium in den Gottesdienst integriert werden. *Morgenglanz der Ewigkeit, Licht vom unerschöpften Lichte, schick uns diese Morgenzeit, deine Strahlen zu Gesichte, und vertreib durch deine Macht unsre Nacht* (EG 450). In diesen wenigen Worten ist die Grundstruktur einer ganzen Predigt enthalten. *Erneure mich, o ewigs Licht* (EG 390); *Er will mich früh umhüllen mit seinem Wort und Licht* (EG 452,5). Diese wenigen Hinweise möchten anregen zu einer eigenen Reise ins Gesangbuchland der Licht-Metapher.

In der konkreten Gestaltung eröffnen sich drei Möglichkeiten: 1. Der gesamte Gottesdienst kann liturgisch in der Auswahl von Texten und Liedern unter das Thema Licht gestellt werden. Vielleicht ist dazu eine kurze Bemerkung am Anfang des Gottesdienstes oder in der Gestaltung eines Gottesdienstblattes sinnvoll. 2. Die Predigt gliedert sich in mehrere Teile, die sich jeweils auf Text und ein bestimmtes Kirchenlied beziehen, das vor oder nach dem jeweiligen Teil gesungen wird. 3. Die Predigt als Ganzes nimmt entsprechende Verweise und Zitate in sich auf.

Werkstück Predigt (Einstieg)

Liebe Gemeinde!

Der altgriechische Philosoph Plato hat in einem seiner Hauptwerke, in dem er über die Grundbedingungen unseres menschlichen Daseins nachdenkt, ein berühmtes Gleichnis geschrieben. Die Menschen – so Plato – leben gleichsam wie in einer Höhle. Statt der wirklichen Dinge sehen sie nur deren Schatten, die an die Höhlenwand geworfen werden. Frei wären die Menschen erst, wenn sie ans Licht der Sonne träten und die Dinge und die Welt selbst sehen würden. Erst wenn sie ins Licht träten, wären sie wirklich freie Menschen. Dieses Bild des Plato hat unser europäisches Denken geprägt. Frei sein, das hat irgendwie mit dem Licht zu tun. Im 19. Jahrhundert sangen die Menschen der frühen Arbeiterbewegung *Brüder zur Sonne, zur Freiheit, Brüder, zum Lichte empor*. Millionen von Menschen haben dieses Lied mit großer Leidenschaft gesungen. Alle ihre Hoffnungen und Sehnsüchte legten sie in dieses Lied. Und auch heute, in vielen Filmen und im Internet, sehen wir Bilder, wie Menschen aus dem Dunkeln hin ins helle Licht streben. Nur noch wenige Menschen wissen heute in unserer säkularen Welt, dass dieses Motiv vom Licht, das die Menschen befreit, ein zentrales Bild der biblischen Welt ist.

Bleibt in den Bildern unserer heutigen medialen Welt der Ursprung des befreienden Lichtes oft im Ungefähren oder Ungewissen, so ist es in der biblischen Welt stets eindeutig, woher dieses Licht kommt – von Gott. Bereits in den ersten Versen der Bibel, in der Schöpfungsgeschichte, erschafft Gott das Licht, um das Dunkel der Welt zu erhellen. Gott – so wird es später der antike Theologe Augustin sagen – ist das Licht, der das Licht schafft. Deshalb sind die gotischen Kathedralen Europas so lichterfüllt, als Licht soll Gott in ihnen anwesend sein. In diesen großen Strom der biblisch-christlichen Überlieferung reiht sich auch der heutige Predigttext ein...

Elisabeth Grözinger

IV Entgegnung: Zeigt uns langsam eure Sonne

Mir gefällt, wie A zeigt, dass dieser Text mit seiner Aufklärungsmetaphorik nicht allein unser Denkvermögen im Blick hat, sondern die emotionale, somatische und kognitive Fülle der menschlichen Existenz berührt und bilderreich anzuregen versucht. Der Enthusiasmus im Text von A inspiriert mich, die Zentrierung auf Gott (»Licht, das Licht schafft«) irritiert mich – wobei ich dies nur mit schlechtem Gewissen zugebe. Denn es kann ja als Aufgabe einer christlichen Predigt gesehen werden, Orientierung am Zentrum – also an dem Gott, von dem in der Bibel erzählt wird – zu ermöglichen. Ich kann diese Aufgabe eben nur gebrochen ausführen – immer vermutend, dass sich das eine Zentrum spiegelt in vielen kleinen Zentren, die eine Vielzahl von Perspektiven und einen Reichtum an Orientierungen erlauben. Die wohl berühmteste frühgotische Kathedrale Frankreichs – Notre-Dame in Paris – ist abgebrannt. Das Licht des Lebens ist ohnehin längst nicht mehr eindeutig lokalisierbar oder gar fixierbar. Jochen Klepper schrieb bereits: »Gott will im Dunkel wohnen und hat es doch erhellt.« (EG 16,3) Da scheint das Bild eines Lichts auf, das die Dunkelheit nicht absolut kontrastiert, sondern akzeptiert und transformiert.

Die Predigt entwickelte ich gern als eine Hymne auf das Licht, aber zugleich als einen Choral, der aufnimmt, was Nelly Sachs 1947 publizierte: »Zeigt uns langsam eure Sonne / Führt uns von Stern zu Stern im Schritt. / Lasst uns das Leben leise wieder lernen.« (Sachs, 341 f.)

V Erschließung der Hörersituation: Status: ambivalent

Menschen sind wohl freiheitssüchtig, süchtig nach einer Vielfalt von Möglichkeiten für ein Leben, das wir als gut empfinden. Die Lichtmetaphorik fängt diese Sehnsucht auf, spricht Menschen damit seit Jahrtausenden an. Licht scheint das absolut passende Bild für die Hoffnung, die Menschen wieder und wieder dazu motiviert, Mühen auf sich zu nehmen und sich auf den Weg zu machen. Aber das Licht und erst recht die Sonne – beides kann auch zu viel werden. Eine Fülle von Licht kann blenden, kann eine Wärme vortäuschen, die wegen kalter Luftströme gar nicht aufkommen kann, und die Sonne kann verbrennen oder das Land ausdorren.

Wie eine Spielverderberin komme ich mir vor, wenn ich diese Aspekte erwähne. Wenn ich der mitreißenden Idee von A von der »Globalisierten Hoffnung« und der »Befreiungsbewegung Gottes« meine Skepsis entgegensetze, dann komme ich mir ziemlich alt aussehend vor. Ich habe im Internet eine Gottesdienstszene gefunden, in der Kinder in einem dunklen Kirchenraum zu dem Lied »Mache dich auf und werde Licht« im Kreis gehen, Lichter in ihren Händen tragen und diese wieder und wieder gemeinsam anheben (s. u. Internet). Das ist eindrücklich, geht zu Herzen und wirkt sehr beruhigend. Die kleine Prozession ist zweifellos eine Inszenierung des Textes, die ihren Urhebern viel Applaus einbringt. Skepsis dagegen bringt selten Lob. Diejenigen, die den Zweifel kennen und manchmal still vor sich hin ein altes Lied summen, von dem ich nur noch den Anfang weiß: »Wenn das Wörtchen ›wenn‹ nicht wär', wär' mein Vater Millionär«, die gelten in der Regel als Spaßbremsen.

Vielleicht bin ich aber doch nicht so allein mit meinen zwiespältigen Gefühlen. Zwischen der Lust auf Hoffnung und Zukunftsangst könnten viele Menschen Anfang 2021 schwanken. »Lichtgestalten« mögen noch immer anziehen; zugleich werden sie oft ironisch betrachtet. »Unsere« 20er-Jahre gleichen kaum jenen des zwanzigsten Jahrhunderts, in denen man wenigstens denken konnte, dass der Schrecken des Krieges wirklich hinter einem liegt und man neu lostanzen kann. In den 20er-Jahren des einundzwanzigsten Jahrhunderts gilt es möglicherweise, das Leben feiern zu lernen als eines, das hoch anfällig ist und permanent schutzbedürftig. Leben zwischen Hoffnung und Sorge, Leben mit Hoffnung und mit Sorge, Leben mit wilder Freude und mit großer Furcht – vielleicht wird das ein Motto dieses Jahrzehnts.

Passt der Jesajatext mit seinem Aufruf zum Aufbruch und dem Versprechen von einem lebensverheißenden Licht in ein solches Szenario? Ja – er passt meiner Ansicht nach. In Situationen mit intensiver Ambivalenz geht es nämlich neben dem anstrengenden Aushalten wohl auch um Entscheidung. Es geht um die Entscheidung, welcher Spur man in seinem Leben den Vorrang geben möchte. Aushalten und das Sich-Entscheiden sind keine Gegensätze. Es geht vielmehr um eine Gewichtung. Gebe ich der Sorge den Vorrang, muss ich deshalb meine Hoffnung ja nicht gleich ganz sterben lassen. Gebe ich der Hoffnung den Vorrang, kann ich ja die

Furcht mit ihrer Signalfunktion sehr wohl weiter aushalten, behalten und nutzen.

Jes 60,1-6 lese ich als Einladung oder Werbung für das Vertrauen in die befreiende Bewegung Gottes. Im Text wird aufgefordert, nicht befohlen. Wer befiehlt, braucht keine Begründung. Befehlshabern genügt meistens die Aura ihrer Macht. Wer aber wirbt, braucht Begründungen, braucht einen Anreiz, damit die Adressaten sich auf die Aufforderung einlassen. Jes 60,1-6 teilt sich auf in einen Appell und seine Begründung. Er zielt mit überwältigenden Bildern auf eine Entscheidung der Aufgeforderten.

Die Entscheidungs- und/oder Reflexionsfähigkeit von Kirchbesuchenden, die Spannung erleben, die sehnsüchtig nach Unbeschwertheit sein mögen, die aber längst auch lernten, verführerische Bilder zu relativieren und Furcht als Warnung zu nutzen, stelle ich in den Mittelpunkt der Predigt.

VI Predigtschritte: Freude und Furcht

Ich preise *erstens* das Licht, das ausgerechnet in Momenten tiefster Dunkelheit aufscheint. Das kann unter Verwendung von Jochen Kleppers Lied »Die Nacht ist vorgedrungen, der Tag ist nicht mehr fern« (EG 16) oder unter Verweis auf 2 Kor 6,1-10 geschehen. In diesem Text wird die Präsenz des »Tag(s) der Rettung« behauptet – »Jetzt ist sie da, die ersehnte Zeit, jetzt ist er da, der Tag der Rettung« –, aber von Ängsten nicht geschwiegen – »in Ängsten ... und seht: wir leben, wie Gezüchtigte, und doch nicht dem Tod geweiht, wie Trauernde, doch stets voll Freude, wie Bettler, die dennoch viele reich machen, wie Besitzlose, die alles besitzen«. Vielleicht erläutere ich auch, was Traugott Roser, Experte für Krankenhausseelsorge und Spiritual Care, vertritt, dass nämlich Leben bedeute, dass Schalom, Heil, Glück, sich mitten im Leid erfüllen können (vgl. Roser, 510). Leben kann man demnach vielleicht gerade da erfahren, wo nichts mehr wie gewohnt abläuft, da, wo die Aussichtslosigkeit durch unerwartete Freude aufgebrochen wird und man den Eindruck gewinnt, dass man die Frage nach dem »Warum?« nicht mehr zu stellen braucht.

Dann bekommt *zweitens* meine Skepsis das Wort. Sie kann sich mithilfe eines Gedichts von Antje Sabine Naegeli Ausdruck verschaffen. Das Gedicht trägt den Titel »Wird alles gut« und beginnt mit den Zeilen: »Heilwort / ferner Kindertage / das mir die Seele / gewärmt hat / Entzaubert längst / zu Asche geworden« (Baltz-Otto, 12). Die Erfahrung der »Entzauberung« wird als Ausgangslage gewürdigt, die die Zustimmung zu überwältigenden Hoffnungsbildern erschwert.

Zuletzt weise ich *drittens* auf die werbende oder einladende Struktur von Jes 60,1-6 hin, indem auf den einleitenden Appell eine Begründung mit überwältigenden Bildern folgt. Die Rezipierenden werden als Menschen mit einem Interesse an einem guten Leben ernst genommen. Es wird ihnen versichert, dass ihre Wünsche sich erfüllen. Wer eine Aufforderung mit einer solchen Verheißung bekommt, hat die Chance sich zu überlegen, wie er oder sie mit der Aufforderung umgehen will. Ein Reflexionsprozess kann einsetzen, währenddessen man sich bewusst macht, wie viel Risikobereitschaft in einem steckt, wie viel Furcht einen bremst, wie viel Hoffnung man wagen und wie viel Vertrauen man aufbringen kann. Man muss sich nicht gleich für oder gegen den Aufbruch oder das Vertrauen in das versprochene Licht entscheiden. Es kann bereits nützlich sein, wenn man sich Rechenschaft darüber ablegt, wie stark Furcht oder Freude, Sorge oder Hoffnung, Vorsicht oder Vertrauen das eigene Leben prägen. Dieses Bewusstsein der eigenen Bedingtheit kann dann zur Basis für den Umgang mit der Aufforderung zu Aufbruch und Vertrauen in das verheißene Licht werden.

Dietrich Bonhoeffer übrigens verbindet Ungewissheit und Zuversicht, wenn er schreibt: »Doch willst du uns noch einmal Freude schenken an dieser Welt und ihrer Sonne Glanz ...« (EG 65,4) Von göttlichen Garantien geht Bonhoeffer hier nicht aus. Aber er zeigt sich offen für das Geschenk der Freude an dieser Welt. Für Antje Sabine Naegeli genügt der »Weckruf einer Rose«, um ihre Hoffnung zu beleben (Baltz-Otto, 12). Es könnte uns ähnlich gehen, dass nämlich da, wo uns lange Dunkelheit beherrschte, nicht Lichterfülle, sondern eher Silberstreifen dazu bewegen, »das Leben leise wieder zu lernen« (Sachs, 341).

Lieder: EG 16 »Die Nacht ist vorgedrungen«; EG 65 »Von guten Mächten«.

Literatur: *Ursula Baltz-Otto (Hg.),* Jeder Tag ein Gedicht, Stuttgart 2018; *Traugott Roser,* Spiritual Care, Stuttgart ²2017; *Nelly Sachs,* Chor der Geretteten, in: Deutsche Lyrik 1900–1960, München 2001, 341 f.

Internet: https://www.youtube.com/watch?v=48ckVtz1c-I, abgerufen am 31.05.2020.

1. Sonntag nach Epiphanias

Römer 12,1-8:

»Das Gute, das Wohlgefällige und das Vollkommene«

Friedemann Magaard

I Eröffnung: Ausstrahlung: Ein Leben in Christus

Trügerisch ist die scheinbare Ruhe nach dem Sturm. Die Anspannung der Weihnachtstage und der Jahreswende legt sich. Nach dem Rauschen des »O du fröhliche« sinnieren die Getreuen nun dem Lichtstreif nach, der die ersten Wochen des Jahres durchzieht: Das göttliche Licht zieht Kreise in der Welt. Die Weisen kehren erleuchtet zurück in ihre Heimaten. Das Weinwunder beim Hochzeitsfest, die Heilung im Haus des heidnischen Offiziers: Aus der intimen Szene im Stall wird ein Weltereignis, welches räumliche und religiöse Grenzen überschreitet. Dazwischen am 1. Sonntag nach Epiphanias die Taufe Jesu. Eine Stimme aus der Höhe, die dem Zimmermannssohn aus Nazareth – und was soll aus Nazareth schon Gutes kommen? – geistlich eine Krone aufsetzt: Da seht ihr Gottes Sohn! So weit, so klar.

Ein Irrtum, wenn jemand meint, er könne quasi aus der sicheren Distanz eines Parkettpolsterplatzes einer Bühneninszenierung der göttlichen Epiphanie zusehen. Wer verwickelt ist in diese sich ausbreitende Heilsgeschichte, wird aus der Distanz des Publikums mit auf die Bühne gezerrt. Gottes Kinder zu sein, getrieben von der Geistkraft (Wochenspruch), das hat Folgen! Die christliche Gemeinde setzt die konzentrische Steigerung einer ansteckenden Gesundheit fort. Genau davon handelt Röm 12: wie ein Leben in Christus in den Alltag der Welt ausstrahlt. Die getauften Christen suchen nicht ihr privates Glück, sondern schreiben die Epiphanie Gottes in der Welt weiter. Kein Anspruch für Angsthasen. Wir sollen und können Licht der Welt sein (Mt 5,14). Unser Leben sei durchschimmernd für das göttliche Licht.

II Erschließung des Textes: Gottesdienst vernünftig? Eine Transformation

Steile Thesen, starke Bilder. Vom Opfer und vom vernünftigen Gottesdienst. Kultische Schlagworte unterzieht Paulus einer Transformation. Diese führt aus dem Tempel direkt in den Alltag der Christenmenschen.

Der Abschnitt ist die Schnittstelle zwischen dem theologischen Hauptstück und den praktischen Konkretionen im Römerbrief. Röm 1-11 und Röm 12-15 sind logisch und theologisch zwingend aufeinander bezogen. Die Grundfragen von Glaube, Gnade, Taufe und Rechtfertigung finden ihre Verbindung zum konkreten Alltag. Weil Identität und Ethos notwendig aufeinander bezogen sind, indem eine Gruppe für eine abgrenzbare Identität ein abgrenzbares Ethos benötigt (vgl. Wolter, 244). Dieses religionssoziologische Muster bildet sich in dem Aufbau des Römerbriefes konkret ab. Röm 12,1-2 geben der ethischen Ermahnung Röm 12-15 mehr als nur eine Überschrift. Nachdem Paulus in Röm 9-11 seine eigene biografisch-religiöse Entwicklung verarbeitet und in Abgrenzung und Verwurzelung beschrieben hat, illustriert er hier eine religiöse Transformation des Kultischen ins Alltägliche. Das Opfer wird existenziell, der Gottesdienst geschieht jenseits des Tempels. Die Zuwendung zum Heiligen formt sich in eine Zuwendung zum Mitmenschen.

In der Geschichte der Religionen dienen Opferdienste der Besänftigung der Götter. In biblischer Tradition findet sich das Ende des Menschenopfers (Gen 22 und Hebräerbrief 10) und die Einführung eines institutionellen Opferkults am Jerusalemer Tempel, zudem eine lebhafte prophetische Kritik an seiner Ritualisierung (Amos und auch Mk 11,15ff.). In Röm 12 werden die Christen aufgefordert, sich selbst als Opfer hinzugeben, ihren Leib, ganz konkret, ganz alltäglich. Eben das sei dann ein vernünftiger Gottesdienst. Der religiöse Ernstfall findet nicht im Tempel statt, sondern in der Bewährung im Umgang der Gemeindeglieder untereinander, in Familie und Beruf. Gottes Wille ist keiner Regelliste zu entnehmen, sondern in jeder Situation muss neu geprüft werden, was Gottes Wille sei: Das Gute, das Wohlgefällige, das Vollkommene. Paulus überträgt »die mosaischen Kultgesetze auf die moralgesetzliche Ebene«, also »vergeistigt« sie (Schulz, 156). Sein Gedankenmuster entstammt der stoisch-popularphilosophischen Kritik an der antiken Opferpraxis: »Nicht blutige Tieropfer, sondern allein sittliche Opfer und Leistungen entsprechen dem Wesen des göttlichen Logos« (Schulz, 156). Hier hat der vernünftige Gottesdienst seinen Sitz. Er speist sich aus der Vernunft, die explizit den Zeitgeist abschüttelt (V. 2) und implizit die Tradition, um stattdessen den Willen Gottes je neu auszumachen. Das Drängen auf Vernünftigkeit wird im Aufbau vom Röm 12-13 schließlich in Röm 13,10 auf die Zusammenfassung des Gesetzes in der Nächstenliebe abzielen (vgl. Berger, 237).

Das Wort vom »vernünftigen Gottesdienst« ist die eigentliche Herausforderung dieses Textes. Er ersetzt nicht die liturgische Feier, aber weist entschieden über sie hinaus. Was sonntags gepredigt und was montags getan wird, muss etwas miteinander zu tun haben. Die klare Haltung von Christen im Alltag, die Dignität eines erkennbaren Ethos steht der einer liturgischen Zeremonie in nichts nach.

Hingabe, ein zentraler muslimischer Begriff für die Haltung der Frommen, Hingabe oder den Leib als Opfer zu geben, das klingt in Alltagssprache: sich mit Haut und Haar der guten Sache verschreiben, ohne Vorbehalt, un-bedingt. In der Liebe und im Krieg leuchtet das unmittelbar ein. Auch Sportler sind bereit, im Wett-Kampf »alles« zu geben. Voller Einsatz, mit Leib und Seele. Mit weniger mag sich Paulus nicht zufriedengeben.

Das auf Martin Luther zurückgehende protestantische Berufs-Ethos unterstreicht diesen paulinischen Gedanken. Als beherzter Bäcker, als enthusiastische Lehrerin und als fleißiger und achtsamer Landwirt erfüllen Christenmenschen ihre geistliche Berufung auch im weltlichen Beruf. Ihre Arbeit kann zum Gottesdienst im Alltag werden, wenn damit Gottes Wille in der Welt befördert und damit der Himmlische Vater gelobt wird. »Den Leib als Opfer hingeben«, das ereignet sich nicht nur im Kontemplativen, sondern soll im vernünftigen Gottesdienst geschehen.

Wer sich aber mit Haut und Haar der guten Sache Gottes verschreibt, ist für Eitelkeiten in der Gemeinde nicht mehr empfänglich. Die Gnadengaben, die Paulus beispielhaft benennt, stehen gleichwertig nebeneinander. Das populäre Bild vom Leib und den Gliedern macht Gemeindeglieder zu Teamplayern. Anders als in 1 Kor 12, wo in der Vielfalt die Einheit sichtbar wird, zeigt sich in Röm 12 die Vielfalt als notwendige Gestalt der christlichen Gemeinde und darin auch die Gleichrangigkeit der Aufgaben und Tätigkeiten (vgl. Wolter, 276). Dem Mainstream nicht gleichgestellt, sondern in stetiger Metanoia, einer Neuausrichtung, die Gottes Wille in der je eigenen Zeit sucht: das Gute, das Wohlgefällige, das Vollkommene.

III Impulse: Das Edle erwecken – Alltagstauglichkeit

Der Apostel hat die Gemeinde in Rom nicht persönlich gekannt. Ebenso wenig wie die Gemeinden in Berlin, Bergedorf oder Bergisch-Gladbach. Also schreibt er vom Grundsätzlichen zum Konkreten. Das war und bleibt lesbar, in Rom wie auf Rømø. Doch: Der in Röm 12 formulierte Anspruch an den christlichen Alltag ist schlicht gigantisch. Den Zuspruch der Annahme müssen wir dazu sagen.

Gottesdienst ereignet sich, wo jemand ihre Geschäftspartnerin nicht übervorteilt, wo ein Nachbarschaftsstreit beigelegt und wenn ein schwacher Schüler nicht aufgegeben wird. Die Liebe Gottes will sich in jedem Moment entfalten, und deshalb muss Gottesdienst nicht hochliturgisch, sondern sollte auch alltagstauglich sein. Kampf *und* Kontemplation (Frère Roger). Das Beten *und* das Tun des Gerechten (Bonhoeffer). Die beiden Pole dürfen nicht gegeneinander ausgespielt, sondern müssen ineinander gedacht werden. Das entlastet von frömmelnder Höchstleistung und feuert an, das Edle im Menschen zu wecken und zu zeigen. Die Möglichkeit der Konkretion geht gegen unendlich. Worauf es aber ankommt, ist die theologische Figur. dein Leib, dein Leben, dein ganzes Sein: Stelle es in *seinen* Plan. Und spüre es, sinnlich, als Schmerz oder als Lust. Euer Leib als Opfer. Dieser Weg ist kein vergeistigter, sondern zutiefst lebendig.

Werkstück Predigt

Als letztens die Orgel ruhte und die Kanzel eine Staubschicht ansetzte, da fand eine etwas andere Gemeinde den Weg in die Kirche. Menschen in großer wirtschaftlicher Not bekamen Lebensmittel. Die Kunden der Tafel gingen einzeln durch den Mittelgang, nahmen sich vor dem Altar eine Tasche mit gespendetem Essen und verließen die Kirche durch die Seitentür. Sehr ruhig, besonnen, mit viel Abstand. Nur Blickkontakt, ein Lächeln, nicht mehr. Über Monate fand die Tafel meiner Stadt Heimat in der Kirche am Marktplatz.

Das könnte also einer dieser »vernünftigen Gottesdienste« sein, von denen Paulus schreibt, die keine Feier sind und keine Versammlung, sondern eine andere Art, Gott zu loben. Gotteshäuser sind wandelbar und Gottesdienste auch. Seine Gemeinden sind zu Großem fähig, wenn sie die Kleinen und die Schwachen in ihre Mitte laden. Kinder spielen auf dem Boden, Obdachlose ruhen sich aus. Gott nimmt sich eine Tasse Kaffee und schaut lächelnd zu...

Der Einstieg über eine konkrete Gemeindeerfahrung, die wie ein Bild für die Transformation des Kultischen in das Alltägliche steht, führt in verschiedene Aspekte der eigenen Gemeindekonkretion.

Meine Predigt schließt mit dem Gedicht »Heiliger Geist« von Heinz Kattner; folgender Ausschnitt bringt die Bewegung in die Tat und in das Herz auf den Punkt: ».../ Der helle Streifen aus Licht / reicht vom Kopf übers Herz in die Hand und / will weiter von Mund zu Mund / von Herz zu Herz, von Hand zu Hand / will Lust zärtlich weitergeben und / zärtlich dem Schmerz begegnen / ...« (zit. nach dem Loccumer Brevier, 133).

Literatur: *Klaus Berger,* Gottes einziger Ölbaum, Stuttgart 1990; *Liturgischer Arbeitskreis für Meditation (Hg.),* Verstehen durch Stille. Loccumer Brevier, Hannover 2001; *Siegfried Schulz,* Neutestamentliche Ethik, Zürich 1987; *Michael Wolter,* Der Brief an die Römer (EKK NF VI/2), Düsseldorf 2019.

Kay-Ulrich Bronk

IV Entgegnung: Glaube und Moral

A hat Recht. Wie könnte man widersprechen. Christlicher Glaube bleibt nicht im Kult stecken, er drängt in den Alltag, kulminiert im Ethos. Was sonntags gefeiert wird, bedarf montags der Konkretion. Was ist damit aber über das Wesen des Menschen und seine Möglichkeiten gesagt? Ich will die Überlegungen von A weiterdenken und an die Unterscheidung von Glauben und Moral erinnern. Dazu das berühmte »Pecca fortiter« Luthers aus einem Brief von 1521 an Melanchthon:

»Sei ein Sünder und sündige tapfer, aber noch tapferer glaube und freue Dich in Christus, der Sieger ist über die Sünde, den Tod und die Welt! Wir müssen sündigen, solange wir hier sind; dieses Leben ist keine Wohnung der Gerechtigkeit ... Es genügt uns, daß wir durch den Reichtum der Herrlichkeit Gottes das Lamm kennen, das der Welt Sünde trägt. Von dem wird uns keine Sünde wegreißen, wenn wir auch tausend- und abertausendmal an einem Tag Ehebruch begingen oder mordeten ... Bete kräftig, auch wenn Du ein großer Sünder bist!« (Luther, 372)

Die von Paulus gesuchte gottgemäße Vollkommenheit (Röm 12,2) will zu Luthers Einsicht gar nicht passen. Was in der Klammer zwischen der Hingabe der Leiber – als ein lebendiges, heiliges und Gott wohlgefälliges Opfer (Röm 12,1) – und der Nächstenliebe, die des Gesetzes Erfüllung ist (Röm 13,10), steht, ist in der Summe moralische Perfektion. Man mag einwenden, dass Paulus hier eine Lebensordnung der christlichen Gemeinde formuliere, deren Reichweite nicht über die Grenzen dieser hinaus geht. In einer globalisierten Welt aber, in der die Pole von Nähe und Distanz, von Zugehörigkeit und Nicht-Zugehörigkeit keine ethischen Differenzierungen mehr erlauben, verbietet sich eine für die Bürgergemeinde gemilderte Ethik. Was in der Christengemeinde gilt, gilt auch außerhalb ihrer. Aber genau das könnte eine Überforderung sein. Die Maße des Menschlichen sind gesprengt.

V Erschließung der Hörersituation: Drei Wahrheiten

In welchem Verhältnis steht das Gebotene zum Glauben? Der Fluchtpunkt des Glaubens ist doch die Gewissheit, im Angesicht des Heiligen und Ewigen mit sich selbst im Reinen sein zu dürfen. Wie aber, wenn wir dem, was geboten ist, nicht entsprechen?

Eigentlich wissen wir doch, was geboten ist. Wir wissen doch, dass die christliche Gemeinde an die Notleidenden, denen wir nichts schuldig bleiben sollen, gewiesen ist: an die Armen, an die Ungerechtigkeit und Gewalt Leidenden, an die, die ohne Trost und ohne Obdach sind ... Gebot und Gesetz sprechen aus *allen* Erniedrigten und Beleidigten zu uns, als eine gebietende Stimme über unseren Gewissen. Was sie fordert, ist radikal. Vor ihr können wir uns nicht mit der Frage nach Machbarkeit herauswinden.

Ich spitze zu, aber ich übertreibe nicht: Müssten wir uns nicht an die Hände fassen und mit Hunderten, nein, mit ein paar tausend Europäerinnen und Europäern an die Grenzen zu den Flüchtenden gehen und für sie protestieren, einen Kreis um sie schließen, sie bergen und sagen: »Schluss! Macht die Grenzen auf«? Wissend um alle Probleme und alle Risiken. Müssten wir nicht – dieser Gedanke mag noch mehr als der erste pragmatisch gewendet völlig absurd klingen – einen Kreuzzug des Lebens und des Friedens organisieren und uns zu Zehntausenden zwischen die Fronten in Syrien stellen? Müssten wir nicht zu Hunderten vor die iranische Botschaft marschieren und für die Menschenrechtlerin Nasrin Sothoudeh demonstrieren, die zu 38 Jahren Gefängnis und über 100 Peitschenhieben verurteilt wurde? Müssten wir nicht vor den Botschaften aller Länder Mahnwachen aufstellen, in denen Todesurteile gefällt werden und das basale Recht auf Leben genommen wird? Müssten wir nicht um des Klimaschutzes willen *alle* vegan leben und auf *sämtliche* Fernreisen verzichten? Müssten wir nicht unseren Wohlstand zugunsten derer, die Hunger leiden, – im gesellschaftlichen Mittel – halbieren?

Die Wahrheit dieser Aufzählung liegt nicht in einer politischen Pragmatik, sondern in ihrer radikalen Bereitschaft, die der Radikalität des Leidens entspricht. Es geht Paulus ja um das *Vollkommene*. Wir würden im Bemühen um dieses Vollkommene wohl aber erfahren, dass wir mit aller Menschen Not und Leid, dem »Du sollst«, das aus ihnen spricht, nie quitt werden können. Aus allen Nöten spricht das Gebot: »Du sollst etwas ändern!« Die Not dieser Welt ist maßlos, entsprechend ist ihr Anspruch an uns. Das ist die erste Wahrheit.

Die zweite Wahrheit heißt: Ich bin begrenzt und habe erschöpfliche Kapazitäten. Meine Seele hält nicht alles aus. Mein Vorrat an Mitgefühl und Solidarität kann aufgezehrt werden. Ich kann nicht überall hinfühlen, ohne darüber zu verzweifeln. Das Gebot bleibt dennoch wahr. Es fordert mich zurecht. Aber ich kann – oft genug – nicht leisten, was es verlangt. Denn ich brauche so viel für mich, dass für andere zu wenig bleibt: zu wenig Zeit, zu wenig Kraft, zu wenig Mitgefühl. Und ich brauche Momente, in denen alles gut ist und die Welt da draußen fern: Ich brauche Tage ohne Nachrichten, Zärtlichkeiten, einen reich gedeckten Tisch, Musik, Gedichte, einen Garten, die Fußball-Bundesliga, einen Spaziergang am Meer und Louis Armstrongs »What a wonderful world«. Hierin liegt die dritte Wahrheit. Diese Welt ist voller Gnaden, uns gewidmet. Wir *sollen* uns ihrer freuen. Freude ist geboten (vgl. Phil 4,4). Drei Wahrheiten: das überfordernde Gebot, des Menschen Bedürftigkeit und die Mächtigkeit der Gnaden.

Die Spannung von göttlichem Gebot und menschlichem Ungenügen bleibt (Röm 7,14-20). Ich mühe mich und bleibe doch immer etwas schuldig. Ich tue mein Bestes und es ist doch nie gut genug. Ich diene meinem Nächsten und spiegle mich doch in der guten Tat. Ich teile und hoffe doch auf Ausgleich. Das Wissen um diese Spannung von Gebot und menschlichem Unvermögen ist eine der Grundeinsichten des christlichen Glaubens, aus der vor allem eines folgt: *Wir leben aus Vergebung!* Und diese wäre jene Kraft, die hilft, das Gebot zu hören, es *mir* wahr sein zu lassen, wissend, dass ich an seinem Anspruch scheitern werde, und gleichzeitig glaubend, dass ich an diesem Scheitern nicht zerbreche. *So kann ich tun, was ich tun kann.*

VI Predigtschritte: Eine Entlastungsbotschaft

Die Verse 3 bis 8 können im Kontext dieser Überlegungen als ein heilsames Ernüchterungstraktat gelesen werden. Wir sollen Maß halten – auch moralisch –, denn wir sind (nur) in dem Maße gefordert, in dem wir begabt sind: Wer prophetisch reden kann, der soll es gemäß seines Glaubens tun; hat jemand ein Amt, so versehe er *dieses* Amt; ein Lehrer soll lehren; hat jemand die Gabe zu ermahnen und zu trösten, so tue sie es. Wozu ein Mensch gerüstet ist, *dazu* ist er gefordert. So viel und so weit, nicht darüber hinaus. Und sehe man deshalb zu, ob da nicht jemand *am Leibe Christi* sei, der oder die das Vermögen hätte, stellvertretend für alle das Gebotene zu tun. Stimmt, ich stehle mich davon, mit Paulus, halte Maß im Umgang mit mir selbst und kann eben darum nicht vollkommen sein, wissend, dass ich es dennoch soll. Wir leben aus Vergebung. Auch das ist eine Wahrheit.

Werkstück Predigt

Wir sind allesamt gefordert und scheitern doch an dem, was geboten ist. Die Reichweite unserer moralischen Kräfte und Einsichten sind begrenzt. Und doch ergeht allenthalben der Ruf an uns: »Hilf!«

Eine Szene aus Brechts Kaukasischem Kreidekreis. In Grusinien ist Revolution. Die Aufständischen nähern sich dem Palast des Gouverneurs. Alle fliehen. Auch der Gouverneur und seine Frau. Sie vergessen in Eile und Angst ihren Sohn, Michel, der noch ein Säugling ist. Auch die Kinderfrau macht sich davon und legt Grusche, der Magd, die zufällig anwesend ist, den Säugling in die Arme. Die anderen Dienstboten fordern sie auf, das Kind liegen zu lassen und zu fliehen. Grusche legt das Kind nieder. Fast schon am Ausgang, wendet sie sich unwillkürlich noch einmal um. Da vernimmt man den Sänger des Stücks: »Als sie nun stand zwischen Tür und Tor, hörte sie / Oder vermeinte zu hören ein leises Rufen: das Kind / ...rief ganz verständig / So jedenfalls war's ihr. ›Frau‹, sagte es, ›hilf mir‹. / Und es fuhr fort ...: ›Wisse, Frau, wer einen Hilferuf nicht hört / Sondern vorbeigeht, verstörten Ohrs: nie mehr / Wird der hören den leisen Ruf des Liebsten noch / Im Morgengrauen die Amsel oder den wohligen / Seufzer der erschöpften Weinpflücker beim Angelus‹.« Grusche setzt sich zu dem Kind und schaut es an. Zu lange. Sie hört den leichten Atem und sie sieht die kleinen Fäuste des Kindes »Bis die Verführung zu stark wurde gegen Morgen zu / Und sie aufstand, sich bückte und seufzend das Kind nahm / Und es wegtrug.« »›Schrecklich ist die Verführung zur Güte!‹« (Brecht, 33 f.) Das Gebot trifft Grusche wie ein Schicksal.

Im Folgenden wäre zu entfalten, wie aus allen Kreaturen ein Gebot spricht und stets auf unser Ungenügen trifft. Von hier aus wäre von der Vergebung zu reden, die uns davor bewahrt, vor dem paulinischen Vollkommenheitspathos zu resignieren. Dazu gehörte der paulinische Pragmatismus der wechselseitigen moralischen Stellvertretung, die das Maßhalten einübt und vor dem »Ich-muss-alles-tun« beschützt.

Literatur: *Bertolt Brecht,* Der kaukasische Kreidekreis, Frankfurt am Main [23]1980; *Martin Luther,* Brief an P. Melanchthon, WA Br 2, 369–373.

2. Sonntag nach Epiphanias

Johannes 2,1-11:

Sie haben keinen Wein mehr

Stephanie Krause

I Eröffnung: Wer der ist, der da gekommen ist

Das Weihnachtsfest ist gefeiert, der Jahreswechsel ist begangen. Arbeitsalltag und Schule haben wieder begonnen. Ist etwas anders geworden? Das Evangelium des 2. Sonntages nach Epiphanias bedenkt, wer es ist, der da in die Welt gekommen ist, und welche Perspektive damit neu über dem neuen Jahr und jedem All- und Feiertag aufstrahlt.

In der Beschäftigung mit Johannes 2,1-11 berühren die Erfahrungen von Leere, Füllen und Fülle. Es beginnt damit, dass etwas leer ist. Dem gastgebenden Hochzeitspaar ist der Wein ausgegangen. Das ist peinlich und schade (und zu Weihnachten und Silvester hoffentlich niemandem so passiert). Das Fest droht, ein jähes Ende zu nehmen. Maulend oder spottend werden die Gäste nachhause gehen. Freude, Ausgelassenheit und Lachen haben ein Ende. Schade. Und offen für die Frage: Ist da noch ein Grund in der Welt, zu feiern? Welche Gründe oder Situationen mag es geben, um Menschen die Lust zu feiern ausgehen zu lassen?

Dann kommt das Füllen: Sechs steinerne Krüge stehen da, jeder fasst zwei oder drei Metreten (ca. 40 Liter). Das macht insgesamt ca. 600 Liter Wasser, die von den Dienern in kleineren Krügen vom Brunnen her herbeigetragen und in die großen Krüge eingefüllt werden mussten. Das ist Arbeit. Wer über Weihnachten oder Silvester Gäste hatte, weiß, was es bedeutet, ein Fest vorzubereiten. Und auch im neuen Jahr wird Arbeit vor uns liegen – vor jedem einzelnen von uns und vor uns als Gemeinde.

Und zum Schluss: die Fülle. Der Wein ist besser, als er vorher je gewesen war. Das ist der Vorgeschmack des Himmels. Das ist von Gott geschenktes Glück. Wann ist es passiert? Das weiß keiner so genau. Das steht nicht da. Aber als der Speisemeister kostet, ist es passiert.

Und in all dem gibt sich Jesus zu erkennen – »damit ihr, die ihr glaubt, das Leben habt in seinem Namen« (Joh 20,31).

II Erschließung des Textes – Vom Leersein, Füllen und der ganzen Fülle

Die Verwandlung von Wasser in Wein auf einer Hochzeit in dem kleinen Örtchen Kana in den galiläischen Bergen, der Form nach ein Geschenkwunder, wird im Predigttext selbst qualifiziert als »das erste Zeichen (semeion), das Jesus tat« (Joh 2,11). Sie steht damit in einer Reihe mit den insgesamt sieben »Zeichen«, die neben den sieben Ich-bin-Worten das Johannesevangelium durchziehen. Beide, die Ich-bin-Worte und die Zeichen, haben die gleiche Funktion, nämlich die Selbstoffenbarung des vom Vater her in die Welt gesandten und gekommenen Sohnes mit dem Ziel, Glauben zu wirken und darin Leben zu geben (vgl. Joh 20,31).

Wenn ein »Zeichen« das ist, woran eine Person erkannt werden kann, so sind Jesu »Zeichen« im Johannesevangelium das, woran er als der erkannt werden kann, der er ist – dies allerdings immer nur von Ostern her, denn die Herrlichkeit in ihrer Ganzheit und Gesamtheit ereignet und vollendet sich in Jesu Erhöhung ans Kreuz. »Der Evangelist setzt also glaubende Leser voraus. Er führt ihnen in Form einer historisch/symbolistischen Darstellung vor Augen, wer der Auferstandene ist, der in der Welt war und durch den Geist, den Parakleten, in der Welt bleibt.« (Zeilinger, 14) Der Leserschaft wird zugleich ermöglicht, im Bild zu erkennen, was ihr im Glauben geschenkt ist und geschieht.

Die Zeichenerzählung selbst ist nun in vielen Elementen und Formulierungen mit dem Johannesevangelium und mit der Bild- und Glaubenswelt seiner Leserschaft verbunden:
Der »dritte Tag« (V. 1) lässt in einer christlichen Hörerschaft (auch wenn sie gerade erst von Weihnachten herkommt) sofort an Auferstehung und Ostern denken. Bereits im Ersten Testament ist der »dritte Tag« mit der Auferstehung konnotiert (vgl. Jon 2,1.11; Hos 6,2). Wenn die Wunderhandlung Jesu als Zeichen und Selbstoffenbarung verstanden werden soll, ist auch an Ex 19,10 ff. zu denken: Die Gottesoffenbarung geschieht am »dritten Tag«.

Auch *die »Hochzeit«* (V. 1), die ja für die Handlungsebene unverzichtbarer Bestandteil zu sein scheint, versetzt das Weinwunder zugleich in einen eschatologischen Kontext. Im Ersten Testament sind Ehe und Liebesbeziehung Bilder für das Verhältnis zwischen Gott und seinem Volk (Hos 2,1-3,5; Ez 16; Jes 54,4-8; 62,4-5), eschatologisch aufgegriffen in Offb 19,9; 21,3. Ebenso die Frage nach dem *Wein* (Jes 25,6 und insbesondere Lk 22,18). Der Anklang an den Abendmahlswein ist unüberhörbar.

Stolpern lässt immer wieder das *Geschehen zwischen Jesus und seiner Mutter*. Die harsche Zurückweisung in V. 4 wirkt anstößig. Überdeutlich muss werden, dass Jesus hier nicht aus einem irdischen Antrieb heraus handelt. Nicht leibliche Verwandtschaft und nicht in irdischen Kategorien zu beschreibende Herkunft bewegen ihn zum Wirken. Wenn »seine Stunde noch nicht gekommen« ist (V. 4; vgl. Joh 7,30 u. 8,20), kann ihn nichts anderes zum Handeln bewegen. Mit diesem Wort wird das Erste Zeichen der Verwandlung von Wasser in Wein zugleich mit der Erhöhung ans und Verherrlichung am Kreuz verbunden, in der die Stunde dann gekommen sein wird (vgl. Joh 12,27 f.!). Das weitere Handeln Marias in Joh 2 muss darum auch von Joh 19,26.27, also vom Kreuz her rückwirkend verstanden werden: Sie verweist die Diener an das Wort Jesu: »Was er euch sagt, das tut!« (V. 5)

Die *sechs steinernen Krüge* (V. 6) werden noch in der Perikope selber mit den zeitgenössischen jüdisch religiösen Reinigungsriten erklärt (vgl. Mk 7,2-5).

Zuletzt zieht sich auch das Fragewort *»woher«* in dem Erstaunen des Speisemeisters (V. 9) durch die Auseinandersetzungen von Menschen, die im Johannesevangelium Jesus begegnen (vgl. die erstaunte Frage der Frau am Brunnen in Samaria nach dem »Woher« von Jesu lebendigem Wasserangebot Joh 4,11; die empörte Zurückweisung derer, die mit der Heilung eines Blinden konfrontiert werden in Joh 9,29: »Von ihm aber wissen wir nicht, woher er ist.« Sowie die ratlose Frage des Pilatus in Joh 19,9: »Woher bist du?«). Nur Jesus selbst weiß um sein »Woher« vom Vater her (Joh 8,14) – und mit ihm die, denen es im Glauben zu sehen gegeben ist, wie z. B. den Dienern auf der Hochzeit in Kana (V. 9).

In V. 11 wird die erzählte Gabe einer Fülle guten Weins mitsamt den erzählten Reaktionen von Speisemeister und Dienern als »Zeichen« qualifiziert. Sie ist geeignet, Herkunft, Auftrag und Herrlichkeit Jesu zu offenbaren. Die Leserschaft darf sich mit den Jüngern Jesu identifizieren, in denen durch diese Selbstoffenbarung Jesu Glaube (erneut) gewirkt worden ist. Damit erfahren sowohl Joh 1,14 als auch Joh 20,31 eine erste Konkretion.

III Impulse: Leere – Füllen – Fülle

Das Johannesevangelium hält es für möglich, dass durch das Erzählen von dem wunderbaren Wein-Geschenk Jesu auf einer Hochzeit in Kana in Galiläa Erkenntnis seiner Herkunft, seines Auftrags und seiner Herrlichkeit geschieht und Glaube gewirkt wird. Das macht Mut, sich auch in der Predigt an die Erzählung zu halten und ihre einzelnen Details aufzugreifen und auszuführen. Dabei kann man sich an dem Erfahrungs-Dreischritt Leere – Füllen – Fülle orientieren. Reizvoll kann es sein, sich an der Leere auch der sechs steinernen Wasserkrüge aufzuhalten:

Werkstück Predigt

... Aber noch etwas ist leer an diesem Tag. Nicht nur der Wein ist ausgegangen. Auch die steinernen Wasserkrüge, sechs Stück, sind leer. Und auch das ist peinlich. Nach Sitte und religiösem Gebot hätten doch vor dem Festessen die Gebete und rituellen Reinigungen mit sauberem Wasser stattfinden müssen! Aber mit der Religion hatten sie es so genau nicht genommen. Naja. Das kennt man ja. Als Kind ist es einem vielleicht einmal wichtig gewesen. Und vielleicht erzählt man später auch den eigenen Kindern wieder etwas davon. Weil es doch nicht schaden kann, wenn die Kinder etwas vom »Lieben Gott« erfahren. Aber als Erwachsener glauben?

Die steinernen Krüge alle mit Wasser füllen – das ist anstrengend. Sechs Krüge und jeweils zwei- oder dreimal 40 Liter – das sind 600 Liter Wasser. Die wollen geschleppt werden. Mit der Hand am Arm. Vom Brunnen geholt. Schöpfen – laufen – gießen, und das viele Male, das kostet Kraft!

Den Glauben zu pflegen. Worte zu finden, die wir nicht als kindlich abtun wollen, sondern mit denen wir als Erwachsene dazu stehen können, was wir glauben – das kostet Zeit und manches Gespräch mit anderen. Eine Form des Gebets zu finden, die wir üben können, täglich, das ist nicht immer nur eine Frage des persönlichen Bedürfnisses, sondern manchmal auch eine Frage der Disziplin. Den Glauben umsetzen in eine Praxis, die zum Alltag passt und den Alltag verändert...

Die Wasserkrüge sollen gefüllt sein? Sitten und Gebräuche sollen gepflegt werden? »Lernen Sie mit unseren Kindern Lieder auswendig, Gebete und andere Texte, damit sie später einmal etwas haben, an dem sie sich festhalten können«, hat mich dieses Jahr eine Konfirmanden-Mutter gebeten...

Möge es passieren, irgendwann zwischen dem Schöpfen und dem Kosten, zwischen dem Auswendiglernen und dem Diskutieren und dem gemeinsamen Suchen nach einem Jahresplan für die Gemeindearbeit und nach einem gemeinsamen Musikgeschmack für den Gottesdienst – dass das Wasser nach Himmelreichswein schmeckt und die Festfreude in uns löst! Nimm und trink!

Literatur: *Johannes Beutler*, Das Johannesevangelium. Kommentar, Freiburg/Basel/Wien 2009; *Franz Zeilinger*, Die sieben Zeichenhandlungen Jesu im Johannesevangelium, Stuttgart 2011.

Maximilian Baden

V Entgegnung: Gesteigerte Leere

So wie A stolpere auch ich über das Geschehen zwischen Jesus und seiner Mutter: die Zurückweisung, die nicht »nur« irdisch ist. Ich überlege darum, ob zwischen die »Leere« und das »Füllen« nicht noch die »Zurückweisung« als vierter Aspekt treten sollte. Sie steigert meines Erachtens die Leere noch, da nicht nur die Abwesenheit von Freude – repräsentiert durch den Wein – beschrieben wird. Selbst auf Bitte beziehungsweise Nachfrage ändert sich die Leere zunächst nicht. Die Erfahrung der ausbleibenden Freude und sogar der *scheinbar* abgelehnten Bitte ist daher Ausgangspunkt meiner Überlegungen: eine Vertröstung.

V Erschließung der Hörersituation: Vertröstet

Die Erzählung von einem Fest ruft derzeit Widerstand hervor. Ich schreibe diesen Text im Mai 2020 zu einem Zeitpunkt, als gerade einige Lockerungen nach der ersten Corona-Welle in Kraft getreten sind. Aus heutiger Sicht erscheint es sehr wahrscheinlich, dass auch im Januar 2020 wenigstens die Erinnerungen an diese Zeit noch sehr präsent sein werden. Wenn ich an Hochzeiten denke, dann kommen mir die vielen abgesagten Feiern im Sommer 2020 in den Kopf. Der Grund dafür ist klar. Bei einem Fest ist physische Nähe eine Voraussetzung dafür, dass Stimmung aufkommt. Selbst wer nicht die Verlegung einer Hochzeitsfeier erlebt hat, wird doch mit großer Sicherheit selbst eine ähnliche Erfahrung gemacht haben. Möglicherweise wurde ein Konzert verschoben, der eigene Chor musste lange aussetzen, oder die gewohnte Kaffee-Runde durfte sich nicht treffen. Alle wurden vertröstet: Vielleicht klappt es ja nächstes Jahr. Wenn also die Hörenden nun mit dem Predigttext konfrontiert werden, ist mit einigen Reaktionen und inneren Bildern zu rechnen. Da ist möglicherweise die Trauer um die verpassten Gelegenheiten des Feierns. Viele schöne Momente, die nicht stattgefunden haben, stehen mir da vor Augen.

Da ist vielleicht die Angst vor Situationen, in denen Menschen nur geringen Abstand zueinander haben. Nicht jeder ist davon begeistert, wenn wieder mehr Nähe zugelassen wird. Die Assoziation, dass Nähe auch Risiken birgt, hat sich wohl für lange Zeit in das gesellschaftliche Gedächtnis eingebrannt. Auch manche *Sehnsüchte* werden vom Predigttext angesprochen. Wie wichtig ist doch das sorgenfreie Zusammenkommen von geliebten Menschen, das den Alltag durchbricht? Entsprechend groß dürfte die Hoffnung darauf sein, dass eine solche Situation, in der wir emotionale Nähe durch physische Distanz ausdrücken müssen, vorübergeht beziehungsweise nicht wieder eintritt.

Im Predigttext steht Maria Patin für die Erfahrung, vertröstet zu werden. In ihrem Fall geschieht dies anhand eines rauen Dialogs zwischen ihr und Jesus: »Sie haben keinen Wein mehr« – »Was habe ich mit dir zu schaffen, Frau?«. **Die menschliche Ungeduld trifft hier bei Jesus auf eine göttliche Zurückweisung. Auf dieses Gefühl werden die Predigthörenden sicherlich zurückgreifen können – gegebenenfalls auch ohne den Verweis auf ausgefallene Feiern in der Zeit der Corona-Pandemie. Maria wird vertröstet, ihr Wunsch nach einer normalen und ausgelassenen Feier wird mit dem Verweis abgetan, dass es Jesus ist, der entscheidet, wann es weiter geht:** »Meine Stunde ist noch nicht gekommen.«

Als Grunderfahrungen können hier zwei Aspekte unterschieden werden: Neben das Gefühl, *vertröstet* zu werden, kann die *Hoffnung* gestellt werden. Eine Herausforderung ist es jedoch, beide plausibel voneinander zu unterscheiden. Beide beziehen sich auf eine Zukunft, die zum Besseren verändert ist. Was unterscheidet nun die Hoffnung vom Vertröstet-Werden?

Eine reale Hoffnung verändert die *Wahrnehmung der Gegenwart* zum Positiven. Es gibt einen Effekt auf die Gegenwart, der von der Zukunftsvorstellung ausgeht. Möglicherweise weil durch sie die Entbehrungen im Jetzt etwas leichter zu tragen sind – vielleicht, weil Hoffnung ein Ansporn ist, alles zu tun, um auf die verbesserte Zukunft hinzuarbeiten. Wer sich nur vertröstet fühlt, wird sein Leben von einer Zukunftsvorstellung nicht beeinflusst sehen – und wenn doch, eher zur Stagnation neigen. Für Maria sind Jesu Worte ein Grund, sich und die anderen vorzubereiten, indem sie zu den Dienern sagt: »Was er euch sagt, das tut.« Sie rechnet schon damit, dass das Wunder bevorsteht.

Es ist leicht, Hoffnung und Vertrauen nur auf den guten Ausgang einer Feier zu richten. Besonders dramatisch ist das Geschehen bei der Hochzeit zu Kana nicht. Deutlich schwerer ist es aber, Hoffnung in Entbehrungen zu haben, wie sie mit der Corona-Krise assoziiert werden. Selbst wer beim Beispiel der ausgefallenen Hochzeiten bleibt, wird schnell auch an die Gastronomie denken, die dadurch massive Erwerbseinbußen ertragen musste.

VI Predigtschritte: Da kommt was auf sie zu

Diese Grunderfahrung vom Vertröstet-Werden in Zeiten der Entbehrung kann nun als Ausgangspunkt genutzt werden, um ihr hoffnungsvolle Momente gegenüberzustellen, die zum Umdenken oder sogar zum Handeln in der Gegenwart animieren. Dies könnte eine Predigtstruktur ergeben, die die Ambivalenz zwischen der Würdigung der Entbehrungen und der Verkündigung der christlichen Hoffnung aufnimmt.

Vorstellbar wären hier Szenen, die durch den Leitsatz »Da kommt was auf sie zu« miteinander verbunden werden. Dieser Satz kann möglicherweise ausdrücken, dass die Vorstellung von einer besseren Zukunft dann zu einer realen Hoffnung werden, wenn sie mit Auswirkungen auf die Gegenwart verbunden sind.

Eine dieser Szenen könnte eine *Version der Hochzeit von Kana* sein. Es wäre in diesem Fall also Maria, auf die »was zukommt«, nämlich das Wunder, das Jesus durchführt. Hier wäre Phantasie gefragt, die etwas mehr Farbe in die Geschichte bringt, als dies in der knappen Schilderung des Evangeliums der Fall ist. Leerstellen, die gefüllt werden können, finden sich beispielsweise am Übergang von der ausgelassenen Feier zum Moment, als der Wein ausging, oder in den Gedanken, die Maria hat, während sie von Jesus zu den Dienern geht.

Eine andere Szene könnten sich konkret auf die Erlebnisse des vergangenen Sommers beziehungsweise der Gegenwart beziehen. Ich denke hier beispielsweise an eine Braut, die vor der Entscheidung stand, ihre Hochzeit absagen zu müssen. Zunächst kann der Schmerz beschrieben werden, der aus der Absage dieses großen Tages herrührt, die Tränen, die bei der gemeinsamen Entscheidung geflossen sind. Was wäre aber eine Vorstellung von der Zukunft, die ihr Hoffnung machen könnte – ohne sie zu vertrösten? Was könnte auf sie zukommen? Vielleicht eine Feier, die nicht nur von der Freude für das Paar, sondern auch über das Wiedersehen nach langer Zeit geprägt ist. Darüber hinaus könnte es der Blick für die Anderen sein, die an ihrer Hochzeit hängen, der ihr Hoffnung macht. Vielleicht verändert die exemplarische Braut ihren Blick auf die Feier und überlegt, wie sie ihre Hochzeit nachhaltig gestalten könnte. Inspiration dafür könnte der Blog von Vikarin Anna Menke sein, die versuchte, ihre Hochzeit weitestgehend ohne Neukäufe umzusetzen (s. u. Internet). Die Vision von einer nachhaltigen Hochzeit wäre für die Braut dann der Blick, der ihre Gegenwart hoffnungsvoll verändert.

Ziel dieser Ausführungen wäre es, zum Nachdenken darüber anzuregen, was in der aktuellen Situation wohl auf die Hörenden zukommen wird. Sind es neue Entbehrungen oder weitere Lockerungen? Ist es eine Entspannung der Situation? Insgesamt steht über Zukunftsvorstellungen derzeit immer die Frage, ob aus den Krisenerfahrungen etwas für die Gegenwart gelernt werden kann. Vielleicht ist es sinnvoll, diese Frage umzuformulieren: Welche Zukunftsvorstellung verändert unsere Gegenwart? In die Geschichte könnten dann christliche Werte eingeflochten werden (z. B. Bewahrung der Schöpfung oder Nächstenliebe), auf die es sich lohnt, in besonderer Weise hinzuarbeiten.

Werkstück Predigt – Einstieg und Übergang: Szene der Braut

Da kommt was auf sie zu. Das ahnte die Braut schon, als die ersten Einschränkungen kamen. Im Sommer wollte sie ihren Traummann heiraten. Sie waren schon vier Jahre zusammen. Es fühlte sich nun einfach richtig an. Der Heiratsantrag – ihr kommen immer noch Tränen in die Augen, wenn sie an den romantischen Moment am Meer denkt. Und jetzt wollten sie Hochzeit feiern. Mit allen Freunden aus dem Dorf. Mit ihrer großen Familie und seiner kleinen. Jetzt ist klar: Da kommt was auf sie zu. Eine Reihe von unschönen Telefonaten. Sie muss ihn absagen, diesen schönsten Tag ihres Lebens. Eigentlich ja nur verschieben. Aber für sie fühlt es sich gerade an wie absagen.

(…)

Da kommt was auf sie zu. Ihre Liebe ist ja noch da. Für den verschobenen Termin hatten alle Verständnis. Jetzt freuen sich alle umso mehr auf den Sommer. Auf den neuen Termin. Zum ersten Mal werden sich alle wiedersehen. Aber der Braut reicht das nicht. Sie hat erlebt, wie zerbrechlich die Welt ist, in der sie lebt. Wie viele Menschen ihre Arbeit verloren haben. Wie schnell kleine Konflikte ganz groß werden können. Sie möchte ihren Teil dazu beitragen. Ihre Hochzeit ist doch ein guter Anlass, um mal nicht alles wie gewohnt zu machen. Ein Bild entsteht vor ihren Augen. Da kommt was auf sie zu. Das macht ihr eine Gänsehaut. Ihr Herz schlägt schneller…

Internet: *Anna Menke*, http://kauflosgluecklich.blogspot.com/2019/11/brautkleid-ohne-neukaufe.html, abgerufen am 31.05.2020.

Dritter Sonntag nach Epiphanias
Rut 1,1-19a:
Die »Neue«

Wiebke Köhler

I Eröffnung: Verdächtige Idylle. Das Büchlein Rut

Seit dieser Reihe III der neuen Perikopenordnung hat die edle Rut zum ersten Mal einen angemessenen Auftritt in liturgischen Zusammenhängen. Allerdings nur, wenn Epiphanias nicht auf einen Sonntag fällt, in diesem Fall entfällt der dritte Sonntag nach Epiphanias – das ist allerdings erst 2030 wieder der Fall. Der Sonntag wird durch seine Textauswahl von vielen »heidnischen« Handlungsträgern bevölkert. Oder seriöser gesprochen, wie Alexander Deeg namhaft macht, geht es »um die Universalität des Handelns des Gottes Israels und des Evangeliums von Jesus Christus« (Deeg, 161). Hochrangige Aramäer, Griechen, zwei römische Militärs, eine Samaritanerin und auch die Moabiterin Rut, sie alle stehen dafür, dass ein »Universalismus, der die Bindung Gottes an Israel aus dem Blick verliert, ... ebenso falsch (wird), wie es ein Partikularismus wäre, der nicht erkennt, dass Gott der Herr der ganzen Welt und aller Völker ist« (Deeg, 161 f.).

Weil es in der bisherigen Perikopenordnung kein regulärer Predigttext war, hat das Buch Rut auch keine Wirkungsgeschichte im klassisch-protestantischen Predigtgottesdienst. Man kann sich also mit Goethe auf einen west-östlichen Divan legen und mit großväterlichem Blick die schöne Geschichte von Rut und ihrer Schwiegermutter genießen: »Beispielswillen jedoch gedenken wir des Buches Rut, welches bei seinem hohen Zweck, einem Könige von Israel anständige, interessante Voreltern zu verschaffen, zugleich als das lieblichste kleine Ganze betrachtet werden kann, das uns episch und idyllisch überliefert worden ist. (...) Ebenso hat das Buch Rut seinen unbezwinglichen Reiz über manchen wackern Mann schon ausgeübt, daß er dem Wahn sich hingab, das in seinem Lakonismus unschätzbar dargestellte Ereignis könne durch eine ausführliche, paraphrastische Behandlung noch einigermaßen gewinnen.« (s. u. Internet)

Und während vor unserem inneren Auge die Braut feierlich am Arm ihres Vaters den Mittelgang entlanggeführt wird, freut sich ihr Bräutigam schon auf die Übergabe und eine Traupredigt mit dem unvergänglichen Vers: »Wo du hingehst, will auch ich hingehen. Wo du bleibst, da bleibe ich auch.« Denn diese Szenerie ist der Sitz im Leben von Rut 1,16b. Die Erläuterung des Kontextes im Buch Rut führt im Traugespräch erfahrungsgemäß zu Verwirrung. Dennoch bestehen Paare häufig weiterhin auf dem Vers – ähnliches kann man immer noch mit dem Lied »So nimm denn meine Hände...« erleben. Ratlos steht man vor dem Phänomen einer unkritischen Übernahme patriarchaler Beziehungsstrukturen in sentimentaler Verbrämung...

Aber dieser Text macht jetzt Hoffnung auf Klarheit und theologische Brisanz, wenn er sich ohne Hochzeitskleid an einem Januar-Sonntag präsentiert.

II Erschließung des Textes: »Wer aufbricht, die kann hoffen...« – Konsequenzen der Patrilokalität

Die recht lange Perikope umfasst die Exposition der kunstvoll aufgebauten Erzählung. Sie spielt als literarisches Konstrukt in der Richterzeit und auf subtile Weise ist in ihr vieles anders, als man es im Kontext der Geschichtsbücher der hebräischen Bibel erwarten würde. Versteckte Textsignale bereiten die Lesenden vor. Alle Namen sind sogenannte sprechende Eigennamen, die ihre Trägerinnen und Träger charakterisieren. Die Protagonisten Elimelech, der Efratiter (»Gott ist mein König«), und seine Frau Noomi (»Liebe«) müssen während einer Hungersnot aus Bethlehem (»Haus des Brotes«) ausgerechnet ins feindliche Moab fliehen. Dort können sie als Geflüchtete bleiben und die Söhne des Paares heiraten nach dem Tod des Vaters sogar Moabiterinnen. Auch die Söhne sterben früh, was sich in ihren Namen (Machlon »Kränklicher« und Kiljon »Schwächlicher«) schon andeutete. Nun sind die drei Frauen ungeschützt und mittellos und Noomi bittet (ab 1,8 dramaturgisch wirkungsvoll in direkter Rede) ihre Schwiegertöchter Orpa (»den Rücken kehrend«) und Rut in das Haus ihrer Mütter (!) zurückzukehren. Sie selbst will sich auf den Weg nach Bethlehem machen um dort den Schutz der efratitischen Familie ihres Mannes zu suchen. Aber beide Schwiegertöchter versichern Noomi ihrer Solidarität und wollen weiter mit ihr zurück nach Juda gehen. Noomi beschwört beide Frauen, nicht bei ihr zu bleiben, denn die Versorgung verwitweter Schwiegertöchter hätte für die Familie ihres Schwiegervaters zunächst keine Priorität. Orpa verabschiedet sich unter Tränen von ihrer Schwiegermutter und macht sich gehorsam auf den Weg, Rut aber bleibt bei Noomi. Die V. 16 und 17 bilden den emotionalen Höhepunkt der Szene und des vorangegangenen Dialogs zwischen den Frauen. Es handelt sich bei den viel zitierten Versen um einen Schwur, in dem Rut ihre Identität neu und in letzter Konsequenz zu Gunsten von Noomi bestimmt. Das schließt ihre Zugehörigkeit zum Volk der Mutter ihres Mannes und zu deren Gott ein.

Das erste Kapitel des Buches setzt den Ton für alles Weitere. Souverän, weil auffällig unauffällig, wird konsequent aus weiblicher Perspektive gehandelt, gesprochen und erzählt. Genauso beiläufig (4,17) kommt Rut dann auch im Stammbaum Davids und Jesu (Mt 1,5) vor. Die Familie, das Haus des Ehemanns, ist in semitischen Ehekonzepten zwingend der Ort, in den die Frau sich bei der Heirat einfügen muss, der ihr aber auch den nötigen Rechts-Schutz gewährt. Und so findet Rut schließlich auch noch ihr hart erkämpftes Glück in den Armen von Boas und mit ihr auch Noomi. Im Hintergrund der so elegant gestalteten Erzählung läuft eine halachische Auseinandersetzung mit den Rechtstexten der Leviratsehe, dem Institut des Lösers, den Armenrechten und dem sogenannten Moabiter-Paragraphen. Ihre Abfassung wird in die späte nachexilische Zeit datiert.

III Impulse: Starke Sachen – Erinnerung an die Ahnfrauen

Eine Predigt über Rut im Winter 2021 wird wohl Erinnerungen an Mütter, Großmütter und erstaunliche Frauen ventilieren müssen. Goethe mokiert sich im »West-östlichen Diwan« über beliebte und moralisierende Nacherzählungen der Geschichte, die niemals die erzählerische Schönheit und Prägnanz der Vorlage erreichen können. Damit ist auch das homiletische Problem der Predigt über nur ein Kapitel aus dem Buch Rut gut beschrieben.

Genau einen Monat nach dem Heiligen Abend hat sich der nüchterne Alltag längst wieder etabliert. Im beheizten Gemeindesaal oder der leidlich warmen, aber schlecht belüfteten Krypta trifft sich die Kerngemeinde. Es gibt gerade nicht viel zu feiern, Alltagsprobleme liegen obenauf, aber der Gottesdienst gibt dem Wochenbeginn einen stabilen Rahmen.

Rut ist »die Neue« in der Runde der biblischen Figuren des Sonntags. Sie braucht eine angemessene Vorstellung und da der Sonntag sonst nicht besonders liturgisch geprägt ist, kann man sie in diesem Jahr auch ganz zum Thema machen. Immerhin, die Anknüpfung an die Weihnachtsgeschichte fällt leicht. Bethlehem ist Ausgangspunkt für Noomi gewesen und jetzt das Ziel der beiden Frauen. Dazu bietet sich als Beginn auch das Lied EG 55 an: »O Bethlehem, du kleine Stadt«, verbunden mit einem Verweis auf den Stammbaum Davids und Jesu.

Die Predigt könnte dann sogar Rut selbst sprechen lassen. Dazu kann man sich des verfremdenden Effekts von Poetry-Slam-Elementen bedienen. Ein Psalm der alten Rut ermöglicht einen Rückblick auf die ganze Geschichte, vom guten Ende her gesehen.

Werkstück Predigt

Alt werden geht so, dass man sich von innen wundert:

Ich wunder' mich über das Langsame,
ich wunder' mich, wenn ich meine Hände sehe.
Ich dreh' mich um und denke:
Eben war doch alles noch ganz anders.
Eben war doch noch Sommer.
Eben war doch alles schnell und leicht.
Eben hat Gott mir Recht gegeben.

Alt werden geht so, dass die Gedanken tanzen und springen:
Der Kleine da, ist das nun unser Sohn oder schon sein Sohn?
Was ist aus meiner Schwägerin geworden?
So schnell hat sie sich umgedreht und ist gegangen, ach, gerne hätte ich sie wiedergesehen.
Kann man sein Land, seine Familie, einfach ablegen wie einen alten Schleier?
Habe ich mir einen Gott zugelegt, einen Gott, der mir nahegekommen ist?
Ich glaube, Gott hat *mich* ernst genommen! Ernst nehmen ist so wichtig...

Alt werden kann auch stolz machen:
mein Haus, das Haus der Mutter unserer Söhne.
Meine Töchter, unsere Kinder, mein Mann Boas,
mein Leben, unsere Hoffnungen, meine Kraft, unser Gott.
Meine Fehler, meine Angst, mein Weg.

Alt sein heißt für mich jetzt, den Segen ernst nehmen:
Da wächst etwas nach von dem, was mich glücklich gemacht hat.
Gott hat mir tiefe Wurzeln geschenkt, Raum für mehr als mein Leben.
Viel Glück, viel Leben, viel Zukunft und große Linien und Menschen, wie wir alle.
Ich spüre, wie nahe er ist. Immer näher, immer voller Segen, im Guten jetzt und auch, wenn wir gehen.
Gott, wie ein Sohn, ein Kind, ein Mensch, kommst du zu uns.

Literatur: *Alexander Deeg/Andreas Schüle*, Die neuen alttestamentlichen Perikopentexte. Exegetische und homiletisch-liturgische Zugänge, Leipzig ²2018, 156–162.

Internet: *Johann Wolfgang von Goethe*, Westöstlicher Divan, http://www.zeno.org/Literatur/M/Goethe,+Johann+Wolfgang/Gedichte/West-östlicher+Divan/Noten+und+Abhandlungen+.../Hebräer, abgerufen am 31.05.2020.

Cornelia Coenen-Marx

IV Entgegnung: »Ich heirate eine Familie«

»Ich heirate eine Familie« – der beliebte Serienfilm der 1980er Jahre erinnerte daran, dass es bei einer Trauung nie nur um zwei Personen geht – auch und erst recht nicht in Zeiten der Patchworkfamilien. Die Paare, die sich Ruts Versprechen als Trauspruch wünschen (A), spüren das. Starke Worte sind nötig, wenn verbunden wird, was eben nicht schon immer zusammengehört: verschiedene Familien, Kulturen und Sprachen, verschiedene Völker und Religionen. Ruts Versprechen nimmt vorweg, was sich im Laufe der Geschichte ereignet: die Hochzeit mit Boas, dem entfernten Verwandten Naomis, und damit die Aufnahme der Moabiterin in ihre bethlehemitische Familie – eine Grenzüberschreitung im doppelten Sinne, waren doch nach 5 Mose 4,23 »Mischehen« mit Moabitern nicht erlaubt. Es geht um »die Judaisierung einer moabitischen Frau« (Gerlemann, 20). »Sie tritt aus dem rechtlichen und religiösen Zusammenhang mit ihrem Volk heraus, ihre ganze Existenz wird mit diesem Übergang eine neue, was durch die emphatische Erwähnung der wichtigsten Lebenszusammenhänge zum Ausdruck kommt: Land und Grab, Volk und Glaube« (Gerlemann, 20). Auf diese »Zumutung« geht die Geschichte Davids und damit auch die Geschichte Jesu zurück.

Die Geschichte von Naomi und Rut, die als Fremde in Israel dafür sorgt, dass Naomi der ersehnte Enkel geboren wird, rührt bis heute unser Herz. Schließlich geht es in jeder »exogamen Eheschließung« immer auch um »Grenzüberschreitungen«. Deshalb bewegen Paare wie Harry und Meghan die Herzen, vom Trauversprechen angefangen bis zum konfliktbeladenen Umgang mit Familiengeschichte und Familienloyalität. Da wird exemplarisch erkennbar, wie schwer es sein kann, aus den Gefängnissen von Konventionen, Rollenzuschreibungen, geformten Identitäten auszubrechen. Wie im Brennglas zeigen sich in solchen Familiengeschichten die großen Linien der Politik – sei es in Großbritannien, sei es in Israel. Diese hier beginnt mit einer Hungersnot im »Haus des Brotes« – wobei unklar bleibt, ob es um ausbleibenden Regen, eine Heuschreckenplage oder vielmehr darum geht, Ruts und dann Davids Geschichte tief in die Geschichte Israels einzuschreiben, indem auf Erfahrungen aus den Vätergeschichten angespielt wird. Hunger in dem Land, wo Milch und Honig fließen, das hatten schon Abraham und Sara erlebt. Mir fallen dabei die Länder Afrikas ein, die die eigene Bevölkerung gut versorgen könnten, wenn nicht Tomaten und Hähnchenschenkel aus Europa die eigenen Märkte zerstörten. Wo staatliche Strukturen keinen Schutz mehr bieten, müssen die Menschen die Dinge selbst in die Hand nehmen. So zwingt der Hunger bis heute Familien wie Ebimelech, Naomi und ihre Söhne zur Flucht in die Nachbarländer.

Ebimelechs und Naomis Integration in Moab hätte eine Erfolgsgeschichte werden können, wenn nicht nach Ebimelech auch seine Söhne in der Fremde gestorben wären. Zurück bleiben die Frauen – unversorgt und weitgehend rechtlos. Naomi wird keine Kinder mehr gebären, die ihr Zukunft geben in diesem Land. Ihre Schwiegertöchter dagegen könnten noch einmal heiraten, mit einer neuen Familie ein neues Leben beginnen. »Es ist so kalt. Warum, mein Gott? All', die ich liebte, sind nun tot. Niemand ist da, der mich beschützt, niemand ist da, der für mich sorgt. Was hat das Leben hier genützt?«, singt Naomi in Martin Affolderbachs Musical »Keine Frage: Ich komme mit« (s. u. Internet). Mit Alter und Tod konfrontiert, spürt Naomi, dass sie noch nicht angekommen ist im neuen Land – so wenig wie die vielen Deutsch-Türken, die im Alter in ihr Zweithaus an der türkischen Küste ziehen oder festlegen, dass sie in der Türkei beerdigt werden wollen. Migration und Integration sind von Anfang an keine Einbahnstraße. Und es bleibt schwer, Grenzen zu überschreiten – auch bei der Reintegration in der alten Heimat: »Der Fremde entsteht, wenn in mir das Bewusstsein meiner Differenz auftaucht und er hört auf zu bestehen, wenn wir uns alle als Fremde erkennen« (Kristeva, 129), schreibt die französische Philosophin Julia Kristeva. Gegen dieses tiefe Alleinsein, gegen Sinnverlust und Glaubenszweifel setzt Rut ihr Versprechen, setzt jede Liebe ihren Schwur. Und bestimmt die eigene Identität neu – zugunsten des geliebten Menschen (A). Die neue Gemeinschaft im Volk Gottes fängt klein an – als Familiengeschichte.

V Erschließung der Hörersituation: In Zerreißproben – »Auch wer zur Nacht geweinet«

Mich rührt die Frauensolidarität in dieser Geschichte (A). Hier nehmen die Recht- und Sprachlosen ihre Geschichte selbst in die Hand mit Einfallsreichtum überwinden sie Grenzen, spielen mit Rollen und Konventionen. Es ist ein politischer Akt, das zu tun und damit »in die Welt zu treten, wie Hannah Arendt sagen würde« (Stokowski, 169).

Mich erinnert das an die Erfahrungen der Kriegs- und Nachkriegszeit. Kurz vor Ende des zweiten Weltkriegs, am 5. Mai 1945, als die staatlichen Strukturen zusammengebrochen waren, kamen meine Großmutter und ihr jüngster Sohn in der Altmark ums Leben – von Granatsplittern getroffen. Die Großmutter, die – anders als der zehnjährige Helmut – noch ins Krankenhaus gebracht wurde, starb in den Armen ihrer Haushaltshilfe Lucie. Lucie war gerade 20 – mit 14 als »Mädchen« in die Familie gekommen, hatte sie sich als Tochter gefühlt. Als das Berliner Haus in Trümmern lag, kehrten sich die Verhältnisse um. Mit ihren Kindern wurde Großmutter Hildegard, inzwischen Kriegswitwe, in Lucies Familie aufgenommen – und es war Tante Lucies Familie, die sich jahrzehntelang um die Gräber kümmerte.

Mit der Erinnerung an den Zweiten Weltkrieg rücken solche Geschichten, Erinnerungen an die »Ahnfrauen« (A) wieder ins Bewusstsein. Aber auch die anderen, in denen die Fremdheit am Ende mit ganzer Macht aufbrach. Die Geschichten von Moffenkindern, Russenkindern, schwarzen Besatzungskindern. Kaum jemand von ihnen erlebte das Glück, in Liebe angenommen zu werden – die meisten blieben beschämt, diskriminiert, verleugnet zurück. Als die Grenzen neu gezogen wurden, wurden die Grenzüberschreitungen – in Liebe und Gewalt – sichtbar. Das Private ist politisch; das zeigt sich in besonderer Weise an den Kindern aus so genannten »Mischehen« im »Dritten Reich«. In vielen Gemeinden wurde wohl vor Weihnachten Jochen Kleppers »Die Nacht ist vorgedrungen« gesungen. Zusammen mit seiner »nichtarischen« Frau Johanna und deren Tochter Renate ging der Theologe und Schriftsteller im Advent 1942 in den Tod; sie mussten fürchten, Frau und Tochter würden nach einer Zwangsscheidung ins KZ deportiert. Johanna war getauft, die beiden christlich getraut. »Über uns steht in den letzten Stunden das Bild des Segnenden Christus, der um uns ringt«, heißt es in Kleppers Tagebuch

(Klepper, 133). Kurz vor dem Holocaustgedenktag lohnt sich daran zu erinnern.

VI Predigtschritte: Über Grenzen gehen, neue Horizonte sehen

»Da ist nicht mehr Grieche, Jude, Beschnittener, Unbeschnittener, Nichtgrieche, Skythe, Knecht, Freier, sondern alle und in allen Christus«, heißt es im Kolosserbrief (Kol 3,9-11). Mitten im Völkergemisch der ausgehenden Antike finden wir Gemeinden aus den unterschiedlichsten ethnischen Gruppen und ökonomischen Schichten, die einander auf Augenhöhe begegnen wollten. Julia Kristeva, die ich oben schon zitiert habe, macht deutlich, was für eine ungeheure utopische Kraft in dieser Geschichte steckt. Die junge Kirche, schreibt sie, »entsteht als eine Gemeinschaft von Fremden (von Außenseitern, Frauen, Handelsreisenden, Sklaven), an der Peripherie zunächst, dann innerhalb des griechisch-römischen Bollwerks selbst, vereint in einer Lehre, die die politischen und nationalen Strukturen in Frage stellt« (Kristeva, 162). Menschen aus unterschiedlichen Völkern und Nationen bilden eine neue Gemeinschaft unter dem Namen und in der Nachfolge des Menschensohns, der Bruder aller geworden ist. Dabei können sie sich auch auf die Geschichte von Naomi und Rut beziehen – auf die Grenzüberschreitungen im Stammbaum Jesu.

Werkstück Predigt

Eine Kirche aus vielen Völkern, das ist die Herrnhuter Brüdergemeine, die in der Oberlausitz mit bedrängten Christen aus Mähren begann. Am 29. Juli 1731 gewann die Gemeinde ihr erstes farbiges Mitglied, den Westinder Anton. Der war zuvor Sklave am Hof des Grafen Anton Ferdinand Laurvig in Kopenhagen gewesen; Sklaven zu halten war für die Adeligen des kolonialen Zeitalters Ausweis ihrer Weltläufigkeit. In Herrnhut aber wurde Weltläufigkeit auf Augenhöhe gelebt, die wachsende Gemeinde wollte eine wirkliche Gemeinschaft der Völker und Rassen sein, in der alle Beteiligten »voneinander wissen und sich gegenseitige zugestehen, dass sie ungeachtet der vorhandenen und oft sehr schmerzlichen Unterschiede zusammengehören, weil Christus ihnen gemeinsam der Herr ist«. Menschen wie Anton waren keine missionspropagandistischen Schauexemplare wie der »nickende Neger« unserer Missionsgeschichte. »Wo der Graf und Handwerker zusammen mit ungelernten Arbeitern sich in einer Gemeinde als Brüder anerkannten und annahmen, konnte dies genauso zwischen Schwarzen und Weißen geschehen. Auch im Zeitalter der Sklavenwirtschaft gibt es zahlreiche Zeugnisse dafür, dass sie sich über menschliche Abgründe hinweg Brüder und auch Schwestern geworden sind«. (Beck, 35 ff.) Rebecca Protten zum Beispiel, die in Westindien geboren und Sklavin war, heiratet dort einen Missionar und ging dann in zweiter Ehe mit Christian Protten nach Westafrika. So verbanden Liebe und geschwisterliche Loyalität – und übrigens auch die Losungen – die Kirche auf vielen Kontinenten. »Über Grenzen geh'n, neue Horizonte seh'n. Wo Menschen sich vertrauen, kann Liebe Brücken bauen, kann neue Hoffnung geben und Fantasie beleben. Wer Freunde hat, setzt Angst schachmatt«, heißt es am Schluss des Rut-Musicals im Grenzgänger-Song (s. u. Internet).

Literatur: *Hartmut Beck,* Brüder in vielen Völkern, 250 Jahre Mission in der Brüdergemeine, Erlangen 1981; *Gillis Gerlemann,* Ruth. Das Hohelied, Neukirchen 1965; *Jochen Klepper,* Unter dem Schatten deiner Flügel. Aus den Tagebüchern der Jahre 1932–1942, München ²1983; *Julia Kristeva,* Fremde sind wir uns selbst, Berlin 1992; *Margarete Stokowski,* Die letzten Tage des Patriarchats, Hamburg 2020.

Internet: *Martin Affolderbach,* Keine Frage: Ich komme mit! Ein Musical zum biblischen Buch Ruth über Aufbruch, Liebe und den Sinn des Lebens, www.affolderbach.de/Musik, abgerufen am 31.05.2020.

Tag des Gedenkens an die Opfer des Nationalsozialismus

Mt 10,26b-28(29-31):

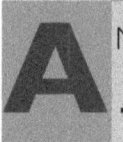

… dass du nicht vergisst, was deine Augen gesehen haben!

Johannes Greifenstein

I Eröffnung: Kasus und Text

Die Predigt am »Tag des Gedenkens an die Opfer des Nationalsozialismus« ist Kasualpredigt. Damit stellt sich die Frage nach dem Verhältnis von Text- und Situationsauslegung in besonderem Maß. Warum hat man diesen Text für diesen Termin ausgewählt? Inwiefern »passt« er, inwiefern vielleicht auch nicht? Offensichtlich besteht hier die Aufgabe, Vergangenes nicht nur als Vergangenes zu behandeln und eine Balance zwischen Einzigartigkeit und Allgemeinheit zu finden. Für Allgemeinheit steht vor allem der Text, der »an sich« mit der Kasualthematik nichts zu tun hat.

II Erschließung des Textes: Fallen mit Gott

Die satztechnische Gestaltung der Lutherbibel deutet eine Gliederung in drei Teile an: V. 26b-27 als Aufforderung (mit Einleitung); V. 28–31 als Argumentation; V. 32–33 als Anzeige einer Alternative mitsamt Konsequenzen.

Auffällig ist zunächst V. 26a, denn er scheint einen Sachverhalt feststellen zu können, der doch keinesfalls selbstverständlich ist. Sehr wohl bleibt manches »geheim, was man nicht wissen wird«. Entscheidend sind aber zwei Zusammenhänge. Zum einen:

Stellt man V. 26a mit dem imperativischen nächsten Satz zusammen, dann wäre V. 26a bereits eine verkappte Forderung. Zum anderen, meines Erachtens interpretativ einleuchtender: Liest man ihn im Anschluss an die gesamte Perikope (vor allem V. 32 f.), dann würde er Einspruch dagegen erheben, dass man etwas trennen zu können meint, was zusammengehört – dazu unten noch mehr.

Der Mittelteil ließe sich zunächst »individualsoteriologisch« auffassen. Furcht ist hier zwar zunächst Furcht vor Menschen, doch könnte man ihn sich bei selektiver Auswahl bzw. Auslegungsperspektive als geradezu tauglich für einen Taufspruch vorstellen (V. 30–31b: »Nun aber sind … eure Haare auf dem Haupt alle gezählt. Darum fürchtet euch nicht«). Auch die Lutherbibel weist von den Sperlingen auf Mt 6,26 (»Seht die Vögel unter dem Himmel an«) und damit in Richtung Schöpfungstheologie und Vorsehungsglaube.

Doch von allgemeiner Furcht ist nicht die Rede – vor dem, was im Leben immer wieder einmal Anlass zu Sorge oder Angst gibt. Vielmehr geht es um eine zu gewärtigende und sozusagen spezielle »Auftragsfurcht«, vgl. Mt 10,5; 10,16; 28,19 f. Denn was genau ist zu tun und anscheinend nicht ohne Furcht zu erledigen? Es ist das »redet« und »predigt« (V. 27) und »bekennt« (V. 32). »Es handelt sich immer um die Gefahr des Martyriums, nicht um jede beliebige Gefahr und um die göttliche Vorsehung im allgemeinen.« (Wellhausen, 49) In argumentativer Hinsicht kann man – ich differenziere etwas künstlich – drei Motive zugunsten jener Forderung unterscheiden.

Erstens (V. 28): Der Blick auf den Verderber *auch* der Seele relativiert die Angst davor, dass der Auftrag gegebenenfalls zum Tod führt – das wäre »nur« ein Tod des Leibes. Alles, was drohen kann, berührt den Menschen sozusagen nicht im Kern. Man beachte die Parallele aus Lk 12,2-9: »Fürchtet euch nicht vor denen, die den Leib töten und danach nichts mehr tun können.« (V. 4) Aber wie erschwinglich ist jene Vorstellung von einer Unberührbarkeit des Seelenkerns, wenn man das Problem ernst zu nehmen sucht?

Man sehe sich die Szene aus Martin Scorseses Film »Silence« (2016) an, wo japanische Christen durch Kreuzigung am Meeresufer zu Tode gefoltert werden. Der Christ, der am längsten leiden muss, stimmt eine Art Bekenntnislied an. Ist das die Kraft jener Relativierung? Tatsächlich sollte man zufolge Luthers Auslegung in den Spott der Märtyrer einstimmen, die geradezu belustigt darüber sind, dass man meint, ihnen mit dem Leibestod etwas antun zu können (vgl. Luther, 359). Aber wer lebt nicht so, als wäre das doch schon das Schlimmste, was passieren könnte, weil das Töten des Leibes schlicht als »der Tod« gilt? Wer differenziert einen leiblichen Tod von etwas anderem, und wovon – von einem geistlichen Tod?

Zweitens (V. 29–31): An eben diesem Punkt ist der Blick auf die Sperlinge hilfreich. Denn jetzt weist der Text nicht auf eine unantastbare Seele – etwa im Sinne einer Unsterblichkeitsvorstellung (vgl. übrigens auch Luther, 359), die man auch unabhängig von einer Gottesbeziehung hegen kann. Sondern es kommt Gott hinzu, und der Blick geht von der Frage nach Seele und Leib auf Leben und Tod insgesamt. Man achte auf V. 29: Die Vögel fallen (sterbend!) durchaus auf die Erde, nur fallen sie – so müsste man folgern – eben *mit* unserem Vater. Dieses »Doppelende« droht auch uns Menschen, aber eben *nur* dieses oder *als* dieses Doppelende: Fallen *mit* Gott.

Drittens (V. 32 f.): Die konditionale Wenn-dann-Logik verdankt sich einer eschatologischen Perspektive. Das Bekenntnis zu Jesus hier und jetzt führt zum Bekenntnis Jesu zugunsten der bekennenden Person dort und einst – vgl. anschaulichere Stellen wie Apk 3,5, Mk 8,38, Lk 9,26, 2 Tim 2,12, sowie Mt 10,18 f.; 10,22b. »Vor den Menschen d.i. vor dem menschlichen Gericht (…) vor Gott d.i. vor dem jüngsten Gericht« (Wellhausen, 49). Das sagt zunächst: Das Verhältnis zu Jesus bestimmt das Verhältnis zu Gott. Weiter: Das Jesusverhältnis hat den Charakter einer Mittlerschaft für das Gottesverhältnis. Dazu noch: Es gibt mit den Optionen Bekennen oder Verleugnen eine klare Alternative im Jesusverhältnis, die zu entsprechend alternativen Folgen führt.

III Impulse: … oder auch schlicht Glauben

Ich konzentriere mich auf die in der Lutherbibel als »Kernverse« fettgedruckten V. 32 f. (eventuell inklusive V. 26b, wie angedeutet). Als Wegweiser dient ein Gedanke in einer Auslegung Luthers, der auf die Bedeutung von so etwas wie religiös-existenzieller Kongruenz zielt. Das soll heißen: Die Gottesbeziehung ist – gewissermaßen: ihrer Idee oder ihrem Anspruch nach – nichts, was sich in unserem Leben so isolieren ließe, dass sie nicht im Zusammenhang mit diesem Leben insgesamt steht. Sie betrifft nicht nur einen Teilbereich neben anderen »Eigenschaften« oder »Persönlichkeitsdimensionen«. Oder mit Luther, entlang der Differenz von Innen und Außen und im Gewand interpretativ fortgesetzter Jesusrede: »ihr sollt außen vor den Menschen so sein, wie ihr innen seid vor mir« (Luther, 357). Weiter: »Wenn dann alles offenbar wird, so wird man euch als innerlich und äußerlich wahrhaftig erfinden« (Luther, 357). Als Hinweis auf die Bedeutung einer Integrität mit sich selbst würde ich auch den Wochenspruch Dtn 4,9a auslegen. Oder umgekehrt, gerichtet auf Inkonsequenz oder Selbstwiderspruch 2 Joh 2,9 (aus dem Predigttext Reihe IV).

Mit Absicht war oben von Idee oder Anspruch die Rede. Das nimmt den – wenn man so will – religionsethischen Imperativ des Textes auf:

Glauben kann zur Aufgabe werden, an der man scheitern kann. Und es bleibt nicht folgenlos – spätestens jetzt denke man an den Kasus –, wenn man sich dabei irgendwie oder irgendwohin zurückzieht. Die Verweigerung gegenüber Gott (V. 33: »Verleugnen«) wird so (religionsethisch »streng«) interpretiert als (versuchte) Abkehr von einer Beziehung.

Dann kann (!) man mit dem Gedanken an »Strafe« so umgehen, dass man die »Wenn-dann-Logik« auf eine sachlich zwingende Folge bezogen sieht. Wer sein Verhältnis zu Gott beendet, der steht nunmehr eben ohne Gott da (wenn man das absichtlich einmal einseitig denkt). Die ins (zeitlich) Eschatologische verlagerte Konsequenz ist bereits jetzt spürbar (wie hätte man sie auch sonst – strikt religionstheologisch gedacht – von *menschlicher* Warte aus formulieren können?). Man weiß nur zu gut, dass das – ich formuliere unterhalb der Intensität von Text und Kasus – »nicht in Ordnung ist«, dass ich – stärker – selbst Schaden nehme an diesem Versagen, dass mein Tun (oder Lassen) Schuld ist, die nicht erst noch »bestraft« werden muss (wie hier angedroht), weil sie ihre Folge schon mit sich führt. Wenn ich nur einen »Schein der Frömmigkeit, der Religion und der Kirche« wahre (so nochmals mit Luther, 357), dann bleibt mir eben auch nichts Wirkliches, *ich fehle an* und *mir fehlt es an* meinem Glauben.

In diese Perspektive könnte man gegebenenfalls noch das Motiv der Jesusbeziehung integrieren, indem man die mit ihm gegebene Personalisierung symbolisch auf den Glauben ausdeutet: »Jesus bekennen« heißt sich zum Glauben bekennen oder auch schlicht: Glauben. Auffällig wäre dann die Gegenüberstellung Jesu und des (ungenannten) »Teufels«, der aber nicht nur durch den Kasus figürliche Präsenz gewinnen kann (wohl vor allem als der »diabolische« Hitler, das Diabolische der »Taten«), sondern den Eph 4,27 (Predigttext Reihe I) explizit benennt: »... gebt nicht Raum dem Teufel.« So wäre die Alternative komplett, und sie wäre ein wenig der Logik eines privativen Begriffs des Bösen (»privatio boni«) sowie eines Glaubensbegriffs verpflichtet, dem die Abkehr von Gott (»aversio a deo«) Sünde ist – so wäre das Schlimmste, was passieren kann (V. 28b), dann nun tatsächlich das Verderben noch der Seele.

Werkstück Predigt (Ende)

Martin Luther hat in einer Auslegung der Worte Jesu vom Nicht-Fürchten einmal geschrieben: Verflucht sei unser Unglaube. »Verflucht sei unser Unglaube, daß wir so große, reiche und herrliche Verheißungen Gottes nicht glauben.« (Luther, 360) Wenn wir heute an die Opfer des Nationalsozialismus denken, und das im Licht von Glauben oder Unglauben tun, dann muss man es aber wohl anders sagen. Verflucht *ist* unser Unglaube – zumindest dann, wenn es um Täter und Opfer geht, um Leben und Tod und um Leib und Seele, zumindest dann wird unser Unglaube zum Fluch: Anderen zum Fluch und uns auch selbst. Was allein bleibt, gegen diesen Fluch, ist das Beten: »Barmherziger Vater: Ich glaube, hilf meinem Unglauben. Und vergib uns unsere Schuld! Amen.«

Literatur: *Julius Wellhausen,* Das Evangelium Matthaei übersetzt und erklärt. Zweite Ausgabe, Berlin 1914; *D. Martin Luthers* Evangelien-Auslegung, hg. von Erwin Mülhaupt, Zweiter Teil. Das Matthäus-Evangelium (Kap. 3–25), Göttingen ⁴1973.

Georg Raatz

IV Entgegnung: Was der Fall ist?

Was ist der Fall an diesem Gedenktag, wenn es sich, so A, um einen Kasualgottesdienst handelt? Besteht der Kasus darin, dass man eben nicht an die Opfer des Nationalsozialismus denkt, wenn es nicht gedenktagkalendarisch stimuliert wird? Anders als A frage ich nicht, warum dieser Predigttext, sondern warum man diesen Gedenktag ins Gottesdienstjahr eingebaut hat, zumal neben dem »Tag des Gedenkens an die Novemberpogrome« (9. November). Der Volkstrauertag, immer auf einem Sonntag, hätte beides aufnehmen können. Warum deutsche Geschichte allein im Modus ihrer diabolischen Seite, warum nicht der 9.11. in seiner Ambivalenz, warum nicht der 3. Oktober? Die Aufgabe, eine »Balance zwischen Einzigartigkeit und Allgemeinheit zu finden« (A), besteht in doppelter Weise: Zum einen gilt es, der Gefahr einer negativen Nationalreligion dadurch zu entgehen, indem der Universalität des Christentums auch eine Universalität des Gedenkens an *alle* Opfer von Gewalt *zu allen Zeiten* korrespondiert. Zum anderen nicht Holocaustgedenken, sondern der »Opfer des Nationalsozialismus«: Es ist eben auch der Fall, dass im öffentlichen Gedenken zahlreiche Opfergruppen keine Rolle spielen.

V Erschließung der Hörersituation: Mutschöpfen

Am Ende der Weihnachtszeit, das neue Jahr hat begonnen, die Vorpassionszeit steht bevor: ein geschichtspolitischer Karfreitag an einem Mittwoch, der wohl in den wenigsten Gemeinden mit einem Gottesdienst begangen werden wird. Alternativ bieten sich eine Abendandacht, ein Themenabend oder auch ein Beitrag in der Lokalzeitung oder eine Kurzansprache auf einer kommunalen Gedenkfeier an.

Die Zeit des Nationalsozialismus haben die ältesten Gottesdienstbesucher nur noch als Kinder oder Jugendliche erlebt; die Generation der Opfer stirbt aus. Für die Jüngeren spielt das »Dritte Reich« in den Erzählungen ihrer Eltern/Großeltern eine Rolle: von Männern im Krieg, von Frauen in Not, Fluchtgeschichten, vielleicht auch Geschichten von Mittätern oder Opfern in der eigenen Familie. Manche Parteiabzeichen auf Familienfotos erzählen ihre geheimnisvolle Geschichte: »Es ist nichts verborgen, was nicht offenbar wird ...« (V. 26b) Was wir darüber hinaus wissen, wissen wir aus der Schule und den Massenmedien.

Der Opferbegriff reduziert Komplexität durch die Differenz von Opfer und Täter. Wenngleich der 27. Januar als Tag der Befreiung des KZ Auschwitz den Fokus auf die ermordeten Juden, Sinti und Roma, Homosexuellen, politisch Verfolgten lenkt, gilt es, aller Opfer zu gedenken. Wer hat an Leib und Seele Schaden genommen? Auch die Nachgeborenen, an die die Traumata weitergegeben wurden, Ängste, Hass, Geheimnistuerei? Spätere Suizide von Opfern *und* Tätern. Der Opferbegriff ist weit zu fassen, bis hin zu den Soldaten, die ihre Jugend an den Krieg verloren haben, ja: bis zu denen, die Opfer der NS-Ideologie und Täter geworden waren. Und: Das Thema ist zu entnationalisieren, um auch an Opfer anderer Gewaltregime zu gedenken – sensibel, ohne zu relativieren.

Der Predigttext, ein Stück frühchristlicher Martyriumstheologie, in der »männliche Tapferkeit und Todesfreudigkeit, Siegeszuversicht ... die Empfindungen« (Weiß/Bousset, 300) sind, legt nun zunächst Fallstricke aus: 1. Dem Martyrium nicht ausweichen; 2. Furcht nicht vor dem leiblichen Tod, sondern vor dem »Tod« der Seele. 3. Gott ist mehr zu fürchten als die Menschen. 4. Gott fängt auf, wenn man fällt und für seine Sache stirbt. Also eine vollkommen andere Situation als die der meisten Opfer des NS-Regimes: Die meisten wollten einfach nur: frei leben und akzeptiert werden. Ein weiterer Fallstrick besteht darin, das Gedenken auf die mutigen (oder gar christlichen) Widerstandsgruppen zu fokussieren – wenn man dies wollte, könnte man sich auf Sophie Scholl beziehen, deren Geburtstag sich 2021 zum 100sten Male jährt. Schließlich: Es wäre geradezu perfide, sich mit dem liturgischen Opfergedenken in die Martyriumstradition zu stellen. So mutig ist das nicht.

Opfergedenken kann in einer Predigt keine juristische oder geschichtspolitische Kategorie sein. Eine *religiöse* Funktion kann es nur so realisieren, dass es einerseits die anwesenden Subjekte dieses Gedenkens betrifft und andererseits an das christliche Grund-Gedenken zurückgebunden wird. Bei dem gängigen »Nicht vergessen und nie wieder!« braucht dieses tröstende Gedenken nicht stehenzubleiben. Vom »Grundton« (Weiß/Bousset, 300) des Predigttextes her stellt sich die Frage: Welche Ermutigung ziehen *wir* aus dem dreimaligen »Fürchtet euch nicht!«, das von dem ohnmächtigen Heiland in der Krippe und dem gekreuzigten Heiland am Kreuz ausgeht? Die Angst, die getröstet werden will, besteht auch über 75 Jahre danach und angesichts gegenwärtiger Machtregime darin, dass *wir* die Ohnmacht der Opfer, ihr Sichausgesetztwissen, aber auch die Ideologieanfälligkeit von Menschen, Nationen und Religionen und: auch die Ohnmacht Gottes nachempfinden.

Dazu Falk Wagners Überlegungen zur Revolutionierung des Gottesgedankens: In der Menschwerdung und im Kreuzestod Jesu vermochte das Christentum das Wesen Gottes zu erkennen, das nicht in absoluter Macht bestehen kann. Denn Macht kann sich nicht in einer absolut asymmetrischen Struktur, d.h. gegenüber Ohnmacht, erweisen: »So fällt die Manifestation der göttlichen Macht mit ihrem Scheitern zusammen.« (Wagner, 156)

Die Einsicht in dieses Scheitern kann jedoch zunächst in einen bloßen Subjektwechsel einmünden, indem sich nun der Mensch als absolutes Machtsubjekt exponiert. Dies hat sich in extremer Form im »Dritten Reich« ereignet: Das nationalsozialistische Selbstsein manifestierte sich in der absoluten Entmachtung und Vernichtung des Andersseins in Form von Menschen, die nicht ihrer Ideologie entsprachen. Aber: Auch diese Machtmanifestation fiel mit ihrem Scheitern zusammen: »Es ist nichts verborgen, was nicht offenbar wird, und nichts geheim, was man nicht wissen wird.« (V. 26b) Für die Befreier von Auschwitz war es am 27. Januar 1945 eine grausige Offenbarung; und zugleich war es der Beginn der Manifestation des Scheiterns des NS-Regimes.

Das beiderseitige Allmachts-Scheitern, Gottes und des Menschen, kann schließlich in eine Ablösung der Machtlogik einmünden: Diese wird durch den Gedanken der symmetrischen wechselseitigen Anerkennung ersetzt, durch die sich allein Selbstsein und Anderssein vollziehen können. Darin realisiert sich »weltimmanentes Transzendieren«: »Jede Position personalen und sozialen Selbstseins kann sich nur dadurch erhalten, daß sie ihre eigene Position auf dem Umweg der praktischen Anerkennung anderer und fremder Positionen reflektiert und gestaltet.« (Wagner, 166)

»Fürchtet euch nicht!« Vielleicht ist es tröstlich, dass nach dem Zweiten Weltkrieg die rechtliche und ethische Kategorie der *Menschenwürde* genau diesen abstrakten Gedanken der wechselseitigen Anerkennung des Menschen zum Ausdruck bringt. Die Würde klingt auch am Schluss des Predigttextes an: Darum fürchtet euch nicht, denn »ihr seid viel mehr wert als Sperlinge« (V. 31b; Weiß/Bousset, 301). Sofern der 27. Januar ein Hybrid von kirchlichem und staatlichem Gedenktag darstellt, bietet sich der Menschenwürdebegriff an; insbesondere dann, wenn der Gottesdienst im Kontext eines öffentlichen Gedenkens steht.

VI Predigtschritte: Mehr wert als Sperlinge

Der Einstieg der Predigt kann einige Motive aus IV und V aufgreifen. Der folgende Predigtimpuls nimmt den abstrakten Gedanken aus V auf:

Werkstück Predigt

Liebe Gemeinde: »Fürchtet euch nicht!« Dieser Appell braucht einen Grund zum Mut, Mut angesichts der Unmenschlichkeiten des NS-Regimes. Einen solchen Grund benennt Jesus am Ende unseres Textes: »Ihr seid wertvoller als Sperlinge.« Jesus, der in seinem Denken und Handeln den unendlichen Wert jedes Menschen zum Ausdruck gebracht hat, hat damit eine Idee ins Christentum eingestiftet, die sich rechtlich und politisch, aber auch ethisch und religiös allererst mit dem Gedanken der Menschenwürde allgemeine Geltung verschaffen konnte, und: allererst angesichts der massenhaften Verletzung der Menschenwürde im »Dritten Reich«. Kein Mensch kann seine Freiheit dadurch realisieren, dass er die Freiheit und das Leben anderer negiert und vernichtet. Im Kern stellt dieses Vertrauen in die Unantastbarkeit dieser Würde einen tiefen Glauben an die Heiligkeit des menschlichen Lebens dar, unabhängig davon, ob man diese Heiligkeit mit dem christlichen Gott in Verbindung bringt oder nicht. – Obwohl sich dieser Glaube an die Würde des Menschen tief in unseren Seelen verwurzelt hat, verfällt er jedoch nicht in Naivität: Menschen bleiben an Leib und Seele verletzlich; die *Heiligkeit* der Menschenwürde bleibt bedroht von der *Profanität* von Gewalt und Grausamkeit.

(...)

Aber: »Es ist nichts verborgen, was nicht offenbar wird...« (V. 26a) Wir können darauf vertrauen, dass die Offenbarung Gottes als Offenbarung der Heiligkeit der Würde des Menschen unwiderruflich ist. Damit wir in diesem Vertrauen auf die Würde des Menschen nicht nachlassen, erinnern wir uns heute an ihre Verletzlichkeit: »... bewahre deine Seele gut, dass du nicht vergisst, was deine Augen gesehen haben ...« (Dtn 4,9a; Spruch des Tages)

Literatur: Johannes Weiß/Wilhelm Bousset, Das Matthäus-Evangelium, in: Wilhelm Bousset/Wilhelm Heitmüller (Hg.), Die Schriften des Neuen Testaments, 1. Bd.: Die drei älteren Evangelien, Göttingen ³1917, 226–392; Falk Wagner, Metamorphosen des modernen Protestantismus, Tübingen 1999.

Letzter Sonntag nach Epiphanias

2 Petrus 1,16-19(20-21):

Augenzeuge(n) des aufgehenden Morgensterns im Herzen

Tilman Fuß

I Eröffnung: Verunsicherung und Vergewisserung

Wer an Gott glaubt und darauf sein Leben gründet, begegnet Infragestellungen dieses Glaubens und dieser Art zu leben. Dies kann Unverständnis, Spott oder auch sachliche Kritik von Seiten anderer Menschen sein. Es kann auch der selbst empfundene Zweifel an der Tragfähigkeit der eigenen Glaubensüberzeugungen sein, das Nachlassen des Vertrauens auf Gott, weil die Erfüllung von Erwartungen, in denen der Glaube besteht, ausgeblieben ist: Erwartungen eines Glückes oder eines Trostes etwa, von denen ich gemeint habe, dass der Glaube an Gott ihre Erfüllung mit sich bringen würde.

Erfahrungen wie diese, die Gläubige zu allen Zeiten in unterschiedlicher Art gekannt haben, lassen danach fragen, wie in den Ursprüngen des Christentums, in den Briefen des Neuen Testaments mit solchen Infragestellungen des Glaubens und der mit ihm verbundenen Erwartungen umgegangen wird. Der Predigttext zum Letzten Sonntag nach Epiphanias aus dem zweiten Petrusbrief stellt einen Weg des Umgangs mit Verunsicherungen im Glauben vor. Er versucht unabweisbare Gründe zum Festhalten an der Hoffnung aufzuzeigen.

II Erschließung des Textes: Verklärung Jesu, selbst erlebt

Der zweite Petrusbrief, die nach weitgehendem Konsens nicht von dem Apostel Petrus stammende, stark vom Judasbrief abhängige, womöglich späteste Schrift des Neuen Testaments, setzt sich die Wiederbelebung und Stärkung der urchristlichen eschatologischen Hoffnung gegen ihre Infragestellung zum Ziel. »Das wichtigste Anliegen des Briefes ist es, die Gemeinden in ihrer christlichen Hoffnung zu stärken.« (Schneider, 93; vgl. ebd. 93–95 die knappe Diskussion der Einleitungsfragen.) Die Abgrenzung wird gegenüber Irrlehrern vollzogen, die einerseits unter Berufung auf das bisherige Ausbleiben der Wiederkunft Jesu Christi diese Erwartung grundsätzlich in Frage stellen und andererseits durch ihren lasterhaften Lebenswandel ethische Verwirrung stiften. Es sind, wie die prägnanten Verse 3,3 f. zeigen, dieselben Gegner, denen der Verfasser diese zweifache Schädlichkeit für die christlichen Gemeinden vorwirft.

Der Predigttext 1,16-21 stellt den sich auf freie Spekulation stützenden Gegnern eine Begründung des überlieferten Glaubens auf verlässlich bezeugte historische Tatsachen entgegen, für die der Verfasser als Augenzeuge einsteht. Die Szene, auf die er Bezug nimmt, ist die Verklärung Jesu, Mt 17,1-9, das Evangelium des Sonntags. Sie wird als von ihm selbst miterlebte Bestätigung der an Jesus in seiner Taufe durch Johannes ergangenen Verheißung gedeutet: »Dies ist mein lieber Sohn, an dem ich Wohlgefallen habe.« (Mt 3,17; 17,5) Diese Bestätigung dient nun zur Bekräftigung der Zuverlässigkeit einer weiteren, bislang noch nicht erfüllten Verheißung, nämlich der Verheißung der Wiederkunft Jesu Christi zum Gericht. »Die Voraussagen der Propheten sind zu der von Gott bestimmten Zeit in Erfüllung gegangen. Darum ist das prophetische Wort ein zuverlässiges Wort. So darf auch die Gemeinde Christi damit rechnen, daß alle Verheißungen, die sich auf die Parusie ihres Herrn und die ihr folgenden endzeitlichen Ereignisse beziehen, Wirklichkeit werden.« (Schneider, 101 f.)

Die den Brief über weite Strecken prägende negativ abgrenzende ethische Paränese (v.a. in Kap. 2) ist nicht unmittelbar Teil des Predigttextes, aber sachlich doch damit verbunden. Denn zum Profil der Irrlehrer gehört zusammen mit der Leugnung der Wiederkunft Christi zum Gericht auch ihre libertinistische, den irdischen Begierden sich überlassende Lebensweise (vgl. noch einmal 3,3 f.).

Heutige Theologie, die es im Vergleich zum zweiten nachchristlichen Jahrhundert erst recht schwer hat, die Parusieerwartung aufrechtzuerhalten, nimmt in ihrer Deutung dieses Glaubensartikels ebenfalls auf dessen ethischen Gehalt Bezug. »Zu dieser Überzeugung gehört aber auch, daß Jesus den Maßstab bildet dafür, inwieweit wir selbst und alle Menschen in unserem Leben zu wahrer Menschlichkeit gelangen. Diesem Maßstab entgeht niemand, ob Christ oder nicht. Das besagt die Erwartung der Wiederkunft Christi zum Gericht.« (Pannenberg, 128 f.) Dieser Zusammenhang der Lehre von der Wiederkunft mit ethischen Maßstäben im Predigttext und seinem Kontext selbst erlaubt es aus meiner Sicht, in der Predigt über das engere eschatologische Thema hinaus das Anliegen einer Vergewisserung im christlichen Glauben auch in ethischer Hinsicht zum Thema zu machen.

Sich die Worte des Predigttextes mit seiner Augenzeugenargumentation als Vergewisserung zu Herzen zu nehmen fällt natürlich heute auch angesichts der hohen Wahrscheinlichkeit, dass der zweite Petrusbrief nicht vom Apostel Petrus stammt, sehr schwer. Auch wenn sich eine Predigt vernünftigerweise nicht trockenen exegetischen Einleitungsfragen widmen möchte, muss dieses Problem angesprochen werden, denn die Argumentation des Predigttextes macht sich nun einmal von der Augenzeugenschaft des Verfassers bei der Verklärung Jesu abhängig.

Auch dies weist in die Richtung, dass eine von der eschatologischen Problematik abstrahierende Verallgemeinerung der Fragestellung angezeigt ist. Die Predigt kann sich daher begründet anderen, aktuelleren Fällen des Zweifelhaftwerdens von tragenden Gewissheiten zuwenden, in denen Bedarf nach einer glaubwürdigen Vergewisserung besteht. In enger Verbindung mit dem Motiv der Verklärung Jesu steht der Anspruch christlicher Anthropologie und Ethik, im Menschen mehr als das vor Augen Liegende, das Naturhafte und Nachweisbare zu sehen, ihn vielmehr als Ebenbild Gottes und als zu Höherem berufen anzusehen. Die Szene von der Verklärung Christi meint ja einen Moment, in dem ein exklusiver Kreis von Jüngern an Jesus etwas sehen konnte, was Anderen erst später, durch die Auferstehung klar wurde und endgültig erst am Jüngsten Tag offenbar werden wird: seine Zugehörigkeit zu Gott, das ihn hell umstrahlende göttliche Licht.

Der *homiletische Vorschlag* in dieser Predigtstudie ist es daher, Zweifel an der schwer zu verteidigenden, weil sich auf Unsichtbares beziehenden ethischen Überzeugung von der Würde und Freiheit des Menschen aufzugreifen und die christliche Sicht auf das verborgene Höhere im Menschen zu stärken. Hiermit nehme ich Bezug auf idealistische Motive neuprotestantischer Theologie. In zeitgebundener Sprache kommen Formulierungen eines Theologen aus dem Deutschen Kaiserreich dem

Anliegen des zweiten Petrusbriefes und dem Verklärungsmotiv nahe, wenn es etwa heißt: »Das Durchdrungensein von dem Ernst des sittlichen Gebotes, die klare Erkenntnis des Guten kommt uns vor wie ein Wandel im Licht gegenüber dem Dämmerungsleben in dem bloßen Wechsel von Lust und Bedürfnis. In dem Momente sittlicher Erhebung ist es uns unwidersprechlich klar, daß der in solcher Gesinnung gefestigte Mensch über dem Ablauf der Ereignisse steht, die uns sonst als unsere Schicksale beglücken und bedrohen.« (Herrmann, 98)

Das Beharren des Predigttextes auf wirklich Geschehenem und Bezeugtem, das in genau dieser Weise nicht mehr nachvollzogen werden kann, ist in Wilhelm Herrmanns Gedanken über das Bedürfnis des Glaubens nach geschichtlichen Tatsachen insofern enthalten, als auch er den christlichen Glauben unterscheidet vom abstrakten Spekulieren über das Unendliche und das Wirklichwerden des Idealen im konkreten menschlichen Leben in den Vordergrund stellt: »Der Christ kann sich nicht dabei beruhigen, daß ihm die Freude am Ewigen möglich ist und daß er darin Lust und Leid der Welt vergessen kann. An ihn treten seine Schicksale mit der Forderung heran, daß er gerade um des Ewigen willen bei ihnen verweilen, sie beherzigen und verwerten soll. (...) Es ist wohl klar, daß der Mensch, der dessen fähig ist, mit ganz anderer Anteilnahme sein geschichtliches Dasein vollbringen wird als die anderen, deren Denken in dem Kontrast des Zeitlichen und Ewigen hängen bleibt.« (Herrmann, 100)

III Impulse: Verklärung des Menschen

Die Vergewisserung, um die es nach meinem Vorschlag in der Predigt gehen soll, geschieht wie die im Predigttext unternommene Vergewisserung angesichts tatsächlich erlebter Verunsicherungen. So wie sich dort die Erwartung der Wiederkunft Jesu Christi durch deren skeptizistische Bestreitung herausgefordert sieht, so geschieht in meiner Predigt die Verteidigung der anspruchsvollen Sicht auf den Menschen als das mit Würde und Freiheit begabte Kind Gottes (1,17) angesichts von deren Brüchigkeit und Gefährdung im praktischen Leben. Ich meine damit weniger einen vermeintlich reduktionistischen oder utilitaristischen Zeitgeist, den es zu bekämpfen gelte (so die Tendenz bei Pannenberg, 129), sondern vielmehr die Schwierigkeit für jeden einzelnen Menschen, in sich selbst eine liebevolle und zutrauende Haltung zum Mitmenschen zu pflegen und durchzuhalten.

Angesichts der Kürze und Flüchtigkeit menschlichen Lebens und den vor Augen liegenden Möglichkeiten seines Scheiterns ist die Sicht auf jeden einzelnen Menschen als Gottes unbedingt geliebtes Kind eine stets gefährdete und leicht als naiv abgetane Haltung. Gegenüber dieser Gefahr möchte ich in der Predigt etwas wie einen Augenzeugenbericht für das Festhalten an der verborgenen Würde und Liebenswürdigkeit des Menschen liefern. Dem Predigttext entspricht dies, indem so auch hier ein Ideal nicht bloß erdichtetes Ideal bleibt, sondern als Teil der Lebenswirklichkeit aufgewiesen wird (1,16).

Werkstück Predigt (nach dem Verlesen des Predigttextes)

Dass der Autor dieser Briefzeilen tatsächlich selbst dabei war, als Jesus auf dem heiligen Berg verklärt wurde, ist übrigens eher unwahrscheinlich. Zwar streiten sich manche Gelehrte darüber noch, aber die meisten sind der Meinung, dass er nur sagt, er wäre dabei gewesen. Er behauptet das, damit man ihm das, was er sagen will, auch wirklich abnimmt. Und was er sagen will, ist ja einfach dies: Haltet fest an dem Glauben, den ihr gefunden habt! Haltet fest an dem Glauben, der euch tröstet und leitet in eurem Leben!

Damit die Menschen ihm das abnehmen, möchte er zeigen, dass er nicht herumphantasiert und sich etwas ausdenkt. Er möchte zeigen, dass er von etwas Wirklichem spricht. Dass Jesus nicht nur in seinen Gedanken, sondern in Wirklichkeit ein einzigartiger Mensch war, der zu Gott gehörte. Das hatte unser Briefschreiber erlebt, wirklich erlebt, aber wahrscheinlich auf eine Art, die man schwer beschreiben kann. Und deshalb erzählt er lieber eine Geschichte. Eine Geschichte, in der genau das drinsteckt, was er sagen will, und zwar erlaubt er sich, sie so erzählen, als wäre er dabei gewesen. Ein kleiner Trick, das schon, aber ein Trick, um etwas Wahres zu sagen.

Literatur: *Wilhelm Herrmann*, Warum bedarf unser Glaube geschichtlicher Tatsachen? (1884/1891), in: *Ders.*, Schriften zur Grundlegung der Theologie, Teil I, hg. v. Peter Fischer-Appelt, TB 36/I, München 1966, 81–103; *Wolfhart Pannenberg*, Das Glaubensbekenntnis, ausgelegt und verantwortet vor den Fragen der Gegenwart, Hamburg 1972; *Johannes Schneider*, Die Kirchenbriefe (NTD 10), Göttingen 101967.

Andreas Hinz

IV Entgegnung: Umfassende Hoffnung

Der erste Leser eines Briefes ist der Schreiber selbst. Wer sich noch in der Kunst des Briefeschreibens übt, kennt dieses Nachsinnen: Ist dieser Satz so richtig, versteht mich mein Gegenüber? Was ist mir wichtig und wie muss ich es sagen, dass es verständlich und glaubwürdig wird.

»Kaum beleben die Worte das weiße Blatt, fühlt der Schreibende sich schon darin leben und erkennt sich in diesen Worten wieder. (...) Die erste Wohltat, die erste Klarheit, die ein Brief vermittelt, wird dem Schreibenden zuteil; er erfährt als erster, was er sagen will, weil er auch der erste ist, dem er dies sagt.« (Salinas, 24 f.)

Der Autor des zweiten Petrusbriefes ist am Ende seines Lebens angelangt. Er wird die »Hütte« seines irdischen Daseins bald verlassen müssen. Worte am Ende des Lebens sind bedeutsam und es lohnt nicht, sich zu verstellen oder »Fabeln« zu erfinden. Was hat mich geprägt und beeindruckt? Was hat mich verstört oder auf Irrwege geführt? Was hat mich geängstigt, beunruhigt oder ermutigt und mit Zuversicht erfüllt?

Ich kann A darin folgen, wenn er im zweiten Petrusbrief eine Selbstvergewisserung sieht. Worin gründet es, wenn man an der christlichen Hoffnung festhält, obgleich die Erfüllung so lange aussteht? Das scheint auch die drängende Frage in den adressierten christlichen Gemeinden gewesen zu sein.

A weist darauf hin, dass es nach einhelliger exegetischer Auffassung wenig plausibel ist, dass der Verfasser tatsächlich Petrus ist. Daher ist dessen Verweis auf die Zeitgenossenschaft mit dem irdischen Jesus wenig wahrscheinlich. Allerdings stellt der Bezug auf die Anwesenheit bei einem so überirdischen Geschehen wie die Verklärung Jesu auf dem Berge ohnedies ein Problem für die Historizität nach heutigen Maßstäben dar. Auch die Berichte der Evangelien sind theologische Literatur. Insofern halte ich es für fruchtbarer, mich in der Predigt mehr auf die poetischen Bilder und den theologischen Gehalt des Briefes zu fokussieren.

Mit Interesse habe ich die Deutung Wilhelm Herrmanns gelesen, die A zitiert. In der Tat lässt sich Verklärung auch als »enlightenment« (»Aufklärung«) verstehen, durch die das Wesentliche erhellt wird, das im Alltäglichen noch verborgen bleibt. So folge ich auch gerne dem Gedanken, in der Predigt »die Verteidigung der anspruchsvollen Sicht auf den Menschen als das mit Würde und Freiheit begabte Kind Gottes« zu entfalten. Allerdings möchte ich diese Thematik über das Individuelle hinaus ausweiten. Immerhin stellt der zweite Petrusbrief mit dramatischen apokalyptischen Bildern (»Weltenbrand«, 3,12) die individuelle in den Kontext einer umfassenden Eschatologie, gemäß der wir als Christen in der Erwartung leben »auf einen neuen Himmel und eine neue Erde nach seiner Verheißung, in denen Gerechtigkeit wohnt« (3,13). Insofern möchte ich über die Augenzeugenberichte für die »verborgene Würde und Liebenswürdigkeit des Menschen« hinausgehen und das apologetische und polemische Motiv des Briefschreibers aufnehmen und nach den »mythoi« der heutigen Zeit fragen.

V Erschließung der Hörersituation: Menschsein und die »mythoi« der Gegenwart

Worauf kann ich mich verlassen, wer sagt die Wahrheit, wer ist glaubwürdig? In Zeiten großer Unsicherheit ist die Sehnsucht nach absoluten Sicherheiten groß. Die Verlockung für Wissenschaftler ist groß, diese Sicherheit zu geben. Seriöse Wissenschaft weiß um die bleibenden, methodisch unüberwindbaren Unsicherheiten. Sie kann nur ein jeweils hohes Maß an Plausibilitäten zur Diskussion stellen. Das ist schwer auszuhalten. Und so postulieren die einen die Absolutheit einer bestimmten Einsicht und die anderen überlassen sich dem Zynismus der Beliebigkeit. Eine unbezweifelbare Szientokratie wie auch eine Weltanschauung, die auf unreflektierten »mythoi« oder Fake News baut, vermitteln ihren jeweiligen Anhängern die gewünschte Sicherheit (securitas). Doch sinnstiftende Gewissheit (certitudo), die im Leben und im Sterben tragen kann, geben sie beide am Ende nicht.

Es geht um Glaubwürdigkeit. Drei Argumentationslinien führt der Briefschreiber an. Zum Ersten verweist er auf seine Lebenssituation. Am Ende des Lebens sagt man, was sich für einen als wahr erwiesen hat und sich durch die eigene Lebenserfahrung bewährt hat (1,12–15). Zum Zweiten beruft er sich auf seine Glaubenserfahrung. Er versetzt sich in die Szene auf dem Berg der Verklärung. Wie ein Theaterbesucher ist er in diesem Moment des Vergegenwärtigens auch unmittelbarer Zeuge und kann die für sich gewonnenen Einsichten als die seinen wiedergeben. Mit dieser imaginierten überlieferten Erfahrung liest er seinen eigenen Glauben. Die Göttlichkeit Jesu erschließt sich ihm dabei und macht ihm den christologischen Grund des Glaubens bewusst.

Der Theologe und Dichter Johann Peter Hebel (1760–1826) zieht in seiner Nacherzählung der Verklärung Jesu den Bogen der christologischen Erkenntnis auf anregende Weise aus: »Demnach sahen die drei Jünger etwas von der Herrlichkeit Jesu, wie das irdische Auge sie wahrnehmen konnte. Aber noch gar viel herrlicher verklärte er sich ihnen doch in seiner Liebe, in seinen fortgesetzten wohltätigen Handlungen und in seinen erfreulichen Himmelslehren.« (Hebel, 238)

Als drittes Argument führt der zweite Petrusbrief die Schrift an, insofern sich insbesondere die vom göttlichen Geist inspirierten, prophetischen Worte bewährt haben (1,19–21). Er verweist also auf die Erfahrungen von den im Glauben Vorangegangenen und deren biblischen Zeugnissen (Kap 2).

Welche gesellschaftlichen »mythoi« wären in unserer Zeit in den Blick zu nehmen? Mir stehen vor allem meine Erfahrungen im Krankenhaus in der Behinderten- und der Altenhilfe einer großen diakonischen Einrichtung vor Augen. Täglich wurden dort (auf Wunsch der Eltern) die Bilder der Neugeborenen auf der Homepage veröffentlicht. »Seht unser liebes Kind, an dem wir Wohlgefallen haben.« Verständlich die Freude. Junge oder Mädchen, das ist längst egal: »Hauptsache gesund!« In diesen Tagen, da ich diese Predigtstudie verfasse, lautet der allgemeine Abschiedsgruß: »Bleiben Sie gesund!« Schon als Pfarrer in der Diakonie stellte sich mir die Frage: Und was ist, wenn das Kind nicht gesund ist? Was ist mit jenen, die bereits zu Beginn ihres Lebens eingeschränkt sind und bleiben werden? Was ist mit den chronisch kranken Menschen oder jenen, die ein tückisches Virus trotz aller Vorsicht doch erwischt hat? So schön es zweifelsohne ist, unter keinen oder wenigen Beeinträchtigungen leiden zu müssen, so muss die »Gesundheit« als absolutes und höchstes Gut einer Gesellschaft, deren Horizont mit dem materiellen Dasein endet, auch in Frage gestellt werden. Leiden, Krankheit oder Behinderung und sogar das Sterben nimmt dem Menschen gerade nicht die Würde. Der Blick auf die biblischen Glaubenserfahrungen und das Leiden und Sterben Jesu und dann die Auferweckung Christi begründen die Hoffnung, die über den Horizont des Alltags, Schmerz und Leid und die daraus erwachsenden Zweifel hinausweist.

Die von Gott gegebene Würde zu glauben und sie gegenüber einer materialistischen Gesellschaft zu vertreten, trägt zu deren Humanisierung bei. Jeder Mensch wird so nicht nach seinem Vermögen, sondern nach seiner von Gott zugesprochenen Ebenbildlichkeit mit uneingeschränkter Würde gesehen. In der Verheißung göttlicher Gerechtigkeit, die sich im Blick auf Jesus, den Christus, wohl auch noch mal anders offenbaren wird, als es die apokalyptischen Zerstörungsbilder des zweiten Petrusbriefes erwarten, wird das Zerstörerische der Welt und alles Unmenschliche aufgehoben im guten Schöpferwillen Gottes. So eröffnet der Predigttext neben der individuellen Glaubensstärkung auch den kritischen Blick auf die Werte der Gesellschaft. Diese Kritik wird überzeugend erst durch das eigene, glaubwürdige Verhalten, worauf der zweite Petrusbrief ausdrücklich hinweist.

Aktuell könnte dies in dem von mir beispielhaft genannten Thema das konsequente Eintreten für palliative Pflege und Seelsorge sein, die der medizinischen Selbstüberschätzung einerseits und dem wachsenden, utilitaristischen Zynismus gegenüber eingeschränktem Leben andererseits mit klaren Worten und glaubwürdigem Tun entgegentritt.

VI Predigtschritte: Der Morgenstern geht im Herzen auf

Bildreiche Szenen und Worte prägen den Predigttext. Deren poetischer Kraft möchte ich zunächst nachgehen. So können wir uns mit dem Briefschreiber die Szene auf dem Berg der Verklärung mit ihrer horizonterweiternden Bedeutung für die zweifelnden Jünger vor Augen stellen. Vom Berg der Verklärung ging es für sie wieder hinab in den Alltag, später auf den Weg der Passion, die ihren Glauben auf eine schwere Probe stellte. Und doch erscheint alles nun in einem anderen Licht. Der Hoffnungslosigkeit wird entgegengesetzt: Unser Herr kommt, denn es ist »*Gottes lieber Sohn*«.

Für den Autor des zweiten Petrusbriefes, der am Ende seines Lebensweges steht, ist im Bild der Verklärung Jesu alle Hoffnung aufgehoben auf den Gott, der uns zu seinen geliebten Kindern erklärt. Seine Meditation mündet in dem wunderbaren Symbol des »*Morgensterns, der in den Herzen aufgeht*«. Wie schön wäre es, am letzten Sonntag nach dem Erscheinungsfest mit diesem Bild im Herzen aus dem Gottesdienst in den Alltag der Welt aufzubrechen, ermutigt durch einen Hoffnungsstern, wie ihn auch die Sterndeuter der Weihnachtsgeschichte über dem Stall von Bethlehem gesehen haben.

Es gibt Zeichen der Güte Gottes und menschlicher Würde und Freiheit, die – wie der Morgenstern das Ende der Nacht – das Ende menschlicher Dunkelheiten ankündigen. Beispiele aus der Gegenwart hätten hier ihren Ort. Mir stehen Menschen vor Augen, die trotz ihrer mehrfachen Behinderungen mit ihrer Lebensfreude Zeugen für einen tragfähigen Glauben sind. Von daher sollte auch die Kritik an einer Zivilreligion, die Gesundheit für das letzte und höchste Gut erachtet, in dieser Predigt ihren Ort haben. Freilich darf das nicht als selbstgerechte Anklage geschehen, sondern als Aufforderung, den Glauben und das eigene Tun einander entsprechen zu lassen.

Literatur: *Jörg Frey*, Der Brief des Judas und der zweite Brief des Petrus, Leipzig 2015; *Johann Peter Hebel*, Biblische Geschichten, Tübingen 2017; *Theo Heckel*, Die Briefe des Jakobus, Petrus, Johannes und Judas, Göttingen 2019; *Guido Meyer*, Der Erste und Zweite Petrusbrief. Christen als Welt-Fremde?, in: Religionspädagogischer Kommentar zur Bibel, Leipzig 2012, 597–604; *Pedro Salinas*, Verteidigung des Briefes. Ein Essay, Frankfurt am Main 1983.

Sexagesimae (2. Sonntag vor der Passionszeit)
Lukas 8,4-8(9-15):
Gott wird wachsen lassen

Andreas Kubik-Boltres

I Eröffnung: Ein unglaublicher Vertrauensvorschuss

Manche Themen des öffentlichen Lebens drängen sich ungefragt in den Vordergrund. Dahinter aber geht das normale moderne Leben weiter: Umzüge, Beziehungskrisen, drohender Verlust der Arbeit, Gedenktage für die Opfer von Krieg und Gewalt, Zukunftssorgen. Das Streben nach dem kleinen Glück, im Wissen darum, dass wir kein Recht darauf haben. Dann und wann ein plötzlicher Anflug des Gefühls von Gesegnetsein. Immer das Bedürfnis, sich seinen Vers auf all dies zu machen.

In dieser Lage berührt es mich heute besonders seltsam, dass man sich Aufschluss für sein Leben aus einer palästinischen Sämannsgeschichte erhoffen sollte. Es steckt ein geradezu unglaublicher Vertrauensvorschuss in der gottesdienstlichen Bibelauslegung, ein Vertrauensvorschuss, der heute nicht so ohne weiteres eingeholt werden kann. Und doch bleibt eine kulturelle Ansprechbarkeit vorhanden. Die Schauspielerin Sibel Kekilli ließ in der Aprilausgabe 2020 von chrismon verlauten: »[I]rgendwann konnte ich an einen Gott nicht mehr glauben. Trotzdem bin ich gewiss, dass es da etwas gibt. (…) Mit meiner anderen besten Freundin gehe ich jedes Jahr an Heiligabend in die katholische Kirche. Zum einen ist das natürlich ein bisschen Tradition, aber die Predigten des Pfarrers haben mich schon oft sehr berührt.« (s. u. Internet) Eine wahrlich eigenartige Gemengelage von Abstand und Berührung!

Gerade angesichts des heutigen Bibeltextes will ich mir etwas von der Seltsamkeit, solche alten Geschichten zur Sinnvergewisserung auszulegen, bewahren. Klar, säen kennt man noch, wenn man mit der Landwirtschaft zu tun hat: Da hat man die Großtechnik. Andere haben es als Hobby in ihrem Garten, da kommt es nicht so drauf an, ob's wächst oder nicht. Können wir eine gute Nachricht, etwas Berührendes in dem Text finden? Übrigens: B teilte im Vorgespräch meine Skepsis in Bezug auf diesen Text überhaupt nicht; es ist eins seiner Lieblingsgleichnisse.

II Erschließung des Textes: Eigentlich ein Hoffnungstext

In der Exegese dieser Perikope gibt es zwei Grundmöglichkeiten. Entweder man nimmt die Geschichte mit der folgenden, redaktionellen Auslegung zusammen, wie es die ältere Auslegungstradition getan hat. Nach Luther etwa ist dies ein »Gleichnis, das gar schrecklich ist, weil nur ein Teil von den vieren selig wird« (Luther, 117), eine Parabel darüber, wie viel im Glaubensleben schiefgehen kann: Es bleibt nur übrig, »daß man in beständigem Sehnen und Seufzen nach der Gnade dürsten, suchen und greifen muß« (Luther, 119). Oder aber, man geht mit der historisch-kritischen Exegese, welche die folgende Auslegung für sekundär hält. Zusammen mit den allfälligen historischen Kenntnissen darüber, dass hier nicht verschwenderisch, sondern ganz normal gesät wurde (nach Jeremias, 5 f., pflügte man *nach* dem Säen, auch auf den festgetrampelten Feldwegen), dann wird aus dem Gleichnis eigentlich ein Hoffnungstext: Am Schluss geht da wirklich viel Saat auf!

Bin ich so weit klar, so schließt sich eine zweite Problemfrage an: Soll das eine Rätselgeschichte sein oder etwas Sonnenklares ausdrücken? Gleichnisse leben in der Spannung, dass sie einerseits »gleichnishafte, metaphorische Rede« benutzen, die sich nicht adäquat in die vermeintlich einfachen »Bedeutungen« des Textes übersetzen lässt, dass sie andererseits aber auch »nicht verschleiern, sondern erschließen« (Zimmermann, 197) wollen. Wie Jeremias sagt: Die *anderen* »stehen vor Rätseln« (Jeremias, 10; zu Lk 8,10), wer aber Jesus folgt, zu der und zu dem sprechen die Gleichnisse unmittelbar. Das deckt sich mit meiner persönlichen Erfahrung beim Lesen von Gleichnissen: Sie leuchten mir überwiegend unmittelbar ein, aber es fällt mir regelmäßig schwer auszusagen, was sie »bedeuten«. So auch hier: Das Aufgehen der Saat spricht zu mir, aber was ist es genau: die Reaktion auf die Trostbotschaft? Das geheimnisvolle Wachsen dessen, was Gott dazu bestimmt hat (vgl. Mk 4,26 f.)? Der Gegenstand der Hoffnung, der in Gottes Hand liegt, auch wenn wir unsere harte Arbeit getan haben?

Im synoptischen Vergleich sieht man, dass Lukas den Text von Markus nur wenig geändert hat. Eine Änderung fällt mir gleichwohl ins Auge: Jesu Zuhörerinnen und Zuhörer sind die »aus den Städten Herkommenden« (Lk 8,4). Dies könnte ein Ansatzpunkt sein, die eingangs geschilderte Seltsamkeit in die Auslegung selbst einzuspiegeln: Nach lukanischer Auffassung hat bereits damals Jesus sein Sämann-Gleichnis zu den Städtern geredet, auch wenn die galiläischen »Städte« den Gegensatz von Stadt und Land wohl noch nicht so scharf hatten hervortreten lassen wie heutige Städte. Weiter führt mich auch die veränderte Stellung, welche Lukas dieser Perikope gegeben hat. Während sie bei Markus an die Frage nach Jesu wahren Verwandten anschließt, folgt sie bei Lukas auf die Geschichte von der Salbung durch die »Sünderin« (wie Jesus sie freilich gerade nicht nennt), an welche sich ein weiterer Sondergut-Einschub anschließt, nämlich den Bericht über Jüngerinnen Jesu (Lk 8,1-3), die zum Teil in der Passionsgeschichte wieder auftauchen (Lk 23,49.55; Lk 24, 9 f.). Dieser Einschub ist sicherlich nicht einfach *à propos* Frauen: Speziell *diese* Frauen werden von Lukas als bekannt vorausgesetzt, sie waren in der Urgemeinde eine Hausnummer. Die Umstellung von Lukas kann ich nur so hören: Die Berufung und die Stellung speziell der Frauen ist Teil der hundertfältigen Frucht, von der sogleich die Rede ist (Lk 8,8).

III Impulse: Möglichkeiten eröffnen sich

Mögliche Predigtideen lasse ich mir vom synoptischen Vergleich geben. Die *erste*: Jesus redet dezidiert zu Städtern. Ich stelle mir demnach auch vor allem städtische Zuhörerinnen und Zuhörer vor. In ländlichen Gemeinden kann man gleichwohl den »städtischen« Charakter heutiger Dörfer und Kleinstädte auch unterstreichen (mediale Ausstattung, Verkehrsanbindung, Infrastruktur usw.). Die wenigen, welche wirklich noch mit dem Säen zu tun haben – und abgesehen von den Balkon-Tomaten –, können sich als die Wissenden angesprochen fühlen. Wie hören Städter heute Naturgeschichten wie unser Gleichnis? Vielleicht mit etwas Sehnsucht, mit dem gelegentlichen Wunsch nach Ursprünglichkeit, vielleicht aber auch mit ein bisschen Ironie und Überheblichkeit, vielleicht baut sich aufgrund der urbanen Überreizung auch »ein komplexer Verarbeitungs-, Schutz- und Abwehrmechanismus« (Zarnow, 201) auf: Man muss abwägen, worauf man sich gedanklich einlässt, ist nur scheinbar reserviert, vor allem aber um seine innere Balance besorgt. Aber am Wochenende mal rausfahren und sich einen seltsamen Naturburschen anhören, von dem viele berichten, er hätte etwas Interessantes zu sagen, das kommt schon in Frage. Zwischen dem städtischen Spott über Sämanns-Geschichten und der leisen Ahnung, dass dieser Mann da schon etwas getroffen hat mit seiner Geschichte über das Versuchen, das Arbeiten, das Hoffen und die Erfüllung, könnte sich die Predigt bewegen.

Die *zweite* Idee: Die Berufung der Frauen ist das erste Beispiel für das Aufgehen der Saat. Das Gleichnis lässt keinen Zweifel: Die Frucht kommt! Es mag vielleicht nicht immer gleich so aussehen, aber es wird genug auf gutes Land fallen. Den ersten Beweis bilden die Frauen. Man muss sich sozialgeschichtlich noch einmal zurückerinnern, wie unwahrscheinlich es war, dass Frauen auch berufen wurden und leitende Positionen in der Urgemeinde übernehmen konnten. Ob man dies in der Predigt auch heute weiterhin konkret auf die Frauen beziehen möchte, lasse ich offen – Grund dafür gäbe es jedenfalls genug (wie nicht zuletzt die Corona-Krise gezeigt hat). Zugleich kann man den Gedanken aber auch ausweiten: Menschen, von denen man es nicht erwartet hätte, ja es vielleicht eigentlich noch nicht einmal so richtig gut findet, halten sich zur Gemeinde. Möglichkeiten eröffnen sich, die nicht auf der Agenda standen. So arbeitet Gott. Das ist Teil der reichen Ernte.

Folgt man der ersten Idee, würde man sich umständliche historische Erläuterungen über Saat-Techniken in Palästina sparen, stattdessen eine Erzählung aus der Sicht von Städtern gestalten, welche am Wochenende mal rausfahren, um eine interessante Figur auf dem Lande anzuhören (wenn es nichts war, war es immer noch ein schöner Ausflug gewesen). Als Reaktion imaginiert man sich das Hin und Her zwischen Evidenz und der Unklarheit, was das eigentlich bedeuten soll: Was an Saat aufgeht, bleibt auch hier zunächst im Dunkeln.

Mit der zweiten Idee müsste man darüber meditieren, an welcher Stelle man zuletzt das Gefühl hatte, dass unerwartet etwas gewachsen war, wo man es nicht erwartet hatte. Eine Bitte um Gelassenheit, ein Zuspruch des Vertrauens: Gott wird wachsen lassen; wir machen einfach das, von dem wir denken, dass es dran ist.

Werkstück Predigt

Für Lara war es einfach ein schöner Ausflug gewesen. Am Anfang hatte sie es ganz interessant gefunden, was dieser langhaarige Typ zu sagen hatte. Aber dann hatte sie nicht mehr richtig zugehört. Kein Bedarf an noch mehr Lebensweisheit. Ihr Leben war kompliziert genug. Anders war es bei Susann: Sie hatte die Geschichte über das Säen ziemlich direkt angesprochen. Genau konnte sie nicht sagen, was sie ihr eigentlich bedeutete. Aber berührt fühlte sie sich doch: Wie viel ist in meinem Leben aufgegangen, obwohl ich das nicht in der Hand habe. Ich probiere hier aus und da aus: Was dann wächst, weiß ich ja vorher nicht. Aber das Vertrauen darauf, dass nichts davon verloren geht, das wünsche ich mir sehr.

Literatur: *Joachim Jeremias,* Die Gleichnisse Jesu, Göttingen ³1954; *D. Martin Luthers* Evangelien-Auslegung, hg. von Erwin Mülhaupt, Dritter Teil. Das Markus- und das Lukas-Evangelium, Göttingen ³1961; *Christopher Zarnow,* Urbane Theologie, in: ZThK 115 (2018), 185–208; *Ruben Zimmermann*, Gleichnisse/Parabeln Jesu, in: Mirjam Zimmermann/Ders., Handbuch Bibeldidaktik, Tübingen 2013, 196–201.

Internet: Interview mit *Sibel Kekilli*, https://chrismon.evangelisch.de/artikel/2020/48936/sibel-kekilli-ueber-freundschaft-und-freiheit, abgerufen am 31.05.2020.

Martin Zerrath

IV Entgegnung: Das große Bild

Die Ausführungen von A lösen bei mir Widerstand aus. Das liegt an den diskutierten Vorbehalten (heutiger Abstand zu den alten Texten/urbaner Abstand vom ländlichen Leben). Sie mögen ihr hermeneutisches Recht haben. Doch hier halte ich sie für fehl am Platz. Aus meiner Sicht ist das Sämannsgleichnis ein exzellent gezeichnetes Bild vom Leben – damals wie heute, in den Städten wie auf den Dörfern. Es hat keine Predigt nötig, die sich aufwendig und umwegig zu ihm hinarbeitet. Das Bild bahnt sich selbst den Weg zu denen, die von ihm erzählt bekommen. Dort bringt es etwas in Bewegung. Was Sibel Kekilli erzählt, ist erfreulich, aber gar nicht so sonderbar.

Um nicht unter Verdacht zu geraten: Ich habe keinen grünen Daumen. Ich lebe in der Stadt. Aber wenn ich höre, dass dort, wo gesät wird, vieles daneben geht, dann weiß ich, was gemeint ist. Nicht nur ich, der Pastor, der diese Jesus-Geschichten ja sowieso mag, weiß das, sondern auch andere. Das Leben ist so: Du wirfst deine Saat aus. Du gibst dir Mühe. Einiges (vieles!) geht dir daneben. Aber auch das andere stimmt, die fast schon nüchterne Feststellung am Ende des Gleichnisses, dass nicht alles vergeblich ist. Manches fällt auf guten Boden. Das ist eine Mitteilung, die sich nicht von selbst versteht. Sie kann Mut machen, Vertrauen stärken oder auch gesteigertes Selbstmitleid abbauen.

Das Gleichnis vom Sämann zeichnet ein großes Bild, das die fraglichen Distanzen überspringt. Beweisen kann ich das nicht. Meine Behauptung hat aber homiletische Konsequenzen: Anders als A will ich in meiner Predigt in erster Linie darauf achten, dieses Bild nicht am Sprechen zu hindern. Für dieses Vorhaben kann ich bei A etwas ernten. Etwa den Hinweis auf die zwei Lesarten des Gleichnisses. Ist dies eine Geschichte vom Vergeblichen oder erzählt sie vom unvermutet Guten? Beides ist der Fall. Das hängt von denen ab, die sie hören und wie sie sie hören. Das Gleichnis berührt. Wie es das tut? Das gebe ich als Prediger oder Predigerin aus der Hand. Hier kann ich auch den Hinweis von A aufnehmen, dass die Botschaft des Gleichnisses schillert. Ich denke: Das ist auch gut so! In welcher Weise das Gleichnis spricht – wo es etwa festhält, was ist; wo es Mut macht oder Hoffnung weckt –, das muss ich nicht wissen. Ich habe hier zu erzählen. Den Rest stelle ich den Ohren der anderen anheim.

Grundlage meiner Predigt sind die Verse 4–8. Mit ihnen richtet sich meine Aufmerksamkeit auf das Säen. Auf die Verse 9–15 gehe ich nicht explizit ein, da sie aus meiner Sicht das große Bild allzu sehr auf die enge Pforte von Glaube, Unglaube etc. einengen.

V Erschließung der Hörersituation: Keine Meisterwerke mehr!

Sexagesimae 2021: Anfang Februar. Das ist keine Säzeit, soweit ich weiß. Andererseits: Wo gelebt wird, wird immerzu gesät. Das gilt auch für die, die heute im Gottesdienst sind. Das Feld, auf dem der Sämann umhergeht, kennt jede und jeder von ihnen aus eigener Erfahrung: Arbeit.

Im Gottesdienst wird es Menschen im Ruhestand geben; andere, die am Anfang oder mittendrin im Berufsleben stehen. Vielleicht sind heute Jugendliche da. Sie bringen ihre eigenen Phantasien von der »Arbeitswelt« (in Berufspraktika, in Ängsten und Sehnsüchten, am Beispiel der Eltern) mit.

Die Konfrontation mit der Arbeit, angeregt durch den Sämann, kann sich für die Älteren mit Bilanzierungsfragen verbinden: Was habe ich mit meiner Arbeit geleistet? Was ging daneben? Was ist von alldem davon heute noch da (an Fähigkeiten, Zufriedenheit, Unversöhntem, Kränkungen etc.)? Für die, die im Berufsleben stehen, stelle ich mir die Begegnung mit dem Sämann anders vor. Ihr eigenes Arbeitsfeld wird komplexer sein als seins. Zum einen, weil sie Kollegen und/oder Kolleginnen haben und Vorgesetzte, zum anderen wegen der Knicks (Auszeiten, Umbildungen, Arbeitslosigkeit) zwischen mehreren Arbeitsfeldern. Gleichwohl dürfte auch in ihnen der Sämann Resonanzen erzeugen: Vieles geht ihm daneben (wie ist das bei mir?). Doch ist er kein Scheiternder, sondern einer, dem Gutes und Schlechtes von der Hand geht (könnte ich das auch als Selbstbild ertragen?). Und ist es nicht so, dass das, was er aus der Hand gibt, wächst? (Kann ich auch Dinge aus der Hand geben?)

»Wer Ohren hat zu hören, der höre!« (V. 8) Wie werden die Älteren das Sämannsgleichnis hören? Vielleicht so: Es war, was es war. Oder mit A: Ich tat das, von dem ich dachte, dass es dran war. Gott ließ wachsen. Das wäre ein Blick zurück jenseits von Verklärung oder Verdrängung. Was hören die Jüngeren? Ich zumindest höre, wenn ich an sie denke, eine Textzeile von Tocotronic: »Keine Meisterwerke mehr / Die Zeit ist endlich reif dafür!« Auch hier lautet die Mitteilung: Tu deine Arbeit. Lass gerne etwas daneben gehen. Die Vögel werden es dir danken. Und: Sei unvollkommen. Testfrage hierfür: Kannst du deine Arbeit auch wieder aus der Hand geben?

Das Feld der Arbeit ist reich und komplex. Vielleicht wird es genügen, allein dieses Feld in der Predigt zu betreten. Das große Bild umfasst freilich noch weitere Felder. Dort, wo einer ausgeht, »zu säen seinen Samen« (V. 5), ist das Feld der Familie, der eigenen Kinder (oder umgekehrt: der eigenen Eltern) tangiert. Oder weiter gefasst: das Feld der Beziehungen, in denen ich lebe. Was säe ich auf diesem Feld – dem Feld meiner »wichtigen Menschen«? Die Predigt soll hier bloß keine Antworten formulieren. Sie kann aber über das Saatgut meditieren: Säe ich Liebe und Vertrauen? Säe ich Aggressionen und Ängste? Säe ich morgens dies und abends das? Und falls ich (wie schon jener Sämann) so unterschiedlich säe: Was soll dann auf dem Feld wachsen? Mit dem Gleichnis (und einem impliziten Seitenblick auf die Verse 9–15) lautet die Antwort: Viel Angst und viele Sorgen! Auch Gutes hier und dort. Manches wird verdorren.

Im Anschluss an A sehe ich hier aber nicht Verdruss, sondern Gelassenheit im Vordergrund stehen Vieles liegt an mir und meinem Saatgut, aber nicht alles. Ich soll mir Mühe geben, aber mehr noch soll ich Vertrauen fassen: »Gott wird wachsen lassen.«

VI Predigtschritte: Auf dem Feld

Die Predigt führe die Hörer und Hörerinnen auf das Feld. Wir gehen zum Sämann. Wir schauen ihm bei der Arbeit zu. Drei Gedanken können dabei leitend sein:

1. Vieles geht daneben. – Warum ist das so? Könnte er seine (bzw. ich meine) Arbeit nicht besser machen? In Anbetracht dieses Fragens stellen wir fest, wie sich das Saatgut in Trauer und Wut verwandelt.

2. Was wachsen soll, musst du aus der Hand geben. – Ein seltsamer Gedanke. Was würde das bedeuten, für meine Arbeit und meine wichtigen Beziehungen, wenn ich ihm folgen würde?

3. »Gott wird wachsen lassen.« – Das ist eine Einladung zu Gelassenheit. Das Gute wird seinen Weg finden. Aber ich muss das nicht mit meinem eigenen Vermögen garantieren. Den Weg des Guten kann ich Gott anvertrauen, auch dann, wenn ich das Gute nicht sehen kann.

Werkstück Predigt

Der Typ macht mich wahnsinnig! Jetzt habe ich ihm lang genug zugeschaut. Ich spreche ihn an und versuche, dabei einigermaßen gelassen zu klingen: »Entschuldigen Sie!?« Er dreht sich zu mir um: »Ja?« – »Was tun Sie da?« – »Was meinst du?« – »Naja, warum werfen Sie immer so viel daneben?« – Er schaut mich fragend an, aber nicht unfreundlich. Ich führe aus: »Könnten Sie nicht etwas genauer werfen? Dann würde hier doch deutlich mehr Korn wachsen. Und Sie hätten mehr Erträge.« – »Ach so!«, sagt er und wischt sich mit der Hand den Schweiß von der Stirn: »Weißt du, ich werfe immer mit breiter Hand aus. Über das ganze Feld. Da geht schon mal was daneben … ist gut für die Vögel!« Er grinst.

Eine Pause entsteht. Er kommt mir zwei Schritte entgegen: »Willst du es auch mal probieren?« – »Äääh...«, ich zögere. Schon reicht er mir den Sack mit dem Saatgut. Er legt ihn mir um. »Wie gesagt: immer breite Hand, im vollen Bogen!« Okay, denke ich, was soll's. Mit breiter Hand werfe ich die Saat aus. Erst etwas unsicher, dann mit mehr Schwung. Er schaut zufrieden: »Du machst das schon ganz gut.« Stimmt, denke ich, das ist eigentlich ganz okay so. Einiges fällt auf den Weg. Anderes auf den Fels. Manches kullert unter die Dornen. Und einiges fällt auf gutes Land.

Nach einer Weile bleiben wir stehen. »Gott wird wachsen lassen«, sagt er. »Komm, wir gehen weiter!« Und ich folge ihm nach, den Sack mit dem Saatgut umgehängt.

Estomihi (Sonntag vor der Passionszeit)

Jesaja 58,1-9a:

Verzicht und Verschwendung

Christof Jaeger

I Eröffnung: Trendiges Fasten

Wer bei Google unter dem Stichwort »Fasten« sucht, erhält in 0,43 Sekunden 178.000.000 Ergebnisse. Unter den ersten zehn befinden sich Websites der Deutschen Gesellschaft für Ernährung, des Bundesministeriums für Ernährung und Landwirtschaft, von GEO, FOCUS, WDR, NDR, BR usw.

Das Interesse am Thema Fasten scheint riesig zu sein. Fasten ist gesund. Wer fastet, erhofft sich eine schlankere Figur. Wer Verzicht übt, kann seinen Genuss steigern. Wer sich zu disziplinieren weiß, erreicht eher seine Ziele – seien es körperliche oder geistige. Viele Gründe sprechen für die verschiedenen Formen des Fastens. Fasten ist Teil des Lifestyles geworden und fügt sich nahtlos in die zahlreichen sonstigen Ansätze zur Selbstoptimierung ein. Der Versuch, möglichst alle Bereiche des Lebens zu kontrollieren und zu optimieren, ist genauso verständlich wie menschlich. Vor allem ist dieser Versuch uralt und lässt sich gut an den religiösen Wurzeln des Fastens nachvollziehen. Die religiöse Dimension taucht allerdings in den Medienberichten wenn überhaupt nur als historische Randnotiz auf. Da passt der Abschnitt aus dem 58. Kapitel des Jesajabuchs hervorragend, um vor dem Beginn der Passions- bzw. Fastenzeit über den Sinn und Unsinn des Fastens nachzudenken.

II Erschließung des Textes: Gerechtes Fasten

Nach der Zerstörung des Tempels, der Vertreibung der Oberschicht und schließlich der Rückkehr der Exilanten bleibt die Frage, wie das Volk Israel sich künftig des Schutzes seines Gottes versichern kann. Die Erschütterung durch die Katastrophe des Exils sitzt tief. Regelmäßige Fastentage sollen das gestörte Verhältnis auf eine neue Grundlage stellen. In ritualisierten Handlungen werden das Schuldeingeständnis und die Buße öffentlich dargestellt. Damit verbindet sich die Hoffnung, dass Gott wieder so spürbar in der Mitte des Volkes präsent sein wird, wie es früher (vermeintlich) einmal gewesen ist. Aber diese Gottesnähe bleibt offenbar aus. Was sollen wir denn noch machen? Reicht es denn nicht, dass wir schon seit Jahren die eigenen Fehler bekennen? Ist es nicht langsam an der Zeit, dass sich die Bußleistungen auszahlen? Solche Fragen mögen zumindest manche Menschen bewegt haben.

In diese Stimmung hinein sendet Gott seinen Propheten. Mit der donnernden Kraft der Posaune soll er seine Botschaft verkünden. Eine moderne Posaune kann zwar beeindruckend laute Töne von sich geben, aber hier ist ein noch viel lauterer und wohl auch nervigerer Klang gemeint. Kyung-Chul Park wählt deswegen als Übersetzung das sprechende Wort »Lärmhorn« (Park, 199). Die Botschaft hat es in sich: Abtrünnigkeit und Sünde soll der Prophet hinauslärmen, oder »Verfehlungen« und »Vergehen« wie die Kirchentagsübersetzung von 1997 formuliert. Doch bevor diese allgemeinen Anschuldigungen konkretisiert werden, gesteht der Text dem Volk einiges zu. Sie suchen nach Gott und wollen seine Wege erkunden, ist da zu lesen. Selbstsüchtige Sündhaftigkeit klingt anders.

Die Fastentage werden formal eingehalten, das ist unstrittig. Das ist auch der Grund, warum die Menschen nicht verstehen, wieso Gott sein Angesicht verbirgt und seine Nähe verweigert. Aus der folgenden Entgegnung des Propheten folgert Kyung-Chul Park, dass in der Anklage Gottes nicht das ganze Volk gemeint sein kann (vgl. Park, 230 ff.). Die Gesellschaft hatte sich ausdifferenziert in diejenigen, die sich das Fasten leisten können, und andere, die für die Reicheren an den Fastentagen arbeiten müssen. Recht und Gerechtigkeit sehen anders aus. Entsprechend richtet sich die Kritik an die Oberschicht Israels, die ihre besondere Stellung ausnutzt und die verarmte Unterschicht für sich arbeiten lässt. Dabei stehen die Schuldsklaven der nachexilischen Zeit vor Augen, deren Befreiung der Prophet anregt (vgl. Park, 240). Erst wenn das Fasten mit Recht und Gerechtigkeit verbunden wird, verheißt Jesaja Gottes Nähe und damit verbunden das aufbrechende Licht der Morgensonne und Heilung. Die weiteren Verheißungen formulieren die Übersetzerinnen und Übersetzer des Kirchentags 1997 folgendermaßen: »Vor dir geht einher deine Gerechtigkeit, die Majestät Adonajs wird dich aufsammeln.« Jürgen Ebach deutet das in seiner damaligen Bibelarbeit folgendermaßen: »Hier in Jes 58 geht die Gerechtigkeit selbst; sie geht voran. Und Gott – ein denkwürdiges und schönes Bild – folgt dem Zug wie der Wagen, der die Lahmen und Fußkranken auch noch mitnimmt, auf dass alle zum Ziel kommen« (Ebach, 71). Für mich zeigt sich darin das gemeinsame Bemühen um die Schwachen, das Israel und Gott zusammenführt. In solidarischer Verantwortung für das ganze Volk werden die sozialen Gräben überwunden. Diese Utopie steht der gesellschaftlichen Realität gegenüber, in der eine privilegierte Oberschicht das Fasten als Instrument, Gott gefügig machen zu wollen, missbraucht.

»Fasten ist eine universal zu belegende Kulturtechnik, welche durch Einschränkungen der Nahrungsaufnahme eine Ausweitung der psychischen und sozialen Kontrolle, der Macht oder des Bewusstseins bewirken soll«, definiert die RGG4 Fasten als religionsgeschichtliches Phänomen (Freiberger, 40). Genau diese Form des Fastens kritisiert Jesaja 58. Kontrolle über das Schicksal mit Hilfe eines gnädig gestimmten Gottes durch ein formales Verhalten unabhängig von der sonstigen Lebensführung prangert der Prophet lautstark an. Das bedeutet aber nicht, dass Fasten ein für alle Mal erledigt wäre. Kultische Handlungen und damit auch unsere heutigen Gottesdienste bleiben sinnvoll und wichtig. Aber sie sind von der übrigen Lebensführung nicht zu trennen. Der Gottesdienst ist weder die Aufgabe einer besonders geschulten priesterlichen Elite, noch beschränkt er sich auf eine fromme Stunde an Sonn- und Festtagen.

Jesaja spielt Fasten auf der einen Seite und Gerechtigkeit – Üben auf der anderen Seite nicht gegeneinander aus, sondern bezieht beides aufeinander. Ein Fasten, das im gerechten Tun Verzicht übt, verdient diesen Namen. Ohne Gerechtigkeit bleibt es hohl und verlogen.
Interessant zu beobachten ist das Phänomen, dass die moderne Variante des Fastens ohne jeden expliziten Gottesbezug, dennoch viel mit dem Wunsch nach Kontrolle über mich selbst und mein Leben zu tun hat. Es ist kein Zufall, dass so oft mit heiligem Ernst über das rechte Speisen nachgedacht, diskutiert und gestritten wird.

III Impulse: Politisches Fasten

Zwei Impulse von Jesaja 58 möchte ich in der Predigt aufnehmen: zum einen die Verknüpfung der Zusage von Gottes Hilfe mit dem eigenen Engagement für Gerechtigkeit und Recht in unserer heutigen Gesellschaft, zum anderen die Verbindung von Gottesdienst als ritueller Feier und als alltägliche bewusst gelebte Praxis.

Persönliche Frömmigkeit und persönliches Eintreten für die Schwachen gehören zusammen. Politik und Glaube lassen sich nicht trennen. Eine Arbeitsteilung zwischen den Frommen, die für das Heil beten, und anderen, die konkrete politische Arbeit leisten, würde Jesaja klar ablehnen. Christen sind aufgefordert, aus ihrem christlichen Selbstverständnis heraus Teil der politischen Debatten zu sein und eigene Vorschläge zur Durchsetzung von Recht und Gerechtigkeit in unserer gesellschaftlichen Wirklichkeit zu entwickeln. Dabei argumentieren sie nicht mit ihrem Glauben aus einer unangreifbaren Position absoluter Wahrheit heraus, sondern vor dem Hintergrund ihres Glaubens sachbezogen im demokratischen Prozess zur Erzielung eines Kompromisses. Das Lärmhorn des Propheten ist in der Demokratie nur gefragt, wenn offenkundig himmelschreiendes Unrecht geschieht. Die mühsame tägliche politische Arbeit wird von der Anerkennung der Komplexität der gesellschaftlichen Wirklichkeit und dem Fehlen einfacher Lösungen bestimmt.

Werkstück Predigt

Liebe Gemeinde!

Kann man Gottesdienste verbieten? Zu Beginn der Krise durch die Verbreitung des Coronavirus wurden von staatlicher Seite Gottesdienste verboten. Gemeint waren damit Versammlungen in Kirchen, Gemeindehäusern oder anderen Räumen, die Menschen zu dicht aneinander geführt hätten. Aber formuliert wurde das Verbot als Gottesdienstverbot. Geht das überhaupt? Was genau sind eigentlich Gottesdienste? Welche Bestandteile müssen sie beinhalten? Wie viele Personen müssen daran beteiligt sein? Was ist der Zweck von Gottesdiensten? Warum werden sie überhaupt gefeiert?

Lauter Fragen, die auch schon in Israel bedacht wurden, als der Tempel nach der Eroberung durch die Babylonier zerstört worden war und kultische Feiern auf ganz neue Weise gestaltet werden mussten...

Literatur: *Jürgen Ebach*, Bibelarbeit auf dem 27. Deutschen Evangelischen Kirchentag Leipzig 1997, in: Konrad von Bonin (Hg.), Dokumente. Deutscher Evangelischer Kirchentag Leipzig 1997, Gütersloh 1997, 64–79; *Oliver Freiberger*, Art. Fasten/Fastentage, I. Religionsgeschichtlich, in: RGG4 III, 40; *Kyung-Chul Park*, Die Gerechtigkeit Israels und das Heil der Völker. Kultus, Tempel, Eschatologie und Gerechtigkeit in der Endgestalt des Jesajabuches, Frankfurt am Main 2003.

Margrit Wegner

IV Entgegnung: »Richtiges« Fasten?

Fasten ist Teil des Lifestyles für zahlreiche Menschen, da kann ich A nur zustimmen. »Sieben Woche ohne« ist längst kein kirchlicher Insidertipp mehr. Mehr als die Hälfte der Deutschen will in der Fastenzeit auf etwas verzichten, immerhin 5% aus religiösen Gründen. Verzicht ist der neue Genuss, zumindest bei denen, die es sich leisten können – zur Zeit der Abfassung des Predigttextes ebenso wie heute. Selbermachen statt kaufen. Weiterschenken statt sammeln. Man muss sich nicht mehr alles leisten, sondern ist stolz, zu leihen und zu teilen. Das gilt nicht nur bei Carsharing und beim Mützenhäkeln, sondern eben auch beim Essen und Genießen: Teure, hochwertige Lebensmittel werden bewusst genossen – und dazu gehört bei Bedarf auch bewusster totaler Verzicht. Es gibt einen gigantischen Fastenmarkt mit Fastenhotels, Fastenwanderungen, Fastenferien. Fasten kann man mit Suppen, mit Früchten und mit Freunden, am Strand oder im Kloster, für jeden ist etwas dabei. Einschlägige Fastenseiten im Internet sind verlinkt mit Beautytipps, Partnervermittlungen und Törtchenrezepten. Ihre Botschaft: Entdecke den Reichtum des Verzichts. Verschlanke dein Leben und deine Figur, entschlacke deinen Alltag und deine Beziehungen. Du hast in der Hand, was du aus dir und deinem Leben machst und wie viel Ballast du mitschleppst. Es wäre ein Leichtes, dem mit dem Predigttext und erhobenem Zeigefinger das »richtige« Fasten und korrekte Verhalten gegenüberzustellen.

Um was geht es wirklich? Um Verzicht – oder eine besondere Art der Verschwendung? Denn es ist doch auch Valentinstag. Und die Liebe glaubt alles und hofft alles und verschenkt sich und sorgt für klingelnde Kassen bei Blumenhändlern, Marzipanherstellern und Juwelierinnen. Kann nicht auch davon die Rede sein? Gehört nicht beides zusammen? Fasten verbunden mit Recht und Gerechtigkeit – und mit Liebe, die sich verströmt und verschenkt? Bietet nicht dafür 1 Kor 13 als Epistel an just diesem Datum die Steilvorlage?

V Erschließung der Hörersituation: Verpflichtendes Fasten?

Am Valentinstag kommt inzwischen kaum jemand vorbei. Der wird auf allen Kanälen beworben und ist den Menschen in den Gemeinden deutlich präsenter als der Sonntag Estomihi. Verliebte haben Anlass für kleine oder größere Aufmerksamkeiten, je nach Phantasie und Kontostand. Einsame, frisch Getrennte und Alleinstehende mögen den Tag heimlich verfluchen. »Alles eine amerikanische Kommerz-Erfindung«, erklären verärgert diejenigen, die nichts bekommen oder kein Geld ausgeben wollen. Ihnen könnte man erzählen, dass der Tag in Finnland »Ystävänpäivä« heißt, also einfach »Freundschaftstag«, und in Schweden »Alla hjärtans dag«, »Allerherzenstag« – mit der Betonung auf »aller«. Dort beschenken sich nicht nur die Liebenden, sondern man verschickt Grüße an all die Menschen, denen man sich verbunden fühlt.

Liebe liegt in der Luft an diesem Tag. Um Liebe kreist die Epistellesung, besingt das höchste der Gefühle in den höchsten Tönen. Wie also ist das mit einer Liebe, die nicht das Ihre sucht, sondern sich verschenkt? »Aus Liebe will mein Heiland sterben«, heißt es in der Sopran-Arie in der Mitte von Bachs Matthäus-Passion zwischen den »Lass ihn kreuzigen«-Chören: »aus Liebe!« Auch die beiden Wochenlieder nehmen die Liebe auf: »Wir gehn hinauf nach Jerusalem in leidender Liebe Zeiten«, heißt es mit der schönen schwedischen Melodie (EG.E 3) und traditionell: »Liebe, dir ergeb' ich mich, dein zu bleiben ewiglich!« (EG 401).

Verzicht aus Liebe also – und Hingabe aus Liebe. Aus Liebe das Naheliegende tun, die Nackten kleiden, die Hungrigen speisen, die Elenden versorgen und sich dem eigenen Fleisch und Blut nicht entziehen, was immer das meint. Lässt sich das als Imperativ predigen?

Wie sehr das schiefgehen kann, lässt sich in Astrid Lindgrens Bullerbü-Büchern nachlesen: »Als wir im Herbst wieder mit der Schule angefangen hatten, sagte die Lehrerin eines Tages, wir sollten uns immer bemühen, andere Menschen glücklich zu machen. Niemals aber sollte man etwas tun, wovon Menschen unglücklich werden könnten.« (Lindgren, 287) Die achtjährige Lisa und ihre Freundin Inga wollen sofort loslegen. »Das Schlimme war nur, wir wussten nicht genau, wie wir es anstellen sollten.« (Lindgren, 287) Sie probieren es den ganzen Tag lang. Den gebrechlichen Großvater etwa nötigen sie zu einem Spaziergang, aber glücklich ist er erst, als er danach endlich friedlich im Bett liegen darf. Das Hausmädchen ist froh, wenn die Kinder aus dem Weg sind. Auch die Mutter will sich nicht helfen lassen. Die Mädchen scheitern mit allen Bemühungen, Menschen zu beglücken, und fragen noch einmal nach. Die Lehrerin »sagte, es sei oft so wenig dazu nötig. Man könne einem alten Menschen, der einsam und krank sei, ein Lied vorsingen, oder einem, der niemals Blumen bekäme, einen schönen Strauß bringen, oder mit jemandem, der sich einsam und verlassen fühlte, freundlich sprechen.« (Lindgren, 290) Die beiden Mädchen besuchen also eine kranke Frau und singen so lange, bis diese aus dem Bett und dem Haus in den Garten flüchtet. Sie pflücken einen großen Strauß Heidekraut für den Knecht und finden die Blumen später auf dem Dunghaufen wieder. Niemand möchte etwas von ihren unerwünschten Wohltaten wissen. Enttäuscht beschließen beide: »Jetzt ist endgültig Schluss damit. Ich will keinen Menschen mehr glücklich machen!« (Lindgren, 293) Und dann tun sie es doch – in dem Moment, in dem sie nicht mehr darüber nachdenken und aus Liebe ihr Liebstes hergeben. Als sie erfahren, dass eine Klassenkameradin für lange Zeit krank ist, schenkt die eine ihre schönste Puppe und die andere ihr Lieblingsbuch her. Wie staunen sie, als sie spüren, dass sie selbst in diesem Moment die Beschenkten und Beglückten sind!

Ähnliche Erfahrungen sind vermutlich in der Gottesdienstgemeinde präsent: Weder Verzicht noch gute Taten, die nur aus Pflichtgefühl heraus gelebt werden, bringen Menschen wirklich voran in der Liebe oder machen froh und glücklich. Daran möchte ich anknüpfen. Dazu will ich gerne den Blick weiten – vom Einzelnen hin zur Gemeinschaft und zur Gemeinde. Jesaja fordert nicht Unmögliches, sondern Naheliegendes: den Nächsten ansehen. Seine Bedürfnisse wahrnehmen. Zupackend helfen mit dem, was dran ist. Teilen, Türen öffnen, sich nicht entziehen und nicht wegsehen. Das kann nicht einer allein für alle tun. Das geht nur gemeinsam.

VI Predigtschritte: Verschwenderisches Fasten

Vom Verzicht hin zur Verschwendung aus Liebe, diesen Weg möchte ich in der Predigt gern aufzeigen. Dafür setze ich an bei den Fasten- und Verzichtserfahrungen einzelner und bei den Bemühungen, anderen

Gutes zu tun – am Beispiel der Kinder aus Bullerbü. Diesen Weg gilt es zu verknüpfen mit Jesu Weg nach Jerusalem (Evangelium Mk 8 und Wochenlied aus Schweden). Eine Brücke wird da sicher Mk 8,36 sein: Denn was hilft es dem Menschen, die ganze Welt zu gewinnen und Schaden zu nehmen an seiner Seele?

Werkstück Predigt (Einstieg)

Wofür fasten Menschen? Warum verzichten sie bewusst auf Genuss? Für die Badezimmerwaage, den Geldbeutel oder um sich selbst etwas zu beweisen? Welche Gründe haben die 45% der Deutschen, die sieben Wochen lang nicht fernsehen oder keine Plastikverpackungen kaufen, die jeden Tag eine halbe Stunde meditieren oder erst Ostern wieder Wein trinken? Und was treibt die 5% an, die das aus »religiösen Gründen« tun? Fasten und Verzicht sind ja keine Sportwetten, bei denen es darum geht, das selbstgesteckte Ziel zu erreichen, den Heißhunger und den inneren Schweinehund zu überlisten. Fasten soll nicht einschränken, sondern freimachen. Freiheitsübung für Kopf und Herz im besten Fall. Wer fastet, versucht Zeit und Geld für anderes zu verwenden als für kleinere oder größere Alltagsablenkungen und -abhängigkeiten. Wer verzichtet, kann freier werden für Gott und den Nächsten. Im ursprünglichen biblischen und kirchlichen Sinn ist Fasten immer verbunden mit Beten, mit Almosen und mit Werken der Nächstenliebe...

Literatur: *Astrid Lindgren*, Die Kinder aus Bullerbü, Hamburg 1972.

Invokavit (1. Sonntag der Passionszeit)

Johannes 13,21-30:

Kein Kuss für Judas

Henning Theurich

1 Eröffnung: Keine Zeit verlieren!

Der spanische Architekt *Antoni Gaudi* (1852–1926) baute in seiner Heimatstadt Barcelona bis zu seinem Tod an der Kirche »La Sagrada Familia«. Das ist sein – bis heute unvollendetes – Lebenswerk. Dennoch ist die Kirche der »Heiligen Familie« auch heute schon ein weithin sichtbares und viel besuchtes Wahrzeichen der Stadt. An ihrer Rückseite – der sogenannten »Passionsfassade« (sie wurde nach dem Tod von *Gaudi* nach dessen Plänen fertig gebaut) – zeigt sie von außen in Stein gehauen, wie Jesus von Judas Iskariot geküsst wird; denn auch für Gaudi »verrät« sich

Judas wie für jedermann durch seinen falschen Kuss. Darunter als biblisches Zitat in katalanischer Sprache: »Was du tust, das tue bald« (Joh 13,27). Dass es sich hierbei um ein Schlüsselwort zum Verständnis nicht nur dieser Perikope, sondern der ganzen Passion Jesu nach Joh (18,1-19,42) insgesamt handeln könnte, zeigt ein neben Jesus ebenfalls außen angebrachtes »magisches Quadrat«, dessen Summe – aus vier Zahlen in jeder Richtung addiert – jeweils 33 ergibt: die Lebensjahre Jesu. Also die Mahnung: »Keine Zeit verlieren!« Denn »die Stunde« ist gekommen (Joh 13,1).

II Erschließung des Textes: Wie ein Psychogramm

In der neuen Perikopenordnung wird Joh 13,21-30 erstmals als eigenständiger Predigttext vorgeschlagen. Das ist eine Premiere für den Sonntag Invokavit 2021, dem 1. Sonntag in der Passionszeit. Sein Kennzeichen ist die Entschlossenheit, mit der Jesus der Versuchung standhält, seinem Leiden auszuweichen. Im Gegenteil: Jesus beschleunigt geradezu sein Geschick, indem er seinen Jünger Judas Iskariot auffordert: »Was du tust, das tue bald!« Das unterscheidet Joh 13,21-30 deutlich von den seinem Evangelium vorangegangenen synoptischen Parallelen (Mk 14,17-21; Mt 26,20-25; Lk 22,21-23), in denen gerade diese Aufforderung fehlt. Auch darum empfiehlt es sich, von ihnen hier ganz abzusehen und damit die johanneische Sicht deutlich zu machen. Sie bringt in mancher Hinsicht einen Perspektivwechsel auch auf Judas Iskariot mit sich.

So verzichtet das Johannesevangelium bei der Darstellung des »Verräters« auf den »Judas-Kuss«, auf den »Judas-Lohn« und erwähnt auch nicht sein schreckliches Ende durch eigene Hand. Dabei kennt das Johannesevangelium durchaus negative Seiten von Judas, wie 12,4-8 zeigt (»er war ein Dieb«). Letztmalig und selbst dabei eher beiläufig wird Judas Iskariot erwähnt bei der Festnahme Jesu (Judas »stand auch bei ihnen«, 18,5). Lediglich anonym wird an ihn noch erinnert – im Anhang zum Johannesevangelium: »Herr, wer ist's, der dich verrät?« (21,20) Für Jesus dagegen stand »von Anfang an« fest, »wer ihn verraten« würde (6,64) und wer von seinen Jüngern »ein Teufel« ist (6,70).

So gestaltet der Evangelist in 13,21-30 eine eigenständige Szene, die nach der »beispielhaften« Fußwaschung (13,15) nur noch entfernt an das Abendessen Jesu »vor dem Passafest« (13,1) erinnert. Sie wirkt fast wie ein Psychogramm, bei dem gezeigt wird, wie sich einige exemplarisch angeführte Jünger – ihrem Charakter entsprechend – in dieser Krise verhalten. Welche Bedeutung der Evangelist der Szene beimisst, zeigt ihre feierlich-förmliche Eröffnung durch Jesus und wie dessen psychischer Zustand dabei charakterisiert wird (»betrübt«, V. 21 ist hier wohl zu schwach übersetzt; treffender wäre wohl: »erschüttert« – wie durch eine schlimme Nachricht). Dem entspricht der auch symbolisch zu verstehende Schlusssatz: »Und es war Nacht« (V. 30; vgl. 9,4). Die Dramatik der Darstellung zeigt, was hier auf dem Spiel steht: Eine kosmische »Menschheitsdämmerung« zieht auf.

Nach der Ankündigung Jesu: »Einer unter euch wird mich verraten« (V. 21) herrscht in der Gruppe eine beklemmende Stimmung (Aporie = Ratlosigkeit). Keiner wagt es, Jesus direkt zu fragen. Selbst der sonst so forsche Wortführer Simon Petrus gibt dem »Jünger, den Jesus lieb hatte« (V. 23) nur einen »Wink«. Diesen namenlosen »Jünger, den Jesus liebte« führt das Johannesevangelium hier erstmals ein. Es wäre wohl falsch, ihn als »Lieblingsjünger« zu bezeichnen; denn das widerspräche ja der programmatischen Aussage des Evangelisten, wonach Jesus »die Seinen bis ans Ende geliebt« hat (Joh 13,1) – also ohne Unterschied. Der hier und auch später (besonders 19,26 f.) »absichtsvoll anonym bleibende Jünger« ist wahrscheinlich eine fiktive Kunstfigur, die »vornehmlich der Autorisierung des Evangeliums« dient (Thyen, 214; vgl. Joh 21,24).

Als wahrer Zeuge steht er in Konkurrenz zu Simon Petrus, dem »Verleugner«, steht er im Gegensatz zu dem »Verräter« Judas Iskariot, aber auch zu den übrigen Jüngern, die wie üblich nichts begreifen, sondern nur »missverstehen« (V. 29). Judas Iskariot dagegen handelt exakt »nach Plan«. Gleichwohl wird er dabei schuldig. Dass aber das Johannesevangelium hier den »Satan« als Verursacher ins Spiel bringt (V. 27; sonst diabolos: 13,2), entlastet einerseits Judas Iskariot von seiner »Schurkenrolle« als Verräter, verleiht dem ganzen Geschehen jedoch seine kosmische Bedeutung: Hier geht es eben nicht bloß um das Geschick von Individuen, sondern um den entscheidenden Kampf zwischen »Gott und Welt«.

Die Rolle, die Judas Iskariot dabei zugeschrieben wird, schwankt bis heute in der Geschichte der Auslegung zwischen den Extremen von »Seligpreisung« und »Verteufelung«. »Ohne Judas kein Kreuz, ohne das Kreuz keine Erfüllung des Heilsplans. Keine Kirche ohne diesen Mann; keine Überlieferung ohne diesen Überlieferer« (Jens, 5). Eine solche Sicht auf Judas Iskariot legt Joh 13,21-30 durchaus nahe. Verhängnisvoll bleibt jedoch die Tatsache, dass Judas Iskariot, »der ihn verriet«, als eine Projektionsfigur für Antijudaismus und Antisemitismus im »christlichen Abendland« herhalten muss – und das leider bis heute.

III Impulse: Eine unheilvolle Verbindung

»Der Jude als Verräter« – so lautet der Titel einer Arbeitshilfe der Evangelischen Kirche im Rheinland (2014) über »antijüdische Polemik und christliche Kunst« (speziell zum Wittenberger Reformationsaltar in der Stadtkirche). Im Zentrum dieses Gemäldes von Lucas Cranach d. Ä.

steht das letzte Abendmahl Jesu – hier am runden Tisch. »Noch sitzt Judas am gemeinsamen Tisch ... doch nicht mehr lange ... Der Verräter hat längst die Seiten gewechselt, wie Cranach zeigt« (s. u. Internet: Arbeitshilfe, 11). Aber die antijüdische Polemik des Künstlers besteht nicht darin, dass er mit den üblichen Mitteln (z. B. dem »Beutel«) Judas als »Verräter« darstellt, sondern darin, dass Judas als einziger von allen Jüngern als Jude gekennzeichnet ist – vor allem durch seine auffällige Kleidung. »Ab dem Moment, wo die übrigen elf Jünger nicht mehr als jüdisch zu erkennen sind, und aus kirchlicher Sicht nur noch Judas das Label ›jüdisch‹ bekommt, entsteht eine unmittelbare Verbindung seiner negativen, schließlich gar dämonischen Rolle und der kirchlichen Polemik gegenüber Juden« (s. u. Internet: Arbeitshilfe, 6).

Wie auch immer in der Predigt über Joh 13,21-30 die Rolle des Judas Iskariot – sozusagen zwischen »Hosianna!« und »Kreuzige!« – gedeutet wird: in keinem Fall mit Hilfe oder zugunsten antijüdischer Polemik! Darum sei hier an das Gedicht »abendland« von *Kurt Marti* erinnert, in dem es heißt: »ach was war / dein EINER verrat / gegen die VIELEN / der christen der kirchen / die dich verfluchen?« (Marti, 18) Das ist zwar keine Antwort auf die Frage nach dem Verrat des Judas und nach der Schwere seiner Schuld. Aber auch uns wird damit doch ein Spiegel vorgehalten, dem wir nicht ausweichen können.

Werkstück Predigt (Anfang)

»Warten Sie nicht / tun Sie's bald / irgendwann / Sind Sie zu alt!« – diese Mahnung, liebe Gemeinde, steht am Ausgang eines Friedhofes. Jeder Besucher, zumal wenn er das Alter hat, wird ihr zustimmen: »Wie wahr!« Und im geschäftigen Alltag vielleicht bald auch wieder vergessen, so wie man gute Vorsätze zum Beginn eines neuen Jahres gerne wieder vergisst – vielleicht bis zum nächsten Mal.

Aber ich frage: Wieso fordert Jesus seinen Verräter mit den Worten auf: »Was du tust, das tue bald!«? Offen gesagt: Ich weiß es nicht! Für mich gehört das zu den ungelösten Rätseln in der Passionsgeschichte Jesu. Ich weiß nicht, wozu diese Eile gut sein soll! Ich könnte nur vermuten, warum Jesus seine Festnahme beschleunigt. Warum nur versucht er nicht, sie zu verhindern? Anscheinend aber verläuft alles nach einem bestimmten Plan. Und dennoch: Jesus ist »erschüttert«.

Literatur: *Walter Jens,* Der Fall Judas, Stuttgart ⁶1992; *Kurt Marti,* abendland. gedichte, Stuttgart 1980; *Hartwig Thyen,* Art. Johannesevangelium, in: TRE XVII (1988), 200–225.

Internet: Arbeitshilfe der EKiR, Der Jude als Verräter, Düsseldorf 2014, https://www.ekir.de/www/downloads/ekir2014bild_bibel.pdf, abgerufen am 31.05.2020.

 Wibke Janssen

IV Entgegnung: Kein Verräter?

Zeitfaktor, Entschlossenheit und Dramatik bei A packen mich und lassen die Szene vor meinem inneren Auge wie eine Theaterszene ablaufen: Die Erschütterung des Jesus und seine Ansage bringen ein Spiel in Gang, das sich nicht mehr stoppen lässt. Wie Bälle gehen Blicke, Winke und Worte hin und her. Die ausgestreckte Hand mit dem Bissen Brot ent-deckt aus diesem Spiel heraus Judas, der »alsbald« (BigS: »sofort«) hinausgeht. Einzig retardierendes Moment: das Unverständnis der zu Tisch liegenden Jünger.

Der Frage, wie die Person des Judas mit dem Teufel in seinen Facetten von Durcheinanderwerfen (diabolos, Joh 6,70; 13,2) und »Widersacher« (satanas, V. 27) zusammenhängt, möchte ich weiter nachgehen. Ich nehme den überzeugenden Vorsatz von A auf, »die johanneische Sicht deutlich zu machen« zwischen Verzicht (Judaskuss) und Bezichtigung (Dieb, Teufel). Gerne würde ich Judas noch genauer zwischen Verteufelung und Seligpreisung verorten als A.

Ein Ansatzpunkt: Im Johannesevangelium wird Judas eigentlich nicht als »Verräter« bezeichnet. »paradidomi« (V. 21) bedeutet »überliefern« (ELB) / »ausliefern« (ZB). Eine Übersetzung mit »verraten« ist eine Interpretation mit Tendenz. Interessanter Nebenaspekt: In einigen älteren englischen Übersetzungen (z. B. Darby, 1890) wird entsprechend »deliver« (statt »betray«) übersetzt, ein Verb, das bis heute auch »gebären, zur Welt bringen« bedeuten kann.

V Erschließung der Hörersituation: Prototyp Judas

Wortwahl bei Johannes hin oder her: Im aktuellen Bewusstsein sind Judas und die Verräter dieser Welt verschmolzen; bis heute ist »Judas« ein Synonym für »Verräter«. Verräter faszinieren und erschrecken. Sie sind besondere Menschen: »Wer an der Grenze allen Ernstes den Übertritt in das andere riskiert, ist anders als die meisten. Aus welchem Motiv auch immer er handelt, eines ist gewiss: Er braucht besondere psychische Reserven, zum Beispiel eine tief sitzende Gefühlskälte, ein Talent für Einsamkeit, eine Begabung für Visionen oder auch nur eine lange aufgestaute Wut. (…) Er muss Menschen, die ihm lange wichtig waren, in einem entscheidenden Moment verleugnen können.« (Schreiber, 10)

Beispiele, die die Gemüter in der letzten Zeit bewegt haben, lassen sich leicht finden: »Er könnte mit Judas mithalten«, urteilt der ehemalige ecuadorianische Präsident Rafael Correa über seinen Nachfolger Lenín Moreno, der das Asyl für Julian Assange in der Botschaft in London aufhob. Auch die Whistleblower der Weltgeschichte selbst werden als (Geheimnis-)Verräter, die die Sicherheit von Staaten gefährden, verurteilt. Andere dagegen sehen sie als politisch notwendige Anwälte von Transparenz und Humanität. Inoffizielle Mitarbeitende der Stasi (IM) werden mit Judas verglichen: »Und wer spricht schon gerne darüber, dass er ›schwach‹ wurde und einer betrügerischen und verhängnisvollen Ideologie den Rücken gestärkt hat? Schon in der Bibel, im Neuen Testament, ist ein Spitzel der Schurke – Judas, der seinen Herrn verrät.« (s. u. Internet: Praschl) Birgit Lahann betitelt ihren Aufklärungsversuch: »Genosse Judas. Die zwei Leben des Ibrahim Böhme«.

Neben den »Verrätern« bzw. »Verräterinnen«, die in der öffentlichen Diskussion präsent sind, geschieht Verrat im Alltag. Erfahrungen als Täter/in oder Opfer sind breit vorauszusetzen. Ebenso das Wissen um die seelischen Folgen: Genugtuung oder Reue auf der begehenden, verletztes Vertrauen und Verunsicherung auf der betroffenen Seite, dazu beiderseits Scham. Es gibt Verrat an sich selbst. Schreiber (166) kombiniert provozierend mit dem Ruf in die Nachfolge (Mk 8,34): »Die dabei geforderte Askese und Gefolgschaftstreue, zwei moralische Werte, gleichen das schlechte Gewissen, das den Verrat am eigenen Ich und an den bestehenden Bindungen begleitet. Man verrät – aber (...) verfolgt gottlob ein hehres Ziel.« (Schreiber, 166) Verrat ist attraktiv als tragendes Motiv unzähliger Romane und Filme und mit einem Tabu belegt. Enttarnte, selbst reuige Verräter landen im sozialen Abseits (s. u. Internet: Noetzel). Die deutsche Gesetzgebung untersagt, ein Kind Judas zu nennen (vgl. Huizing, 1).

Der selbstverständlichen Verurteilung des biblischen Judas als Verräter und »Held der Finsternis« (Schreiber) begegnen vielfältige Versuche, ihn in ein gerechtes Licht zu rücken (vgl. A, weitere Beispiele bei Huizing, 9 f. und Meiser, 18 ff.). In der Darstellung des Johannesevangeliums liegt die Chance, Judas als zwielichtige Gestalt differenziert auszuleuchten. Judas geht aus der Nähe zu Jesus, dem »Licht der Welt« (Joh 8,12), das stärker ist als jede Finsternis (vgl. Joh 1,5), hinaus in die Nacht (V. 30). Etwas später folgen Jesus und die anderen und Judas sorgt im nächtlichen Garten mit Fackeln und Lampen (Joh 18,3) für flackernde Helligkeit, in der Jesus sich selbst zur Verhaftung präsentiert: »Ich bin's!« Hier wirken zwei mit klarer Rollenverteilung daran, dass etwas Entscheidendes das Licht der Welt erblicken wird (s. o. deliver/gebären). Judas folgt handelnd dem Satan in seinem Inneren und wird schuldig. Jesus ist menschlich erschüttert, weiß aber alles und ist »Herr des Geschehens« (Huizing, 4). Anlass zu einer Verklärung des Judas als eigenständige Lichtgestalt, die Heil bringt, sehe ich im Johannesevangelium nicht. Allerdings auch keine Dämonisierung – der Evangelist nüchtern abschließend: Judas »stand auch bei ihnen« (Joh 18,5).

A beschreibt die Protagonisten der Szene als eine Art von Prototypen (Lieblingsjünger, Überlieferer, Nichtverstehende). Als solche bieten sie

Identifikationsmöglichkeiten. Wie viel Judas steckt in uns (vgl. Meiser, 18: »Judas als anthropologische Chiffre«)? Wann ruhen wir innig an Jesu Herz, wann gehen wir hinaus in die Nacht und organisieren Fackeln und Waffen (Joh 18,3)? Wann verstehen wir einfach nicht(s)?

Die Perikope im Auftakt der Passionszeit zeigt differenzierte Menschlichkeit im Licht Gottes. Judas ist zweifelsfrei Sünder, auch wenn er heilsgeschichtlich eine »positive Figur« macht (Karl Barth, vgl. Huizing, 12 und Schenck). Die Darstellung des Johannesevangeliums erlaubt nicht, sich handelnd aus der persönlichen Verantwortung zu stehlen, auch das Verfolgen (möglicherweise) hehrer Ziele führt in Schuld. Judas liefert Jesus aus, kann das aber nur tun, weil in größerem Rahmen Gott Jesus den Menschen (Nominativ und Akkusativ) ausliefert (vgl. Barth/Schenck; deliver, s. o.). Darin liegt zugleich die Rettung für unsere Judas-Anteile, die sich am Ende der Passionszeit in Kreuz und Auferstehung erfüllen wird. Auch wer teuflisch handelt, muss nicht verteufelt werden.

VI Predigtschritte: Mehr Zwielicht!

Die Predigt verdeutlicht, wie schwierig es ist, zu beurteilen, wer wirklich ein Verräter ist. Judas und »die Judasse« der Welt (inklusive Verräter) sollen im Licht Gottes differenziert verortet und nicht polarisiert Verteufelung oder Seligpreisung zugeordnet werden. Dafür gestalte ich ein Predigtformat, das unterschiedliche Sichtweisen anbietet und deutlich Räume zu eigener Positionierung öffnet.

Ich wähle den Dialog mit dem Theaterstück »Judas« von Lot Vekemans und nutze kurze Ausschnitte aus den Werbetrailern deutscher Bühnen als Impulse für die »Szenen« meiner Predigt. Ich verstehe das Urheberrecht so, dass das Nutzen kurzer Zitate möglich sein müsste. Wer nicht digital agieren will oder kann, lässt die entsprechenden Sätze aus dem Theaterstück lesen.

Werkstück Predigt (Dialog)

1. »es ist noch viel sinnloser, mich begreifen zu wollen«
(Stadttheater Fürth; 0:00–0:25) https://www.youtube.com/watch?v=Mjh0pxwOE_0
[Judas als Synonym für Verräter / kein Verräter im Johannesevangelium]

2. »manchmal spaltet sich das Leben im Bruchteil einer Sekunde«
(Staatstheater Karlsruhe; 1:00–1:40) https://www.youtube.com/
watch?v=zKas0kuYeT4

Judas dreht sich um und geht. Es gibt ein »vor« und ein »nach« dieser Bewegung. Judas nimmt seine Rolle an und folgt dem, wozu das Teuflische in seinem Innern ihn bewegt. Er setzt Schritt vor Schritt. Er verlässt die Wärme und Nähe der Gemeinschaft um den abendlichen Tisch. Er macht sich auf den Weg und reiht sich ein in die Schar der Gegner. Er besorgt Fackeln und Waffen, um die Gefangennahme Jesu in der gleichen Nacht möglich zu machen.

[Judas im Johannesevangelium: persönliche Schuld des Judas / »Rahmenhandlung« / Rollenverteilung Jesus-Judas / Judas im Licht Gottes / keine Verteufelung]

3. »jemand musste es tun«
(Junges Theater Göttingen; 0:00–0:34) https://www.youtube.com/
watch?v=kHAlovkHvDQ
[Prototypen in der Szene / Identifikationsmöglichkeiten: Judas, Lieblingsjünger, Nichtverstehende]

Literatur: *Birgit Lahann*, Genosse Judas. Die zwei Leben des Ibrahim Böhme, Reinbek bei Hamburg 1992; *Mathias Schreiber*, Verräter. Helden der Finsternis von Judas bis Snowden, Springe 2017; *Lot Vekemanns*, Judas, Berlin 2017.
Internet: *Klaas Huizing*, Art. Judas Iskariot, bibeldidaktisch, WiReLex 2019; *Martin Meiser*, Art. Judas Iskarioth, WiBiLex 2010; *Thomas Noetzel*, Im Reich der räudigen Hunde. Von den Schrecken und der Faszination einer (a)sozialen Handlung, https://www.cicero.de/kultur/im-reich-der-raeudigen-hunde/45589; Gerald Praschl, https://www.bpb.de/geschichte/deutsche-geschichte/stasi/218881/neinsager; Barbara Schenck, Judas Ischarioth. Ein Jünger Jesu, ein Apostel, ein »Verräter«, ein reuiger, büßender Sünder, https://www.reformiert-info.de/Judas_Ischarioth-1789-0-56-7.html; alle abgerufen am 30.05.2020.

Reminiszere (2. Sonntag der Passionszeit)
Jesaja 5,1-7:
Von Herzen wütend

Christina Weyerhäuser

I Eröffnung: Wenn aus Enttäuschung Wut erwächst

»Gesegnet sei der, der nichts erwartet. Er wird nie enttäuscht werden.« Was der englische Dichter und Schriftsteller Alexander Pope in der Zeit des Klassizismus festhält, gehört zu den menschlichen Grunderfahrungen des Lebens. Erwartungen – an sich selbst, genauso wie auch an andere – sind eine heikle Angelegenheit, denn sie bergen stets das Risiko in sich, nicht erfüllt zu werden. Es ist kaum zu ermessen, wie viel Streit wohl in Partner- und Freundschaften, in Familien oder im Beruf im Kern auf enttäuschte Erwartungen zurückgeht. Denn oftmals schlagen Enttäuschung und Frustration in Wut um, und schnell werden dann Vorwürfe laut, Schuldzuweisungen verhärten die Fronten. Könnte man sich innerlich davon frei machen, etwas zu erwarten, und sich selbst und anderen völlig neutral beggnen, so wäre das Leben womöglich um einiges leichter. Doch das dürfte wohl den wenigsten gelingen, aus gutem Grund.

Menschliches Leben kommt nicht ohne eine Haltung des Erwartens aus, denn in ihr spiegelt sich, dass Menschen als soziale Beziehungswesen aufeinander bezogen und ausgerichtet sind. Wer Beziehungen zu anderen pflegt, investiert dabei Zeit und Gefühle. Dies dient selten dem reinen Selbstzweck, sondern geschieht in der Hoffnung, dass sich diese Beziehungsarbeit in Form von Anerkennung, Wertschätzung und Respekt, Liebe und Freundschaft auszahlt. Beziehungen bedeuten Arbeit – wer seine Ressourcen in eine Beziehung, sei sie nun partnerschaftlicher, freundschaftlicher, beruflicher oder familiärer Natur investiert, wünscht sich, ja mehr noch, erwartet in aller Regel, dass diese Arbeit zumindest gesehen und anerkannt wird. Denn darin stecken Leidenschaft und Herzblut, ein Stück von sich selbst. Wo diese Mühen nicht gesehen und anerkannt werden, folgen Verletzungen und Enttäuschungen häufig auf dem Fuße. Und diese können in Wut umschlagen als Ausdruck der verletzten Gefühle.

Die Passionszeit ist eine emotionsgeladene, sensible Zeit im Verlauf des Kirchenjahres, in der diese Dimension der menschlichen Gefühlswelt ihren Raum hat. So kann sie auch als Zeit der Enttäuschung verstanden werden: Jesus bittet die Jünger, mit ihm zu wachen, doch sie schlafen ein. Judas sitzt mit Jesus an einem Tisch, wenig später wird er ihn verraten. Petrus verleugnet Jesus und bestreitet, etwas mit ihm zu tun zu haben. Gott selbst teilt also die menschliche Erfahrung des Enttäuschtwerdens. Während dies in den Evangelien kaum problematisiert bzw. als Teil der Heilsgeschichte inszeniert wird, zeichnet die Predigtperikope Jes 5,1-7 ein Bild von Gott als emotional Agierendem, aus dessen enttäuschten Erwartungen an das Haus Israel und die Männer Judas zerstörerische Wut erwächst.

II Erschließung des Textes: Hilfloser Gott – Anerkennung lässt sich nicht erzwingen

In der Predigtperikope Jes 5,1-7 begegnet Gott als Weinbergbesitzer, dessen Enttäuschung über einen unfruchtbaren Weinberg sich eindrücklich Bahn bricht. Was so harmlos und gefällig als sogenanntes Weinberglied bezeichnet wird, offenbart einen verletzten Gott, der schutzlos zurücklässt, wo hinein er zuvor viel Herzblut und Liebe gesteckt hat. »Die Weinbergmetaphorik wird im Hebräischen gerne im Rahmen von Liebeslyrik verwendet (vgl. Hhld 1,14; 7,8 – 9,13; 8,12)« (Schmid, 79) und in der Perikope auf das Haus Israel und die Männer Judas bezogen. »Die Einleitung des Kapitels Jes 5 lässt also ein Liebeslied erwarten – und als solches erklingen denn auch die ersten Verse dieses Kapitels, die von einem Freund ›Jesajas‹ und seinem geliebten Weinberg erzählen.« (Schmid, 79) In lebendiger Weise wird entfaltet, mit wie viel Sorgfalt und Liebe dieser Freund seinen Weinberg anlegt: auf einer fetten Höhe, also in bester Lage, er gräbt ihn um, entsteint ihn und pflanzt Reben, nicht irgendeine Sorte, sondern edle. Der Weinbergbesitzer baut einen Turm und gräbt eine Kelter; nun wartet er auf gute Trauben, einen reichen Ertrag und Lohn für all seine Mühen. Mit Vers 3 ändert sich nicht nur die Stimmung, sondern auch die Form des Textes, denn es kommt alles anders. Statt der erwarteten guten Trauben trägt der Weinberg schlechte. All die investierte Sorgfalt und Liebe scheinen vergebens, die Erwartungen werden enttäuscht. Während sich das Ich in den ersten beiden Versen auf den Rezitierenden bezieht, ist in den Versen 3–6 der Weinbergbesitzer gemeint. Mit dem formalen Bruch geht ein inhaltlicher einher:

»Der Sache nach ist das ›Ich‹ zunächst der Prophet, dann Gott, der durch den Propheten spricht. Der formale Bruch betont die Identität der Prophetenrede, auch wenn sie Gericht zum Inhalt hat, ja die Legitimität der Gerichtsbotschaft wird als Gottesbotschaft so hervorgehoben. Spätestens hier ergibt sich also, wer mit dem Freund und dem Weinbergbesitzer gemeint ist: Das Weinberglied handelt von Gott selbst.« (Schmid, 79)

Die Perikope bewegt sich also in einer atmosphärischen Spannung zwischen Liebeslied und verheerender Gerichtsrede. Ab Vers 3 wendet sich das Ich explizit an seine Zuhörerschaft und fordert sie zum Rechtsspruch auf. Es trägt seine Argumente wie in einer Anklageschrift vor und zeigt in drastischen Worten auf, wie es mit dem unfruchtbaren Weinberg verfahren möchte: Zaun und Mauer sollen weggenommen und eingerissen werden, der Weinbergbesitzer will den Weinberg fortan nicht mehr beschneiden und hacken, ihn also schutzlos sich selbst und der Verwüstung überlassen. Selbst den Wolken will er gebieten, nicht mehr auf ihn zu regnen. Die Beziehung zwischen dem Weinberg und seinem Besitzer scheint unwiederbringlich zerstört, die Enttäuschung ist zur hilflosen Wut geworden, weil der Weinbergbesitzer schmerzlich erkennen muss, dass sich Anerkennung und Liebe nicht erzwingen lassen, selbst wenn man sich noch so viel Mühe gibt. Die Kausalität, wie sie sich im Tun-Ergehen-Zusammenhang und auch in Gal 6,7 (»Denn was der Mensch sät, das wird er ernten.«) spiegelt, scheint außer Kraft gesetzt. In Vers 7 wird schließlich explizit benannt, für wen die Metapher des Weinbergs steht: das Haus Israel und die Männer Judas. Was als Liebeslied begann, wird zur Gerichtsprophetie.

Das sogenannte Weinberglied entstammt der frühen Phase des prophetischen Wirkens Jesajas und ist im Kontext von Jes 1-11 zu betrachten; soziale Ungerechtigkeit und außenpolitische Schwierigkeiten sind die bestimmenden Themen. Jesaja prangert die Verantwortlichen in Politik und Staat, in Justizwesen und Religion an, deren Leben als Teil der Oberschicht sie die Sorgen und Nöte der schwächer Gestellten vergessen lässt, für die sie Verantwortung tragen. Obwohl sie von Gott reich beschenkt sind, schauen sie in erster Linie auf sich selbst und bringen keine gute Frucht.

Der Wut Gottes stehen der Name und somit gleichsam das Proprium des Sonntags entgegen, Reminiszere, abgeleitet aus Ps 25,6: »Gedenke, Herr, an deine Barmherzigkeit.« Enttäuschung und Wut haben in der Heilsgeschichte ihren berechtigten Ort, aber nicht das letzte Wort, denn am Ende zeigt sich Gott doch als barmherzig, weil er die Beziehung zum Hause Israel und den Männern Judas trotz allem nicht abreißen lässt.

III Impulse: Mut zur Wut

Wut ist in unserer Gesellschaft häufig negativ konnotiert, sie gilt laut der österreichischen Psychiaterin Heidi Kastner gar als »verpöntes Gefühl«. Gerade auch im kirchlichen Kontext orientiert man sich bisweilen eher am Ideal der Sanftmut als an der Gabe, Wut zu zeigen. Dabei ist Wut »eine von mehreren menschlichen Basisemotionen, (...) also Teil der conditio humana und Teil unseres ureigenen Verhaltensrepertoires. Trotzdem rechnen wir es uns als zivilisatorische Leistung an, die Wut nicht auszudrücken, zu zeigen oder gar auszuleben.« (Kastner)

Eine Predigt über Jes 5,1-7 am Sonntag Reminiszere lädt dazu ein, gerade dieses verpönte und doch so existenzielle Gefühl ins Zentrum zu stellen und zur Sprache zu bringen. Gott begegnet in der Predigtperikope nicht als sanftmütig und harmlos, sondern in seiner Wut als leidenschaftlich Liebender. Denn seine Wut erwächst ja gerade daraus, dass ihm die Menschen wahrhaftig am Herzen liegen. Darin wird er nahbar; in seinem Gefühlsausbruch steckt enorme Energie. Michael Klessmann betont, dass Liebe sich nicht allein in Glück und Harmonie zeigt, sondern dass »[Z]um größten Teil die Liebe aktive Auseinandersetzung mit dem [ist], was am anderen fremd und unverständlich ist und bleibt« (Klessmann, 5). So kann die Perikope Mut machen, die eigenen Emotionen – besonders die »negativen« wie Wut – nicht auszublenden und auch das eigene Gottesbild daraufhin zu überprüfen. Ein Gott, der nur lieb und sanft ist, ist letztlich ein »zahnloser Tiger«. Jes 5,1-7 lässt offen, ob der Weinbergbesitzer am Ende seinen Worten wirklich Taten folgen lässt oder nicht. In jedem Fall zeigt das Heilsgeschehen an Ostern, auf das wir am Sonntag Reminiszere zugehen: Gott ist kein Gott des Hasses und der Zerstörung, sondern der Liebe. Und die ist nicht harmlos, sondern mitunter auch einmal schmerzhaft und enttäuschend.

Literatur: *Heidi Kastner*, Wut – Plädoyer für ein verpöntes Gefühl, Wien 2014; *Michael Klessmann*, Ärger und Aggression in der Kirche, Göttingen 1992; *Konrad Schmid*, Jesaja 1-23 (ZBK AT 19/1), Zürich 2011.

Sonja Beckmayer

IV Entgegnung: Sinnloses Bemühen?

A spricht von der Erwartung, mehr noch, von der Erwartungshaltung hinter dem Handeln und den Konsequenzen, wenn diese Erwartungen nicht erfüllt werden: Enttäuschung und Wut. Dies leuchtet ein, doch lässt sich die Pointe der Predigtperikope auch anders setzen. Dann geht es nicht um Erwartungen, sondern um das Bemühen. Anders als die Erwartung hat das Bemühen keinen Erwartungshorizont. Es bleibt bei sich: Ich bemühe *mich* um etwas oder jemanden, darauf kommt es an. Dass auch Bemühungen ins Leere laufen können, steht dabei immer mit auf dem Spiel. Bemühungen haben keine Erfolgsgarantie. Denn wie A zurecht betont, geht es sowohl im Bemühen als auch im Erwarten um Beziehungsarbeit zwischen dem- oder derjenigen, der oder die sich bemüht oder etwas erwartet, und einem Gegenüber.

A hält fest, dass die Beziehung zwischen dem Weinberg und seinem Besitzer lediglich unwiederbringlich zerstört *scheint*, sie es jedoch nicht ist. Die Beziehung ist deutlich *gestört*, aber noch existent. Immerhin verkauft der Besitzer seinen Weinberg nicht, er behält ihn – auch wenn er ihn wütend zerstören will. Die Beziehung bricht nicht ab, sie erhält aber deutlich sichtbare Sprünge und Risse.

V Erschließung der Hörersituation: Bemühen und Erwartungshaltungen

Der hörende Erstkontakt mit der Predigtperikope kann verwirren, sprachlich wie inhaltlich. Sprachlich, weil nicht einfach herauszuhören ist, wer hier eigentlich wann spricht. Inhaltlich, weil man zum Richten (V. 3), also zum Beurteilen einer Situation aufgefordert wird, die am Ende ganz anders ist, als sie zu sein scheint. Noch dazu geht es am Ende der Predigtperikope um »das Haus Israel und die Männer Judas« (V. 7). Dies mag gerade an biblischen, besonders aber alttestamentlichen Texten ungeübten Hörerinnen und Hörern fremd sein. Um was genau soll es hier gehen?

Zugleich können aber auch die Mühe und die Zerstörung dieser Mühe den Hörerinnen und Hörern im Ohr bleiben, auch wenn sie die Predigtperikope erstmals hören. Da ist der Freund, jemand, der dem Sprecher nahe ist, jemand, der sich abmüht. Er meint es gut, tut sein Bestes. Das nimmt einen mit, da ist man dabei, möchte helfen, ihn unterstützen oder wünscht diesem Bemühen doch wenigstens gutes Gelingen. Man hört: Im Aufbau dieses Weinbergs steckt Herzblut drin. Nicht weniger intensiv ist aber auch der Eindruck des anderen Sprechers. Er ist derjenige, der alles verkommen lassen möchte, der wütend ist und zornig.

Es ist eine massive Achterbahnfahrt, die die Hörerinnen und Hörer mit diesem Text unternehmen. Sie sind hin und her gerissen zwischen »Oasen- und Wüstenerlebnissen« (Rosa, 196). Zwischen den Erlebnissen, die ein Bedürfnis nach etwas, wie dem Gelingen eines Projektes, und der Furcht vor etwas, wie dessen Scheitern, aufrufen. Eben diese Achterbahnfahrt schließt an heutige Lebenswelten an.

VI Predigtschritte: Vier Ausrufe

Vier Ausrufe der Gegenwartssprache umreißen diese Achterbahnfahrt, auf die die Predigtperikope mitnimmt: »Das ist nicht fair…«, »Ich könnte dich…«, »Du wirst schon sehen…« und: »Ich habe dich trotzdem lieb…«

»*Das ist nicht fair…*« – Wer nicht in einem Weinbaugebiet lebt oder groß geworden ist, macht sich nicht immer klar, was für ein langwieriges Unternehmen der Aufbau eines Weinberges ist. Wie bei vielen anderen Obstsorten, dauert es Jahre vom Anlegen eines Weinberges bis zur ersten Ernte. Und danach wieder Jahre, bis der Weinberg einen echten Ertrag bringt. Und mit dem »Warten« aus der Perikope (V. 2) ist es nicht getan. Die Setzlinge wachsen langsam, der Weinberg bedarf viel Pflege: die Reben müssen geschnitten und gebunden werden, der Boden muss bearbeitet, das Laub zur Belüftung der Pflanze ausgedünnt werden. Erst dann kann die Ernte und erst danach kann das Keltern, also die Weinherstellung, beginnen.

Einen Weinberg anzulegen, ist nichts, das schnell geht, es ist eine Investition in die Zukunft. Noch vor der ersten Ernte eine Kelter zu bauen zeigt das Vertrauen auf diese Zukunft. Umso größer ist die Frustration, wenn dabei etwas schiefgeht. Viel Mühe und Arbeit wurden hineingelegt – und sie wird nicht vergolten. »*Das ist doch nicht fair…*«

»*Ich könnte dich…*« – Mit den altertümlich anmutenden Worten der Lutherübersetzung »Wohlan, ich will euch zeigen, was ich (…) tun will« beginnt in der Predigtperikope eine destruktive Phantasie: Es soll alles, was mit Mühe aufgebaut wurde, getilgt werden. Zeitlich entfernt von Luthers Wortwahl steht hierfür heute der Satz »Ich könnte dich…«. Diesen Satz spricht man wütend, man will sein Gegenüber verletzen. Man beschwört mit ihm innerlich ein zerstörerisches Szenario herauf, dessen Ausgestaltung aber oft weder reell noch sprachlich erfolgt. Nur in schärferen Situationen wird dieser Satz beendet, gängigerweise mit einem »an die Wand klatschen« und in wirklich gewaltvollen Situationen endet der Satz mit der erhobenen Hand. Zu diesem Satz gehört aber auch, dass das darin (implizit oder explizit) formulierte Wollen nicht umgesetzt wird. Den Satzanfang auszusprechen, die Zerstörung innerlich zu beschwören, ihm sprachlich Luft zu verschaffen, eröffnet den Raum dafür, es nicht zu tun. *Ich könnte dich, aber ich tue es nicht.*

»*Du wirst schon sehen...*« – Bei all der Zerstörungsphantasie fällt ins Auge: Der Weinberg wird nicht durch seinen Besitzer in Trümmer gelegt. Er reißt keine Reben aus, brennt alles nieder oder verkauft den Weinberg. Der Besitzer ist nicht derjenige, der etwas vernichtet, er ist derjenige, der das Aufgebaute der Zerstörung anheimfallen lassen möchte. Er will die Verheerung durch andere zulassen und sie sogar unterstützen, aber nicht selbst zerstören. Die Mühe, die er sich gemacht hat, mag nicht den gewünschten Ertrag bringen, dieses Bemühen soll nun eingestellt, nicht aber ins Gegenteil verkehrt werden. »Ich habe mir so viel Mühe für dich gegeben, du wirst schon sehen, was du davon hast, wenn diese Mühe wegfällt.« Wenn man sich um jemanden oder etwas bemüht, möchte man, dass es gut wird für sein Gegenüber. Hier steht die Sorge als Fürsorge im Hintergrund. Die »Aufmerksamkeit, [die] sorgfältige [...] Anteilnahme an einem und für einen anderen Menschen« (Klessmann, 32). Das Gegenüber soll es leicht haben, man will die Unbill des Lebens von ihm fernhalten, soweit es in der eigenen Macht steht. Und zugleich geht es in diesem Satz darum, beleidigt zu sein. Alles, wofür man sich für den anderen eingesetzt hat, soll nun keinen Wert haben? Das ist eine Geringschätzung all dessen, was man getan hat. »*Du wirst schon sehen...*«

»*Ich habe dich trotzdem lieb...*« – Nun ist es in der Predigtperikope aber nicht irgendein Mensch, der sich um seinen Weinberg bemüht und ihn am liebsten zu Grunde gehen lassen möchte, weil sein Bemühen ohne Erfolg bleibt. Es ist Gott. Das ist schockierend, der »gute« Gott, den viele gerne vor Augen haben, ist wütend und zerstörerisch. Das mag die eine oder den anderen Hörenden erschrecken. Die Predigtperikope ermöglich eine Fremd-, wenn nicht eine Erstbegegnung: Gott kann auch wütend sein, er ist enttäuscht über seine vergebene Liebesmüh uns gegenüber. Misslingen, Streit, Wut, Zorn, all das schlägt den Hörerinnen und Hörern dieser Perikope von Gott entgegen. Das ist schwer auszuhalten, zeigt aber auch, dass selbst hier Risse und Sprünge vorkommen, und zugleich, dass dies nicht das Ende der Beziehung bedeutet. Wie im japanischen »Kintsugi«, der »Goldreparatur«, geht es aber um den Umgang damit. Im »Kintsugi« wird eine Schale, die zersprang, wieder in Stand gesetzt, jedoch so, dass die Risse nicht versteckt, sondern vergoldet werden. Sie stechen nun hervor, sind durch die Vergoldung jedoch kein Makel mehr. Man sieht an ihnen das Überstandene, die Mühe um den Erhalt und den Wert, der diesem Objekt beigemessen wird. »*Ich habe dich trotzdem lieb...*«

Eine erste Herausforderung der Predigtperikope besteht in ihrem Vortrag. Erst, wenn die Sprecherwechsel im Verlesen des Predigttextes, sei es bereits als Lesung oder zu Beginn der Predigt, auch deutlich hörbar werden, kann die Perikope ihre Dynamik entfalten. Denn sie spielt damit, ihre Hörerinnen und Hörer zu überrumpeln. Gut vorgetragen, werden die beiden Stimmen erkennbar, deren erste zu einer Stellungnahme auffordert und deren zweite am Ende überraschend offenbart, über wen hier eigentlich gesprochen wird. Diese textliche Dynamik muss im Vortrag abgebildet werden, sonst verliert sich eine zentrale Wirkweise des Textes.

»Das ist nicht fair...«, »Ich könnte dich...«, »Du wirst schon sehen...« und: »Ich habe dich trotzdem lieb...« – diese vier Sätze umreißen alltagsweltlich gut anschließbar eine Predigt zur Gottesbeziehung. Der letzte Satz darf dabei nicht vergessen werden.

Werkstück Predigt (Einstieg)

»Ich habe dich trotzdem lieb...« – mit diesem Satz auf den Lippen kniet sich der große Bruder Ben hin, geht auf Augenhöhe mit Anne, seiner kleinen Schwester, und nimmt sie in den Arm. Sie hält noch immer die Reste des zerstörten Lego-Autos in Händen. Man sieht ihr an, dass sie bedrückt ist, sie hat die letzten Minuten der Schimpftriade ihres Bruders tapfer überstanden – ohne Tränen und Weglaufen. »Das ist nicht fair, das war mein Auto«, hat Ben geschrien. »Du hast es kaputt gemacht. Ich könnte dich an die Wand klatschen«, hat er getobt. Und mit erhobenem Zeigefinger gedroht: »Du wirst schon sehen...«

Literatur: *Michael Klessmann*, Seelsorge. Begleitung, Begegnung, Lebensdeutung im Horizont des christlichen Glaubens, Neukirchen-Vluyn ⁵2015; *Hartmut Rosa*, Resonanz. Eine Soziologie der Weltbeziehung, Berlin 2018.

Okuli (3. Sonntag der Passionszeit)

Epheser 5,1-2(3-7)8-9:

Gott nachahmen – zwischen Licht und Finsternis

Kathrin Sauer

I Eröffnung: Was bedeutet Nachfolge?

Licht und Finsternis. Geliebte Gotteskinder und Götzendiener. Zorn und Liebe. Der Predigttext aus der Reihe III für den Sonntag Okuli stammt aus Epheser 5 – und ist faszinierend! Material für eine echte epische Erzählung. Es gibt die, die Gott nah sind. Man erkennt sie an ihrem Lichtweg. Und es gibt die Gottesfernen. Sie wandeln in der Finsternis. Es ist ein Text, der über allem Alltäglichen zu schweben scheint. Der einen in eine andere Weltsicht und Denkweise mitnimmt – oder zumindest in eine, die nicht mehr selbstverständlich geteilt wird. Es geht um Identität: um die Konsequenz der Identität als Christ. Eine Lebensweise, die aber gerade nicht weit weg vom Alltäglichen stattfinden soll – sondern den Menschen mitten in den Alltag und das Leben mit anderen führt. Der Predigttext bietet einen anderen Zugang zum 3. Sonntag der Passionszeit an – einen besonderen Blickwinkel auf die Realisierung des namenstiftenden Satzes für Okuli: »Meine Augen sehen stets auf den Herrn.« (Ps 25,15) Eph 5 zeigt auf: Was bedeutet Nachfolge im Sinn der Paulustheologie für das alltägliche Leben? Für uns heute? Die Antwort ist überraschend!

II Erschließung des Textes: In das dunkle Leben des Menschen fällt das Licht Gottes

1. Autor und Adressat

Ist der Verfasser des Epheserbriefes Paulus – gemäß der Angabe in Eph 1,1? Oder ein Paulusschüler? Das wird in der Forschung diskutiert (vgl. Gese, 11 ff.; vgl. Berger, 688 f.). Die Inhalte entsprechen durchgehend der paulinischen Lehre (vgl. Gese, 5). Über den Schreiber selbst gibt es keine konkreten Informationen. Zugleich finden sich Unterscheidungen von anderen Paulusbriefen. Als Beispiel ist hier die Abwesenheit von den typischen Abschlussgrüßen zu nennen (vgl. Gese, 11). Die Pseudepigraphie kann unterschiedliche Gründe haben, z. B. den Respekt vor Paulus als Lehrer und seinem Wissen (vgl. Gese, 13 f.).

Ursprünglich ist der Adressat nicht als in Ephesus lokalisiert angegeben (vgl. Gese, 11; vgl. Berger, 689). Die Vermutung liegt nahe, dass das Schriftstück als Rundbrief gedacht war und kompakt zentrale Inhalte der paulinischen Theologie verbreiten sollte (vgl. Gese, 14; vgl. Berger, 689). Briefe dieser Art waren zum Verlesen in der Gemeinde gedacht und stellten ein verbindendes Element unter ihnen dar. Der Predigttext kommt folglich bis heute seiner Intention nach: bei christlichen Zusammenkünften gehört zu werden. Im Predigttext finden sich mehrere Themen, die existenzielle Erfahrungen ansprechen.

2. (Geliebte) Gottes Kinder

In V. 1 werden Christen als Kinder Gottes bezeichnet – in V. 9 als Kinder des Lichts. Das Thema Kind-Sein eröffnet einen weiten Raum und viele Anknüpfungsmöglichkeiten: die eigene Kindheit – gute und schlechte Erlebnisse – die Beziehung zu den Eltern – oder zu eigenen Kindern. Diese Erfahrungen können mit der Identität des Einzelnen als geliebtes Kind Gottes ins Gespräch gebracht werden. Welche Elternerfahrungen und -verletzungen empfindet der/die Gottesdienstbesucher/in? Inwiefern hat die Beziehung zu den Eltern das Gottesbild geprägt? Wird Gott als abwesend empfunden – so wie der Vater in der eigenen Kindheit? Je nachdem wird die (emotionale) Reaktion auf den Auftrag in V. 1 ausfallen: Der Autor ermutigt, Gott nachzuahmen. Gott als Vorbild zu wählen. Wie ein Kind sich an Vater und Mutter orientiert, so soll auch der Christ sich an Gott orientieren (vgl. Gese, 126). Aus Beobachtung, Wiederholung des Gelernten und Erfahrung entwickelt sich der eigene Weg im täglichen Leben. V. 2 verweist darauf, welches Leitthema das Leben des Gotteskindes bestimmt: »wandelt in der Liebe« (Eph 5,2). Die Liebe ist der zentrale Orientierungspunkt. Das ist maßgeblich im Vergleich mit der eigenen Kindheit, die unter Umständen anders geprägt war. Die Basis für diesen Weg stellt Christus und sein Opfer dar (vgl. Gese, 126 f.). Das Leben des Christen erfolgt in den Spuren dessen, der den Weg der Liebe vorausgegangen ist. Wer zum Licht gehört, geht einen Weg des Lichts. Das Merkmal der Gotteskindschaft ist sowohl bei Christus als auch bei uns Menschen die Liebe als Kern der Identität.

3. Angemessenes Verhalten und schlechter Einfluss

Gotteskinder benehmen sich sichtbar gut! In V. 3 f. wird deshalb unpassendes Verhalten benannt: Unzucht, Unreinheit und Habgier trennen von Gott – weil der Mensch sich mit seinen Gedanken, Worten und Taten nicht auf Gott hin fokussiert (vgl. Gese, 127 f.). Diese drei Elemente dürfen keinerlei Teil des menschlichen Wirkens sein – nicht einmal in Worten. V. 6 f. mahnt zusätzlich vor einem schlechten Einfluss von außen.

Worte zeugen von ihrer Verankerung in der Liebe – oder in der Lieblosigkeit (vgl. Gese, 128). Letztere aber trägt Gottesferne in sich. Auf das eigene Wort zu achten ist elementar wichtig. Was gesagt wird, sagt etwas aus – auch über die Identität dessen, der spricht. Wenn gesprochen wird, dann dankbare Inhalte. Wie viel Dankbarkeit findet der Mensch in seinem Leben – an genau diesem heutigen Tag im Gottesdienst?

4. Dunkler Tod und lichtes Leben

Licht weist uns auf die Gegenwart Gottes hin. Auf Leben (vgl. Gese, 131). Das Dunkle hingegen auf die Abwesenheit von Leben. Den Tod. Schon der allererste Schöpfungstag in Gen 1 ist vom Licht bestimmt: Der Grundzustand ist Finsternis. Sie kann von sich aus kein Licht verdunkeln – wohingegen Licht Dunkelheit immer erhellt. Das Licht wird durch das Wort Gottes in die Welt gebracht. Schöpferisch ist auch das Osterfest in einigen Wochen. Bei den Feierlichkeiten zur Auferstehung Jesu hat das Symbol des Lichtes nicht umsonst zentrale Bedeutung (vgl. Gese, 131.136). Das Licht der Welt brennt unvergänglich – kam als Wort Gottes in die Dunkelheit der Welt, wie es im Johannesprolog so wunderbar beschrieben wird (vgl. Gese, 130 f.). Der Moment des Zum-Glauben-Kommens ist bei Epheser wie der Neuanfang der Schöpfung: In das dunkle Leben des Menschen fällt das Licht Gottes – durch sein Wort –, weil Jesus in die Welt kommt und (bleibend) in das Leben der Menschen. Das Licht zeigt die eigene Zugehörigkeit an. Licht schenkt Orientierung. Es zeigt, wo der Mensch steht – und wo er hin soll. Was zeigt das Licht, wenn es auf das eigene Leben heute fällt? Welche Worte, Taten und Verhaltensweisen? Mitten im Alltag können wir uns auf die Suche nach Lichtspuren machen. Wo der Mensch mit seinem Glauben auf dem richtigen Weg ist, dort begegnet ihm Güte, Gerechtigkeit und Wahrheit.

III Impulse: Lichtspur aus Tat und Wort

Kind-Sein, Lernen, Vorbilder, guter und schlechter Umgang, Orientierung auf dem Lebensweg: All diese Elemente führen mich zu einem Thema, die (folgenreiche) Identität des Menschen als Christ. Wer bist du? Bist du der/die, der/die du zu sein glaubst? Gott wird zum Fixstern im eigenen Leben. Das wird sichtbar, z. B. im sozialen Verhalten. Spannend finde ich dabei, dass der lichtvolle Weg des Christen nicht in die Abgeschiedenheit führt. Vielmehr realisiert er sich mitten im Alltag. Unser Umgang mit anderen Menschen hinterlässt eine *Lichtspur aus Tat und Wort* – und sagt aus, wer wir sind. Bezeugt die (eigene) Identität als Christ. Das soll sich nicht allein im Gottesdienst ereignen. Jeder soziale Kontakt bietet dafür Gelegenheit.

Ich kann mir vorstellen, die Hörerinnen und Hörer auf alltägliche Situationen anzusprechen, die jeder kennt – diese zu skizzieren oder vielleicht sogar in eine Erzählung zu packen. Diese Szenarien sollen als Gelegenheiten für Lichtworte und -taten begreiflich werden. Ich biete dafür ein gedankliches Bild an: Gesprochene Worte erscheinen sichtbar in der Luft. Welche Farbe haben sie? Die Quelle der Lichtspur ist das Herz: Von ihr gehen die Worte und Taten aus. Was dort entschieden wird und wie, entscheidet die Farbe unseres Tuns und Redens. Ob Gott dort Raum gewinnt oder nicht, entscheidet, welche Farbspur unser Leben hinterlässt. Aus welcher Quelle nährst du dich? Die Gottesdienstbesucher und -besucherinnen sollen von diesem Gedankenspiel inspiriert werden – und sie als Sehhilfe in ihren Alltag mitnehmen. Es soll eine konkrete Anregung sein, Erfahrungen mit dem Predigttext zu machen.

Für die Musikauswahl empfehle ich nach dem stillen Gebet das Lied »Meine Hoffnung und meine Freude« (EG Württemberg 576). Vor der Predigt dann das Wochenlied »Jesu geh voran« (EG 391). Es bietet einen alternativen Einstieg über das Thema Nachfolge an: Jesu geh voran, haben wir gesungen. Eilen wir in unserem Leben wirklich ihm nach? Sehen unsere Augen auf den Herrn…? Nach der Predigt gibt es zwei Lieder, die mich reizen: für das Lichtthema: »Christus, dein Licht« (Wo wir dich loben, wachsen neue Lieder Nr. 11). Alternativ – bei einem Fokus auf den Mensch als geliebtes Kind Gottes – erscheint mir »Liebe, die du mich zum Bilde« (EG 401) passend.

Werkstück Predigt

Als Menschen sind wir täglich mit anderen in Kontakt und verbunden. Unsere Leben berühren die Leben anderer – in ganz unterschiedlichen Rollen. Als Mutter oder Vater, die den Kindern Frühstück machen. Als Kollegen, die zuarbeiten oder gemeinsame Projekte gestalten. Als Kinder, die sich um die Eltern kümmern – oder sich mit ihnen auseinandersetzen müssen. Als Vereinskollegen, Sportfreunde, Nachbarn, Kunden. Als Menschen, die nebeneinander her Einkäufe erledigen oder zur gleichen Zeit im Zug sitzen. Stellen wir uns vor: Wir kommen ins Gespräch – aber unsere Worte bleiben nicht unsichtbar. Sie erscheinen ganz plastisch in der Luft. Ein gutes Wort in hellen und freundlichen Farben. Ein schlechtes, abfälliges, verletzendes in grau und schwarz. Welche Spuren hinterlassen unsere Worte…?

Literatur: Klaus Berger, Kommentar zum Neuen Testament, Gütersloh ³2017; Michael Gese, Der Epheserbrief, Neukirchen-Vluyn, 2013.

Carolyn Decke

IV Entgegnung: Schwarz-Weiß in Farbe verwandeln…

A findet den Predigttext faszinierend, weil er uns mit einer »anderen Weltsicht und Denkweise« herausfordert. Diese Eröffnung von A kann mir als Korrektiv dienen. Denn ich lese die Ermahnungen des Epheserbriefes zunächst als Erweis von Fehlentwicklungen der damals entstehenden Kirche: statt Profilierung nun Abgrenzung, statt Lebenshilfe nun Verurteilung, statt Heilsverkündigung Drohung … Und über allen Dualitäten das unausweichliche Machtgefälle zwischen Gottvater und Menschenkindern…

Kann ich das faszinierend nennen? Faszination liegt in der Frage, wie es immer wieder dazu kommen kann, dass aus Heilsoffenbarung so schnell Moralinstitution wird. Ja, der Text will sich über die Niederungen des Alltags erheben und spricht von Liebe, Kind-Sein und Licht, doch um dies dann über einer Negativfolie abzulehnenden Verhaltens zu konkretisieren. Dieses Muster ist doch allzu bekannt und überrascht als belehrende Antwort gewichtiger Apostel(schüler) nicht … A erinnert mich daran, dass es in einer Predigt über Epheser 5 des Jahres 2021 ja schwerpunktmäßig nicht um eine Autoren- oder Kirchenschelte gehen kann.

So stellt sich im Geiste des Sonntags Okuli »Meine Augen sehen stets auf den Herrn« doch die Frage: Wozu verhilft Gott mir durch diesen Text? Wie gelingt es, »sich angemessen zu verhalten« (A) oder, individualisiert formuliert, »mich angemessen zu verhalten«? Es bleibt ein hoher Anspruch, wenn ich als einzigartiges Kind Gottes selbst das Göttliche in Jesus »nachahmen« soll. Erst wenn das »Soll« zu einem »Kann« oder gar einem »Darf« wird, dann kommt der Text mir für den Alltag wirklich nahe.

So lohnt es sich gewiss, das Verb »nachahmen«, das hier anstelle von »nachfolgen« gleich zu Beginn in Vers 1 als Imperativ gebraucht wird (mimetai tou theou), zu bedenken. Es kommt an keiner weiteren Stelle in der Bibel vor und setzt sich im kulturhistorischen Umfeld des Epheserbriefes auch von der Imitatio ab: dem Geist Jesu im Lebensalltag nachahmen – was für ein Gewinn ist das – zum Beispiel im Lichte der menschlichen Kommunikation, die A in ihrer Predigt so anregend sinnlich auf die Spur kommen will?

V Erschließung der Hörersituation: Eigentlich bin ich ganz anders...

Ja, es gibt sie, die Sehnsucht nach ethischer Orientierung und eine tiefliegende Ahnung, dass Gutes und Böses auch von uns selbst abhängen. So in der verbreiteten Empörung über Verrohung menschlicher Kommunikation, besonders in den Sozialen Medien, aber auch im erhöhten Anspruch an Transparenz, Authentizität und Charisma (auch für das Medium Predigt). Seit jeher werden gerade Menschen, die sich zu einer Religion bekennen, danach gefragt, wie sie ihr Leben im Geiste ihres Glaubens ausrichten, was sie in ihrer Lebenshaltung und in ihrem Handeln letztlich von anderen unterscheidet. Zudem zeigt jede Krise, dass in gesellschaftlichen Herausforderungen Protagonisten der Kirche, aber auch die Institution als Ganze, immer noch um Wegweisung gebeten werden. Diese anhaltende Nachfrage fällt jedoch in eine Zeit, in der, besonders hier im Norden und Osten, davon auszugehen ist, dass es selbst treuen Gottesdienstbesucherinnen und -besuchern immer schwerer fällt, sich einem Bekenntnis unterzuordnen. Religiöse »Indifferenz tritt an die Stelle religiöser Affirmation oder antireligiöser Agitation« (Nicol, 21).

Allerdings, der Predigttext aus Epheser 5 wie auch die zahlreichen Gebote und Tugendkataloge der Bibel zeigen: Im Grunde stellt sich jeder Generation neu die Frage, was es heißt, an Gott (als den Vater Jesu Christi) zu glauben und Glauben als innere Lebenshaltung zu verstehen, aus der ein deutliches Handeln erwächst.

Der Begriff »Nachfolge« gehört zu den Vokabeln, die erfahrenen Predigthörern und -hörerinnen geläufig sind, aber sich dadurch auch abgenutzt hat oder einen berechtigten, aber kaum erfüllbaren Anspruch generiert. Eine Chance bietet sich, dem Nachfolgegedanken den Begriff »Nachahmung«, Mimesis, an die Seite zu stellen und den Predigttext unter dieser Aufmerksamkeit (noch einmal) zu hören: Wie empfinde ich den Aufruf des Epheserbriefes, dass ich in Gott, der sich in Christus gezeigt hat, »nachahmen« soll?

Mit einer bildungsaffinen Gottesdienstgemeinde lohnt es sich sicherlich, dem Begriff vor seinem kulturhistorischen Hintergrund der griechischen Antike näher zu kommen (vgl. Rößlers anregenden Abschnitt in den Predigtstudien dazu: Nachahmen als »christliche Lebenskunst«, 165 ff.).

Vermutlich klingt die Aufforderung, Gott nachzuahmen, ungewohnt. Im modernen Sprachgebrauch haftet dem Nachahmen tatsächlich etwas Kindliches an, Kinder lernen viel durch Nachahmung, das gilt es in der Pubertät und im Erwachsenenalter abzulegen. Dann steht sie unter dem Verdacht der Unselbständigkeit, des Nachäffens, des bloßen Kopierens. Und doch gibt es kein Leben ohne bewusstes oder unbewusstes Nachahmen. Ganze soziologische Studien von Typisierungen und Milieus basieren auf der Erkenntnis, dass wir uns lebenslang an anderen orientieren und kulturell einordnen. Dem »Zeitgeist« kann sich kaum jemand entziehen und jedes Lernen und Einüben beginnt mit dem Nachahmen. Demzufolge könnte das gemeinsame Nachdenken, wie christliches ethisches Handeln sich im Nachahmen zeigen könnte, den Blick von den moralischen Gegenüberstellungen des Predigttextes hin zur sinnlichen Aufforderung lenken, sich »als Kind des Lichtes« zu fühlen und »einen lieblichen Geruch« zu verströmen und so Gott ähnlicher zu werden.

VI Predigtschritte: Nachahmen – die Einladung, Gott ähnlicher zu werden

1. In welchen Farben würden Sie Gott malen? Bilder von Kindern stellen Gott oft so dar, wie er ihnen durch prägende Personen vermittelt wurde. Ich erinnere ein Bild von einer Gestalt in dunkelstem Grau und drohend erhobener Hand – es stellte sich heraus, dass hier Erlebnisse mit einem gewalttätigen Vater dahinterstanden. Die meisten Kinder lieben es jedoch, Gott mit buntesten Farben auszuschmücken.

2. Was nimmt im Predigttext den meisten Raum ein? Die »erhobene Hand«: Die Gegenüberstellung von angemessenem und unangemessenem Verhalten, deren Beispiele wir auch in heutiger Zeit als lebensfeindlich erkennen können: Habgier, (sexuelle) Gewalt, Verwahrlosung ... Es ist uns klar, dass ein solches Verhalten die Menschenwürde und unsere Gemeinschaft zerstört. Viele aktuelle Beispiele aus dem öffentlichen und privaten Leben stehen uns vor Augen.

3. Dazu die Flut der Imperative: Glaubenstexte scheinen oft aus vielen Aufforderungen zu bestehen. Dabei sind Imperative ambivalent: sowohl hilfreich als auch schädlich. Hilfreich, weil wir darauf konditioniert sind, Aufforderungen schneller und alarmierter aufzunehmen. Schädlich, da sie oft von oben herab formuliert sind und selten aus einem Dialog heraus entstehen; wie Ratschläge, die zu helfen vorgeben, aber nur Macht ausüben und darum seit Kindheitstagen unsere innere Abwehr aktivieren.

4. Ja, auch dieser Predigttext scheint aufzugehen in einer moralischen Schelte von oben herab. Und so schwanken wir wohl zwischen Einsicht und Empörung. Durch eine Moralpredigt allein kommt jedenfalls kein Mensch zum Leben. Das Urteil in Schwarz-Weiß wird niemandem gerecht. Wo ist hier die Verlockung, die Lebensgewinn verspricht?

5. Daher ein genauerer Blick auf die Rahmung: »So ahmt nun Gott nach als geliebte Kinder und wandelt in der Liebe.« (Eph 5,1) – »...nun aber seid ihr Licht in dem Herrn« (5,8).
Innerhalb dieser Rahmung sagt der Predigttext mehr über die Haltung Gottes als über die des Menschen aus: Gott kommt uns vor allem im Lebenswandel Jesu nah. Er scheint ferne zu sein und will doch uns »innewohnen«, wie die Mystiker und Mystikerinnen es ausgedrückt haben. Wir Menschen sind entweder Spiegelung der Schöpferkraft Gottes oder aber der Zerstörung. Schändliches Tun, Götzendienerschaft, Finsternis stellen Gott in den Schatten – Liebe und Licht spiegeln Gott.

6. Diese Ähnlichkeit kann auch in Menschen anderer Weltanschauungen aufscheinen. Dieses würde zwar der Epheserbrief in seiner Abwehr allgegenwärtiger Kulte in Ephesus bestreiten, aber wir können dies aus heutiger Sicht auf das Leben leichten Herzens zugeben.
Was bleibt nun als »christlicher Mehrwert«? Etwa, dass uns durch Jesus Christus vor Augen geführt ist, wie diese Gottähnlichkeit gedacht ist: als Gottvertrauen und große Menschenliebe und dass wir zu einem Glaubenskörper dazu gehören, der uns ergänzt und trägt.

7. So heißt Nachahmen zunächst, die Geisteshaltung Jesu als wahr zu erkennen und sich zu Herzen zu nehmen, was dem Leben dient, hier im Alltag dieser Welt. »Liebe« und »Licht« sind Chiffren für das, was uns tagtäglich stärkt oder wenn es nicht da ist, schmerzlich fehlt. Das Nachahmen Jesu kann bedeuten, sich in jeder Situation um Gottes Geist zu bemühen, öfter innezuhalten, zu beten, zu entschleunigen und zu deeskalieren. Es entbindet uns nicht lebenslanger Übung, wie auch körperliche Fitness nicht ohne Anstrengung zu haben ist.

8. Gerade die Passionszeit bietet in ihren Stationen an, eine solche Lebenshaltung in der Durchbrechung zwanghafter Abläufe einzuüben.

Literatur: *Martin Nicol*, Mehr Gott wagen, Predigten und Reden, Göttingen 2019; *Martin Rößler*, Christliche Lebenskunst, in: Predigtstudien II/1 (2015/2016), Freiburg im Breisgau 2015, 166–168.

Lätare (4. Sonntag der Passionszeit)

Johannes 12,20-24:

Sehnsucht nach der Sehnsucht

Martin Vorländer

I Eröffnung: Im Leiden ein Lächeln riskieren

In ernsten Zeiten braucht man etwas, das einen lächeln lässt. Besser noch lachen, bis einem der Bauch wehtut. Das ist seit der Corona-Krise eine kollektive Erfahrung. Der Druck in einer Ausnahmesituation sucht sich seine Ventile. Eines ist Humor. Es braucht die Witze und Videos, die Fotos vom ersten Grün und die Telefonate, bei denen man allen Ernstes ins Albern gerät. Das ist wie ein Frühlingsregen auf trockene Erde.

Einen solchen Moment markiert der Sonntag Lätare. Freue dich! Über die Hälfte der Passionszeit ist geschafft. Anders als in anderen Krisen ist das Ende nicht unbestimmt, sondern in Sicht. Es ist zwar noch nicht alles vorbei. Es wird sogar noch brutal steil nach oben gehen ans Kreuz und tief runter ins Grab, bevor der Ostermorgen anbricht. Aber umso mehr riskiert dieser Sonntag ein Lächeln.

Leichtes und Schweres, Lachen und Leiden, Kichern und Krise gehören zusammen. Der Predigttext geht noch einen gewagten Schritt weiter: Sterben und Werden sind eins. Leben und Tod sind nicht getrennt. Das eine ist nicht ohne den anderen zu haben.

II Erschließung des Textes: Stirb und werde!

Die Perikope des Predigttextes markiert einen Höhepunkt im Johannesevangelium. Im Kapitel zuvor hat Jesus Lazarus von den Toten auferweckt. Mehr geht nicht. Wer braucht noch weitere Zeichen dafür, dass Jesus mit Gottes Macht über Leben und Tod wirkt? Das sehen auch seine Gegner ein. »Alle Welt läuft ihm nach«, stellen sie resigniert fest (Joh 12,19). Nun kommt alle Welt angerückt in Gestalt »einiger Griechen« (V. 20). Die meisten Kommentatoren – außer Thyen (vgl. Thyen, 556) – sind sich einig: Damit sind nicht Juden aus der griechischen Diaspora gemeint, sondern »echte« Griechen. Also Heiden wie wir, die den Zugang zum Gott Israels suchen. Sie »fungieren als Vertreter der zum Glauben gekommenen Heidenwelt« (Schnelle, 267).

Sie sind zum Passahfest nach Jerusalem gekommen, »um anzubeten« (V. 20). Nun wollen sie Jesus sehen (V. 21). Sie suchen Gott und hoffen, ihn in Jesus zu finden. Der Anfang dieser »Suchgeschichte« (Beutler, 357) wirkt kafkaesk. Die Griechen kommen nicht an Jesus heran. Sie müssen sich erst an einen seiner Jünger, Philippus, wenden. Der bringt sie nicht etwa zu ihm, sondern bespricht die Sache vorher mit einem weiteren Jünger, Andreas. Die beiden tragen Jesus das Anliegen der Griechen vor. Zu einer Begegnung kommt es nicht.

Für diese Umständlichkeit gibt es zwei Erklärungsversuche. Der eine hat den Charme, uns auf den Schauplatz der Geschichte zu versetzen. Jesus und die Seinen befinden sich fürs Passahfest im Tempel in dessen innerem Vorhof. Die Griechen »aber dürfen über den Vorhof der Heiden nicht hinaus« (Theobald, 799). Darum brauchen sie Mittelsmänner, die Jesus ihr Gesuch überbringen. Das ließe sich in der Predigt anschaulich erzählen.

Die meisten Kommentatoren verwerfen jedoch diese Deutung (vgl. Theobald, 799) und sehen einen theologischen Grund für den Aufbau der Szene. Die Griechen stehen für die nachösterliche Gemeinde, die sich aus allen Völkern zusammensetzt und die dem irdischen Jesus nie begegnet ist. Das braucht sie auch nicht. Denn Jesus verheißt: »Wo ich bin, da soll mein Diener auch sein.« (V. 26) »Die Griechen als Chiffre für die kleinasiatischen Adressaten des 4. Evangeliums können nicht den Irdischen, sondern nur den Erhöhten sehen.« (Schnelle, 267) Im Wissen um diese Absicht kann die Predigt trotzdem den Auftritt der Griechen in den Vorhöfen des Tempels plastisch machen.

Connections helfen, will man an einen Promi herankommen. Grieche sucht Grieche – die Jünger Philippus und Andreas sind die idealen Kontaktpersonen. Beide tragen griechische Namen. Philippus stammt aus Betsaida, einer Stadt »mit griechischem Kultureinfluss« (Beutler, 359). Er dürfte »des Griechischen mächtig« sein (Thyen, 556). Er tritt mit Andreas gern im Doppel auf. Beide sind Jünger der ersten Stunde und haben »eine besondere Nähe zu Jesus« (Schnelle, 267). Für die hellenistisch geprägte Leserschaft des Johannesevangeliums sind sie besondere Identifikationsfiguren.

Nach langem Vorlauf gelangt die Bitte der Griechen zu Jesus. Auffällig ist der Tempuswechsel. Die Erzählung begann im Imperfekt. Sobald Philippus und Andreas aktiv werden und zu Jesus gehen, wechselt sie ins Präsens. Was Jesus sagt, ist für die Gegenwart entscheidend.

Jesu Reaktion klingt zunächst wie die Antwort auf eine Frage, die niemand gestellt hat: »Die Zeit ist gekommen, dass der Menschensohn verherrlicht wird.« (V. 23) Der Sinn dieses Satzes reicht über die Szene hinaus. Die Antwort Jesu gilt nicht den Griechen. Sie richtet sich an das Publikum des Evangeliums: Schaut, die ganze Welt erkennt, dass dieser Jesus in den Bereich Gottes gehört. Er ist nicht nur Mensch, sondern »Menschensohn«, der vom Himmel auf die Erde gekommen ist und weiterhin zum Himmel gehört. Gott »verherrlicht« ihn, hebt ihn auf seine

Höhe. Das aber nicht zum göttlichen Selbstzweck. Vielmehr sagt Jesus im selben Kapitel: »Wenn ich erhöht werde von der Erde, so will ich alle zu mir ziehen.« (V. 32) Seine Verherrlichung dient unserer Erhöhung. Wir gehören mit ihm und durch ihn zu Gott.

Die V. 24–26 betrachten viele Exegeten »als Einfügung der Endredaktion« (Zumstein, 451). Der Einschub besteht aus dem Mini-Gleichnis vom Weizenkorn, das an das synoptische Gleichnis der Saat erinnert, sowie zwei Logien, die ebenfalls aus den anderen Evangelien bekannt sind. Die Predigtperikope endet mit dem Bildwort vom Weizenkorn. Ich würde V. 25 hinzunehmen. Er führt den Vergleich weiter zu der Frage: Welche Einstellung habe ich zu meinem Ego und meinem Leben?

»Stirb und werde!« Diesen Gedanken gibt es auch »in den antiken Mysterienkulten« (Theobald, 802). Das Bild vom Weizenkorn zieht aus der Beobachtung der Natur einen prinzipiellen Schluss auf Sterben und Leben. Der Tod ist hier nicht der Feind des Lebens. Er ist seine notwendige Voraussetzung. Es gibt keine Grenze zwischen Sterben und Werden. Die beiden gehören zusammen. Jesus beherrscht das Ineinander von Tod und Leben. Darum kann er Lazarus von den Toten auferwecken. Darum wird er selbst den Weg von Sterben und Werden, Kreuz und Auferstehung gehen. Es gibt kein Leben *nach* dem Tod, weil es kein Vorher und kein Nachher gibt. In allem wirkt Gottes Schöpferkraft – im Sterben und Frucht-Bringen, In-die-Erde-Fallen und Von-der-Erde-Erhöhtwerden. Alles gründet in Gottes Gleichzeitigkeit, in seiner Ewigkeit. Darum fließen Vergangenheit, Gegenwart und Zukunft in der Perikope ineinander.

Diese Glaubenseinsicht prägt die eigene Haltung. Darum geht es in V. 25. Luther übersetzt durchgängig mit »Leben«, wo im Griechischen zwischen *psyche* (Seele, Identität, Ego) und *zoe* (Leben schlechthin, das ewige Leben) unterschieden ist. Übersetzt man *psyche* mit Ego, lautet der Vers: »Wer sein Ego lieb hat, wird's verlieren; und wer sein Ego auf dieser Welt hasst, wird's erhalten zum ewigen Leben.« »Mein Ego lieben« heißt, mich an die höchste Stelle zu setzen, über Gott und die anderen, »allein darauf bedacht zu sein, die eigenen Interessen durchzusetzen« (Thyen, 558). »Mein Ego hassen« ruft nicht zu »pathologischem Selbsthass« auf (Thyen, 558). Es geht um das Hintansetzen meiner selbst gegenüber Gott und den Mitmenschen. Krampfhaft am Ego festhalten oder es loslassen können – zwei Lebenshaltungen, die ich beide in mir kenne.

III Impulse: Zwei Einstellungen zum Leben

Passionszeiten bringen verschärft zutage, welche Haltung zu Leben und Tod ich habe. Wie reagiere ich, wenn bedroht ist, was mir vertraut und lieb ist? Verdränge ich eine Gefahr oder gerate ich in Panik? Klammere ich mich an eine Illusion von Normalität, verfalle ich in Gleichgültigkeit oder gewinne ich ein neues Gespür dafür, was im Leben wesentlich und wichtig ist?

Eine neue Einsicht in die Dynamik von Sterben und Werden offeriert der Predigttext mit dem Bildwort vom Weizenkorn. Der Tod nicht als Widerpart, sondern als Ermöglichung des Lebens. Das ist steil. Aber darunter ist das Johannesevangelium nicht zu haben. Besteht diese Glaubenserkenntnis den Härtetest, wenn es ans Leiden und Sterben geht? Es geht in der Predigt nicht darum, absolute Antworten zu geben. Aber ich als Prediger kann die Möglichkeit, Tod und Leben als Ineinander zu begreifen, ins Spiel bringen und ausprobieren, wie weit das trägt.

Anhaltspunkte in der Erfahrung gibt es. Aus gutem Grund greift das Bildwort vom Weizenkorn ein bekanntes Phänomen der Natur auf. Der johanneische Jesus zieht daraus den Rückschluss für sein Leben und seinen Kreuzestod. Taugt das für die Kreuze in meinem Leben? Wo stößt das Bild an seine Grenzen?

Aus der Angst um einen geliebten Menschen kenne ich das Kämpfen und Klammern an jedem kleinen Stück Leben. Und ich kenne den Moment, in dem ich merke: Ich kann zwar viel tun, aber nichts ändern. Sie oder er wird sterben. In diesem Augenblick kann ich loslassen. Die Fragen nach äußeren Einzelheiten (medizinisches Zweitgutachten? Doch noch eine andere Therapie?) machen Platz für Trauer und Liebe.

Manchmal braucht es Mittelsmenschen wie Philippus und Andreas, die meine Sprache sprechen und mich dem Geheimnis des Lebens nahebringen. Und es braucht Worte, die über das hinausgehen, was ich glauben kann, die aber die Möglichkeit offenhalten: Sterben und Werden gehören zusammen und führen zum ewigen Leben.

Werkstück Predigt

»Bleiben Sie gesund!« oder »Hauptsache g'sund!«. Das ist ein guter Wunsch. Wer das sagt, weiß instinktiv oder bewusst: Es geht um mehr als Gesundheit. Denn kein Mensch wird gesund bleiben. Niemand geht unversehrt durchs Leben. Wir werden krank werden. Die eine wird es heftiger treffen, ein anderer glimpflich davonkommen. Leiden und Schicksalsschläge gehören zu jedem Leben dazu. Genauso wie der Tod am Ende. »Bleiben Sie gesund!« Damit wünscht man dem anderen mehr als die Abwesenheit von Krankheit. Was auch passiert, ob es dir gut geht oder ob du leidest, sei behütet im Ineinander von Sterben und Werden!

Literatur: *Johannes Beutler,* Das Johannesevangelium, Freiburg im Breisgau/Basel/Wien ²2016; *Udo Schnelle,* Das Evangelium nach Johannes, Leipzig 2009; *Michael Theobald,* Das Evangelium nach Johannes, Kapitel 1–12, Regensburg 2009; *Hartwig Thyen,* Das Johannesevangelium, Tübingen ²2015; *Jean Zumstein,* Das Johannesevangelium, Göttingen 2016.

Ursula Roth

IV Entgegnung: Vorgeschmack auf das österliche Freudenfest

Ich folge A in der Entscheidung, bei der in V. 20–22 geschilderten Szene anzusetzen. Wenn die Hellenen »für die nachösterliche Gemeinde« stehen, »die sich aus allen Völkern zusammensetzt und die dem irdischen Jesus nie begegnet ist« (A), stehen sie nicht nur für die ursprünglichen Adressaten des Evangeliums, sondern zugleich für uns heute. Diese Gruppe neugieriger Griechen (»wir wollen Jesus sehen«) sind für mich die maßgeblichen Identifikationsfiguren der Erzählung. Sie sind die Schlüsselfiguren für das Verständnis des Textes. Jesu Antwort, dass die Stunde der Verherrlichung des Menschensohnes nun gekommen ist (V. 23), möchte ich daher im Kontext der Anfangsszene lesen, ebenso das erläuternde Bildwort vom Weizenkorn (V. 24). Ich lasse mich vom Blick auf die Gruppe der griechischen Festpilger leiten und bedenke die Worte Jesu nicht als allgemein gehaltene Sentenz vom »Sterben und Werden«, sondern von ihrer Funktion, die Ankündigung der Verherrlichung des Menschensohns in V. 23 zu erläutern. Das entspricht dem Grundton des Sonntags, der auf die vorzeitig durchbrechende Osterfreude gestimmt ist, nicht auf das allgemeine Räsonieren über die Vergänglichkeit.

Erstmals liegt an Lätare als Predigttext das im Zuge der Perikopenrevision gekürzte Evangelium vor. Bezogen auf das Profil des Sonntags – »laetare«/»freue dich!« – überzeugt der neue Zuschnitt in hohem Maße. V. 25 droht mit seiner höchst erläuterungsbedürftigen Gegenüberstellung von »sein Leben lieben« und »sein Leben hassen« übergewichtig zu werden und die anklingende Osterfreude im Keim zu ersticken; das Nachfolgewort in V. 26, das mit der Frage nach der Konsequenz für die eigene Haltung grundsätzlich im Recht ist, kann an diesem Freudensonntag engführend und moralisierend wirken. Gegen die Empfehlung von A bleibe ich bei dem vorgegebenen Zuschnitt der Verse 20–24.

V Erschließung der Hörersituation: Wir Griechinnen und Griechen

Die Zeit zwischen Aschermittwoch und Ostersonntag wird im religiös-weltanschaulich pluralen Kontext unserer Gesellschaft unterschiedlich wahrgenommen. Kirchlich Hochverbundene verstehen und gestalten sie durchaus auch als Passionszeit in der Tradition des Gedenkens der Leidensgeschichte Christi sowie als Zeit für Besinnung und Gebet. Die Praxis besonderer Passionsandachten und thematischer Gemeindeveranstaltungen geben davon Zeugnis. Im gesellschaftlichen Mainstream zeigen sich, sofern diese Wochen überhaupt als »besondere« Zeit wahrgenommen werden, eher andere Bedeutungsnuancen. Teils werden die Wochen als Zeit der Vorbereitung auf die österliche Festästhetik wahrgenommen – bunte Kunststoffeier, Plüschhäschen und -lämmchen allerorten, Osterdeko-Bastelaktionen in Kitas und Schulen –; teils wird diese Zeit als Fastenzeit in Szene gesetzt – Abspecken, Entschlacken, für eine begrenzte Zeit bewusster leben, gezielt Verzicht üben, um wieder zu sich selbst zu kommen, sieben Wochen ohne Handy, ohne Fleisch, ohne Alkohol, ohne Schokolade.

Die Vielfalt der zwischen Selbsterfahrung und Selbstoptimierung changierenden Praktiken ist symptomatisch für die religiös-weltanschauliche Diversität der Spätmoderne, in der die Grenzen zwischen religionskulturellen Systemen fließend sind und religiöse Zugehörigkeiten in individuellen Distanzverhältnissen gelebt werden. Die religiöse Diversität unserer Zeit hat in der religiösen Welt des Römischen Reiches ein Pendant, das für das Verständnis des Textes aufschlussreich ist.

Exegetische und historische Wissenschaftler und Wissenschaftlerinnen betonen seit geraumer Zeit, dass die traditionelle Einteilung in »Christen«, »Juden« und »Heiden« nicht geeignet ist, um die »enorme Diversität des religiösen Lebens« (Alkier/Leppin, Einleitung 2) im Römischen Reich angemessen zu erfassen. Nicht nur unterschlagen Begriffe wie »Christentum«, »Judentum«, »Heidentum« die fundamentalen innerchristlichen und innerjüdischen Differenzen sowie die vielfältigen lokalen Kultpraxen weiterer Religionen. Auch überdecken sie die zahlreichen Überschneidungen und fließenden Übergänge zwischen den religiösen Strömungen, wie sie etwa bei religiösen »Grenzgängern« mit multiplen religionskulturellen Zugehörigkeiten sichtbar werden (Christusanhänger, die zugleich Polisbürger sind; Christusanhänger, die zugleich Mitglied der Synagoge sind, Proselyten u.a.) (vgl. Alkier/Leppin, Epilog 435). Die Religionspraxis folgt lokalen Übereinkünften; überregional einheitliche, zentral normierte Religionssysteme sind lange nicht in Sicht. In den neutestamentlichen Texten fungieren die Begriffe »Christen«, »Juden«, »Heiden« dabei selbst als Instrumente einer innerchristlichen Inklusions- und Exklusionspolemik, sie sind »kollektive Identitätskonstruktionen« (Alkier/Leppin, Einleitung 5), die sich gleichermaßen nach außen und innen richten. Der abwertende Beigeschmack des Begriffs »Heidentum« ist dafür ein Beispiel.

Die in Joh 12,20 genannte Gruppe griechischer Pilger nimmt in mehrfacher Hinsicht eine Schlüsselrolle für das Textverstehen ein. Zum einen stehen sie für die nachösterlichen Adressaten, die den irdischen Jesus (ebenfalls) nicht sehen konnten. Zum anderen kommt ihnen nicht zuletzt aufgrund ihrer religiösen Offenheit und ihres Interesses an unterschiedlichen religiösen Praxiskontexten eine Brückenfunktion für das gegenwärtige Textverständnis zu. Nach mehrheitlicher Meinung der Exegeten ist bei dieser Gruppe an Bewohner Griechenlands zu denken, also an solche, die womöglich aufgrund ihrer Herkunft durchaus in der Kultpraxis einer lokalen griechischen Gottheit beheimatet sind, sich dennoch aus Sympathie mit der jüdischen Frömmigkeit (»Halbproselyten«) anlässlich des Passahfestes nach Jerusalem aufmachen, um im Tempel anzubeten. Von Jesus haben sie gehört. Nun wollen sie ihn »sehen«. Deren Engagement, ihre Unverblümtheit und ihr kluger Plan der Kontaktaufnahme (connections) beeindrucken und berühren mich.

VI Predigtschritte: Geteilte Freude, doppelte Freude

1. »Freue dich« – Freude lässt sich nicht verordnen oder im Befehlston einfordern. Freude stellt sich ein, sie springt auf andere über, sie macht sich breit. Freude entsteht nicht grundlos. Sie wird ausgelöst in konkreten Situationen, aus konkretem Anlass. Groß ist die Freude insbesondere dann, wenn der Grund nicht selbst zu verantworten war.

Am Sonntag Lätare steht eine Szene im Mittelpunkt, anhand derer sich die Frage nach der Freude noch einmal anders stellt. Die Gruppe griechischer Festpilger möchte Jesus sehen, doch zu der Begegnung kommt es nicht. Stattdessen kündigt Jesus seinen Leidensweg an. Um was für eine Freude geht es hier? Freude über das Leiden?

Die Erzählung lenkt den Blick auf die Verheißung, die mit dem Leiden Christi verbunden ist. Und die allen gilt. Denen, die in ihrem Glauben konsequent sind. Aber auch jenen, die zunächst nur mal sehen wollen, die neugierig sind, aber in Halbdistanz bleiben. Der Text führt uns über die Perspektive der griechischen Pilger zur Frage nach der Tragweite des angekündigten Leidens Christi.

2. Die Eingangsszene mit den Griechen und den beiden Jüngern eignet sich nicht, um das »Sehen« als defizitäre Form religiöser Praxis einem »Mitmachen« gegenüberzustellen. Hinsehen, zuschauen, wahrnehmen sind unverzichtbare Momente religiöser Praxis und Voraussetzung dafür, dass Glaube entsteht und weitergegeben wird. Das Sehen öffnet neue Perspektiven auf Gott, auf die Welt und auf mich selbst. Neues Sehen ermöglicht neue Ansichten und Aussichten, kann Menschen umsichtig, weitsichtig und rücksichtsvoll machen. Mich beeindruckt die Haltung der Gruppe griechischer Pilger. Ihre Sehnsucht danach, Jesus zu sehen, lässt in mir eine Sehnsucht nach einer solchen Sehnsucht wach werden. Mich beeindruckt die Unverblümtheit ihres Plans, einen Blick auf Jesus zu erhaschen.

Werkstück Predigt (Einstieg)

»Jetzt freu dich doch mal!« Dass Worte wie diese in einem Stimmungstief nicht unbedingt aufhelfen, wissen alle, die sich solche gut gemeinten Aufforderungen schon einmal anhören mussten. Freude lässt sich nicht anordnen, im Imperativ einfordern. Das ist mit allen Gefühlen so. Freude stellt sich unverhofft ein, überfällt mich in konkreter Situation, aus konkretem Anlass. Nie grundlos.

Der heutige Sonntag heißt so: Lätare! Freue dich! Die Texte und Lieder, ja sogar die liturgische Farbe des Gottesdienstes – rosa! – lassen bereits das Osterfest anklingen. Mitten in der Passionszeit ein kleiner Vorgeschmack auf das Osterfest. Auf die Osterfreude. Aber was für eine Freude ist das eigentlich?

Das Evangelium zum heutigen Sonntag Lätare enthält eine kleine Szene. Eine Gruppe griechischer Pilger kommt zum Passahfest nach Jerusalem. Sie sind so etwas wie religiöse Touristen. Auch wenn sie eigentlich nicht zum Volk Israel gehören, interessieren sie sich für die jüdische Frömmigkeit und die jüdischen Feste. Sie haben den weiten Weg nach Jerusalem zurückgelegt, um pünktlich zum Passahfest in Jerusalem zu sein und mitzufeiern. Jedenfalls soweit es ihnen als Anhänger, die nicht richtig dazugehören, möglich ist. Und dann hören sie von Jesus. Von dem, was man sich so erzählt in der Stadt. Und werden neugierig.

Werkstück Predigt (Schluss)

Die Zusage gilt. Der Tod und die Auferweckung Christi ist für alle ein Grund zur Freude. Denen, die ihren Glauben intensiv leben und den Alltag danach gestalten. Aber auch denen, die nicht so konsequent sind. Denen, die Jesus erst einmal nur kurz sehen wollen. Die noch nicht so genau wissen, was es für sie bedeutet. Sogar denen, die – wie wir – dem irdischen Jesus nie begegnet sind, gilt die Verheißung. »Jesus ist kommen, Grund ewiger Freude« (EG 66).

Literatur: *Stefan Alkier/Hartmut Leppin*, Einleitung – Juden, Christen, Heiden? Religiöse Inklusion und Exklusion in Kleinasien bis Decius, Tübingen 2018, 1–17; dies., Juden, Christen, Heiden? Ein terminologischer Epilog, a. a. O., 433–445.

Judika (5. Sonntag der Passionszeit)
Hiob 19,19-27:
Wissen – Verzweiflung – Gewissheit

Hajo Petsch

I Eröffnung: Hiob betritt die Bühne

»Das Buch Hiob«, so Carl Gustav Jung, »stellt den frommen und treuen, aber von Gott geschlagenen Mann auf eine weithin sichtbare Bühne, wo er ... der Welt seine Sache vorbringt.« (Jung, 21) Meine ersten Assoziationen: die Rahmenerzählung, klar. Satan wettet mit Gott. Ein ziemlich makabres, wirklich diabolisches Spiel. Doch glaubensstark ist er, dieser Hiob: »Der Herr hat's gegeben ...« Und am Ende des Hiobbuchs: Alles gut. Doppelte Entschädigung für alle Verluste. »Und der Herr segnete Hiob fortan mehr als zuvor. (...) Und Hiob lebte danach hundertvierzig Jahre ... und starb alt und lebenssatt.« Zwischen den Kapiteln eins und dem Schluss (Kap. 42,7 ff.) begegnen wir dem klagenden Hiob (intoniert ab 3,1 ff.). und seinen drei »Freunden« Elifas, Bildad und Zofar, die den bedauernswerten Hiob mit langatmigen Reden zur Einsicht bringen wollen. Irgendwas muss er ja angestellt haben, wenn ihn der Herrgott so bitter bestraft.

Wie bezeichnen die Exegeten diese bizarre Logik? Genau: Tun-Ergehen-Zusammenhang. Für mich, mit Verlaub, eine ziemlich langweilige theologische Haarspalterei. Ihr gegenüber redet Hiob Klartext: »Ihr seid Lügentüncher und unnütze Ärzte. (...) Wollt ihr Gott verteidigen mit Unrecht und Trug für ihn reden?« (13,4.7) Gegen Schluss ergreift Gott selbst aus dem Sturm zweimal das Wort (38,1-41,26) Er trumpft auf mit seiner ganzen Schöpfermacht: »Wo warst du, als ich die Erde gründete? Sage mir's, wenn du so klug bist!« (38, 4) Hiob, gibt sich, wie kann es anders sein, – jedenfalls dem Anschein nach – geschlagen: »Ich habe ohne Einsicht geredet, was mir zu hoch ist und ich nicht verstehe. (...) Ich will dich fragen, lehre mich (...) Ich gebe auf und bereue in Staub und Asche.« (42,3b.6) Dieses demütige Selfdowning nehme ich Hiob nicht ab. In Kap. 7 zeigt er sich als einer, der die erbärmliche conditio humana sehr wohl kapiert hat. »Mein Fleisch ist gekleidet in Maden und staubigen Schorf«, heißt es da. Und zugleich finden sich fast trotzige Untertöne: »Ich vergehe! Ich will nicht ewig leben. Lass ab von mir, denn meine Tage sind nur noch ein Hauch.« (7,5.16)

II Erschließung des Textes: »Mein Erlöser lebt!«

Diese depressive Situationsanalyse setzt sich im Predigttext fort. Hiobs Mitmenschen haben alle sozialen und emotionalen Kontakte zu ihm abgebrochen (19,19). An klagender Intensität nicht zu überbietende szenische Details sprechen mein Mitgefühl mit dem sinnlos gequälten Hiob an: »Mein Atem ist zuwider meiner Frau und die Söhne meiner Mutter ekelt's vor mir.« (19,18) Zum Gerippe ist er abgemagert, ein Bild des Jammers. Die Beschreibung seiner körperlichen Verfassung (19,20) erinnert an ähnliche Klagen in den Psalmen (etwa Ps 22,15-18 und 102,4-12). »Mein Gebein hängt nur noch an Haut und Fleisch!« (19,20) Hiob fühlt sich auf »das nackte Leben« reduziert und kann nur seine Freunde um Erbarmen bitten, Erbarmen, das ihm Gott verweigert: »Warum«, fragt er, »verfolgt ihr mich wie Gott?«

Da ist sie: diese ewige Warum-Frage angesichts sinnlosen Leidens. Um sie dreht sich Hiobs anklagende Rede in ihrer schwer zu entwirrenden Mischung aus latent aggressiven und depressiven Elementen. Auch wenn sein – im wahrsten Sinn des Wortes: un-erhörtes – Leid ohne Abhilfe bleibt, so möchte Hiob es wenigstens schriftlich zur bleibenden Erinnerung der Nachwelt hinterlassen: »... in den Fels für alle Zeit eingegraben und mit Blei ausgegossen« (Strauß, 15). Ein Anklang an Lk 19,40: »...so werden die Steine schreien«.

Und dann, mit Vers 25 kommt ganz unerwartet wie ein Staccato der Umschlag des Textes von der Klage in eine getroste, mutige Gewissheit: »*Waanni jadati* ...« Ich *aber* weiß! Das hebräische *jada* bedeutet weit mehr als kognitives Faktenwissen um einen Sachverhalt. Es umfasst vielmehr ein emotionales, intimes, persönliches Kennen, ein untrügliches, erfahrungsgesättigtes Gewiss-Sein. »Ich weiß, dass mein Erlöser lebt ...« Die Bedeutung des Erlösers, hebräisch *goel* ist exegetisch umstritten. Strauß schlägt in seinem Hiob-Kommentar vor, den *goel* als eine Figur zu interpretieren, die »Hiobs Recht wahrt, für ihn bereits präsent ist, dass sozusagen hinter dem zornigen und richtenden Gott der für ihn eintretende auf ihn wartet«. Strauß meint: »Der schlichte familienrechtliche Begriff des *goel* ist hier nicht zufällig gewählt. Vielmehr ist ein *goel* eben der, der die Solidarität der Familie wiederherstellt, deren Entzug Hiob im Vorhergehenden bitter beklagte« (Strauß, 16).

Dem *goel* käme dann im Kontext der Hiob-Dichtung nicht nur die Rolle eines fairen Verteidigers der missachteten Rechte Hiobs zu, vielmehr könnte man ihn der Schar der »Gottessöhne« zurechnen und zugleich als Gegenspieler Satans ansehen (1,6). Kommentator Strauß bleibt diesbezüglich zurückhaltend: Denn der unmittelbare Kontext von Hiob 19,25 »legt ... die Erhörung durch einen Gott nahe, der sich ... nach der voraufgehenden bitteren Klage eines sozusagen um Gottes willen tödlich Isolierten dessen Recht annehmen wird«. Das bedeutet, »dass Hiob gegen alle seine bisherige Erfahrung nun Gott als seinen gegenwärtigen *goel* in Anspruch nimmt« (Strauß, 16). In welch elender körperlichen Verfassung auch immer – Hiob ist sich dessen gewiss: »Ich selbst werde ihn (sc. Gott) sehen (schauen).« (V. 26 f.) Das schließt den Bogen zum *Waanni jadati* von Vers 25: Das emotional gewisse Wissen lässt Hiob nicht daran zweifeln, dass seine Augen Gott schauen werden. Ob dies ein Beleg für die Vorstellung eines postmortalen Lebens sei, muss eine kontextbezogene Exegese offenlassen. Unbestreitbar jedoch hat dieser Text in seiner Wirkungsgeschichte Vorstellungen von einem jenseitigen Leben bzw. einer Auferstehung von den Toten unterstützt. Wie immer das zu beurteilen ist, die Hiobgeschichte zeigt mir eine erste Spur des gegen ein archaisches Gottesbild revoltierenden Menschen, der auch und trotz des Leids seine Würde, seinen aufrechten Gang bewahrt. Und der im Sinn von Psalm 73,23 beten kann: »Dennoch bleibe ich stets an dir; denn du hältst mich bei meiner rechten Hand ...«

III Impulse: Neues Vertrauen wagen

Keine einfache Predigtaufgabe stellt dieser Text. Sicher, das Hiob-Buch bietet viele narrative Möglichkeiten. Es ist voll von für sich selbst sprechenden Zitaten, in denen sein Hadern mit Gott und die Kritik an seinen »frommen« Freunden drastisch zur Sprache kommen. Doch klärungsbedürftig ist für mich, ob die Erfahrungsstruktur der Hörerinnen und Hörer ohne weiteres mit derjenigen von »Hiob« kompatibel ist. Bringen wir unser Leid noch so direkt und auch sprachmächtig wie Hiob mit Gott in Verbindung? Oder geht es zuerst einmal darum, eine Brücke zwischen uns und »Hiob« zu schlagen? Wie und mit wem hadern wir – und das nicht selten auf hohem Niveau – mit Schicksalsschlägen? Da meldet sich tief verwurzelt in uns die Frage: Warum gerade ich? Warum passiert so was ausgerechnet mir und nicht Leuten, die es vielleicht mehr als ich »verdient« hätten?

»Vertrauen« ist hier das entscheidende Stichwort für mich. Kleine und größere Katastrophen meines Lebens stellen mein Vertrauen ins Leben in Frage. Nach dem Motto: Bislang lief doch alles glatt, reibungslos. Bislang ließ sich doch alles ganz gut managen. Und mit einem Schlag bricht da mehr oder weniger viel weg ... Warum? Schicksalsschläge! Momente, in denen meine bisherige Lebenskunst, mein Glaube an mich und die »Welt« nicht mehr tragen. Da kommt bei vielen Mitmenschen nach wie vor auch vage der »liebe Gott« als Garant des guten Lebens, als eine Art Vollkaskoversicherung ins Spiel. Womit habe ich das verdient?

Enttäuschtes Vertrauen – damals bei Hiob, dessen Leben sehr erfolgreich und glatt verlief. Und ebenso bei uns, wo das Leben – von kleinen Dellen abgesehen – kaum Grund zu größeren Klagen gab. Wie lässt sich enttäuschtes, frustriertes Vertrauen wieder aufbauen? Vielleicht mit dem festen Glauben, dass alles gut ist und wieder – wenn auch anders als gedacht – gut wird. Dennoch. Trotzdem. »Ich weiß das, das spüre ich ...« Dieser Weg vom »Alltagsglauben« hin zu Hiob 19,25 gehört zu meinem homiletischen Brückenschlag, zum Wagnis neuen Vertrauens.

Literatur: *Carl Gustav Jung*, Antwort auf Hiob, München 2001; *Hans Strauß*, Hiob. 2. Teilband (BKAT XVI/2), Neukirchen-Vluyn 2000.

Dieter Beese

IV Entgegnung: Weisheit Israels und christlicher Osterglaube

1. In seinem Beitrag zum 250. Todestag von Georg Friedrich Händel schreibt Pfarrer Stephan Krebs für den Deutschlandfunk: »Die Botschaft des Ostermorgens hat der Komponist Georg Friedrich Händel in einer Arie einfühlsam vertont: ›Ich weiß, dass mein Erlöser lebt‹. Die Arie eröffnet den Schlussteil seines berühmtesten Musikstücks, des Oratoriums ›Der Messias‹. Mit geradezu rauschhafter Schaffenskraft komponierte Händel die Musik in nur drei Wochen. Die Inspiration dazu riss ihn aus einer schweren Krise heraus, sie eröffnete ihm eine tiefe Glaubenser-

fahrung und wurde in ihm zu unsterblicher Musik. Zum Osterfest 1742 wurde der Messias von Händel uraufgeführt.« (s. u. Internet: Krebs)

2. Folgt man Ingolf U. Dalferth und betreibt »Radikale Theologie«, so spricht viel dafür, Hiobs Satz »*Ich weiß, dass mein Erlöser lebt*« von Jesus Christus her zu verstehen. Diese Deutung bietet »eine neue Sinnverdichtung in einem anderen Kontext, die neue Sinnbezüge schafft und nahelegt, die vorher so nicht zu finden waren, und damit neue und nicht vorhersehbare Verstehensmöglichkeiten erschließt« (Dalferth, 55 f., Anm. 48). Der »Messias« Händels bietet dafür ein Beispiel. Einen Anhalt in der exegetischen Diskussion findet dieser Weg an der Möglichkeit, dass es sich beim »Löser« (goel) um »eine göttliche, aber von Gott unterschiedene Figur« handeln könnte, in der eine diesseitige Hoffnung oder eine jenseitig-eschatologische Hoffnung repräsentiert ist (Köhlmoos, 5). Jesus selbst greift die Weisheit Israels weiterführend auf, etwa in dem Wort vom Zerbrechen der Lebensgrundlagen des Mannes, der auf Sand anstatt auf Fels baut (Mt 7,24-29).

3. Damit schließe ich mich dem Anliegen von A an, den Tun-Ergehen-Zusammenhang in der Perspektive von Ps 73,23 f. (»*…und nimmst mich am Ende in Ehren an*«) positiv aufzugreifen und weiterzuführen. Die Fragestellung von A: »Wie lässt sich enttäuschtes, frustriertes Vertrauen wieder aufbauen?«, halte ich für angemessen. Sie schützt vor einer quietistischen, gegenüber dem weltlichen Status quo affirmativen Interpretation. Gegenüber dem Tun-Ergehen-Zusammenhang bin ich weniger kritisch als A und möchte ihn gern als interkulturellen, interreligiösen und allgemein menschlichen Erfahrungsbestand würdigen, der in Israel in der theologisierten Weisheit produktiv zur Krisenbewältigung rezipiert worden ist. Die liturgische Einbindung von Hiob 19 in den 5. Sonntag der Passionszeit (Judika) einschließlich der Korrespondenz zum Wochenspruch Mt 20,28 (»*…und gebe sein Leben zur Erlösung für viele*«) kann so in der Verbindung von Weisheit Israels und christlichem Osterzeugnis – damit gehe ich hermeneutisch über A hinaus – homiletisch fruchtbar gemacht werden.

V Erschließung der Hörersituation: Opfer der Verhältnisse und Zeugen der Hoffnung

1. Am 10. Dezember 1948 verabschiedete die Vollversammlung der Vereinten Nationen die Allgemeine Erklärung der Menschenrechte. Deren Artikel 1 lautet: »Alle Menschen sind frei und gleich an Würde und Rechten geboren. Sie sind mit Vernunft und Gewissen begabt und sollen einander im Geist der Brüderlichkeit begegnen.« Was damals unter dem Eindruck der Folgen des Zweiten Weltkriegs erarbeitet und beschlossen wurde, hat in der ganzen Welt tiefe und weitreichende Wirkungen

gehabt: Internationale Bündnisse und nationalstaatliche Verfassungen haben die Menschenrechte jeweils in ihrem Bereich in Kraft gesetzt. Viele Menschen in der Politik, im gesellschaftlichen Leben auch in den Kirchen, haben sich rechtschaffen und aufrichtig bemüht, die Lebensverhältnisse aller Menschen im Geist der Menschenrechte zu gestalten. Und wie sieht es heute aus? Die internationalen Beziehungen sind angespannt, radikale politische Bestrebungen spalten die Völker und vergiften das Miteinander, sehenden Auges setzen die Menschen die Zerstörung ihrer Lebensgrundlagen fort.

2. Hoffnungsfroh haben viele Menschen ihre Zukunft geplant. Gerade noch sind sie erhebliche persönliche Risiken eingegangen, um sich selbstständig zu machen, eine eigene Existenz zu begründen, und dann zerstört eine Epidemie alle ihre Träume und Populisten missbrauchen ihr Schicksal für ihre Zwecke. Sie begehren auf, protestieren und klagen. Wie wichtig die Klage als Raum der öffentlichen Beachtung, Bewahrung der Authentizität und Bewältigung des Leids ist, entfaltet Frank Crüsemann eindrücklich (vgl. Crüsemann, 62–69).

3. Inmitten so vieler enttäuschter Hoffnungen und geplatzter Träume gibt es dennoch immer wieder Menschen, die nach einer Zeit des Trauerns, des Klagens, des Aufbegehrens, der Verzweiflung, der Niedergeschlagenheit und Resignation schließlich doch wieder Glauben und Vertrauen fassen. Berührende und motivierende Beispiele habe ich im »Nachtcafé«, der Talkshow von Michael Steinbrecher, Moderator des Südwestdeutschen Fernsehens, gesehen. Sie machen sich von falschen Ratgebern unabhängig, lassen Verleumdungen und dummes Gerede anderer hinter sich, finden Freunde und Gefährten. Es wächst ihnen Kraft zu, die Vollmacht des Durchstehens und Neu-Anfangens. Einige werden dabei zu öffentlichen Zeugen des Glaubens (s. u. Internet: Steinbrecher).

VI Predigtschritte: Keine Lösung, aber ein Löser

1. Die Welt ist voll von ihnen, den unzählig vielen Hiobs, denen das Leben unter ihren Händen zerbricht und die an Gottes Gerechtigkeit verzweifeln, obwohl sie doch ihr Bestes gegeben und alles ihnen Mögliche getan haben. »*Mein Gott, mein Gott, warum hast du mich verlassen?*« (Ps 22,2)

2. Vor vierzig Jahren schreibt der Rabbiner Harold Kushner nach dem Tod seines vierzehnjährigen Sohnes das Buch »*Wenn guten Menschen Böses widerfährt*« (Kushner). Wie bei Hiobs Freunden zerbricht hier das gesamte konventionelle vermeintliche Wissen über Gott und seine angeblichen Eigenschaften: »Güte«, »Gerechtigkeit« und »Allmacht«. Eine »Lösung« gibt es nicht, auch wenn die bisherigen Gewissheiten für eine gewisse Zeit und eine gewisse Strecke lang getragen haben.

3. Jesus selbst zählt zu ihnen. Menschlich gesehen widerfährt ihm, wovon er in der Bergpredigt gesprochen hat: Er hat offensichtlich auf Sand gebaut. (Mt 7,27) Seine Worte, seine Taten, sein Geschick sind nicht die Lösung der Menschheitsprobleme, sie enden vielmehr in der Katastrophe: »*Anderen hat er geholfen und kann sich selber nicht helfen...*« (Mt 27,42)

4. Was unterscheidet die »Lösung«, gar eine »Endlösung« vom »Erlöser«? Auf dem Höhepunkt seiner Rebellion hält Hiob an seinem existenziellen Wissen fest: »*Ich weiß, dass mein Erlöser lebt.*« Hier wendet sich einer im Glauben an Gott gegen Gott. Martin Luther wusste etwas davon: »Jenseits seiner Offenbarung ist Gott verborgen.« (s. u. Internet: Leiner) Gegen alle Vernunft und Erfahrung erschließt er sich aber dennoch Menschen in ihrer tiefsten Not und macht sie zu Zeugen seiner Barmherzigkeit: »*Lobe den Herrn, meine Seele, ... der dein Leben vom Verderben erlöst, der dich krönet mit Gnade und Barmherzigkeit.*« (Ps 103,1.4)

Werkstück Predigt

Silke Pan ist Artistin und tritt zusammen mit ihrem Mann als Trapez-Künstlerin auf. Doch bei einer Übung fängt er sie nicht rechtzeitig auf. Sie stürzt schwer und ist seither querschnittsgelähmt. Ich möchte mir nicht im Einzelnen ausmalen, was sie durchmachen muss. Alles scheint verloren: Gesundheit, Beruf, Karriere, materielle Sicherheit, Lebens- und Liebesglück. Aber nach Jahren des Schmerzes und der Kämpfe ist sie, inzwischen mit ihrem, demselben, Partner glücklich verheiratet, als querschnittsgelähmte Artistin tätig und sagt: »Ich habe alles losgelassen, doch nun bekomme ich das Leben neu geschenkt und darf sogar die Früchte aus meinem alten Leben ernten. Dafür bin ich so dankbar. Ich bin voller Freude, und diese Freude möchte ich teilen.« (s. u. Internet: Pan, 1:06:55–1:29:00; in einem Gottesdienst offener Form ließe sich diese Sequenz ggf. zeigen)

Literatur: *Frank Crüsemann*, Das Alte Testament als Grundlage der Diakonie, in: Volker Herrmann/Martin Horstmann (Hg.), Studienbuch Diakonie, Band 1: biblische, historisch und theologische Zugänge zur Diakonie, Neukirchen-Vluyn ²2008, 58–87; *Ingolf U. Dalferth*, Radikale Theologie, Leipzig ³2013; *Harold Kushner*, Wenn guten Menschen Böses widerfährt, Gütersloh 1981.

Internet: *Melanie Köhlmoos*, Art. Löser/Loskauf (2015), in: www.wibilex.de; *Stephan Krebs*, »Ich weiß, dass mein Erlöser lebt. Zum 250. Todestag von Georg Friedrich Händel, https://www.deutschlandfunkkultur.de/ich-weiss-dass-mein-erloeser-lebt.1124.de.html?dram:article_id=176939; *Hans Leiner*, Wie erkennen wir Gott? Martin Luthers gewagte Rede vom verborgenen und offenbaren Gott, https://www.sonntagsblatt.de/artikel/glaube/martin-luthers-gewagte-rede-vom-verborgenen-und-offenbaren-gott; *Silke Pan*, in: Schicksal verbindet, https://www.ardmediathek.de/swr/video/nachtcafe/schicksal-verbindet/swr-fernsehen/Y3JpZDovL3N3ci5kZS-S9hZXgvbzEyNDk0Mzc/; *Michael Steinbrecher*, Nachtcafè, https://www.ardmediathek.de/swr/sendung/nachtcaf-/Y3JpZDovL3N3ci5kZS8yMjUwOTk0/, alle abgerufen am 31.05.2020.

Palmarum (6. Sonntag der Passionszeit)
Hebräer 11,1-2(8-12.39-40); 12,1-3:
Wandern im Glauben

Doris Hiller

I Eröffnung: Auf Wanderschaft

Wandern liegt im Trend. Wie viele Trends, die Altbekanntes in neuen Formen präsentiert, kommt es jetzt als »Hiking« daher. »Das machen jetzt alle« – und schon ist man mittendrin im Strom derer, die irgendwie unterwegs sind, meist unter der Devise: Der Weg ist das Ziel. Und weil es bekanntlich kein schlechtes Wetter, sondern nur schlechte Kleidung gibt, profitiert die Outdoorbranche.

Kleider spielen auch auf der Schlussetappe des »Hiking in belief« – althergebracht ist von Glaubenswanderschaft die Rede – eine Rolle. Am Palmsonntag geht es dabei heiter zu. Buntes säumt den Weg. Alle sind auf den Beinen und wenn man die Szene aufzieht, dann sieht man, dass sie nicht erst heute aufgebrochen sind. Noch bejubeln sie, dass der Weg nicht mehr länger das Ziel ist, sondern ein Ziel hat.

II Erschließung des Textes: Hiking in belief

Auch der Hebräerbrief sucht neue Formen für Bekanntes. Stil und Sprache des Verfassers, vermutlich ein theologischer Lehrer der zweiten Generation nach Jesu irdischem Weg, unterscheiden sich erheblich von den übrigen neutestamentlichen Texten. Ungefähr 150 Begriffe und Wendungen im Umfeld der Glaubenssprache trägt der Hebräerbrief neu ein, z. B. dass der Glaube sich an Dinge hält, die man nicht sieht (11,1b; vgl. Gräßer, 98). Die neuplatonische Gelehrtensprache lag zur Zeit der Abfassung des Briefes im Trend. Weltliche Begriffe für biblische Geschichten entsprechen nicht nur dem Zeitgeist, sondern sind Ausdruck dafür, dass sich über die alten Geschichten hinaus Gott in Christus neu auf den Weg in und durch die Welt gemacht hat.

Zwar leuchtet die predigtpragmatische Reduktion der Kapitel auf die angegebenen Verse ein. Allerdings geht dadurch das sprachliche Zusammenspiel von begrifflichem Glaubensbekenntnis und erzählter Glaubenserfahrung weitestgehend verloren. Abraham und Sara bleiben. Ihre Geschichte ist als Anfang des Weges geltend zu machen, auf dessen Zielgerade nun auch die Menge vor den Toren Jerusalems einbiegt.

Die Sinneinheiten der Perikopen-Abschnitte entsprechen dem, was in den Kommentierungen von Hebr 11 und 12 vorgeschlagen wird. Auch wenn in der Predigt deutlich werden sollte, dass einige Verse ausgelassen werden, empfiehlt es sich, beim Verlesen der Perikope die Versanschlüsse zusammenhängend stilistisch zu bereinigen.

1. Die Route steht fest (11,1-2)
Hebr 11,1 definiert die Marschroute. Es geht um Glaubenserkenntnis. Diese könnte auch der Philosophie entnommen sein. Für sich genommen ist V. 1 allgemeingültig. Erst der Kontext ermöglicht eine Präzision. Es handelt sich um den biblischen Glauben in seiner christlichen Interpretation. Die vorherigen Kapitel nehmen die Bildwelt der Gottesgeschichte in Konzentration auf Jesus Christus auf (Hohepriester, Opfer, Mittler des neuen Bundes). Hebr 11,1 bietet zunächst eine definitorische Zusammenfassung, von der Luthers Übersetzung sprachlich und sachlich abweicht, auch wenn sie wegen des relativen Bekanntheitsgrades dieses Verses in der Ausgabe von 2017 beibehalten wurde. *Hypostasis*, mit Zuversicht übersetzt, bedeutet alles, nur eben das gerade nicht. Wörtlich ist ein Darunter- oder Feststehen gemeint. Aus dem Philosophischen adaptiert wurde der in trinitarisch-christologischem Zusammenhang gebrauchte Begriff der Substanz oder des Fundaments. Luther ist mit seiner Übersetzung schon bei der Hoffnung. Zunächst aber braucht es den festen Stand, um sich im Nebel des Nichtsehens nicht zu verlieren.

Hebr 11,2 empfiehlt, erst ein paar Schritte zurück zu gehen. Es gilt gewissermaßen Anlauf zu nehmen für das Kommende. Der Glaube der Alten treibt an. Er zeigt sich immer wieder als Wagnis, als Aufbruch ins Ungewisse. Das gibt gute Noten. Gottes Zeugnis jedenfalls bestätigt, dass man mit den Alten, die aus der Hoffnung lebten, auf dem richtigen Weg ist.

2. Auf geht's (11,8-12)
Mit den V. 8–12 wird der Glaube buchstäblich vom Kopf auf die Füße gestellt. Es folgt *das exemplum fidei* schlechthin: Abraham. Urvater des wandernden Gottesvolks. Dass Sara hier auch Erwähnung findet, würde man gerne unter dem Aspekt der Gendergerechtigkeit betonen. Allerdings dient sie nur dazu, den Glaubensgehorsam ihres Mannes zu betonen. Zur Erfüllung der Verheißung ist sie aber, wie später Maria, unverzichtbar. Der Mann, schon »tot«, wird zwar wieder zeugungsfähig. Die Frau aber, obwohl ebenfalls »tot«, gebiert das Leben, das sich ins Unendliche vervielfältigt. Die Verheißung birgt Leben die Fülle. Nur sieht es der Mensch noch nicht. Die Wolke von Zeugen klärt darüber nicht auf. Sie lässt zwar Abraham und seine Nachkommen zunächst im Nebel stehen, aber nicht im Zweifel allein. Sie brechen auf.

3. Das kann ja heiter werden (11,39-40)
Die Wolke der Zeugen, deren konkreten Glaubenserfahrungen ausgespart werden, macht die Aufbruchserfahrung Abrahams zu einem fest-

stehenden (s. *hypostasis* aus V. 1) Topos im Glaubensleben. Immer wieder brechen Menschen auf, um ihre je eigene Erfahrung mit dem Gott, der sein Mitsein auf dem Weg kundgetan hat, zu leben und zu erzählen; auch davon, dass dieser Weg Um- und Abwege kennt. Die Erfahrungen verdichten sich im Martyrium. Allerdings macht die Verbform von V. 39 deutlich, dass damit nicht das Leiden um des Evangeliums willen assoziiert ist. Auch in den V. 32–38 wird diese Konnotation des Bezeugens gerade nicht mit dem Verb martyréō ausgedrückt. Vielmehr geht es um die Bekräftigung der Zeugenschaft. Es ist Gott, der das Zeugnis ausstellt. Man beachte dabei die heterogene Wolke der Zeugen. Sie stehen für das Mitsein Gottes. Allerdings sind sie nicht als Archetypen ausgewiesen (Vorbilder). Damit »überrascht« der V. 40 (Gräßer, 217) nicht so sehr, wie man auf den ersten Blick meinen könnte.

Es geht Hebr 11 nicht um Glaubensmoral, die auch den Christen anhand entsprechender Vorbilder zur Nachahmung empfohlen wird. Nicht der düstere Zeigefinger des »So sollt auch ihr« ist hier impliziert, sondern die heitere Glaubenshoffnung eschatologischen Ausmaßes ist hier allen verheißen. Was aussteht, ist viel besser für uns als ein bloßes Nachlaufen. Hier Antijudaismus zu vermuten, entspricht nicht dem Duktus des Hebräerbriefes (vgl. Gräßer, 221), der nicht umsonst bei den Erzvätern ansetzt, um die universale Gottesgeschichte zur Geltung zu bringen. Dass die Verheißung noch aussteht, macht nicht die einen schlechter und die anderen besser, sondern betont, dass alle (vgl. Hebr 4,2) mit der Verheißung auf Vollendung leben. Wenn sonst Predigende auf die Gefahr der unmittelbaren Übertragung einer Perikope in die Gegenwart hinein aufmerksam gemacht werden müssen, sind sie mit Hebr 11,32 davon entlastet. V. 32 perpetuiert die Aufzählung. Eine Interpretation in die je und je geschehende Gegenwart hinein ist mit der Textgestalt angelegt. Die Geschichte geht bis in unsere Tage hinein weiter: nicht immer sonnig.

4. Wettervorhersage (12,1-3)

Das Beste kommt zum Schluss. Nicht weniger wird vorhergesagt. Theologisch wäre es fatal, auf diese Anschlussverse aus dem 12. Kapitel in der Predigt zu verzichten. Wenn überhaupt, wäre eine Beschränkung nur auf diese Verse möglich.

Drei Zielaussagen werden in Bezug auf das Vorhergehende markiert:

1. Die Wolke der Zeugen umgibt (perikeimai). Die Wolke schützt vor Wind und Wetter. Es ist nicht die Wolke, die vorausgeht und der zu folgen ist. Das ist Gottes Wolke (Num 10,11).

2. Die »Strickware« (eperistatos), Kleider der Sünde werden abgelegt. Es kann unbeschwert gelaufen werden.

3. Die eschatologische Aussicht auf Vollendung wird angesichts des Kreuzes freigegeben. Der Aufbruch führt nicht ins Nebulöse. Das Ziel bleibt nicht abstrakte Verheißung. Sie wird im konkreten geschichtlichen Handeln Gottes in Jesus Christus sichtbar.

III Impulse: Im Glauben unterwegs

Am Beginn der Karwoche braucht es Mut, den Weg im Glauben weiterzugehen. Dazu ist ein fester Grund nötig. Die Predigt sollte anregen, nun auch das Weggelassene lesen zu wollen. Nicht, weil sich dadurch der Gang zum Unausweichlichen verzögern ließe. Vielmehr kann am Palmsonntag daran gedacht werden, was auf dem Weg alles getan und gelassen wurde. Wir stehen in einer Weggemeinschaft der Erfahrungen mit Gott. Dieser selbst bescheinigt allen, auf dem richtigen Weg zu sein. Er bescheinigt es auch jenen, die meinen, auf Ab- und Irrwege geraten zu sein. Viele Wege führen nach Jerusalem. Auf der letzten Wegstrecke aber sammeln sich alle. Wie es weitergeht? Beim Wandern hilft manchmal ein Lied auf den Lippen. Auch alte Lieder gehören in die Reihe der Zeugen: »Jesu, geh voran« (EG 391).

Werkstück Predigt

Wandern ist angesagt. Wer wandert, bereitet sich vor. Es sieht bewölkt aus. Besser ist es, Kleidung für jede Wetterlage mitzunehmen. Aber der Wetterbericht für heute verspricht Sonnenschein. Hosianna und Halleluja. Kleider werden abgelegt. So lässt sich freier laufen. Der den Zug derer, die auf dem Weg sind, anführt, sieht den Wetterumschwung schon kommen. Was sie jetzt brauchen, ist Schutz. Was sie jetzt brauchen, ist Mut. Was sie jetzt brauchen, ist Geduld. Am Ziel fallen Anfang und Ende in eins.

Nachdenken über den ersten Palmsonntag – so könnte man das, was der Verfasser des Hebräerbriefs seinen Leserinnen und Lesern mitteilt, nennen. Er führt an den Anfang des Weges zurück und hat das Ziel fest vor Augen. [Textlesung] ... Schluss: Wir sind bald angekommen. Trotz unsicherer Wetterlage können wir die letzten Schritte mutig laufen. Es werden die ersten Schritte ins Leben sein. Amen

Literatur: *Erich Gräßer*, An die Hebräer (EKK XVII/3), Zürich/Neukirchen-Vluyn 1997; *Christian Rose*, Der Hebräerbrief, Göttingen 2019.

Wiebke Bähnk

IV Entgegnung: Gemeinschaft auf dem Weg durch die Zeiten

»Jesu, geh voran«, an den Schluss von A will ich anknüpfen, »auf der Lebensbahn! Und wir wollen nicht verweilen, dir getreulich nachzueilen, führ uns an der Hand bis ins Vaterland.« Es geht um den Glaubensweg der Christen, um die Erfahrungen des »wandernden Gottesvolkes«. Durch Verfolgungen (vgl. Hebr 10,32-24) ist es geschwächt, findet sich mit »müden Händen« und »wankenden Knien« vor (vgl. Hebr 12,12). Die zweite oder dritte Generation der Christen erlebt die Diskrepanz zwischen Heilserwartung einerseits und Unheilserfahrung andererseits. In dieser Situation einer drohenden Entmutigung und Erschöpfung des Glaubens abzuhelfen ist nach Ausweis von Hebr 12,3 Ziel und Zweck der langen, als »Wolke der Zeugen« bezeichneten Ahnenreihe des Glaubens in Hebr 11,4-38 und der nachfolgenden Aufforderungen zur Orientierung an Jesus Christus in Hebr 12,1-3.

Die aktuelle Glaubensexistenz wird eingebettet in eine die Geschichte seit Anbeginn überspannende Geschichte einer »Weggemeinschaft der Erfahrungen mit Gott«, wie A treffend formuliert. Das hat eine tröstende und eine ermahnende Funktion: Die Adressaten sind zusammen mit den Müttern und Vätern des Glaubens, die ihrerseits einer Fülle von Bedrängnissen ausgesetzt waren (vgl. den »Peristasen-Katalog« in Hebr 11,33-38), auf einem Weg. Und nicht nur gemeinsam auf dem gleichen, sondern gemeinsam »auf dem richtigen Weg« (A) zur Vollendung der Glaubenshoffnung. »You'll never walk alone«, die Kette der Weggefährten reicht weit zurück und wird in der und über die Adressaten-Generation hinaus weitergedacht. Zugleich steckt in dem Exempla-Katalog der »Zeugen« auch die Aufforderung, es ihnen gleichzutun im Standhalten (hypomonae; Hebr 12,1) unter den je eigenen Erfahrungen.

Diese implizite Aufforderung mündet in die explizite der Orientierung an Jesus Christus (Hebr 12,2f), der selbst dem Leid und dem Kreuz »standgehalten« hat (hypomenein). Auch wenn er im Hebräerbrief nicht selbst als »Zeuge« bezeichnet wird (wie Offb 1,5), so erscheint er wie der, auf den die Geschichte der »Wolke der Zeugen« zuläuft. Und am Ende des gemeinsamen Wegs aller »Zeugen« wird Christus als »Anfänger und Vollender des Glaubens« sie auch zur gemeinsamen Vollendung führen (Hebr 12,2).

V Erschließung der Hörersituation: Trotz allem nicht allein unterwegs

Wo Palmsonntag nicht mehr als traditioneller Konfirmationssonntag vorgegeben ist, scheint er nicht mehr ausgeprägt als besonderer Sonntag wahrgenommen zu werden. Wer aber am Palmsonntag einen Gottesdienst mitfeiert, versteht ihn nach meiner Erfahrung zumeist doch recht bewusst als Beginn der Karwoche, als »Tor«, durch das hindurch Jesu Weg in das Leiden am Kreuz führt. Sowohl die Epistel Phil 2,5-11 (bes. V. 5) als auch der Predigttext aus dem Hebräerbrief verknüpfen den Weg Jesu Christi, sein Leiden, aber auch seine Erhöhung ausdrücklich mit Weg und Existenz der Gläubigen. Ob und wenn ja, an welcher Stelle des Wegs Menschen ihre jeweilige individuelle Glaubensexistenz einzeichnen, wird sehr unterschiedlich sein, abhängig natürlich von der biografischen Situation und ebenso von der gesellschaftlichen Großwetterlage. Für die Frage nach Weg und Existenz im Glauben scheint mir bezeichnend zu sein, dass diese zumindest in dezidiert volkskirchlichem Kontext zunehmend eine Sache des Einzelnen geworden ist. Das entspricht der gesellschaftlichen Tendenz der immer stärkeren Individualisierung und der Ausbildung von »Singularitäten«. Aber auch innerhalb dieser Tendenz bleibt die Wahrnehmung von Halt, Vergewisserung, Beheimatung des je Individuellen in einem übergeordneten Kontext ein menschliches Grundbedürfnis.

Der Predigttext bietet die Chance, in dem Bild der »Wolke der Zeugen« eine Gemeinschaft im spirituellen Sinn auszumalen und damit den Gedanken einer Verbundenheit, die die jeweils vorfindliche weit übersteigt, stark zu machen. Die Vielfalt der Glaubensexistenzen und -erfahrungen, die im Hebräerbrief erzählt werden, die Fülle der Erfahrungen der »Zeugen« bis heute, öffnet diese Gemeinschaft zu einem Raum, in dem die Individualität und Heterogenität der Glaubensexistenzen und -erfahrungen bis zum heutigen Tag Platz finden, einschließlich auch der häufig individuell nur schwer integrierbaren leidvollen Erfahrungen. Zugleich drückt dieses Bild aus, dass wir in unserer je eigenen Glaubensexistenz Teil einer Gemeinschaft sind und bleiben, die uns wie eine Art unsichtbares Band verknüpft durch Zeit und Raum, von der wir herkommen und mit der wir als Einzelne und auch als Kirche weiter auf unseren Wegen sind. Auf diesen Wegen in all ihrer Diversität gilt zugleich eine gemeinschaftliche, vergemeinschaftende Verheißung: dass wir von dem »Wanderer durch die Zeit« (vgl. Gotteslob 325 »Bleibe bei uns, du Wandrer durch die Zeit«) Jesus Christus an einen Ort der Vollendung und Ruhe geführt werden.

VI Predigtschritte: Gemeinschaft der »Zeugen«, Vielfalt der Glaubenswege und eine Zukunft

1. Märtyrergedenken – die »Wolke der Blutzeugen«
21. März 2019: Mit Hunderten anderer Christen sitze ich vor der Kirche San Bartolomeo d'Isola in Rom. 2002 hat Papst Johannes Paul II. diese kleine Kirche auf der Tiberinsel den Märtyrern und Märtyrerinnen des 20. und 21. Jahrhunderts gewidmet. An diesem Abend findet ein Gottesdienst zu ihrem Gedenken statt. Sie, die ihrem Glauben treu geblieben sind, unter völlig verschiedenen Lebensumständen, in unterschiedlichsten politischen und gesellschaftlichen Kontexten, Frauen, Männer, Katholiken, Orthodoxe, Protestanten, werden gewürdigt. In der Kirche gibt es ein modernes Altarbild, auf dem Märtyrer aus allen Erdteilen abgebildet sind – und über ihnen thront Christus umgeben von einer »Wolke der Zeugen« vergangener Zeiten.

2. »Zeugenschaft« im alltäglichen Dienst
Nicht alle »Zeugen« sind »Blutzeugen«, vor Zeiten nicht und heute auch nicht. Auch der Hebräerbrief versteht unter »martyr« noch keine Blutzeugen. In unserem Land, in dem wir nicht der Verfolgung ausgesetzt sind, braucht es zur Wahrnehmung der Verbundenheit mit der Gemeinschaft der »Zeugen« ein weiteres Verständnis von »Zeugenschaft«, das die christliche Tradition auch in reichem Maße bietet. Nach dem Gottesdienst treffen wir uns mit einem Mitglied der Gemeinschaft S. Egidio, die seit Jahren für die Kirche San Bartolomeo zuständig ist und sich engagiert für die Betreuung und Unterstützung von Flüchtlingen in Italien einsetzt. Im Gespräch wird deutlich, welche Herausforderung diese Arbeit darstellt, was die einzelnen Mitglieder dieser Gemeinschaft sich ihren Einsatz »kosten« lassen. Sie gehören wie unzählige andere zu der »Wolke der Zeugen«, die uns umgeben.

3. Die Unsichtbarkeit der »Wolke der Zeugen«
In manchen Kirchen stehen wie in S. Bartolomeo d'Isola »Zeugen« vor unseren Augen, über dem Westportal der Westminster Abbey (u.a. Martin Luther King und Dietrich Bonhoeffer), in den Glasfenstern der Kathedrale von Coventry. Aber in jeder unserer Kirchen sind sie gegenwärtig, durch Lieder, durch die Psalmen, das Vaterunser, durch die biblischen Erzählungen. Auch unsere »Vorfahren« im Glauben, ganz konkret an diesem Ort, die vor uns in unseren Kirchen beteten, sangen, weinten und sich freuten, sind unausgesprochen gegenwärtig. Der Unsichtbarkeit der Gemeinschaft, zu der wir gehören, weniger die Augen als die Herzen zu öffnen, könnte innerhalb der Predigt auch ein Moment der Stille ermöglichen, des »Herzenhörens« auf die, deren Gebete, Glaube, Hoffnung uns weiter umgeben.

4. Ein persönliches Antlitz in der »Wolke der Zeugen«
Aus der »Wolke der Zeugen« scheint für viele Menschen aber auch ein konkretes Antlitz hervor: dasjenige eines Menschen, dessen Glaubensexistenz sie beeindruckt hat und im eigenen Glauben geprägt hat, dasjenige eines Menschen, der die Vielfalt seiner Lebenserfahrungen im Glauben bestehen konnte oder kann.

Davon persönlich zu erzählen, darf, kann, muss sogar sein. Der französische Schriftsteller Emmanuel Carrère beschreibt den Einfluss seiner Patentante Jacqueline auf seinen Lebens- und Glaubensweg. Besonders bemerkenswert ist für ihn, dass sie ihm geholfen hat, die Vielfalt seiner Erfahrungen in den Glauben zu »integrieren«: »Der Weg ist weit«, schreibt sie ihm, »Hab keine Angst, aber stell dich darauf ein, dass du Angst haben wirst. Rechne damit, dass du zweifeln und verzweifeln wirst, dass du den Herrn anklagen wirst, ungerecht zu sein und zu viel von dir zu verlangen.« (Carrère, 50) Glaube wird wesentlich durch Menschen weitergegeben, die glaubwürdige »Zeugen« für ihren Glauben und eine durch ihn geprägte Existenz sind. Nicht nur deshalb sind wir in Deutschland an einer schwierigen Stelle des Weges angelangt, weil diese traditionale Weitergabe abbricht.

5. Die Weggemeinschaft und das Leiden des Einzelnen
Leiderfahrungen stellen oft den stärksten Einspruch gegen den Glauben dar, umso mehr, wenn sie auch noch mit dem Gefühl der Isolation verbunden sind. Nicht von ungefähr führt der Hebräerbrief eine ganze Liste von Bedrängnissen an, denen die »Wolke der Zeugen« ausgesetzt war. Der Gedanke, gerade auch auf schweren Wegstrecken an einer kollektiven Erfahrung teilzuhaben, tröstet. Die Gemeinschaftlichkeit dieser Erfahrungen mündet zuletzt in eine Gemeinschaftlichkeit ihrer Deutung und Sinnstiftung, die sich nach Hebr 12,1-3 im Blick auf Jesus Christus eröffnet: Jesus Christus ertrug Leiden und Kreuz, Widerspruch und Widerstand. Wer leidet, an, mit und durch den Glauben, hat daran Teil, über alle Zeiten hinweg. Jesus Christus hat sich aber auch gesetzt zur Rechten des Thrones Gottes. Wer zur »Weggemeinschaft« gehört, wird auch daran teilhaben. Diese Verheißung eröffnet zuletzt die Frage nach

der eigenen »Zeugenschaft«: gegen die Widersprüche gegen den Glauben – ob von außen oder von innen – festzuhalten daran, dass Glaubensexistenz meint, Hoffnung Gestalt gewinnen zu lassen im eigenen Leben und trotz allem und wider alles sich nicht an dem irre machen zu lassen, was (noch) nicht zu sehen ist.

»Glaube ist ein Baum. / Er wächst in der Wüste. / Glaube lebt in der Hoffnung, / vergeblich zuweilen, / dass Gott den Regen schickt. / Glaube ist zärtliches Vertrauen, / vergeblich zuweilen.« (M.F. Dei-Anang; zitiert nach Zink, 266)

6. Das »wandernde Gottesvolk« und seine Zukunft

Nicht nur Einzelne brauchen Halt auf ihrem je eigenen Weg. Das im Hebräerbrief aufgenommene ekklesiologische Bild des »wandernden Gottesvolkes« öffnet zuletzt den Blick auf eine entsprechende kollektive Erfahrung. In den vielen, oft verzweifelten Bemühungen von Gemeinden, Kirchenkreisen und Landeskirchen, dem wahrgenommenen Relevanzverlust und dem »Abbruch« kirchlichen Lebens mit immer neuen Projekten, organisatorischen und personalplanerischen Maßnahmen zu begegnen, der darin spürbaren Angst und Erschöpfung finde ich diese Erfahrung gespiegelt. Weiterzugeben, dass wir uns trotz aller Verantwortung für unsere Glaubensexistenz und unsere »Zeugenschaft« darin schlicht nicht so wichtig nehmen sollten, kann sich auch als tröstende, stärkende und heilsame Zusage aus dem Predigttext ergeben: Zusammen mit einer riesigen »Wolke von Zeugen«, die lange vor uns ihren Anfang nahm, sich über Zeit und Raum erstreckt, die sich fortsetzt mit uns und weit über uns hinaus sind wir auf dem Weg. In eine Zukunft, die der »Anfänger und Vollender des Glaubens« uns eröffnet. Und nicht wir ihm.

Literatur: *Emmanuel Carrère*, Das Reich Gottes, München 2017; *Jörg Zink*, Gotteswahrnehmung. Wege religiöser Erfahrung, Gütersloh 2009.

Gründonnerstag

Matthäus 26,17-30:
Lebenstrotz und Hoffnungstrauen

Hans-Martin Gutmann

I Eröffnung: Vertraut und bedeutsam

Manchmal können vertraute, immer wiederholte Begegnungen und Szenen außeralltägliche Bedeutung und Kraft bekommen: Ein Freund muss sich einer Operation unterziehen. Für die Ärzte mag das ja Routine sein, aber er ist in großer Sorge. Wir sind zum Essen verabredet, wie so oft, wie immer im selben Restaurant. Es gibt auch das gleiche wie immer: Rotes Curry mit Ente, Mango Lassi und einen Schluck Weißwein – der Arbeitstag steht ja teilweise noch bevor. Ein Ritual der Freundschaft, wie wir es schon oft gefeiert haben. Aber dieses Mal ist es besonders, aufgeladen, bedeutungsvoll. »Auf die Liebe und das Leben« – als wir anstoßen, haben wir beide eine belegte Stimme. Wir hoffen, dass der Inhalt dieses Wunsches über die Krise tragen wird.

Predigthörer und -hörerinnen werden, so oder ähnlich, solche Begegnungen kennen. Beispielsweise: Ein Telefongespräch mit der Tochter, sie startet zu einem Kurzflug nach Hause, sie sitzt schon im Check-In-Bereich. Ein Unwetter ist gemeldet. Sie hat sich entschieden, trotzdem zu fliegen. Viel Arbeit am nächsten Tag. Die Eltern sind in Sorge, die Tochter irgendwie auch. Aber sie ist erwachsen und hat sich entschieden, das Risiko einzugehen. Die Worte, die bei diesem kurzen Telefonat gewechselt werden, sind alltäglich und vertraut. Doch diesmal sind sie bedeutungsvoller, voller Sorge und Liebe. »Komm gut rüber.« »Ich freu mich auf dich.« »Sei behütet.« Dieser letzte Satz bekommt in der aufgeladenen Situation die Kraft eines Segens, mit der Hoffnung, dass er stärker wirkt als Sorgen und Angst, auch in und gegen drohende Turbulenzen.

Fulbert Steffensky erzählt: In seiner Heimat im streng katholischen ländlichen Teil des Saarlandes entließ die Mutter – sie war eine sehr fromme Frau – ihre Kinder, wenn sie zur Schule aus dem Haus mussten, mit einer beiläufigen Segensgeste auf der Stirn: einem flüchtig mit den Fingern gezeichneten Kreuzeszeichen. So beiläufig diese Segensgeste war – in bestimmten Situationen, die sich in der Regel erst danach als solche zeigen, bekommt diese große Kraft: wenn Krankheit droht, eine Prüfung bevorsteht, ein Unfall abgewendet werden kann.

Die Geschichte, die im Predigttext erzählt wird, sehe ich in dieser Zweigesichtigkeit von wiederkehrender Vertrautheit und – hier und jetzt – außerordentlicher, ja so niemals dagewesener Bedeutsamkeit.

II Erschließung des Textes: Deutung(en) einer Mahlzeit

Nach den Erzählungen der Evangelien hat Jesus immer wieder mit seinen Jüngern und vielen anderen, oft sozial missachteten und anstößigen Frauen und Männern, gegessen und getrunken. In einem Fall sogar mit Tausenden von Menschen, die ihm zugehört haben. Solche Mahlzeiten sind allen Beteiligten vertraut, sie gehören zu den selbstverständlichen Ritualen, die diese über Land ziehende Gruppe beieinander halten. Jesus hat erzählt, gepredigt und geheilt, er hat gestritten und zerrissene Beziehungen zu Gott neu geöffnet – und er hat offenbar gern gegessen und getrunken. Viele seiner Gleichniserzählungen und Heilungen finden im Kontext von Mahlzeiten statt. Jesus war offenbar kein Kind von Traurigkeit – »Fresser und Weinsäufer«, wie über ihn erzählt wird. Insofern reiht sich die Mahlzeit, von der in unserem Predigttext erzählt wird, in einen vertrauten Ritualablauf ein.

Zugleich ist das von Anbeginn eine besondere Mahlzeit: Es ist Passah, das große Fest der Befreiung des Volkes Israel aus Gefangenschaft und Unterdrückung. Jesus und seine Freundinnen und Freunde sind in Jerusalem – nach langer Wanderschaft durch ländliche Gegenden jetzt in Zion, der Stadt Davids, der von Gott erwählten Stadt, der Stadt des Tempels JHWHs. Glaubt man den synoptischen Evangelien, so ist Jesus – außer einer Szene in seiner Kindheit als Zwölfjähriger – jetzt zum ersten Mal hier; das Johannesevangelium rechnet mit mehreren Besuchen. Wie auch immer: Passah werden Jesus und seine Freundinnen und Freunde als fromme jüdische Menschen immer wieder gefeiert haben. Jesus lässt sich durch seine Jünger irgendwo einladen – wie so oft auf den langen Wanderungen. Selber unbehaust, müssen sie auf die Gastfreundschaft von Sesshaften bauen. Das Festessen wird vorbereitet.

Und mit dem Beginn des Essens ist nichts mehr vertraut und gewöhnlich. Eine Freundschaft zerbricht. Einer aus dem engsten Kreis seiner Freundinnen und Freunde hat Jesus an seine Verfolger verraten. Jesus schließt ihn nicht aus vom gemeinsamen Essen, macht aber, so die Erzählung der Szene, deutlich, dass er weiß, was Judas getan hat. Unterschiedliche Strategien – Gewalt oder Gewaltfreiheit gegenüber der römischen Besatzung; und möglicherweise auch eine unterschiedliche Radikalität, das von Jesus immer wieder verkündete Kommen des Reiches Gottes herbeiführen zu wollen – führen in diesem Moment in den katastrophalen Beziehungsabbruch.

Jesus teilt Brot und Wein mit den anderen; der Erzähler Matthäus lässt ihn dabei hochgradig mit Bedeutung aufgeladene Zusagen aussprechen. Sie gehen zum einen, beim Brot, in die Richtung einer gesteigerten, ja leiblichen Intimität der durch das gemeinsame Essen lebendig gemachten Beziehung zwischen den Feiernden – »dies ist mein Leib«; zum anderen, beim Wein, in Richtung einer Opfer-Szene, die in der Tradition des Bundesopfers gedeutet wird: »Das ist mein Blut des Bundes, das vergossen wird für viele zur Vergebung der Sünden.«

Was hat Jesus in dieser Situation wirklich gesagt? Der neutestamentlichen Exegese zufolge ist davon auszugehen, dass Jesus bei diesem Essen in eschatologischer Erwartung mit dem unmittelbar bevorstehenden Anbruch des Gottesreiches gerechnet hat. Für einen »Fresser und Weinsäufer« und für einen, der immer wieder gemeinsame Festmähler inszeniert und genießt, ist eine *Unterbrechung* sicherlich nur in der Hoffnung erträglich, dass – wie es schon vom ursprünglichen Bundesschluss Gottes mit seinem Volk erzählt wird (2 Mose 24,11) – bald, sehr bald ein *endgültiges Festmahl* gefeiert wird: »Ich werde von nun an nicht mehr vom Gewächs des Weinstocks trinken bis an den Tag, an dem ich aufs neue davon trinken werde mit euch in meines Vaters Reich.« In dieser Ansage geht es offensichtlich nicht um Opfer – ob nun als Bundesopfer, als Sühnopfer oder als Passahopfer gedacht –, sondern um eine radikal kurzfristige Unterbrechung der gelebten Praxis gemeinsamer Festessen und Gelage.

An dieses Essen, von dem unser Predigttext erzählt – aus nachösterlicher Perspektive das letzte Mahl Jesu mit seinen Freundinnen und Freunden vor seiner Hinrichtung – knüpfen sich aus späterem Blick, nach Kreuzigung und Auferweckung, dringliche Interpretationen, die das Geschehen auch in seiner Drastik und zunächst trostlosen Dramatik verständlicher machen sollen. Symbolische Interpretationen sind aus späterer Perspektive aus dem Glauben und den Lebensbedürfnissen der nachösterlichen Gemeinde angefügt worden, die sich aus der Erschütterung über die Katastrophe der Kreuzigung und aus der ekstatischen Erfahrung der Begegnung mit dem Auferstandenen speisen. Wohlgemerkt: Es geht dabei nicht um richtig und falsch. Alles ist gut und hilfreich, was eine radikal traumatisierende Erfahrung – und die Hinrichtung des geliebten Freundes, für den alle, die mit ihm unterwegs waren, ihr bisheriges Leben aufgegeben haben, genauso wie das vollständige Scheitern gemeinsamer Hoffnungen waren radikal traumatische Erfahrungen – erträglich machen, bearbeiten und bewältigen hilft. Das gilt bis heute: Denen die Vorstellung zum Leben und Glauben hilft, dass Jesus sein Leben als Opfer für unsere Sünden – zur Heilung der zerbrochenen Beziehung zu Gott, zu den Mitlebenden und zu sich selbst – hingegeben hat, für die sind und bleiben diese symbolischen Interpretationen Lebensermöglichungen.

Viele der buchstäblich bis aufs Blut geführten Auseinandersetzungen in der späteren Geschichte der Kirche (einschließlich der die Kirchen der Reformation trennenden Unterscheidung zwischen »est« und »significat« in der Verbindung von Brot/Wein und der Leiblichkeit Jesu im Abendmahl) sind in dem Maße – und nur in dem Maße – weiterhin erheblich, wie sie Menschen für ihre Lebensgewissheit gut und hilfreich sind. Jede Dogmatisierung einer dieser symbolischen Interpretationen mit Absolutheitsanspruch für alle halte ich allerdings für mindestens problematisch, jedenfalls nicht für verbindlich. Ich selber kann Opfer-Interpretationen im Abendmahl dann für mich annehmen, wenn das Gewicht auf Lebenshingabe für die Freundinnen und Freunde in einer Situation tiefster Verzweiflung, Gefahr und Lebenskrise gelegt wird – und nicht auf Sühne. Hier scheinen mir die biblischen Belege allzu dünn. Und zudem: Ich kann die Vorstellung von »Opfer« nur akzeptieren, wenn (mit allen Evangelien) alles Gewicht auf *Schuldlosigkeit* gelegt wird, um die klare Unterscheidung von zerstörerischen Opfermythen (nämlich: der am Unfrieden »Schuldige« muss geopfert werden, um Frieden wiederherzustellen) zu wahren.

Mich tröstet und begeistert allerdings zuallererst die Hoffnung Jesu, dass das Fest des Lebens mit dem letzten Mahl nur unterbrochen, aber nicht vernichtet ist. Auch in Angst, auch in Verrat und Freundschaftsabbruch hält Jesus daran fest, dass er wieder vom Gewächs des Weinstocks trinken wird. Dass Unterbrechung der Festpraxis bald, sehr bald aufhört, wenn das große Fest, das endgültige und alle Not verschlingende Gelage im Reich Gottes neu beginnt und alles in allem wird.

III Impulse: »Auf die Liebe und das Leben«

Ich kann mir vorstellen, dass der Gottesdienst, der diesem Predigttext Raum gibt, als Festmahl und Gelage gestaltet wird. Vielleicht findet sich vor Ort eine Gemeindegruppe, die ein solches Fest vorbereitet. Und wer nicht kochen mag, kann sicher etwas Finanzmittel dazu beisteuern – und wartet vielleicht längst, dazu eingeladen zu werden.

Es sollte lecker und genug für eine festliche Mahlzeit zu essen geben, und es sollte guter Wein – und nichtalkoholische Varianten – für alle da sein. Es geht darum, anschaulich und erfahrbar zu machen, dass Jesus dringend damit gerechnet hat, dass das Fest des Lebens in aller Leiblichkeit nach kurzer Unterbrechung durch Krise, Katastrophe und Tod neu lebendig werden wird – in unvorstellbar alle Erwartungen übersteigender Festlichkeit: »bis an den Tag, an dem ich aufs Neue davon trinken werde mit euch in meines Vaters Reich.« Jedes Abendmahl, das in einem Gottesdienst gefeiert wird – und erst recht eine festliche Mahl-Inszenierung wie diese – ist Vorschein dieses kommenden, ein für allemal erfüllenden Festes: »Auf die Liebe und das Leben«.

Frank Thomas Brinkmann

IV Entgegnung? Nein, Begegnung!

Es gibt so Situationen, da liegen Trink- und Segenssprüche, Tisch- und Schnapsgebete, Liebes- und Galgenlieder ganz nah beieinander. Meist dann, wenn es um das Ganze geht, auch darum, dass das Ganze auf der Kippe steht oder auf dem Spiel. Und wir eigentlich doch nur uns (gegenseitig) haben, also wir Kreaturen uns Kreaturen, Ich Geschöpf dich Geschöpf, du Geschöpf mich Geschöpf – und so weiter eben.

Es gab eine Zeit, so erzählte mir mein Vater einmal, da hatte er nur seinen Hund und sein Hund nur ihn, und sie haben sich dann über Stunden einfach nur angestarrt, angebleckt, angelächelt: Auge um Auge, Zahn um Zahn. Einmal anders, aber irgendwie guttuend.

Und ja, lieber A, natürlich: Im Predigttext geht es, wie übrigens auch in den weiteren Texten, die das Perikopenlektionar für diesen Gründonnerstag zusammenhält, um schreckliche Kontrasterfahrungen, um letzte Augenblicke angesichts einer zerronnenen, abgelaufenen, erfüllten Zeit! Ob Jesus im Tagesevangelium (Joh 13,1-15.34-35) ausgerechnet *vor dem Passahfest erkannte, dass seine Stunde gekommen war*, ob in der alttestamentlichen Lesung (Ex 12, 1-14 i. A.) geklärt wird, dass von nun an *das Passah des Höchsten einem Essen der Hinwegeilenden* gleichkommt, ob Paulus in der Epistel (1 Kor 11,17-34 i. A.) geltend macht, dass die Christenheit, *sooft sie (davon) isst und trinkt, den Tod des Herrn verkündet*, immer ist es die Spannung von Endzeit und Mahlzeit, von Festhalten und Loslassen, von Einverleiben und aus der Haut fahren: »Meine Zeit ist nahe – Ich will bei dir feiern!«: Diese Sequenz aus Mt 26,18 hat es nicht nur in sich, weil ernst gemacht wird mit körperlichen Halbwertszeiten und Ablaufdaten, sondern wegen der grandiosen Protesthoffnung des Erlösers, der sich rotzig-trotzig über das irdische Finale hinwegsetzt und das göttlich-himmlische Gelage jenseits aller Tränen avisiert!
Beispiele für Trinklieder und Schnapsgebete, die in dasselbe Horn stoßen, finden sich zuhauf:

Ganz egal, ob du jetzt zu feiern hast
alles oder nichts zu verlieren hast
Alle Gläser zu den Stern',
denn die Engel, die uns fehlen, stoßen gern
mit uns an.

Auf all die Bilder, die lang verblichen sind
und die Chancen, die schon verstrichen sind.
Und eine Runde auf all die Stolperstein',
die Fehler, Schrammen und den ganzen Schmu,
das gehört dazu:

Auf die Liebe und das Leben,
auf die Freiheit und den Tod,
komm wir trinken auch mit denen, die im Himmel sind!

(Kasalla)

To absent friends, lost loves, old gods, and the season of mists; and may each and every one of us always give the devil his due.

(Neil Gaiman)

V Erschlossene Situationen?

»Liebe Hörerinnen und Hörer, wussten Sie schon, dass dereinst am Gründonnerstag die zu Beginn der Fastenzeit ausgeschlossenen Sünderinnen und Sünder nach entsprechenden Bußhandlungen wieder in die Gemeinde aufgenommen wurden? Und dass ihr reumütig jammerndes Weinen, das damals noch Greinen hieß, diesem Tag seinen Namen gegeben hat? Nein? Na, jetzt schon!«

Es gibt Wissensmengen, mit deren Entfaltung und Transfer sich keine Kanzelrede allzu lange aufhalten sollte, genau wie zahlreiche theologieaffine Denksportaufgaben der letzten Jahrhunderte längst nicht mehr in einer Predigt gestellt und gelöst werden müssen. Schon gar nicht, wenn es um den Tod geht, der dem haschenden Huschen durch die Zeit ein nebulöses Ende setzt, und um die Verlegenheit der Sprache, die den Abschied verbirgt hinter Formeln und Floskeln, die sich leider nicht immer vollständig einlösen lassen: So manches fromm, fröhlich frei gehauchte *Auf Wiedersehen* blieb für ewig gestundet, oft endete ein *Lebewohl* viel zu früh im Gegenteil. Wer sich hierzulande inbrünstig ein *Gott befohlen* mit auf den Weg gibt, denkt nicht zwingend an Ps 31,5, und den wenigsten Menschen dürfte klar sein, dass *Adieu*, *Ciao* und *Tschüss* tatsächlich je auch als Versprachlichungen extremer Hoffnung verstanden werden könnten. Bietet es sich nicht in der diesjährigen Ansprache zum Gründonnerstag zwingend an, die feine Linie zwischen *Carpe Diem* und *Memento Mori* zu vermessen? Die vorgeschlagenen biblischen Lesungen (s. o.) geben es ebenso her wie die mit sensiblem Christenmut gespeisten Anregungen von A, sich dem Fresser und Weinsäufer in der Glaubens- und Lebenspraxis anzuschließen.

Eine wirklich starke Alternative zu dessen Vorschlag, den Abend vor Karfreitag wirklich als Mahl-Zeit vor der End-Zeit zu gestalten – ehrlicher noch: als festliches Gelage der Lebendigen zu feiern, die mit ihrem Leib auch ihre Hoffnung stärken wollen, dass das Reich Gottes, das Jesus herbeigesehnt und in Bildern herbeigesprochen hat, unendlich viel größer, freier, festlicher und neuer ist als alles Dagewesene – gibt es nicht. Neben die Bibel (mit o. g. Textpassagen) gehört also ein Kochbuch, und von den Getränken, die an diesem Abend den *Hinwegeilenden zum Passah ihres Herrn* gereicht werden, sollte mehr vorrätig sein als sonst. Menschen, die etwas zu sagen haben oder zu zeigen – und dazu gehören sie alle! –, muss so viel Zeit geschenkt werden, dass sie sich gegenseitig das Ende der Zeit zur wertvollsten Zeit machen können: mit einem Klavierstück oder einem Gedicht, einem Lächeln oder einem Rap, einer Blume oder einem Stück Weißbrot mit feinstem Olivenöl. Wer (als Prediger/in, Liturg/in usw.) gut, lebendig und bilderreich zu erzählen vermag, versuche sich zusätzlich an Jes 25,6-8. Immerhin könnte das auch ein Lieblingstext von Jesus gewesen sein, geht es doch um seinen himmlischen Vater, der »*allen Völkern ein deftiges Mahl machen (wird) mit reinem Wein, mit Fett und Mark, und dabei den Tod verschlingen wird auf ewig, der außerdem die Tränen von allen Angesichtern abwischen wird, bis man sagt: ›Siehe, das ist unser Gott, auf den wir hofften, dass er uns helfe, lasst uns jubeln und fröhlich sein über sein Heil!‹*«

Ob es nun doch noch einen kleinen Stolperstein geben darf? Vorhanden ist er allemal, gut sichtbar als Vers 24, wo Jesus unterstellt wird, dass er seinen langjährigen, immerhin eigenhändig erlesenen Weggefährten (!) mit einem schrecklichen Fluch verabschiedet hat: »Besser, er wäre nie geboren worden, der Verräter!« Natürlich, irgendwie passt das auch in die (gesamtbiblische) Charakterzeichnung jenes leidenschaftlich-jähzornigen Mannes, der bisweilen auch für die Mutter (Joh 2,4) und seine Halbgeschwister (Mk 3,31 ff.) nicht viel übrig hat, der fremde Frauen demütigt (Mt 15,22 ff.) und im Tempel zu drastischen Maßnahmen greift. Letzten Endes mag man darüber sinnieren, welcher Jesus einem lieber ist: der, der im Eifer des Gefechts, also wenn es um Leben und Tod geht, die Beherrschung verliert, kurzzeitig kippt und zu schrillen, eindimensionalen Einschätzungen, zu religiösen, politischen, sozialen, nationalen, emotionalen Populismen greift – oder der, der in jeder Hinsicht die sakrale und moralische Hygiene verkörpert, die ihm den Ruf eingebracht hat, ein (schein-)heiliges Wesen »nicht von dieser Welt« zu sein?

Nun, die theologisch saubere Verlegenheitslösung wäre vermutlich, den Fluch – bzw. Vers 24 – einer bestimmten Redaktionsstufe anzukreiden, um den Model-Jesus davon freizusprechen und für eine flächendeckend menschenfreundliche Profilierung freizuhalten. Doch dieser Versuch zielt natürlich vollends ins Leere, sobald man sich aus einer narratologischen Perspektive darüber Klarheit verschafft, dass eben der gesamte Jesus als eine Erzählfigur – und zwar als feiernder, fluchender, schimpfender, heilender, saufender, liebender, aufbrausender und extrem einfühlsamer, sinnlicher und sich nach Gott sehnender Charakter – in den biblischen Erzählungen installiert worden ist. Ist der Stolperstein damit zum Eckstein eines Glaubens geworden, der sich auf den Lebenstrotz und das Hoffnungstrauen eines ziemlich komplexen Gottessohnes bezieht? Gut wär's, wenn man sich zudem vor Augen hält, dass tags darauf nicht nur Jesus verstorben ist, sondern tatsächlich auch der Verfluchte, und dann noch von eigener Hand. Schlichte Frage vielleicht, aber dennoch: Was glauben wir eigentlich, wie Jesus, wenn er noch unter den Lebenden gewesen wäre, auf die schreckliche Nachricht vom Suizid des Judas reagiert hätte?

Auf all die Freunde, die schon gegangen sind,
auf alle Fehler, die jüngst begangen sind,
auf alles, was schief lief,
aber so lief,
wie wir es haben laufen lassen, weil wir nicht anders gekonnt haben.
Das passiert,
und es ist schlimm, dass es passiert, doch es passiert.
Und geht vorbei, wie auch wir.
Auf uns alle und unsere schönen, zerbrechlichen Leben.
Auf das Reich Gottes, wo alles endet und nichts jemals endet.

(Frei nach Kasalla, s. o.)

Auf abwesende Freunde, verlorene Lieben,
alte Götter und die Jahreszeit des Nebels:
möge jeder und jede von uns dafür sorgen,
dass der Teufel sein Fett wegkriegt.

(Nach Neil Gaimans Seasons of Mist, s. o.)

VI Predigtschritte: Eine gute Mischung

Die gekonnte Abmischung aus Andacht, Festmahl und Gelage – ein ungezügeltes Bacchanal unreflektierter Spaßkulturen soll es nicht werden, eine spröd-triste Zwangsveranstaltung ehrbarer Spießbürger ebenso wenig – ist das Gebot der Stunde, und es braucht dazu geeignete Bausteine und Versatzstücke. Dazu gehören:

1. mindestens ein gutes Rezept, z. B. für »Grüne Soße«: Sie sollte mindestens 9 Kräuter enthalten, nämlich Sauerampfer als wesentlichen Bestandteil, fernerhin Borretsch, Liebstöckel, Kerbel, Petersilie, Pimpinelle, Schnittlauch, Dill und Salbei. Um eine ordentliche Portion herzustellen, koche man 3 Eier hart und trenne nach Erkalten das Eiweiß von dem Eigelb. Letzteres ist mit 150 g Mayonnaise, 220 g saurer Sahne und 1 EL Essig zu einer Masse zu verquirlen, in die dann langsam (mindestens) 5 EL der gehackten Kräuter sowie das ebenfalls zerkleinerte Eiweiß eingerührt werden sollen. Es empfiehlt sich, die fertige Soße etwas durchziehen zu lassen! Traditionell wird diese vitaminreiche Soße mit Brat- oder Pellkartoffeln gereicht; sie schmeckt wunderbar zu (Gemüse-)Sülzen sowie zu Roastbeef und Tafelspitz.

2. ein Liedgut in Teilmengen, die einerseits den Charakter des Gottesdienstes erhalten, andererseits der Situation und der Tagesthematik geschuldet sind, z. B. EG 398 »In dir ist Freude« oder EG 420 »Brich mit den Hungrigen dein Brot«, aber eben auch EG Kurhessen-Waldeck 636 »We shall overcome«.

3. Menschen, die sich einfühlsam, aber ohne Falschpathos um eine Sprachinszenierung der Lesungen bemühen. Wichtig ist, dass all den Emotionen eine Stimme verliehen wird, von denen hier bislang die Rede war (Abschied, Wut, Schmerz, Hoffnung usw.).

4. die Lesetexte selbst, also Ex 12 i. A., Joh 13 i. A., 1 Kor. 11 i. A. – und eben besonders Mt 26, 17–30 mit den neuralgischen Versen 18, 24 und 29.

5. ein Vorrat an Trink- und Segensliedern (s. o.), dazu den Mut, sie zu sprechen und zu singen.

6. Optimismus, trotz allem.

Karfreitag
Jesaja 52,13-53,12:
Gott verletzlich

Helge Martens

I Eröffnung: Der Blick in den Spiegel

Erinnerung an eine kleine Szene: Ich war ein Kind im Grundschulalter, ein Spielplatz, eine Horde Kinder zog johlend hinter einem alten kleinen Mann her und bewarf ihn mit Sand; der alte Mann weinte und hielt seinen Kopf mit Händen geschützt – gespielt, nicht wirklich, das durchschaute ich wohl, aber ich nahm darunter etwas wahr, das mir weh tat: In allem Spiel, darunter, ein wenig, war spürbar die Kinderlust am Quälen, einfach so. Weil das Weinen des Mannes Resonanzen auslöste? Ein Gefühl von Macht? Wie auch immer: So sind wir auch – nicht immer, aber immer auch.

Auch der »Gottesknecht« ist Resonanzfläche: Resonanzfläche des »Wir«, auch von uns. Es ist ja Interpretation, dass er von »Gott« geschlagen sei, vielmehr wurde er von »uns« verachtet, gemartert und getötet – ohne sich zu wehren. Erschrecken, Erkennen des »Wir-Sprechers«. Um unserer Missetat/Sünden willen ist er geschlagen, also: Unsere Missetat hat ihn gequält, getötet – und darin liegt die Heilung, im Erschrecken und Anerkennen, dass »wir« so auch sind, also im An-Erkennen der dunklen Seiten des »Ich«, des »Schattens« in der Terminologie Carl Gustav Jungs. Die Debatte, ob der Mensch eigentlich eher gut oder eher böse sei, führt zu nichts. Wir sind eben auch Teil des Tierreiches, und unser primärer Imperativ ist: Ich will leben! Und dabei kommt sowohl »Gutes« als auch »Böses« heraus, und jede Zeit wertet mit ihren (moralischen) Parametern.

Schadenfreude, Wut, Hass, Ekel, Lust am Quälen und und und, alles Empfindungen, die auch zu uns gehören, und sie zu verdrängen birgt die Gefahr, sie auf andere zu projizieren und in Handlungen gegen andere umzusetzen. Mobben, ausgrenzen, ärgern, quälen, im Extrem: töten. Aussöhnung mit den eigenen »negativen« Anteilen ist Heilung, und die »Erhöhung« des »Knechtes« ist Bild eben dafür, versöhntes An-Erkennen der eigenen Schuld.

II Erschließung des Textes: Karfreitag und der Gottesknecht und wir

Der Kasus Karfreitag dominiert den Gottesdienst. Insofern ist nicht über den Text zu predigen (wobei grundsätzlich ja gilt, es geht um die »Kommunikation« des Evangeliums, der der Predigttext zu »dienen« hat), sondern er kommt insofern in den Blick, als und insofern er der Interpretation des Kasus Karfreitag dient. Das ist vertretbar, da Jes 52,13-53,12 von den ersten Christen zum Verständnis von Kreuz und Auferstehung herangezogen wurde. Das Gottesknechtslied lenkt den Blick auf Schuld und Strafe – und Heilung unter diesem Aspekt. Weil der Kasus dominiert, müssen wir uns auch nicht mit der ganzen Diskussion, wer mit dem Gottesknecht gemeint sei usw. befassen, einen guten Überblick bietet der Artikel »Gottesknecht« von Hans-Jürgen Hermisson (s. u. Internet).

Das Textverständnis von Jes 52/53 ist umstritten, Hermisson widmet dem Abschnitt in seinem Kommentar zu Deuterojesaja 160 Seiten, das ist hier nicht nachzuvollziehen. Ich versuche mich dem zu nähern, was mir evident scheint. Mit 52,13 beginnt ein deutlicher Neueinsatz, eine Gottesrede. Aber, was ist eine Gottesrede? Nicht das, was »Gott« gesagt haben soll, sondern das, was ein Mensch (oder eine Gruppe von Menschen) als »Gotteswort« meint verstanden zu haben, es handelt sich also um eine sinnstiftende religiöse Codierung einer bestimmten Resonanzerfahrung: »Gott«, so deutet es der Sprecher, erhöht den, der zuvor durch die Menschen erniedrigt wurde. Das wird auch am Ende der Perikope, nur mit andern Worten, ebenfalls als »Gottesrede«, bestätigt. Insofern ist die theologische Deutung: »Gott« identifiziert sich mit dem gequälten und getöteten Knecht und führt den Tätern ihre Schuld vor Augen, ohne aber sie zu strafen. Denn »Gott« »spricht« eben *nicht*: »Auge um Auge..., euer Leben für sein Leben...«, so wird der Kreislauf der Gewalt durchbrochen – bei denen, die diese Sicht teilen. 53,1-10 sind Bericht des Sprechers über den Knecht und sein Schicksal: hässlich (V. 2), verachtet, verlassen, krank (V. 3). Die folgenden Verse führen aus, dass aber alles, was der »Knecht« litt, nicht Strafe für seine Schuld war, sondern Gott habe ihn geplagt, ihn, der die Schuld der anderen büßte, damit diese – wir alle: V. 6, das Volk: V. 8 – die Strafe nicht erleiden müssten, die Interpretation des Schicksals des Knechtes ist – noch einmal: Gott hat ihn zum Schuldopfer eingesetzt (V. 10).

Schuld war in der theologischen Bewältigung der gewaltigen Krisen Israels immer ein Thema: Politische Krisen wie etwa die Eroberungen durch Assur und Babylon, am Ende alle Lebenskrisen, wurden, in der biblisch dominierenden Interpretationslinie, als Folge von bzw. Strafen für Schuld verstanden. Das hatte seinen Sinn: So gedeutet, waren etwa die Götter Assurs und Babylons nicht mächtiger als JHWH, sondern JHWH blieb der mächtige Schöpfergott und Israel sein erwähltes Volk, was identitätsstabilisierend war, mit allerdings hohem Preis. Ohnmachtserfahrungen als durch Schuld verursacht zu deuten, konstruiert Zusammenhänge, die es nicht »gibt« und die deshalb über Buße auch nicht zu bewältigen sind.

Außerdem führt, alle Leidenserfahrungen als eine Folge von Schuld zu deuten (s. auch Hiob), in hypermoralische Konfusion. Lösung: das stellvertretende Sühnopfer, hier der »Knecht« Gottes (bes. V. 4.5).

Die Vorstellung, »Gott« habe dem (unschuldigen) Knecht die Strafe auferlegt, die eigentlich »wir« verdient hätten, scheint zunächst entlastend: Du wirst für mich bestraft und ich entgehe der Strafe. Das funktioniert aber wohl nur bei Verabschiedung des eigenen Gewissens, leidet ein Unschuldiger für mich, lade ich zu meiner bisherigen Schuld noch eben jene auf mich, dass ich einen anderen für mich leiden lasse. Es sei denn, der andere, aus Liebe zu mir, übernimmt meine »Schuld« und ich kann es annehmen, dass er es – freiwillig – tut.

Tat der »Gottesknecht« aber nicht, auch wenn er sich nicht wehrte (V. 7), denn »dem Herrn gefiel es, ihn mit Krankheit zu schlagen« (V. 10a). Was für ein Gottesbild! Hier aber spricht der Karfreitag eine andere Sprache und kommt der Text aus Deuterojesaja an seine Grenzen. Es ist nicht irgendein Knecht, sondern es ist »Gott« selber, der die Strafe auf sich nimmt, »Gott« nimmt in Kauf die Konsequenz dessen, dass wir sind wie wir sind – als seine Geschöpfe, um uns mit ihm und darin mit uns selber zu versöhnen: »Denn Gott war in Christus und versöhnte die Welt mit ihm selber und rechnete ihnen ihre Sünden nicht zu und hat unter uns aufgerichtet das Wort von der Versöhnung« (2 Kor 5,19). Weil Gott nicht straft, sondern die Strafe auf sich nimmt, können »wir« angstfrei uns unserer Schuld und unseren »Schattenseiten« stellen, sie annehmen wie Gott uns annimmt, also uns selber annehmen – und unseren Nächsten, und manchmal die Ferneren auch: »Nehmt einander an, wie Christus euch angenommen hat zu Gottes Lob« (Röm 15,7).

III Impulse: Ich schau mich ehrlich selber an, ich trau mich

Das Kreuz symbolisiert viele Themen: Angst, Verzweiflung, Tod, aber eben auch, aber eben nicht nur, aber mit Jes 52/53 nun dominant das Thema Schuld/Strafe. Das passt zu den Passionsliedern des EG, fast alle kennen im Zusammenhang des Kreuzes nur dieses Thema, ist insofern aber nicht ganz leicht, als es auf sich selber zu beziehen niemand gerne tut (und wenn, dann entlässt man sich selber gern aus aller Schuld: »*Ich entschuldige mich...*«, was für ein Unsinn!). Und schon gar nicht ist nachvollziehbar, dass für »meine Schuld« jemand hat sterben müssen. Insofern muss hier gut vorbeugend vorgearbeitet werden, auch zu hindern, dass man Menschen Schuld einredet, um ihnen hinterher anbieten zu können, man habe da was für sie, was Bonhoeffer zu Recht als »pfäffisch« geißelte.

Und doch: Man ahnt oder weiß, dass man nicht so ist, wie man gern wäre, weiß um die eigenen »dunklen Seiten«, auch die Geschichten, in denen man Schuld auf sich lud. Wohin damit, ohne das Selbstwertgefühl zu destruieren? Wo darf ich ganzer Mensch sein, mit allen meinen Anteilen, auch den mir nicht genehmen? Vielleicht so: »Geliebt wirst du einzig, wo du schwach dich zeigen darfst, ohne Stärke zu provozieren.« (Adorno) Es ist wohl die Angst, nicht mehr geliebt zu werden, wenn ich sehe und die anderen an mir sehen, dass ich auch so bin, wie ich nicht sein möchte. Nur die Liebe hält mich so aus, die Liebe, die es erträgt und darin mich trägt. Nicht straft, sondern erleidend »Ja« sagt zu mir.

Mit Blick auf das Kreuz *beginnend*:

Werkstück Predigt

Es ist unvorstellbar, was Menschen Menschen antun können, damals war es so – und heute ist es nicht anders. Es ist unvorstellbar, was Menschen Menschen antun können: aus Angst, aus Verzweiflung, aus Wut, aus kalter Berechnung. Nagelspitz brutal und zugleich: dumpf hinauszögernd die Pein.

Und warum? Warum hängt er da? Eine Antwort, eine fast unfassbare Antwort haben wir eben gesungen: »Nun, was du, Herr, erduldet, ist alles meine Last; ich hab es selbst verschuldet, was du getragen hast.« (EG 85, 4)

Ich, ich bin schuld! Ich bin an diesem unsäglichen Verbrechen schuld!

Wir tun uns schwer, wirkliche Schuldbekenntnisse abzulegen. Lieber suchen wir nach Entschuldigung oder suchen die Schuld auf andere zu schieben. Es ist schwer, zu eigener Schuld zu stehen. Es beschädigt unser Selbstwertgefühl.

Aber der Sänger unseres Passionsliedes kann es. Und was ich darüber hinaus erstaunlich finde: Er kann es angesichts dieses unsäglichen Verbrechens. Und er kann es ohne Angst, ja, er kann es in tiefster Hoffnung, so Gnade zu finden: »Schau her, hier steh ich Armer, der Zorn verdienet hat. Gib mir, o mein Erbarmer, den Anblick deiner Gnad.«

Literatur: *Hans-Jürgen Hermisson*, Deuterojesaja: Jes 49,14-55,13 (BKAT 11/3), Göttingen 2017.

Internet: *Hans-Jürgen Hermisson*, Art. Gottesknecht, https://www.bibelwissenschaft. de/stichwort/19964/, abgerufen am 31.05.2020.

Stephan Schaede

IV Entgegnung: Alles aufs Schaf setzen!

Mir imponieren drei starke Interventionen bei A: *Erstens* tritt da als Spiegelung seine Erinnerungen aus der Kindheit ein weinender Mann ins Bild, der deutlich macht. Wir sind keine Karfreitagszuschauer. Wir sind aggressiver Teil des Tierreiches, mit negativen und positiven Charakteristika, mit zerstörerischen Emotionen, die miserabel verarbeitet, uns selbst die Gottesknechte dieser Welt hervorbringen lassen. Das passivum divinum entsteht als religiöse Deutung einer Untat, die unsere eigene ist.

Zweitens steuert bei A der Kasus Karfreitag, was das vierte Gottesknechtslied beiträgt. Das erspart homiletische Grübeleien, wer der Gottesknecht denn sei. Interessant aber ist, wie dieses Gottesknechtslied den Kreislauf von Gewalt durchbricht. Das Deutungsmodell des stellvertretenden Sühnopfers verhindert Ohnmachtserfahrungen hypermoralisch als Schuld zu deuten, stößt aber an Grenzen, solange, wie bei Jesaja, nur einem anderen Menschen die eigene Strafe aufgebürdet wird. Es kann so – steile These – nur Gewissenlose entlasten.

Deshalb muss *drittens* Gott selbst an die Stelle des Gottesknechtes rücken. 2 Kor 5 soll orientieren. Gott straft nicht, sondern nimmt Strafe auf sich. Niemand kann sich allen Ernstes selbst entschuldigen.

Aber wohin soll es führen, das Thema Schuld allen Ernstes mit Strafe zu bearbeiten, so schön das in den Passionsliedern widerhallen mag? Von Strafe redet Paulus nicht. Und wie hängt die Liebe, die mich ertragen lässt, von anderen so gesehen zu werden, wie ich selbst nicht gesehen werden möchte, mit dieser merkwürdigen Schuld-Strafverschiebung zusammen?

Ich folge auf meine Weise A, halte aber die Ausdrücke Liebe, Strafe und Schuld aus meiner Predigt heraus. Ich setze erstens alles aufs Schaf. Das Bild hat für uns als Teil des Tierreiches auch im Jahr 2021 identifizierende Kraft: Jes 53,6 f. muss für dieses Mal genügen. »Schafe. Ein Portrait« von Eckhard Fuhr hilft phänomenologisch. Ich konzentriere mich zweitens auf Gott. Was passiert, wenn im Bild von Jesaja Gott selbst mit diesem Schaf identifiziert wird. Ich gehe drittens dieser Frage nach, indem ich ein sehr bekanntes und elementares Bild in den Mittelpunkt meiner Predigt rücke: Ein wolliges Merinolamm, vom spanischen Barockmaler Francisco de Zubarán ins Bild gesetzt, hängt im Prado in Madrid, eine Art Stillleben. Meine Pointe: Karfreitag, das religiöse Stillleben des Christentums. Viertens organisiert Verletzlichkeit systematisch meine Predigt.

V Erschließung der Hörersituation: Karfreitag – das religiöse Stillleben des Christentums

Stillleben – geht es noch abgehangener? Eben nicht. Das ist der Clou. So könnte der Tag noch einmal ins von Jes 52,15 behauptete Staunen versetzen. Dazu gleich. Zuvor eine Szene, die darauf hinführt.

1. Ich habe als Stadtjunge Schafe auf der Weide gesehen, von Ferne, im Urlaub. Meine erste hautnahe Begegnung ist erst gut 20 Jahre her, an der Wende zum 21. Jahrhundert. Ort des Geschehens, ein Deichdamm nahe bei Carolinensiel, als Vikar unterwegs mit einer mit ihren Hormonen kämpfenden Gruppe von Konfirmanden und Konfirmandinnen. Wir sind mit Enno, einem Schäfer, verabredet. Enno redet nicht viel, gewinnt unser Interesse über die beiden irischen Schäferhündinnen, die die Schafherde in sich ständig verformenden Gruppierungen den Deich hinauf- und hinuntertreiben. Dann lässt er ein Schaf zu sich hertreiben, greift es sicher beim Fell, hockt sich hin und zieht es zu sich heran; »Scherhaltung – macht das mal nach«. Alle aus der Gruppe kommen dran. Bei uns Ungeübten zappelt das Schaf erst herum, aber dann, mit einem Griff, an den Körper gezogen, wird es auch bei uns vollkommen still. Alle sind wir gebannt. Ruhe legt sich auf die Horde der Konfis. Das Gefühl werden wir, werde ich nie vergessen. Das Schaf ganz ruhig am Körper, aber mit pochendem Herzen, angreifbar, verletzbar. Enno meint: »Schafe sind kluge Tiere. Seitdem sie mit Wölfen zu tun haben ist es so: Wenn die Gefahr groß ist, zappeln sie nicht herum, sondern verharren, werden ganz still, ganz ruhig. Denn nur das kann ihnen das Leben retten.« Jetzt verstand ich: »…und wie ein Schaf, das verstummt vor seinem Scherer, tat er seinen Mund nicht auf.« Stillleben auf dem Deich?

2. Stillleben, kurz nachdem Zurbarán sein Schaf malte, kam das Wort in den Niederlanden auf und bedeutet so viel wie »unbelebtes Dasein«, ein toter regloser Gegenstand: Gläser, Messingschalen, faules Obst, Schädel, abgehangene Tiere. Was wäre denn, wenn Gott als religiöses Stillleben ins Bild gebracht würde? Hinge Gott wie ein Kadaver an der Wand oder liegt er als Schädel in der Bildmitte und saugt die Welt mit den beiden schwarzen Löchern seiner Augenhöhlen religiös leer? Zubarán hat als kundiger Deuter von Jes 53,7 anderes versucht. Sein »Lamm Gottes« strahlt Karfreitagsschweigen aus. Es macht mich still. Eine graue Schlachtbank, unaufdringlich schlicht im unteren Bilddrittel als Balken durchs Bild gezogen. Sie schwebt auf undurchdringlichem schwarzem Grund. Kein Heiligenschein, kein Strahlenkranz, kein Kreuz, kein Blut, keine Osterfahnen in Sicht, jede fromme Zutat fehlt. Umso eindringlicher das Merinolamm, gerade noch lebt es, noch unversehrt. Sein Fell ist betörend weich. Virtuose Oberflächengestaltung, die in die Tiefe geht. Ich möchte ihm in die Wolle greifen. Sie leuchtet in Licht getaucht, dessen Quelle offen bleibt. Aber da sind die mit einem Strick überkreuz zusammengebundenen Beine. Sie sind es, die einen aus der Bildmitte anblicken. Keine protestierende Muskelspannung ist zu sehen. Das Schaf verharrt still liegend auf der grauen Bank. Aber sein Herz wird pochen, wild. »Willig, und tat seinen Mund

nicht auf wie ein Lamm, das zur Schlachtbank geführt wird« (Jes 53,8). Seine Augen aber introvertiert, jedoch nach vorne gerichtet blicken aus dem Bild heraus – durch den Tod hindurch in anderes Leben hinein? So ist Gott in der Welt, verwundbar, gebunden, den Blick nach vorne gerichtet in eine andere Welt. Und sein Herz pocht wild, Gott verletzlich: Karfreitag – religiöses Stillleben des Christentums.

3. Verletzlich sind auch wir. Wo anfangen? Das reicht von abgeschmetterten Liebeserklärungen, abgelehnten Bewerbungen bis zur Einsicht, dass der Rollator zum ständigen Begleiter wird. Vor allem aber: Die Risikogruppe für Verletzlichkeit lässt sich nicht auf Benachteiligte, Arme, Schwache, Kranke oder Älteste eingrenzen. Sie hört auf den Namen Menschheit. »Wir gingen alle in die Irre wie Schafe, ein jeder sah auf seinen Weg.« (Jes 53,6) Wieder Schafe, diesmal nicht gesammelt, sondern konfus. Die Latenz von Gefahren lässt konfus werden. Eigene Pfade, die Verletzlichkeit zu retuschieren, scheinen sich zu bewähren. Eine Fundgrube bietet das Gelände der Selfie-Apps. Selfies verschönern im Sinne der Selbstverschönerung. Z.B. unter www.filmora.wondershare.com mit dem Angebot von 400–800+ Effekten. Man schaue nach: über 800 Varianten der eigenen Verletzbarkeit optisch einen Streich zu spielen. Frage: Was korrespondiert dem unterwegs am Ort, in der Gemeinde? – »Verletzlichkeit macht stark«, München 2013, titelte die US-amerikanische Psychologin Brené Brown. Und die Philosophin Ina Schmidt empfiehlt »Dem Leben die Endlichkeit verzeihen« in einem Buch, das »harten Stoff in weicher Schale« präsentiert. Soviel zu menschlichen Eigentherapien in Sachen Verletzlichkeit, die an Karfreitag nicht schlechtgemacht werden darf. Jesaja aber: harter Stoff in harter Schale. Und die Aussicht, sich aus der eigenen Verletzlichkeit nicht allein herauswinden zu müssen, als Individuum nicht, als Menschheit nicht. Gott hat sich verletzlich gemacht. Gottes Karfreitags-Selfie von Francisco de Zurbarán ins Bild gesetzt – ein hartes Stillleben in weichem Fell mit Aussicht auf Ostern.

VI Predigtschritte: Gottes Karfreitagsselfie auf der Spur

Meine Predigt orientiert sich an Teil V. Der Predigttext wird zuvor in der Liturgie als Epistel aufgerufen. Am Beginn steht die reduzierte Verlesung der beiden Verse 53,6f. »Liebe Gemeinde, ich setze allein aufs Schaf!« Ich lasse die Frage nach persönlichen Begegnungen mit Schafen folgen. Unter Umständen weckt Neugier ein Verweis auf die hoffnungslose Unterschätzung von Schafen durch den Pastorensohn Alfred Brehm (s. u. Internet oder Fuhr, 95f). Karfreitag bietet aber die Gelegenheit, geistlich »mit Schafen klug zu werden«. Hier berichte ich von meinem Erlebnis mit einem Deichschaf (Teil V 1.). Das führt durch das Motiv der klugen Stille im Angesicht der Verletzlichkeit auf das Motiv des Karfreitagsstillleben. Ich entfalte die Bildbetrachtung (das Bild ist über die Homepage Museo del Prado; Eingabe: Zubarán Agnus Dei erhältlich) in enger Anlehnung an Teil V 2. und mache den Gedanken stark, wie Gott selbst sich an Karfreitag verletzlich macht. In Orientierung an dem phänomenologischen Umfeld des Predigtortes spiele ich Variationen menschlicher Verletzlichkeit durch (Teil V 3.) mit dem Ergebnis: Nicht die anderen, wir alle sind verletzlich. In Deutung von Jes 53,7 stelle ich die Frage, was im Blick auf Verletzlichkeit »in die Irre gehen« heißt, und skizziere prominent die Selfieverschönerungskultur. Es gibt innerweltliche Formen, die Verletzlichkeit nicht zu kaschieren. Karfreitag unterbreitet einen anderen Pfad. Gott selbst setzt sich der Verletzlichkeit aus. Das ist sein hartes Stillleben. Gott stellt sich am Ort des Unbelebten ein, keine hohlen Schädelaugen. Angesichts des Todes ein sparsamer Blick in die österliche Weite. Die Härte dieses Stilllebens ist auszuhalten. Staunen darüber. Trost an Ostern.

Literatur: *Eckhard Fuhr,* Schafe. Ein Portrait, Berlin 2017.

Internet: *Alfred Brehm,* https://blog.meier-germany.de/schaf/alfred-brehm-tierforscher-schafveraechter, abgerufen am 31.05.2020.

Osternacht

Matthäus 28,1-10:
Jesu Auferstehung

Nina Spehr

I Eröffnung: Vom Dunkel ins Licht

Vom Dunkel ins Licht, vom Tod ins Leben – kaum lässt sich dies gottesdienstlich besser gestalten als in der Osternacht. Feiert man im Osterfestgottesdienst am Sonntagmorgen die Auferstehung, leuchtet bereits der helle Tag. In der Osternacht hingegen kann der Weg von der Dunkelheit und Verlassenheit des Todes hinein ins Licht des Lebens und der Ewigkeit liturgisch vollzogen und erlebbar gemacht werden. Die Feier der Osternacht ist quasi ein Schwellenritual, das stellvertretend für die Momente im Leben steht, an denen das Leben sich auf der Grenze zwischen Leben und Tod, Dunkel und Licht, Trauer und Hoffnung ereignet. Auf diese Momente gibt die Osterbotschaft eine Antwort.

In der Osternacht wird erfahrbar, worauf unsere christliche Hoffnung gründet: das umwälzende Befreiungsgeschehen, das die Auferstehung Jesu für unser Leben bedeutet. Am Ende steht, dass Christus für uns das Dunkel besiegt hat: unsere Trennung von Gott, unsere Ohnmacht, unseren Tod. Schon jetzt und noch nicht – in dieser Spannung leben wir. Dunkel und Tod sind weiterhin Begleiter unseres Lebens. Die Predigt in der Osternacht soll dies nicht verschweigen, sondern das »Fürchtet euch nicht!« des Predigttextes als Trost zusprechen.

II Erschließung des Textes: Furcht und Freude

So sensationell die Botschaft von der Auferstehung für uns Christen ist, so unfassbar und schwer verständlich ist sie eben auch. In einer Predigt zur Osternacht kann es nicht um den historischen Kern der Auferstehung gehen, sondern vielmehr um die Frage, wie »die Wirklichkeit der Auferstehung Jesu« (Luz, 400) zu verstehen ist. Denn nur um Verstehen kann es gehen. Matthäus schreibt nichts davon, wie Jesus aus dem Grab auferstanden ist, sondern nur, wie andere das leere Grab erfahren. Die Auferstehung an sich ist nicht anschaubar und beschreibbar (vgl. Luz, 402). Zentral ist, dass Gott selbst in der Auferstehung gehandelt hat. Matthäus unterstreicht dies mit dem Bericht über das Erdbeben und der Erscheinung des Engels, der leibhaftig anwesend ist (V. 2 f.). Deswegen ist es auch schlüssig, dass die Reaktion sowohl der Wächter als auch der Frauen auf diese Theophanie erst einmal Furcht ist. Gott selbst, beziehungsweise sein Bote, kann durch seinen Zuspruch der Furcht etwas an die Seite oder gar ihr etwas entgegenstellen. Dieser Zuspruch ist es, der die Frauen zur Freude und zum Glauben an die Auferstehung bringt. Es ist nicht das leere Grab an sich.

Anders als Markus berichtet Matthäus nicht von Zittern und Entsetzen bei den Frauen. Vielmehr stellt er die Ambivalenz von Gefühlen angesichts der Auferstehung ins Zentrum, die uns vertraut sein wird, wenn wir die Osternacht feiern: Furcht und Freude (V. 8). Ganz hat der Engel die Furcht nicht überwinden können, aber sie mischt sich bereits mit großer Freude, welche die Frauen gemäß dem Auftrag sogleich an die Jünger weitergeben möchten. Auf diesem Weg begegnen die Frauen dem Auferstandenen Jesus persönlich. Er selbst spricht ihnen noch einmal wie der Engel zu: Fürchtet euch nicht (V. 10). Auch wenn von der Furcht der Frauen an dieser Stelle keine Rede mehr ist, macht Matthäus hier deutlich, dass die Begegnung mit dem Auferstandenen von Angst frei macht und Glauben ein »angstfreies Gottesverhältnis« (Luz, 418) ist.

III Impulse: An der Schwelle

In der Feier der Osternacht liegt der Schwerpunkt auf der Liturgie, so dass die Predigt nicht das Zentrum, sondern – wie grundsätzlich bei jedem Gottesdienst, aber in der Osternacht unbedingt – als Teil eines Gesamtwerkes zu verstehen ist, das die Schwelle, an der die Osternacht gefeiert wird, in aller gebotenen Kürze (vgl. Passion und Ostern, 167) unterstreicht. Die Frauen am Grab durchschreiten diese Schwelle und lassen den Fokus der Fragestellung, die der Verkündigung zugrunde liegt, deutlich werden: Was bedeutet die Auferstehung Jesu für uns?

Sie bedeutet, dass das Dunkel unseres Lebens Licht wird, dass der Tod auch für uns überwunden ist und wir befreit von Angst in Beziehung zu unserem Schöpfer stehen können. Die Botschaft von der Auferstehung ist das größte und zugleich schwerste, das wir verkündigen dürfen. Die Osternacht bietet die Chance, neben dem biblischen Wort, den eigenen Worten und der Musik Bilder sprechen zu lassen, die versuchen eine Ahnung der bahnbrechenden Neuigkeit zu vermitteln, die die Zeuginnen der Auferstehung in große Freude versetzt und loseilen lässt, um die Nachricht weiterzugeben.

Die feiernde Gottesdienstgemeinde kann auf dem Weg vom Dunkel ins Licht mitgenommen werden, beispielsweise so (vgl. Passion und Ostern, 120 ff.): Die Ankommenden werden an einer brennenden Feuerschale vor der Kirche begrüßt. Hier ertönt mit einer kurzen Fanfare von einer Trompete gespielt das »Christ ist erstanden« (EG 99). An der Feuerschale wird die Osterkerze entzündet. Gemeinsam zieht die Gottesdienstgemeinde in das dunkle Kirchenschiff. Nach den liturgischen Lesungen und dem Aufsetzen der Osterkerze wird von dort aus nach und nach das Osterlicht im Kirchenraum verteilt und macht deutlich: Die Botschaft der Auferstehung verändert.

Hier lässt sie sichtbar das Dunkel der Nacht hell werden. Dies kann die Brücke zur Predigt sein, gerade in der Osternacht, in der das Dunkel als Dunkel der Nacht noch nicht verschwunden ist, aber in einem anderen Licht erscheint. Genauso wie die Furcht der Frauen nicht verschwindet, aber angesichts der großen Freude einen anderen Stellenwert bekommt. So wird auch diese Nacht unser Dunkel, unsere Traurigkeit, unsere Sorge vor dem Tod nicht gänzlich ablösen können. Was die Kerzen mit ihrem Licht visuell verdeutlichen, wird akustisch der Zuspruch des Engels und Jesu selbst sein: Fürchtet euch nicht. Fürchtet euch nicht angesichts des Dunkels, das über euer Leben kommt. Fürchtet euch nicht angesichts des Todes, der euer irdisches Leben beendet. Fürchtet euch nicht, wenn ihr meint, an der Trauer zu zerbrechen. Doch sie kann all dies in einen anderen Horizont stellen, den Horizont des überwundenen Todes, an dem wir durch die Taufe Anteil haben. Die Taufe ist das Sakrament, das uns den Anteil am Leben, Sterben und der Auferstehung Jesu zuspricht, unwiederbringlich. Durch die Taufe werden wir neue Geschöpfe, die unter den Vorzeichen der Ewigkeit leben. Das verändert das Leben und eben auch den Tod. Ein Taufgedächtnis kann entweder direkt nach der Lichtfeier angeschlossen werden oder nach dem Ostergruß. Letzteres unterstreicht den Paradigmenwechsel, den das Ostergeschehen mit sich bringt. Leben ist immer in der Ambivalenz zwischen Dunkel und Licht, Leben und Sterben. Doch in der Osternacht vergewissern wir uns, dass die Ambivalenz aufs Ganze gesehen für uns schon aufgelöst ist: zum Licht und Leben.

Werkstück Predigt (Tauferinnerung)

Diese Nacht ist nicht wie andere Nächte.
In ihr hat Gott durch die Auferstehung seines Sohnes unser Leben erlöst und es ewig gemacht.
Kein Dunkel ist mehr so dunkel, dass es uns von Gottes Liebe trennen kann.
Dieses Versprechen gibt uns Gott in der Taufe.
Wir erinnern uns an unsere Taufe in dieser Nacht.
Danken Gott, dass er für uns den Tod und alle Finsternis in die Schranken gewiesen hat und wir sein Licht unser Licht nennen dürfen. Wir hören seinen Zuspruch:
Fürchtet euch nicht!

Lesung Röm 6,3-5

Unser Herr Jesus Christus hat seine Jünger berufen zu taufen und so tauft die christliche Kirche in seinem Auftrag. Jesus Christus spricht:

Lesung Mt 28,18-20

Auf diese Worte hin sind auch wir getauft worden.
Wir erinnern uns an unsere Taufe auf den Namen des Vaters, des Sohnes und des Heiligen Geistes und wissen:
Jesu Tod am Kreuz ist auch unser Tod.
Aber seine Auferstehung ist auch unsere Auferstehung – zum Ewigen Leben bei Gott.
Wir gehören zu Jesus Christus.

Die Gottesdienstbesucher treten an den Taufstein. Der/die Liturg/in zeichnen mit Wasser ein Kreuz in die Hand und sprechen die Worte: *Du gehörst zu Jesus Christus.*

Literatur: *Passion und Ostern*. Agende für evangelisch-lutherische Kirchen und Gemeinden, Band II, Teilband 1, hg. von der Kirchenleitung der VELKD, Hannover 2011; *Ulrich Luz*, Das Evangelium nach Matthäus. 4. Teilband, Mt 26-28 (EKK I/4), Düsseldorf/Zürich/Neukirchen-Vluyn 2002.

Senta Zürn

IV Entgegnung: Zu reden gibt es genug

Im gut lesbaren Teil A finde ich schöne Anregungen für die Gestaltung der Feier. Im intensiven Gespräch mit dem Bibeltext kann man durchaus bescheiden werden. In einer Osternacht würde ich mir für die Predigt nicht mehr Kürze vornehmen als sonst. Zu reden gibt es genug gerade in der Osternacht. Wo Wort und Liturgie gut aufeinander bezogen sind, wird die Osternacht für Gemeindeglieder eindrücklich erlebbar.

V Erschließung der Hörersituation – ohne Tod

»Die Osternacht mit Band und dem Osterfeuer ist für mich das Highlight im Kirchenjahr«, sagt ein betagtes Gemeindeglied. Auf Orgel hätte ich eher getippt, aber nein, es ist die Band. Es war ein längerer Weg, auf dem sich junge Leute vor Jahren Freiräume in der traditionellen Gemeinde erkämpft haben. Sie gingen mit ihrer Art, Ostern zu feiern, eigene Wege. Widerstände anderer Gemeindeglieder mussten sie überwinden. Vorgänger hatten ihre liebe Not mit diesen jungen Leuten. Aus der Umgebung aber seien Besucher gern gekommen, weil es hier modern war. Die Feier der Osternacht mit Band und anschließendem gemeinsamen Frühstück ist geboren. Ostern wird lebendig. Heute sehen sogar betagte Gemeindeglieder in ihr das Highlight im Kirchenjahr. Ich nehme die unterschiedlichen Ansichten wahr und bin neugierig auf die Osternacht, die ich zum ersten Mal auf der neuen Stelle erleben werde. Worum geht es eigentlich in der Feier dieses Aufbruchs auf dem Weg vom leeren Grab in einen neuen Morgen, in neues Leben? Wie wird Ostern heute erlebbar?

Unglaubliches lesen wir im Text für die Osternacht. Jedes Jahr aufs Neue. Können wir das überhaupt verstehen? Dass unser Leben begrenzt ist, gehört zu den bestverdrängten Tatsachen. Die Pandemie zu bewältigen, mit all den Auflagen und Verordnungen klar zu kommen, aus dem Trott des Gewohnten und Üblichen zu kommen und wenig tun zu können, nicht planen zu können, ist auch deshalb so erschreckend, weil es uns unsere Begrenztheit so deutlich vor Augen stellt.

Auch der Verfall an Trauerkultur bezeugt dieses Verdrängen unserer Begrenztheit. Dass Ostern ein Schattendasein hinter Weihnachten fristet, obwohl es doch das Hauptfest ist, hängt wohl mit Sterben, Tod und Grab zusammen. An Ostern führt der Weg zuerst zum Grab. Das Grab anzuschauen, wie Luz übersetzt (Luz, 395), oder um nach dem Grab zu sehen. Das Grab anzuschauen bringt die Herausforderung nicht nur der Frauen im Text, sondern die Herausforderung für uns heute auf den Punkt. Mag sein, dass die Frauen im Text auch aus Gewohnheit dorthin gehen, um zu tun, was zu tun ist. Auch heute liegt Grabpflege weitgehend in Frauenhand. Sie leisten damals wie heute mit ganz konkreten Schritten und Handgriffen auch Trauerarbeit. Trauerarbeit erfordert Mut. Zeitgenossen muten sie sich heute eher nicht zu. *Das Leben geht weiter,* sagt man schnell und geht rasch vorbei. Damit wird Verkündigung an Ostern zur Herausforderung. Auf eigene Weise bebildert das der portugiesische Romancier José Saramago in seinem Werk *Eine Zeit ohne Tod.*

Wir gratulieren euch zu eurem Hasenfest. Ein Kollege erzählt, wie ihn eine benachbarte Flüchtlingsfamilie an Ostern angerufen habe. Hasen und Eier. Das wird bei uns an Ostern sichtbar. Wer weiß schon, was es mit Hasen und Eiern auf sich hat? Auch das halte ich mir vor Augen, wenn ich mich auf die Feiertage vorbereite. Besonders das Wort vom *Hasenfest.*

Tapetenwechsel. Ich sehe die beiden Kollegen lebhaft vor mir in einem Gottesdienst für Menschen jeden Alters. Als Familie zieht es uns hin. Wir finden uns in einer schönen englischen Dorfkirche wieder und werden freundlich begrüßt. Wir fühlen uns willkommen. Gut aufeinander abgestimmt und im Wechsel sprechen die beiden Kollegen von Ostern. Sie zeigt eingangs Säuglingsbilder von sich, was sie erst später verrät. *Wer hätte gedacht, dass aus diesem pausbäckigen Säugling eines Tages eine Pfarrerin wird?* Freude breitet sich in den Bankreihen aus. In Bildern und mit Geschichten nähern sie sich dem Ostergeheimnis. So viele Fragen das leere Grab Jesu aufwirft, Antworten gibt es nicht. Wir stehen da mit unseren Fragen und wir bleiben mit ihnen stehen. Die Kollegen in der englischen Dorfkirche bringen es auf den Punkt: Letztlich komme es darauf an, ob man die Auferstehung, Ostern im Glauben annehmen könne.

Dass Gefühle der Furcht mehrfach im Text angesprochen und besänftigt werden wollen, kann ich gut nachempfinden. Der Weg ans Grab mag für die Frauen ein Bedürfnis sein. *Um nach dem Grab zu sehen,* lesen wir eingangs. Was wir dann kurz und knapp lesen von einem Erdbeben und einer Engelserscheinung, kann einem Menschen Furcht einjagen. An den Wachen wird die starke und menschliche Reaktion sichtbar. Die ersten Worte sollen den Gefühlen begegnen: Fürchtet euch nicht! Später sagt Jesus dieselben Worte zu den Frauen. *Alles in Ordnung. Nur keine Panik.* So würden wir reagieren. Was sind Fakten? Was sollen sie bedeuten, frage ich mit Ulrich Luz (vgl. Luz, 408)? Das wollen wir wissen. »Die mittelalterlichen Theologen wussten ..., daß Jesu Auferstehung unanschaulich bleiben muss. ... nur Gläubige können ihn nach seiner Auferstehung sehen« (Luz, 409). Ich bin wieder im Gottesdienst für jedes Alter in der englischen Dorfkirche und sehe die Kollegen vor mir. Inspirierend!

VI Predigtschritte: Ostergeschichten

Dieser Unanschaulichkeit der Auferstehung tragen Auferstehungsikonen auf ihre Weise Rechnung. Das Geheimnis der Auferstehung bleibt ein Geheimnis. Sie zeigen den Auferstandenen. An diesen Darstellungen aus der Ostkirche fasziniert mich unter anderem, wie der Auferstandene über den zertrümmerten Pforten der Hölle stehend, den Menschen, Adam und Eva aus ihren Gräbern zieht. So ziehe ich meine kleine Tochter über die Straße, wenn wir sie überqueren. Meine Hand lege ich so um ihr Handgelenk, dass sie mir nicht entkommen und vor ein Auto laufen kann. Der Mensch kann Jesus nicht entkommen, wenn der ihn aus seinem Grab zieht. Was bedeutet die Auferstehung an sich und für mich? Dieser Frage möchte ich mich stellen. Es ist die Frage nach dem Leben am Ort der Toten (Grab). Ich verwende gelegentlich Ikonen in der Verkündigung.

Werkstück Predigt

Ich weiß, dass es Gott gibt, bricht es aus der jungen Mutter heraus. Mit anderen Worten: *Ich bin nicht so ungläubig, wie du meinst.* Wir stehen am Buffet beim Tauffest für ihre Tochter. Diese ist zum Zeitpunkt des Tsunami geboren, der in Asien zu Beginn des Jahrtausends ganze Landstriche verwüstet hat und vielen in Erinnerung bleibt. In den Gesprächen vor der Taufe waren diese Ereignisse immer wieder Thema. Was für eine Umwälzung. Später war ich selbst an den Orten, die in den Wassermassen untergingen. Überlebende erzählen, wie sie die Naturgewalten erfahren haben oder wie sie aufbrachen, um bei der Bergung von Lebenden und Toten mitzuhelfen. Skulpturen sollen die vernichtende Seite des Meeres in Erinnerung halten. Mit all den Eindrücken in mir habe ich seinerzeit den Ozean mit anderen Augen gesehen. Doch zurück in die Tauffeier. Die junge Mutter öffnet sich. Sie erzählt mir in mehreren Gesprächen von ihrer schlechten Erfahrung mit ihrem Konfirmator. Der hatte ihr als Jugendlicher keinen Glauben geschenkt. Sie war nach einer Gotteserfahrung voller Freude zu ihm geeilt. Er freute sich nicht mit ihr, er deutete ihre Erfahrung um. *Sie freue sich halt sehr auf ihre Konfirmation.* Ihre Freude verschließt sie in sich. Sie wird kaum mehr über ihre Erfahrung sprechen. Sie geht auf Distanz zu Geistlichen und zur Kirche. Sie sucht Jahre lang hier und dort. Ihre Geschichte bewegt mich bis heute. *Ich weiß, dass Gott lebt!* Wir beginnen bei der Taufe ihrer Tochter wieder neu. Sie schenkt mir ihr Vertrauen. Wieder einmal lerne ich, dass es Dinge zwischen Himmel und Erde gibt, die ich nicht erklären oder verstehen kann. Dennoch ist es wichtig, sie stehen zu lassen. Vertraut sich ein Mensch einem anderen an, braucht es manchmal nicht mehr als dieses Stehenlassen. Umdeuten oder in Abrede stellen, kann schädlich sein.

Solche Erfahrungen würde ich in der Predigt der Osternacht laut werden lassen und einladen zum Murmeln mit den Nachbarn im Gotteshaus. Was für interessante Glaubenserfahrungen sie wohl haben? Dem gebe ich den Vorzug und verzichte gerne auf ein noch so anspruchsvoll gestaltetes Nacherzählen des Bibeltextes. Eine solche Geschichte beginnt in meiner Erzählung mit den Worten: »Als ihre Tochter nach über fünf Jahren ohne Nachricht plötzlich vor ihr steht, soll meine Urgroßmutter wie zur Salzsäule erstarrt sein. – Zwei Söhne im Krieg verschollen. Die einzige Tochter zur Zwangsarbeit ins Ausland verfrachtet. – Und eines Tages steht diese Tochter unangekündigt in der Tür ihres Elternhauses. Welcher Schrecken! Welche Freude!«

Die Feier der Tauferinnerung lässt mich wieder eintauchen in dieses Gottvertrauen, in dem ich meine menschliche Furcht immer wieder überwinden kann. Ich brauche nicht alles verstehen und erklären. Ich brauche der Versuchung nicht erliegen, etwas erklären zu wollen, was ich nicht erklären kann. Manches darf ich stehen lassen. Ich werde mich dazu verhalten. Das kann sich mit der Zeit sogar verändern. In der Feier der Osternacht sehe ich das gut aufgehoben. Sie macht Mut zum Aufstehen im Leben zum Leben. Symbolisch stehen dafür die Osternester meiner Kindheit. Das Moos für unsere Nester haben wir auf dem Friedhof geholt.

Literatur: *Ulrich Luz,* Das Evangelium nach Matthäus. 4. Teilband, Mt 26-28 (EKK I/4), Düsseldorf/Zürich/Neukirchen-Vluyn 2002; *José Saramago,* Eine Zeit ohne Tod, Reinbek bei Hamburg 2007.

Ostersonntag

2 Mose 14,8-14.19-23.28-30a; 15,20-21:

»singt dem herrn, der nie eine uniform trägt«

Ralph Kunz

I Eröffnung: Parallelen und Kontraste

Auf dem Berg der Verklärung kündigten Mose und Elia den »Ausstieg« Jesu an (Lk 9,31). Im Griechischen steht der Begriff *exodos*. Die ganze Szene ist mit vielen Details (Wolke, Glanz, Stimme, Furcht etc.) der Offenbarung am Sinai nachempfunden (vgl. Schiffner, 254–258). Die Parallelen sind genauso offensichtlich wie die Kontraste! In der Befreiungsgeschichte Israels geht es um die Not eines geknechteten Volkes, das von seinem Gott befreit wird. Jahwe greift in die Geschichte ein und offenbart seine Macht. Im Vordergrund steht die kollektive Erinnerung an ein identitätsstiftendes Ereignis. Der Sieg ist wichtig für die, die *dazugehören*. Exodus ist ein »politisch-theologisches Epos« (Utzschneider, 7).

Ganz anders der Dreh der Ostererzählung. Sie hat universale und nicht nur nationale Bedeutung. Im Fokus ist ein auserwählter Mensch und nicht ein auserwähltes Volk. Der »neue Moses« stirbt und scheitert vordergründig. Seine Auferweckung von den Toten ist ein hintergründiger Sieg – ein Sieg über den letzten Feind, der Konsequenzen hat für jeden Menschen, ein Grund zum Jubel für alle, die daran *glauben*. »Ostern ist das Siegesfest des ewigen Lebens« (Gertrud von Lefort).

Wie passen die beiden Befreiungsgeschichten zusammen? Ein kritischer Geist könnte auf die Idee kommen, dass die politische Wucht der Befreiung ein Weckruf für alle Völker ist, aber die Hoffnung auf ewiges Leben zum »Opium für das Volk« (Karl Marx) werden kann. Der erste Exodus fragt den zweiten Exodus: »Ostern, wo ist dein Stachel? Auferstandener, wo ist dein Sieg?«

II Erschließung des Textes: Exodus als Typus

Ob Jesus vor dem Passahfest gekreuzigt wurde, ist unsicher. Es ist aber durchaus möglich, dass die Parallelisierung der alten und neuen Befreiungsgeschichte einen historischen Hintergrund hat. Jedenfalls prägt und trägt der Exodus als literarische Vorlage die Wahrnehmung von Ostern typologisch. Der Exodus bildet den *Typus*, dem im Neuen Testament der *Antitypus* Ostern entspricht.

Im einleitenden Loblied zur Osternachtfeier kommt dies schön zum Ausdruck: Dies ist die Nacht, da Gott sein Volk aus Ägypten befreit und trockenen Fußes durch die Fluten des Meeres geleitet hat. / Dies ist die Nacht, da Christus die Bande des Todes zerrissen hat und aus der Hölle als Sieger erstanden ist.

Das Exsultet (lat. »es jauchze«) vereint die alte und die neue Erzählung. »Sieg« und »Hölle« sind Stichworte aus dem österlichen Triumphgesang, den Paulus in 1 Kor 15,55 zitiert: »Der Tod ist verschlungen in den Sieg. Tod, wo ist dein Stachel? Hölle, wo ist dein Sieg?« Das hat Methode. Kleine Erinnerungsbrocken finden sich auch in Geschichtspsalmen (vgl. Gärtner). »Ross und Wagen« sind Signalworte (Ps 76,6), die das Gedächtnis triggern. Das Miriam-Lied (Ex 15,20 f.), das vermutlich erst im 4. Jh. entstanden ist, setzt diese Form der Tradierung schon voraus.

Die Exodus-Erzählung ist literarisch ein überaus komplexes, in sich verschachteltes Gebilde. Versuche, den historischen Kernbestand zu eruieren, verlaufen buchstäblich im Sand (Albertz, 240–249). Nach dem derzeitigen Wissensstand lassen sich nur relativ dünne Erinnerungsfäden ausmachen. Sie wurden zuerst im Nordreich zu einer Erzählung gesponnen, die in den Süden wanderte und in einem rund zweihundertjährigen Prozess mehr und mehr zu einem Epos anwuchs. Die seltsame (politisch korrekte) Versauswahl der Perikope versucht das Geflecht der Erzähltraditionen ein wenig zu entflechten. In der Predigt darauf einzugehen, macht keinen Sinn und stiftet nur Verwirrung.

Spannender ist es, die Motive des Gründungsmythos herauszuarbeiten. Denn die eigentliche Frage, so Jan Assmann, »gilt nicht dem hypothetischen Ursprung der Geschichte, sondern den historischen Umständen ihres literarischen Wachstums bis in die ungeheuren, wahrhaft weltverändernden Dimensionen, die sie im Lauf der Jahrtausende angenommen haben. (...) Die Exodus-Erzählung schreibt nicht Geschichte, sondern sie macht Geschichte!« (Assmann, 390) Und das Meerwunder bildet den dramatischen Höhepunkt dieser Befreiungsgeschichte. Es ist das Ende des Machtkampfs, der für den Pharao einen fatalen Ausgang nahm: »Und Israel sah Ägypten tot am Ufer des Meeres.« (V. 30b)

Der Gott Israels offenbart seine Macht mit einer klaren *Parteinahme*! Das Ziel der Machtdemonstration fällt zugunsten eines geknechteten Volkes aus. Das ist revolutionär! Israel wird zu einem Volk unter den Völkern. Es kommt zu einer »vollkommen neuen Form von Symbiose zwischen dem einzigen, über die Welt hinausgehobenen Gott und dem einzigen, aus den Völkern auserwählten Volk.« (Assmann, 396) Das religiöse Muster der Nationgründung hat Schule gemacht. Die Puritaner, die Buren, aber auch das junge Israel haben das Narrativ der Auserwählung übernommen. Max Weber geht so weit, zu behaupten, dass der Mythos des auserwählten Volkes irgendwie bei jeder Nationbildung im Spiel sei (vgl. Weber, 239).

III Impulse: Zur Freiheit befreit

Die göttliche Machtdemonstration fällt allerdings nicht vom Himmel. Ihr gehen rege diplomatische Verhandlungen voraus, in die verschiedene Akteure verwickelt sind. Moses macht das, was heute Pendeldiplomatie heißt. Beim Unterdrücker hat er keinen Erfolg. Der Pharao verhärtet sich. Die Verhärtung und Verstockung der Machthaber ist ein schwieriges Motiv – und eine weitere Verbindung zwischen Exodus und Ostern. Der Akteur, der am meisten Macht hat und eigentlich entscheiden könnte, wird zum Objekt des göttlichen Handelns. Darauf läuft es hinaus! »Und Israel sah, wie Gott mit mächtiger Hand an Ägypten gehandelt hatte.« (V. 31) Die Art und Weise, *wie* Gott interveniert, könnte aus einem Drehbuch für einen Actionfilm stammen. Der Böse setzt seine ganze Kampfkraft ein und jagt die Flüchtenden mit Panzern und Kanonen, die Israeliten verlieren die Nerven und Moses beruhigt sie. Dann trickst ein göttlicher Mister Q den Pharao mit allerlei Wundern aus. Der Feind ist verwirrt und rennt ins Verderben. Kein Kampf findet statt und dennoch wird ein Sieg errungen, voilà, der erste Jahwe-Krieg!

Der Gesang der Prophetin schließt die Erzählsequenz ab und leitet zum nächsten Schritt der Volkswerdung. Mirjam singt das Triumphlied stellvertretend für die Schreienden und führt tanzend und trommelnd einen

Aufstand der Freude an. Aus der Klage wurde Tanz. Aber die Geschichte ist noch nicht zu Ende. Zwar liegt der äußere Feind tot am Ufer, aber die inneren Widersprüche und Widerstände der Schreihälse bleiben am Leben. Die neu gewonnene Freiheit verlangt eine grundlegende Verhaltens- und Einstellungsänderung. Gott interveniert nicht automatisch. Das Volk bewegt ihn dazu und jetzt soll das Volk sich bewegen. Es ist weder Opfer noch Zuschauer. Sein Schreien ist ein wichtiges Signalwort der Exodus-Erzählung, das auch in kurzen Reminiszenzen wie z. B. in Psalm 22,6 »zu dir schrien sie und wurden gerettet« auftaucht. Das schreiende Israel ist durchaus ambivalent. Im Schreien zeigt sich die Freiheitssehnsucht der Adoleszenz, aber auch das regressive Verhalten von Kindern. Wenn es brenzlig wird, bekommt Moses Vorwürfe zu hören. »Lass uns in Ruhe, wir wollen Ägypten dienen.« (V. 12) Kaum ist das Siegeslied verklungen, kommt das Klagelied von den verlorenen Fleischtöpfen (Ex 16,2).

Der Wechsel vom pharaonischen Regime zur Königsherrschaft Jahwes ist *die* entscheidende Wende in Israels Werdegang und der Anfang einer offenen Heilsgeschichte, die uns an Ostern *einholt*. Sie ist auch die Einladung, erwachsen zu werden. Eine von Exodus inspirierte Oster-Erzählung *wiederholt* die politische Dimension der Nachfolge. Die neutestamentliche Fortsetzung der Freiheitsgeschichte lässt sich auch als Nationbildung erzählen. Sie gilt mit den Worten des Auferstandenen einer Nation »aus allen Völkern« (Lk 24, 47). Die Auferstehung ist der Anfang einer revolutionären Heilsgeschichte!

Werkstück Predigt (Einstieg)

Im Jüdischen nennt man das Gedenken an den Exodus *secher litsiat mizraim*. Es kommt in Psalmen, bei den Propheten oder im Gesetz vor. »Denkt daran, als ihr in Ägypten wart und Gott euch befreit hat!« Jeden Frühling feiert die jüdische Gemeinde an Pessach dieses Gedenken und erzählt seine Befreiungsgeschichte. *secher litsiat mizraim* ist wie eine Geburtstagsfeier! »Denk an den Tag, als du zum Leben erwacht bist. Denk daran, wer du bist!« Die Feier wiederholt den Anfang und holt ihn wieder in die Gegenwart. Ostern, liebe Gemeinde, ist unser *secher litsiat mizraim*, Anfangsenergie für unseren Weg in die Freiheit.

Literatur: *Rainer Albertz*, Exodus Band 2, Ex 1-18. (ZBK AT 2,1), Zürich 2017; *Jan Assmann*, Exodus. Revolution der alten Welt, München 2015; *Judith Gärtner*, Geschichtspsalmen. Eine Studie zu den Psalmen 78, 105, 106, 135 und 136 als hermeneutische Schlüsseltexte im Psalter, Tübingen 2012; *Kerstin Schiffner*, Lukas liest Exodus. Eine Untersuchung zur Aufnahme ersttestamentlicher Befreiungsgeschichte im lukanischen Werk als Schriftlektüre, Stuttgart 2008; *Helmut Utzschneider*, Gottes langer Atem. Die Exoduserzählung (Ex 1-14) in ästhetischer und historischer Sicht (StBSt Bd. 166), Stuttgart 1996; *Max Weber*, Wirtschaft und Gesellschaft. Grundriss der verstehenden Soziologie, Tübingen ^{5}1980.

 Thomas Schlag

IV Entgegnung: Plausibilisierungstest

Mir war schon immer etwas unwohl bei dieser vermeintlichen Siegergeschichte – zu viel Menschliches bleibt auf der Strecke. Aber so richtig auf die »Tiefendimension« des Roten Meeres haben mich erst die eigenen Kinder gebracht. Beim Betrachten eines Kinderbibelbildes, auf dem die Ägypter mit »Ross und Reiter« untergehen, sagten sie spontan: »Warum hat Gott die Ägypter sterben lassen? Er hätte ihnen doch einfach Sand in die Augen streuen können, die Wüste ist voll davon. So gemein!« So viel zum steinigen Exodus-Auslegungs-Weg – und das auch noch an Ostern. Warum haben nur die einen trockene Füße, während die anderen apokalyptisch geflutet werden? Schuldig werden irgendwie alle. Es ist tatsächlich zum Schreien – ganz ohne Osterlachen. Wie hoch ist eigentlich der Preis für das Überleben und das Leben überhaupt – und wer zahlt am Ende?

A geht voran, indem er den ersten Exodus mit dem jesuanischen Exodus verbindet: Typus und Antitypus auf engstem Raum des Passah-Gedenkens. Den von A hergestellten Zusammenhang sowie die Unterscheidung von nationaler und universaler Identitätsstiftung kann ich ebenso bedenkenlos unterschreiben wie seine Rede von den Parallelen und Kontrasten. Etwas anderes ist angesichts der Perikope aus sachlichen und eben auch theologischen Gründen kaum möglich. Ob allerdings die Wahl dieses alttestamentlichen Textes gerade für den Ostersonntag den Plausibilisierungstest überstehen wird, werden wir sehen müssen. Ich melde schon jetzt gewisse Zweifel an, zumal das Text-Schnipp-Schnapp durch die Auswahlexperten selbst Entlarvungspotenzial offenbart. Wie bezeichnend, dass zwar 14,30a: »So rettete der HERR an jenem Tag Israel aus der Hand Ägyptens« vorgeschlagen wird, 14.30b »und Israel sah Ägypten tot am Ufer des Meers« allerdings dann nicht mehr ... sozusagen »nicht Meer«. Bewahrheitet sich somit auch für die Exodusgeschichte die Einsicht, dass am Ende eben die Sieger die Geschichte schreiben? Manchmal wünscht man sich auch in der biblischen Überlieferung das Konzept der »Dual history«-Stadtführungen, bei denen jüdische und arabische Israelis die interessierte Reisegruppe durch Jerusalem führen – und über den jeweiligen historischen Hotspot völlig verschiedene, meist komplett konträre Geschichten erzählen. Und weil A schon die südafrikanischen Buren erwähnt: So kann man die prekär-dramatische Einseitigkeit ethnischer Narrative kaum irgendwo besser erleben als bei weißen Reiseführern am Voortrekker-Monument.

Und am Ende Mirjams Tanz und Gesang – wirklich eine Auferstehung für alle? An Ostern soll also offenkundig die weichgespülte Version zur Sprache gebracht werden und Freude über das glückliche Menschheitsschicksal aufkommen, aber wie gesagt: Wer zahlt den Opfer-Preis?

V Erschließung der Hörersituation: Der Opfer-Preis

Ich versuche mir vorzustellen, dass am hellen Sonntag nun also diese Gewaltgeschichte vor aller Ohren und Augen kommt. Dramaturgisch gibt die Perikope in der Tat vieles her. Das Storyboard ruft nach Hollywood-Breitband-Epos mit Happy-End. Selbst wenn man weiß, dass es gut ausgeht, wird man der Erzählung gespannt folgen. Und ohnehin gut: Gut erzählt ist halb gewonnen. »*Ein* Wort muss es sein« (Lüscher, 88). An Ostern 2021 wird man nach den absurden Erfahrungen der ausgefallenen Osterfeiern 2020 ohnehin für jeden Rettungsanker froh sein. Und der eine oder andere mag sich zurückerinnern an das literarische Geburtstagskind des letzten Jahres, Friedrich Hölderlin, und das Bonmot des nach erfülltem Sein Suchenden (vgl. Safranski, 104): »Wo aber Gefahr ist, wächst das Rettende auch.« Hoffentlich können die allermeisten Gottesdienstteilnehmenden dann existenziell nachvollziehen, dass sie trotz drohendem Untergang am Ende doch gerade noch das rettende Ufer erreicht haben. Insofern sind Rettungsgeschichten, weil sie immer irgendwie nacherzählte und vorerzählte Hoffnungsgeschichten sind, nie verkehrt. Und dass in den alt-neuen Zeiten antisemitischen »Wahns« (Lipstadt, 20 f.) an den denkbar engsten Zusammenhang zwischen alttestamentlicher und neutestamentlicher Gottesgegenwart erinnert wird, ist ohnehin bitterkraut-notwendig. Aber wie gesagt: Unwohl bleibt einem schon angesichts des Opfer-Preises, den die bedrohlichen Feinde zahlen müssen, damit Gottes Volkserwählung wahrwerden kann. Wie geht man also damit um, dass hier Befreiung notwendigerweise den Tod der Bedrohungsmächte voraussetzt?

VI Predigtschritte: Österliche Relevanzhoffnung

Was aber ist dann die eigentliche Siegergeschichte, die es am Ostersonntag sinnvollerweise zu verkündigen gilt? Ist womöglich die Opfer-Thematik das eigentliche Brückenglied zwischen erstem und zweitem Exodus? Die revolutionäre, alles verkehrende Heilsgeschichte ist tatsächlich keine nationale mehr und sie darf es auch nicht mehr sein. Der österliche Anspruch ist im wahrsten Sinn des *einen* Wortes grenzenlos. Jetzt kommt keine Geschichte der Sieger an ihren Höhepunkt, sondern jetzt eröffnet sich eine ganz neue Geschichte durch den, von dem kurz und prägnant gesagt wird: Jesus ist Sieger. Ob dafür wirklich Endkampf-Metaphorik notwendig ist (ten Boom), wäre genauer zu prüfen. Dann doch lieber mit Karl Barth demütig-scharfsinnig formuliert: »Jesus ist Sieger!« und »Ihr Menschen seid Gottes!« – diese beiden Blumhardt-Losungen gelten.« (Barth, 22 f.)

Wenn dies aber gilt, sollten wir doch noch einmal genauer hinschauen, unter welchen Voraussetzungen diese Perikope österliche Plausibilität gewinnen kann. Nicht um historische Plausibilität geht es also, weder im ersten noch im zweiten Exodus. Sondern um Lebensrelevanz – es sei daran erinnert, dass etymologisch »Relevanz« nicht weniger als »in die Höhe heben« meint. So viel zur jesuanischen Verklärungsszene. Mit anderen Worten: Worüber darf man jetzt eigentlich wie Mirjam tanzen und spielen und singen? Eigentlich geht das ja nur, wenn man diese Worte nicht als exklusives, sondern als inklusives Happy-End versteht. Erst dann ist das zukunftsoffene Lob gerechtfertigt. Und wenn es richtig ist, dass Mirjams Expression ein »kollektiver Moment der Begeisterung« und ein »bedeutender menschlicher Beitrag« war (Oz/Oz, 63.74), dann darf man sich schon diesen Tanz grenzenlos göttlich vorstellen. Zukunftsoffen heißt dann nicht weniger, als sich daran zu erinnern, dass der Preis für den Neuanfang eben schon bezahlt wurde – dieses Mal nicht von den Ägyptern, sondern von dem, der sich selbst zum Opfer-Preis gemacht hat.

Dies bedeutet dann aber auch, dass das musikalische Osterlob den Blick und alle Sinne scharf stellt auf alle diejenigen, die noch am Anfang der offenen Heilsgeschichte stehen – und das ist weder nationalistisch noch individualistisch engzuführen, sondern wiederum ganz existenziell zu verstehen. Einmal mehr hilft Kurt Marti und eines seiner Gedichte: »cymbalklang tanz und musik des herrn«: »wo bleiben flöte und horn, wo cymbal und schlagzeug, wo bass und schalmei, wo tanz und musik des herrn? im lahmen der hüpft, im stummen der singt, im blinden der sieht, sind flöte und horn, sind cymbal und schlagzeug, sind bass und schalmei, sind tanz und musik des herrn.« (Marti, 39) Das österlich Entscheidende, so könnte man sagen, ist der Übergang vom »Wo bleiben« zum »Sind«, vom »wüsten Suchen« zum ostermorgendlichen »Gefunden-Werden«. Das ist das eine. Das andere ist die Einsicht, dass das musikalische Lob oftmals dort gefunden wird, wo man es am wenigsten hört: Beim hüpfenden Lahmen, dem singenden Stummen, dem sehenden Blinden – lauter österliche Paradoxa – gegen alle Vernunft in die Höhe gehoben und doch schon jetzt real.

Werkstück Predigt

Es wäre schon viel erreicht, wenn sich gerade an Ostern der Blick auf die richtet, die in der Regel nicht am rettenden Ufer stehen, ganz zu schweigen von denen, die ihren Untergang befürchten müssen. Damit ist dann aber die Ostergeschichte nicht nur im Sinn des Völkeruniversalismus politisch, sondern auch ganz real angesichts all derer, die nun bei der Suche nach dem rettenden Strohhalm wenn überhaupt den zu kurzen zu ziehen drohen. Noch einmal mit Kurt Marti sozusagen musikalisch intoniert: »singt dem herrn, der nie eine uniform trägt, der nie eine waffe ergreift, der nie einem fahnentuch traut, der nie an parolen sich hängt, der feinde als brüder entlarvt.« (Marti, 69) Österlich-politischer und lebensrelevanter lässt sich das kaum sagen.

Literatur: *Karl Barth,* Die Menschlichkeit Gottes, Vortrag, gehalten an der Tagung des Schweiz. Ref. Pfarrvereins in Aarau am 25. September 1956, Theologische Studien Heft 48, Zürich 1956, 22 f.; *Corrie ten Boom,* Jesus ist Sieger. Die Gemeinde in der Endzeit und Besiegte Feinde. Vom Kampf gegen die okkulten Mächte, Holzgerlingen 2020; *Deborah Lipstadt,* Der neue Antisemitismus, Berlin 2018; *Jonas Lüscher,* Ins Erzählen flüchten. Poetikvorlesung, München 2020; *Amos Oz/Fania Oz-Salzberger,* jewsandwords, New Haven/London 2012; *Kurt Marti,* Die Liebe geht zu Fuß. Ausgewählte Gedichte, Zürich 2018; *Rüdiger Safranski,* Hölderlin. Komm! Ins Offene, Freund!, München 2019.

Ostermontag
Offenbarung 5,6-14:
Das Buch des Lebens

Heike Springhart

I Eröffnung: Die widerständige Kraft von Ostern

Mit dem Osterjubel des Ostersonntags im Ohr fragen wir an Ostermontag: Was heißt das, wenn das Buch des Lebens angesichts des Todes geöffnet wird? Die Offenbarung des Johannes stellt als »Christologie des Protests« (Wengst, 129) die Frage danach, wem die Macht gehört. Mit Ostern ist dem Tod die Macht genommen und doch ist in der von den unterschiedlichen Todesmächten gefährdeten Wirklichkeit noch vieles beim Alten. An der »Bruchstelle zwischen den Hoffnungen und den Erfahrungen beginnen die Fragen und die Konflikte« (Crüsemann, 205). Wenn das Buch mit den sieben Siegeln geöffnet wird, dann nimmt die Weltgeschichte eine neue Wendung. Mit der Auferweckung Jesu von den Toten ändert sich der Blick auf die Weltgeschichte, ja, die Weltgeschichte selbst. An Ostern kommt die Offenbarung des Johannes als Protestliteratur gegen die todbringenden Mächte besonders deutlich zum Klingen. Für die Predigt scheinen mir zwei Spuren verfolgenswert zu sein: Das Motiv des Aufmachens des Buches angesichts des Todes – nur dem Auferstandenen, der durch die tiefsten Abgründe des Menschseins gegangen ist und ihnen zugleich enthoben ist, ist die Fülle meiner Lebensgeschichte in die Hände zu legen. Angeregt durch den Kinofilm »Das brandneue Testament« lässt sich auch der Frage nachgehen: Was geschieht, wenn das pralle Leben als Leben angesichts des Todes verstanden wird? Eine zweite (möglicherweise alternative) Spur: Von den politischen und befreiungstheologischen Konnotationen der Offenbarung des Johannes her ließe sich auch nach der widerständigen Kraft von Auferstehung und Ostern fragen.

II Erschließung des Textes: Ein neues Lied im Himmel und auf Erden

Die Offenbarung des Johannes richtet sich an die bedrängte Gemeinde, genauer die sieben Gemeinden »in der Asia«, die römische Provinz im westlichen Kleinasien. Verfasst wurde sie wahrscheinlich gegen Ende des ersten Jahrhunderts, in der Zeit nach dem Krieg und in der Situation der »demütigenden, erschöpfende[n] Zeit nach der Zerstörung des Tempels in Jerusalem« (Sutter Rehmann, 70). Diese Situation erfordert es, in Bildern zu sprechen, die nicht für alle unmittelbar zu verstehen waren. Vor dem Hintergrund der Bedrohung durch die römische Besatzung ist die entscheidende Frage: Wem gehört die Macht? Mit der Betonung der Offenbarung, dass die Macht bei Jesus liegt, wird deutlich, dass es sich hier um eine »Christologie des Protests« handelt.

»Jesus ist der Zeuge schlechthin, der mit seinem Schicksal tiefster Ohnmacht und darin doch erfolgter Rettung von Gott her die Macht des Ohnmächtigen bezeugt und so Zeuge des rettenden Gottes ist. Dieses Zeugnis ist aber zugleich damit Widerspruch gegen alle angemaßte Macht von Menschen über Menschen, die rücksichtslos über Leichen geht.« (Wengst, 129)

In den Versen unmittelbar vor unserer Perikope steht die Machtfrage explizit im Raum mit der Frage des Engels, wer würdig ist, das Buch mit den sieben Siegeln zu öffnen. In Anlehnung an die sieben Schöpfungstage weist die Siebenzahl der Siegel darauf hin, dass sich hinter ihnen die Wahrheit über das Weltgeschehen verbirgt. Niemand wird für qualifiziert befunden, es zu öffnen. Einzig das Lamm, das aussieht »wie geschlachtet«, kommt und nimmt das Buch und zeigt sich so als würdig. Wenn man annimmt, dass es sich bei der außen und innen beschriebenen Buchrolle um eine Doppelurkunde handelt, dann bedeutet das Öffnen der Siegel die Inkraftsetzung der Urkunde (vgl. Lichtenberger, 127).

Für die Predigt ist der Anschluss an das Motiv des Weinens anregend, das sich im unmittelbar vor der Perikope stehenden Vers 4 findet. Der Seher weint, weil sich niemand findet, der würdig wäre, das Buch zu öffnen. In etlichen biblischen Texten ist vom Weinen die Rede. Hiob weint über sein Unglück (Hi 15,12), vor allem aber sind die Szenen aus der Passionsgeschichte von Bedeutung, in denen geweint wird. Jesus weint am Grab von Lazarus (Joh 11,35) und über Jerusalem (Lk 19,41), Petrus weint bitterlich (Lk 22,26) und am Ostermorgen steht Maria vor dem Grab und weint (Joh 20,11). Das Weinen weist auf die Tiefe der Erschütterung, die Intensität des Affiziertseins und die Verwundbarkeit der Weinenden.

Die Perikope beginnt mit der Antwort auf die Frage, wer des Öffnens des Buches und damit des Ingangsetzens der Weltgeschichte würdig ist: das Lamm. Das Lamm steht im Kontrast zum in Vers 5 genannten

»Löwen aus dem Stamm Juda«, der als Sieger bezeichnet wird. Dieses Bild geht auf Gen 49,9 f. zurück, was auch im Judentum messianisch gedeutet wurde. Das Lamm dagegen ist Ausdruck des ohnmächtig Leidenden. Dies schließt z. B. an Jes 53,7 an, wo der leidende Gottesknecht verglichen wird mit dem Lamm, das zur Schlachtbank geführt wird oder auch an Jer 11,19. In unserer Perikope wird die Ohnmacht des Lammes gesteigert, insofern es als »wie geschlachtet« beschrieben wird. »Wie geschlachtet« bedeutet konkret mit dem Schächtschnitt, mit dem Luft- und Speiseröhre und damit die Halsschlagader durchschnitten werden. Die hier verwendete Bezeichnung für das Schlachten bezeichnet im Neuen Testament nicht nur das Schlachten von Tieren, sondern wird auch auf die gewaltsame Tötung von Menschen bezogen. Damit wird die Hinrichtung Jesu parallelisiert mit anderen Hinrichtungen, der Fokus liegt nicht ausschließlich auf einer Deutung als kultischem Sühnopfer (vgl. Wengst, 120). Vielmehr und mit Blick auf Ostern kann das »wie geschlachtet« auch so gedeutet werden, dass die Todeswunde, die auch am Auferstandenen zu sehen ist (vgl. Joh 20,27), nicht das Letzte ist.

An das verwundete Lamm wird die Buchrolle übergeben, es steht unmittelbar beim Thron und umgeben von den vier Wesen und den 24 Ältesten. Mit der Übergabe der Buchrolle hat Gott »in die Hand Christi den Lauf der Weltgeschichte übergeben« (Lichtenberger, 131), die Zäsur in der Weltgeschichte wird von Johannes durch die Darstellung Jesu als geschlachtetes Opferlamm auf den Kreuzestod Jesu bezogen. Allerdings wird dieser Tod sowohl in der Darstellung der Offenbarung des Johannes als auch in der Hörsituation der Predigt in der Perspektive von Ostern wahrgenommen. Darauf folgt der sich immer mehr entfesselnde Jubel – durch die vier Wesen und 24 Ältesten (V. 8–10), dann durch die Myriaden von Engeln (V. 11–12) und schließlich durch jedes Geschöpf in Himmel, Erde, Unterwelt und Wasser (V. 13–14).

Ein weiterer Aspekt, an den sich für die Predigt anschließen ließe, ist das »neue Lied« (V. 9). Es ist Teil der eschatologischen Hoffnung, denn das neue Lied wird dann nötig, wenn die alten Lieder nicht mehr ausreichen, um Gott angemessen zu loben.

III Impulse: Das Buch des Lebens wird behutsam geöffnet

Für die Predigt sind unterschiedliche thematische Stränge vorstellbar. Es ließe sich der Protestcharakter der Offenbarung des Johannes aufnehmen und fragen, gegen welche todbringenden Mächte sich der österliche Protest heute richtet. Dem Tod ist die Macht genommen – und doch wird immer noch leidvoll gestorben. Im Anschluss an das bei genauem Hinsehen gebrochene Bild des Lammes, das »wie geschlachtet« ist, lässt sich hier ein realistischer Blick auf den Osterjubel gewinnen, der seine tröstliche Kraft auch an den Sterbebetten entfaltet, ohne einer triumphalen Siegesmetaphorik zu folgen. Diese Paradoxie und Brechung liegt im Bild des Lammes.

Eine weitere Möglichkeit wäre die eschatologische Spur auf der Linie des »neuen Liedes« zu verfolgen. Die universale Gemeinschaft aller irdischen und himmlischen Wesen stimmt in dieses neue Lied ein, die Weltgeschichte nimmt einen neuen Gang. Der Umschlag vom Weinen der Verzweiflung hin zum jubilierenden und gesungenen Lob markiert die bis ins Mark gehende Ergriffenheit von der Auferstehungserfahrung.

Eine dritte Spur legt sich mir am nächsten: der Blick auf Christus als denjenigen, in dessen Hände das Buch des individuellen Lebens und der Weltgeschichte gut aufgehoben ist. Er öffnet es, ohne zu beschämen und zu verletzen. Mit der Öffnung nimmt das Heil der Welt seinen Lauf. An Ostern kommen die individuelle Hoffnung auf Überwindung von Leid und Tod zusammen mit der eschatologischen Hoffnung auf die Befreiung der Welt von den todbringenden Mächten und Gewalten. Den Ausgangspunkt für diesen Blick nehme ich beim Film »Das brandneue Testament«.

Werkstück Predigt (Einstieg)

»Das kann es doch nicht gewesen sein!«, sagte sich das Mädchen Éa. Es kann doch nicht sein, dass mein Vater die Menschen schikaniert und sinnloses Leiden im Großen und im Kleinen verursacht. Sie schleicht sich in das düstere, riesige Arbeitszimmer ihres Vaters. Bis weit unter die Decke sind in unendlichen Karteikästen Karten für jeden einzelnen Menschen archiviert. In der Mitte des Raumes das Heiligtum. Der Schreibtisch mit dem Computer, von dem aus der griesgrämige Alte sein bizarres Spiel treibt. Éa knackt den Code. Ein Klick und an alle Menschen auf der Erde geht eine Nachricht mit ihrem Todesdatum. Jules, Ihnen bleiben noch 3 Jahre, 5 Monate und 12 Tage. Die Weltgeschichte nimmt eine neue Wendung. Der Blick auf das Ende des Lebens lässt die Menschen neu leben. Auferstehung mitten im Leben. Éa macht sich auf den Weg und schreibt ein neues, ein brandneues Testament. Die gewitzte 12-Jährige hat das Buch des Lebens geöffnet, den Menschen, denen sie begegnet, verhilft sie zu neuen Träumen. Der Kinofilm »Das brandneue Testament« erzählt davon mit viel Augenzwinkern. Im ganz und gar nicht himmlischen Zuhause von Éa mit dem jähzornigen Vater und der eingeschüchterten und schweigsamen Mutter steht eine Figur von Jesus auf dem Schrank. Er wird von Zeit zu Zeit abgestaubt und zwinkert seiner Schwester zu. Sie öffnet das Buch.

Literatur: *Frank Crüsemann*, Das Alte Testament als Wahrheitsraum des Neuen. Die neue Sicht der christlichen Bibel, Gütersloh 2011; *Hermann Lichtenberger*, Die Apokalypse, Stuttgart 2013; *Luzia Sutter Rehmann*, Vom Mut, genau hinzusehen. Feministisch-befreiungstheologische Interpretationen zur Apokalyptik, Luzern 1998; *Klaus Wengst*, »Wie lange noch?«. Schreien nach Recht und Gerechtigkeit – eine Deutung der Apokalypse des Johannes, Stuttgart 2010.

Ute Niethammer

IV Entgegnung: Universale Machtansage

»Wem gehört die Macht?«, zu Recht stellt A diese Frage an den Anfang ihrer Textmeditation. In dieser Frage kommt zum Ausdruck, was Menschsein in seiner Zerrissenheit bedeutet: Lebensgrundlagen schützen oder sie zerstören. An anderen schuldig werden oder Schuld vergeben. Gleichgültig sein oder vor Liebe glühen. Wem gehört die Macht in einer Welt, in der die ganze Bandbreite von Leid, Liebe, Freude, Schmerz, Tod allgegenwärtig ist? Die Offenbarung des Johannes lässt sich ganz im Sinne von A als Antwort auf diese Frage lesen. Und gerade im 5. Kapitel schildert der Seher den Unterschied und Zusammenhang zwischen weltlich-menschlicher und himmlisch-göttlicher Macht.

Die folgenden Kapitel der geöffneten Siegel beschreiben alle Gräuel, zu denen Menschen in der Lage sind, die Macht ausüben. Doch all dies geschieht vor dem Hintergrund dieses fünften Kapitels. Hier entsteht das Gegenbild dazu: Himmlische Macht wird in universaler Einigkeit gefeiert. Die Beschreibung des Lammes wird so zur Kritik aller menschlichen Machtanmaßung und lässt sich dann mit A (und Wengst) mühelos als »Christologie des Protests« lesen.

Für die Annahme, dass sich die Figur des Lammes als Parallelisierung der Hinrichtung Jesu mit anderen Hinrichtungen (A) zu lesen ist, sehe ich jedoch keinen Anlass. Zu sehr ist das Bild mit religiös konnotierten Gegensätzen aufgeladen: Lamm – Löwe, niemand (5,3) – jedes Geschöpf (5,13), geschlachtet – Lob, Ehre, Stärke etc.

Sachgemäßer als den Aspekt einer Solidarisierung mit allen Opfern von Gewaltherrschaft finde ich eine Beschäftigung mit der wörtlichen Bedeutung des griechischen Wortes »arníon«, was eigentlich »junger Widder« bedeutet. Die römische Mythologie kannte in Abwandlung des ägyptischen Gottes Ammun, der als Widder dargestellt wird, sogar die Tradition eines weissagenden Widders (vgl. Karrer, 55 f.).

Offensichtlich lag es in der Absicht des Autors, im Bild des Lammes ganz unterschiedliche Traditionen zu verschmelzen. Diesem weiten Horizont entspricht dann 5,9-10: Aus allen Kulturen der Welt kommen die durch das Blut erkauften Menschen. Und schließlich erkennen in 5,13 alle Geschöpfe die Göttlichkeit des Thronenden und des Lammes im Lobpreis an. Der Predigttext wird dadurch zu einer sich ins Galaktische steigernden Anbetungsvision, die gleichzeitig zeigt, was christliche, ja menschliche Identität im eigentlichen Sinn ist: Ausrichtung auf das Heilswerk Gottes. Und dann: die jubelnde Anerkennung des auferstandenen Christus, weil dieser mit dem versiegelten Buch die ganze Welt und ihre Geschichte in seinen Händen birgt.

Eine Anleihe bei dem Film »Das brandneue Testament« (A) ist originell, führt inhaltlich jedoch auf eine andere Spur. Die Gottestochter Éa öffnet kein Buch, sondern lässt jedem Menschen sein Sterbedatum per SMS zugehen. Anschließend lässt sie zufällig ausgewählte Jünger und Jüngerinnen ein »neues Testament« schreiben, das im Wesentlichen aus in Aphorismen überführten Lebenserfahrungen besteht.

Das Motiv des »neuen Lieds« (5,9) ermöglicht dagegen viele Anknüpfungspunkte, die das Nebeneinander der göttlichen und weltlichen Dimension erhellen können. A betont die damit verbundene eschatologische Erwartung. Dem würde ich ein deutliches »Schon jetzt« gegenüberstellen. So wie die ursprünglichen Adressaten der Offenbarung des Johannes jene Geschehnisse, die die Öffnung des Buches auslöst, als Deutung ihrer historischen Situation verstanden, findet jede Generation in ihrer Zeit Entsprechungen zu den geschilderten Grausamkeiten. Der Kairos, mit dem die neue Zeit anbricht, ist immer »jetzt« (vgl. Off 1,3).

Diese Sichtweise wird unterstützt von etlichen Textzeugen, die in 5,10 anstelle des favorisierten Futurs »basileusousin« das Präsens »basileuousin« bezeugen (vgl. Karrer, 34 f.).

V Erschließung der Situation der Hörenden: Apocalypse now!?

Am Ostermontag brennen keine Osterfeuer mehr, und das Exsultet ist längst verklungen. Womöglich aber weicht der besondere Zauber des Ostermorgens am zweiten Feiertag der nüchternen Bereitschaft, darüber nachzudenken, wie Gegenwart und Osterfest zusammenzubringen sind. Vielleicht erinnern sich auch manche Anwesende an die frühere Verortung des Offenbarungstextes am ersten Advent: Offb 5,1-5(6-14), Reihe IV. Der Fokus lag so auf dem Ankommen Gottes in der Welt. Indem jetzt die Perikope mit dem Schwerpunkt auf den Versen 6–14 an Ostern gepredigt wird, tritt der Aspekt des »Schon jetzt« in den Vordergrund. In einer Gegenwart, in der Heuschreckenschwärme ganze Regionen leerfressen (Ostafrika), bewaffnete Milizen gezielt Mütter und Schwangere erschießen (Afghanistan 2020), eine Pandemie die Toten in Lastwagenladungen zählen lehrt (Lombardei 2020) und Machthaber selbstsüchtig Erde und Bevölkerung ausbeuten, ist das Adjektiv »apokalyptisch« nicht mehr Kinofantasien und Büchern aus biblischen Zeiten vorbehalten. Inmitten einer solchen Gegenwart mag es deshalb anachronistisch oder zumindest naiv anmuten, mit dem Osterfest den Sieg des Lebens über den Tod zu feiern. Doch genau dies zeichnet Ostern aus: dass wir den »Löwen« feiern, der sich wie ein Lamm hat schlachten lassen.

Wir anerkennen an Ostern die Macht Gottes, die Gewalt umkehrt und so neues, heiles Leben hervorbringt. Und wir singen Lieder, die davon erzählen, dass diese Macht Gottes die Welt- und Menschheitsgeschichte durchdringt. Im Singen sind wir ein Teil jener Myriaden Geschöpfe, die Christus preisen und die Welt in ihm erlöst wissen.

Für die Adressaten des Johannes waren die Geschehnisse der folgenden Kapitel keine eschatologische Prognose, sondern erlebte Gegenwart. So konnten sie in der eigenen von Unheil geprägten Lebenszeit daran festhalten, dass dies von Gott her schon überwunden ist. Diese Sicht lässt auch das jeweilige Heute zu. Der Moment, in dem das Lamm das Buch hält und die Siegel öffnet, ist immer »jetzt«. Jederzeit droht das Weltgeschehen oder auch persönliches Leid, uns zu überwältigen und in die resignierte Haltung derer zu drängen, die nichts mehr verändern und nichts mehr erwarten. Der Predigttext ermutigt dazu, ein Lied anzustimmen, das eine andere Wirklichkeit zum Klingen bringt. Wer Ostern feiert, wer das »neue Lied« singt, ist schon Teil der neuen Wirklichkeit. Daraus lässt sich Kraft schöpfen für ein Handeln, das Gegenwart formt und verändert. Zum Guten!

VI Predigtschritte: »Schon jetzt« und »Noch nicht«

Unterschiedliche Aspekte des Predigttextes sind es wert miteinander verflochten zu werden: Zentral ist das Beharren auf dem »Schon jetzt« als Protest gegen alle Resignation und apokalyptische Untergangsstimmung. Dem ist die Tatsache des »Noch nicht« in der Predigt durchaus gegenüberzustellen. Als Gleichzeitigkeit! Denn die Offenbarung erzählt keine lineare Erlösungsgeschichte, sondern sie fordert dazu auf, sich auf die Seite des Lammes zu stellen. Damit ergreifen wir Partei für eine andere Sicht auf das Weltgeschehen.

Hierher gehört auch die Antwort auf die Frage nach der Macht in der Figur des Lammes. Indem hier unterschiedliche Traditionen der Gewaltkritik zusammenkommen, steht das Löwen-Lamm für jene Form von Macht, die allein berechtigt ist, Ansprüche zu stellen. Hier kann die Predigt über die Sühnetheologie hinaus die Überlegenheit der Liebe in neuen Bildern beschreiben.

Schließlich bietet noch die in der Perikope geschilderte Universalität die Möglichkeit, die alles überstrahlende Dimension der Osterbotschaft zu verdeutlichen. Das Bild des lobpreisenden Universums findet seine Entsprechung im – weltweiten – Lobpreis der versammelten Ostergemeinde heute. Um diese drei Aspekte bereits in der Verlesung des Predigttextes anzudeuten, können die Strophen von EG 99 in die Lesung eingeflochten werden.

Werkstück Predigt (Abschnittseinstiege an EG 99 entlang)

»Christ ist erstanden von der Marter alle.« Ein halbes Jahrtausend schon singen Menschen zusammen diese Zeilen, und wir haben uns heute eingereiht in diese singende ewige Gemeinde.

Ich versuche mir das vorzustellen – die Menschen aus fünfhundert Jahren; alle, die jemals diese Zeilen gesungen haben. Ich stelle mir vor, wie sie unsere Kirche füllen, den Platz davor, die Straßen und Gärten … Unsere Stadt würde die Menge nicht fassen, auch nicht der Landkreis, vielleicht nicht einmal unser Land. Und denken wir uns noch all die Menschen dazu, die je Ostern gefeiert haben – die Erde wäre voll vom vielstimmigen Klang des Jubelrufs »Christus ist auferstanden!«.

Johannes sieht diese unzählbare Menge, die Gott anbetet, Christus lobt. In seiner Vision besteht sie nicht nur aus Menschen. Sämtliche Geschöpfe – irdische und himmlische – sind darin vereint. Welche Kraft von diesem Lobpreis, diesem Bekenntnis ausgeht, zeichnet das Buch der Offenbarung in allen Farben. Gegen die himmlische Macht Christi kommt keine Grausamkeit der Weltgeschichte an, ja nicht einmal der Tod. (…)

»Wär' er nicht erstanden, so wär' die Welt vergangen.« Denn dann gäbe es niemand, der das Buch der Weltgeschichte in den Händen hält. Dann gäbe es keinen Weg heraus aus den Spiralen der Gewalt und des Unheils. Der Seher aber sieht das Lamm, das dieses Buch aus der Hand Gottes nimmt. Vieles kommt in diesem Bild des Lamms zusammen. Lieder aus dem Buch Jesaja, in denen sich einer wie ein Lamm schlachten lässt, um Schuld zu sühnen. Erinnerungen an die Befreiung aus der Knechtschaft, in der das Blut eines Lammes vor dem Tod schützte. Aber auch: Die Darstellung römischer Kaiser als göttliche junge Widder und die Anbetung, die sie verordnet haben. Das Lamm, das der Seher sieht, vereint alle Projektionen und übertrifft sie noch. Denn hier ist Christus! (…)

»Halleluja. Des soll'n wir alle froh sein, Christ will unser Trost sein.« Jubel, Freude, Trost – die schlichte Liedzeile führt uns durch sehr unterschiedliche Gemütszustände. Was fühle ich heute an diesem zweiten Ostertag? Wo mich vieles quält, kann ich vielleicht nur den Trost spüren, den die Vision des Johannes vermittelt: die Tatsache, dass es da mehr und anderes gibt, als das, was ich – oder andere Menschen – in dieser Zeit an Leid erleben. Dass Christus dieses Leid kennt, mit durchlebt und überwindet. Ja, schon überwunden hat, auch wenn es noch andauert.

Von Freude bewegt bin ich, wenn ich in meinem Leben und im Geschehen der Welt entdecke, wie immer wieder das Leben siegt und die Liebe. Wenn wir Konflikte lösen, elende Zustände verändern, wenn wir erfahren, dass Vergebung wirklich befreit.

Und Jubel kann laut werden, wenn ich erkenne, dass ich mit alledem nicht alleine bin. Denn diese Kraft Gottes, die Kraft des »Lammes«, umfasst alle Menschen, ja die ganze Welt. (…)

Literatur: *Martin Karrer*, Hellenistische und frühkaiserzeitliche Motive in der Johannesapokalypse, in: T. Schmeller/R. Hoppe/M. Ebner (Hg.), Die Offenbarung des Johannes. Kommunikation im Konflikt, Freiburg im Breisgau 2016, 32–73; *Hermann Lichtenberger*, Die Apokalypse, Stuttgart 2013.

Quasimodogeniti (1. Sonntag nach Ostern)

Johannes 21,1-14:
Der Alltag ist unterbrochen, der Herr ist da!

Helmut Aßmann

I Eröffnung: Nochmal von vorn, immer noch mal von vorn

Eigentlich ist mit dem Kapitel 20 das Johannesevangelium zu Ende. Eigentlich ist alles gesagt. Joh 20,31 liest sich jedenfalls so. Karfreitag war im Grunde auch die ganze herrliche Geschichte Jesu am Ende. Sie fühlte sich für alle Beteiligten jedenfalls so an. Manche sagen schließlich, die ganze Kirche wäre allmählich am Ende. Es sehe jedenfalls ganz danach aus. Trotzdem: Das Evangelium geht mit Kapitel 21 weiter. Auf Karfreitag folgt Ostern. Und mit der Kirche: Wir werden ja sehen, wie es mit dem Ende aussieht.

Die Geschichte vom nachösterlichen Fischzug buchstabiert den Glauben an Jesus noch einmal von vorne durch. Sie findet deswegen auch dort statt, wo alles einmal begonnen hat: am See. Diesmal unter der Bedingung, dass Ostern stattgefunden hat. Der Fischzug illustriert, auf welche überraschende Weise die Ereignisse von Golgatha und die Botschaft von der Auferstehung Jesu die vertraute Welt verwandeln. Bis in die konkreten Details hinein, bis in den allfälligen Alltag.

Dieser kleine Nachsatz ist wichtig, denn zu Quasimodogeniti liegt Ostern bereits eine Woche zurück. Inzwischen laufen die Arbeitsroutinen auf der Oberfläche unseres betriebsamen Lebens wieder. Die markigen Worte des Wochenspruchs aus 1 Petr 1,3, der mächtige Ton des Auferstehungspsalms 116 und auch die vollmundige Verheißung des alttestamentlichen Prophetenspruchs aus Jes 40,26 ff. nehmen zwar die mächtige Geste des offenen Grabes und der Überwindung des Todes sprachlich kongenial auf, aber ihre Eindrücklichkeit nimmt mit zunehmender zeitlicher Distanz zum Ereignis ab. Auch das Wochenlied EG 108 stemmt sich gegen dieses natürliche Verblassen, aber es gehört zu den nicht besonders eingängigen Ostergesängen, weder im Text noch in der Melodie.

II Erschließung des Textes: Mehr als diese Welt

Der Evangelist Johannes schreibt bekanntlich eine ganz anders gestimmte Geschichte Jesu als seine synoptischen Kollegen. Er lässt Jesus gleich in der ewigen Gotteswelt seinen Anfang nehmen und verzichtet auf Endzeitreden, apokalyptische Visionen und Himmelfahrtsberichte. Er verschränkt Kreuzigung und Auferstehung, schiebt präsentische und futurische Eschatologie in eindrucksvoller Weise ineinander. Alles ist immer schon mit Gott aufgeladen. Was immer Jesus sagt und tut, wo immer er erscheint, wird es hintersinnig, gelegentlich ironisch oder doppelbödig. Auch das Kapitel 21 folgt dieser Haltung. Auf der einen Seite schiebt es die kirchliche Bedeutung des Petrus als Evangeliumsappendix nach, auf der anderen Seite wird aber die zentrale Bedeutung der Lieblingsjüngerfigur kaum zurückgenommen. Mit dem Fischzug wird zwar ein synoptischer Petrusstoff aufgegriffen und nachösterlich platziert, aber die entscheidende Christuserkenntnis liegt bei Johannes (V. 7). Im zweiten Teil des Kapitels (V. 15–23) wird Petrus als Nachfolger bestimmt, aber der Lieblingsjünger bleibt als konkurrente Größe gleichwohl im Spiel. Das Ganze liest sich wie eine wohlüberlegte, elastische Mischung aus ekklesiologischer Korrektur und feinsinniger Wiederholung der eigenen Überzeugung, nämlich: Glaube und Erkenntnis bzw. genauer Erkenntnis als Glaube.

Der Evangelist fokussiert auf die Beziehung zwischen dem glaubenden Menschen und dem erhöhten Christus. Die Bedeutung der kirchlichen Gemeinschaft tritt hinter dieses Leitinteresse zurück. Deswegen nutzt Johannes als einziger die Bezeichnung »Freunde« für die Vertrauten Jesu und setzt sie auf Spannung zum synoptischen Jüngerkonzept. So erklärt sich auch die Zusammensetzung der sieben Bootsinsassen in Joh 21,2: Neben die erwartbaren Zebedäussöhne und Petrus treten Thomas, immerhin ein weiterer kanonischer Jünger, sodann aber Nathanael (aus Joh 1,45) sowie zwei namentlich ungenannte Jünger, also lediglich sieben Personen. Dieser heterogenen Gemeinschaft widerfährt am See Tiberias die dritte nachösterliche Offenbarung (V. 14), nach der Erstbegegnung im abgeschlossenen Raum (Joh 20,19–23) und der Thomasperikope (Joh 20,24-29).

Diese dritte Offenbarung ist aber keine solenne Bezeugung des Osterereignisses mehr. Sie ist vielmehr die Anwendung der Osterbotschaft in einem unösterlichen Setting: am See, beim Fischen, in einer eher zufälligen Gemeinschaft, unter realen Bedingungen. Die Fischzugsgeschichte ist ein Appell, an diesem nachösterlichen Sonntag das Vertrauen in die Nähe und Gegenwart Christi geradezu auszuprobieren. Mit dem Ziel, die Sinne dafür zu schärfen, wie durchsichtig der Lauf der alltäglichen Dinge auf die Anwesenheit Christi tatsächlich ist. Anders formuliert: wie sehr Ostern die Welt zu ändern begonnen hat.

III Impulse: Es ist der Herr!

Die Geschichte am See kommt in Gang, als Petrus beschließt, wieder seinem Beruf nach- und fischen zu gehen. Im Nacken sitzt ihm und allen anderen der niederschmetternde Verlust der sichtbaren Gottesgegenwart und all der damit verbundenen Hoffnungen. Die erneut vergeblich durchgearbeitete Nacht ist ein weiterer, nahezu erwartbarer Tiefpunkt, der Blues der vergangenen Tage setzt sich fort. Von den österlichen Sensationen ist dieser Auftakt schon Lichtjahre entfernt. Als wäre all das nicht gewesen. Aus der vormals spirituell unerhört aufgeladenen Welt ist alle göttliche Luft herausgelassen. Es ist alles, wie es immer war. Der See, die Boote, die Fische, die Arbeit. Kurz: die Welt, wie man sie kennt.

Mit dem Anruf des Unbekannten vom Ufer her verwandelt sich nach und nach die Szene in eine einzige völlig unerwartete Gotteserfahrung. Der Evangelist spart nicht mit Details. Das Gespräch im Boot, die merkwürdige Ankleideinitiative des Petrus, die Entfernung vom Ufer (ca. 100 Meter nach heutigem Maß), sogar die Anzahl der *großen* Fische (153, vielleicht das kurioseste und unverstandenste Detail des Evangeliums) werden referiert, bis hin zu der idyllischen Strandszene am Kohlenfeuer. Es ist nach wie vor die Welt, wie sie immer war, aber zugleich ist es nun die Welt, in der mit dem Auferstandenen unter allen Umständen zu rechnen ist. Die Geschichte am See dient nun nicht mehr wie ihr synoptisches Vorbild dazu, Jesus als den Christus zu erweisen, sondern vielmehr die empirische Welt der konkreten Tatsachen als eine nachösterliche Welt von geistlicher Evidenz vorzutragen: »Denn sie wussten, dass es der Herr war« (V. 12). Als Lied zur Predigt könnte daher auch gut ein Morgenlied genommen werden, etwa EG 440 »All Morgen ist ganz frisch und neu ...«.

Werkstück Predigt

Der erste Sonntag nach Ostern. Schon wieder eine Woche vorbei. Der Alltag hat uns wieder. Das wirkliche Ostern liegt nun schon bald 2000 Jahre hinter uns, also entschieden sehr lange zurück. Der Alltag der Weltgeschichte hat uns schon seit Jahrtausenden wieder. Die alten Sünden, die alten Fallen, die alten Oberflächlichkeiten. Gewiss, nicht nur Betrübnis, sondern auch Glück und tiefer Glauben, große Gestalten, hinreißende Kunst. Trotzdem.

Eigentlich, so kann man es ohne große Übertreibung sagen, sollte mit Ostern ja die Verwandlung der Welt beginnen. So war es von Jesus selbst angekündigt oder wenigstens in Aussicht gestellt worden. Überwindung des Todes durch das Leben. Allmählicher Erkenntniszuwachs über das, was menschliches Lebens ist und bedeutet, aber auch was Gottes Gegenwart bewirkt und bedeutet. Solche großen Erwartungen waren eigentlich angebracht. Schaut man dann auf das, was wir tun und lassen, denken und sagen, bewirken und verstehen, kann man mit Fug und Recht gründliche Fragen bekommen. Stimmt das alles, stimmt das alles noch, hat es je gestimmt? War es nicht ein paar Nummern zu groß, zu wuchtig? Müssen wir nicht kleinere Brötchen backen?

Solche oder ähnliche Gedanken mögen den sieben jungen Männern am Ufer des Sees Tiberias auch durch den Kopf gegangen sein. Abgestürzt aus den spirituellen Höhenflügen, finden sie sich in einem Alltag wieder, den sie um ihrer großen Hoffnungen und Erwartungen willen gerade verlassen hatten. Da sind sie wieder, am alten Platz, auch irgendwie in alter Formation und finden sich nicht zurecht. Alles ein Traum, eine von diesen Selbstüberlistungen, mit denen man sich die Welt und das Leben und sogar das eigene Dasein schönredet, hochschreibt oder aufbläst? Wäre nicht das erste Mal. Wir sehen: Blues am See Tiberias, nach allem, was vorher abgelaufen ist. Große Erlebnisse haben nur eine kurze existenzielle Halbwertszeit, wenn die umgebende Welt die alte bleibt.

Petrus macht den Anfang. Im übrigen Evangelium bleibt er ein wenig blass, aber hier übernimmt er die Initiative. Er macht da weiter, wo er vor Jesus aufgehört hat. »Ich will fischen gehen«, sagt er und steigt ins Boot. Den anderen fällt offenkundig auch nichts Besseres ein. Wenn einer anfängt, kommen die meisten nach.

Irgendwie hatten sie die Situation schon mal. Damals, vor Jerusalem, in der euphorischen Anfangszeit. Als man den Himmel schier auf der Erde erleben konnte. Ist irgendwie lange her, war eine ganz andere Stimmung. Und jetzt wieder, herumfahren auf dem See, Fische fangen, mal erfolgreich, mal vergeblich. Heute wieder vergeblich.

Ben Petri

IV Entgegnung: »Nochmal von vorn« oder neuer Anfang?

Eigentlich ist mit dem Kapitel 20 das Johannesevangelium zu Ende. Nicht am Karsamstag, nicht an Ostern, sondern eine Woche danach. Das Evangelium für den Sonntag Quasimodogeniti (Joh 20,19-20[21-23]24-29) führt das Johannesevangelium am achten Tag nach Ostern (Joh 20,19.26) an ein offenes Ende. Alles gesagt, selbst Pfingsten bereits eingeholt, nämlich in jenen eingeklammerten Versen 21–23, die Teil des Evangeliums für den Pfingstmontag sind. Aus Jüngern sind Apostel geworden, denen die Welt offensteht: »Wie mich der Vater gesandt hat, so sende ich euch!« Über Thomas, der sehen muss, um zu glauben, wird die Brücke zur Gegenwart der lesenden Gemeinde geschlagen, die Generationen später nicht mehr so wie Thomas sehen kann und doch glaubt.

Damit könnte das Johannesevangelium eigentlich zu Ende sein und die Exegeten sind sich einig, dass es damit (genauer: nach Joh 20,31) einmal zu Ende war. Das Evangelium nach Johannes endet hier aber nicht. Dem Brückenschlag in die nachösterliche Gegenwart wurde noch ein Pfeiler hinzugefügt, auf dem die Brücke aufliegen kann. Im Alltag der Lesenden scheint die Welt oft weit weniger offen zu stehen, als es nach Joh 20,31 sein sollte. In dieser nachösterlichen Welt, in welcher der Zauber und die Euphorie des Anfangs den Notwendigkeiten des Alltags gewichen sind, ereignet sich noch einmal Ostern. Durch den Kontext des Evangeliums ist in der Tat »nicht alles auf Null gestellt«. A ergänzend sei hinzugefügt, dass der Charme dieser im Kontext des Johannesevangeliums nachösterlichen Oster-Erscheinung unter anderem darin liegt, dass sie auch für sich stehen könnte – und vielleicht auch einmal für sich gestanden hat (vgl. Bultmann, 546). Jedes Ostergeschehen ereignet sich im Horizont des einen Ostermorgens und ist doch, wann und wo es sich ereignet, etwas ganz Neues, weder einfach nur noch einmal von vorn noch ein kontextloser Neuanfang.

Eine Anmerkung noch, die bereits zur Hörersituation führt. Glaube und Erkenntnis sind in der Wahrnehmung vieler Zeitgenossen nur schwer miteinander zu vereinbaren. »Glaubst du noch, oder weißt du schon?« Die Sorge, *zu* genaues Hinsehen könnte den Glauben zerstören, war vielleicht schon der Generation des Evangelisten (bzw. seines Ergänzers) nicht fremd. »Niemand aber unter den Jüngern wagte, ihn zu fragen: Wer bist du? Denn sie wussten: Es ist der Herr.« Aber wenn sie wussten, warum hätten sie überhaupt auf die Idee kommen sollen, ihn noch zu fragen? Sofern ihr Glaube »Wissen« im Sinne von Erkenntnis ist, scheuen sie davor zurück, Bestätigung zu suchen.

V Erschließung der Hörersituation: Im Alltag doch glauben

Es gibt Menschen, die hinterfragen alles und wollen alles ganz genau wissen. Und es gibt jene, die eigentlich nicht *zu* genau hinsehen wollen. Der Alltag der Welt scheint ja auch regelmäßig nicht der beste Ort, um Bestätigung für den Osterglauben zu finden. Die Osterbotschaft ist eindeutig: Fürchtet euch nicht! Er ist wahrhaftig auferstanden! Er lebt! Der Tod ist besiegt! Der Alltag der Welt ist ambivalent, Leben und Tod liegen nah beieinander und frei von Furcht und Sorge sind die wenigsten Menschen. Hat Ostern die Welt wirklich verändert? Das ist viel weniger offensichtlich als der Relevanzverlust des Osterglaubens in unserer Gesellschaft. In einer sich weiter pluralisierenden säkularisierten Welt sind die Stimmen, die den Glauben möglichst aus dem Alltag heraushalten bzw. herausdrängen wollen (»Religion ist Privatsache!«) laut hörbar. Die Predigt am Sonntag Quasimodogeniti richtet sich an Menschen, die der Alltag vielleicht schon gleich am Dienstag nach Ostern wieder eingeholt hat. Vielleicht haben sie die Woche nach Ostern für eine Auszeit nutzen können und es geht erst wieder am Montag zurück ins »normale« Leben. Dann gibt es Wichtigeres zu tun. Fürs tägliche Auskommen zu sorgen zum Beispiel: »Ich gehe fischen«, sagt Petrus und zieht los.

Der Alltag des Fischers verlangt Konzentration, auch auf einem Gewässer wie dem See Genezareth, wo man eigentlich immer das Ufer sehen kann. Von den umliegenden Bergen kann der Wind kräftig blasen und ein Fischerboot tüchtig ins Schaukeln bringen. Außerdem fahren die Fischer in der Nacht auf den See. Da heißt es erst recht, voll bei der Sache zu sein und so kann selbst Ostern, wenn es sich im Alltag ereignet, übersehen werden. Das ist nicht schlimm. Das ist den Jüngern auch passiert. Es fällt ihnen nicht wie Schuppen von den Augen, wer ihnen da begegnet, als Jesus sie nach erfolgloser Fahrt anspricht. Erst nachdem sie auf sein

Wort hin die Netze noch einmal und nun erfolgreich auswerfen, fällt der Groschen. So ist das Leben, in das die Jünger zurückgekehrt und in das Christinnen und Christen auch heute hineingestellt sind. Die neue Welt, das Reich Gottes, ist in Jesus Christus angebrochen. Es reicht ins Hier und Jetzt der alten Welt hinein. Doch das Leben in dieser alten Welt verlangt noch immer volle Aufmerksamkeit, so dass die Gegenwart des Auferstandenen leicht übersehen werden kann und erst erfahren wird, wenn sie sich längst ereignet hat. Unbemerkt oder zwar bemerkt, aber unter »Zufall« verbucht. Eine Begegnung, die belanglos schien. Ein Mensch, der mich eine Zeitlang begleitete, ohne dass es mir groß aufgefallen wäre. Ratgeber und Helfer, Retter gar, die ich erst gar nicht gesehen habe. Menschen auch, die meine Hilfe brauchten. Und so mancher, der mir im Wege stand – im Nachhinein: zum Glück!

Schließlich: Wenn der Glaube an den Auferstandenen sich im Alltag Bahn bricht, sind Menschen meist nicht darauf vorbereitet, weil der Alltag ihre Aufmerksamkeit fordert. Doch wenn ich des Auferstandenen im Alltag gewahr werde, geht das am Alltag nicht spurlos vorbei. Solange Petrus bei der Arbeit war, wäre sein Obergewand bestenfalls im Weg gewesen. Dass er es nun zu einem scheinbar sinnlosen Zeitpunkt anlegt, nämlich als er erst noch durchs Wasser muss, setzt ein Zeichen: Der Alltag ist unterbrochen, der Herr ist da! Du musst kein liturgisches Gewand anlegen, um ihm zu begegnen, aber Respekt darf schon deutlich werden: »Es ist der Herr!«

VI Predigtschritte: Den Alltag als Ort des Auferstandenen entdecken

Die Predigt am Sonntag Quasimodogeniti richtet sich an Menschen, die in dieser Welt, wie sie ist, ihren Alltag meistern (müssen). Der Alltag fordert Konzentration, das lässt sich nicht wegreden. Darum soll die Predigt gar nicht erst versuchen, die Spannung zwischen Glauben und Alltag aufzulösen. Die Predigt darf die Spannungen benennen: Wo passen der Glaube an die Realität der Auferstehung und der Alltag nicht recht zusammen? Wo fehlt es an Zeit und Kraft, weil sich existenzielle Sorgen oder Alltagsnotwendigkeiten, wechselnde Schichten, Arbeit auf Abruf, Rund-um-die-Uhr-Pflege oder tagelange Abwesenheiten für Montagetätigkeiten schon nur mit Mühe mit einem geregelten Familienleben in Einklang bringen lassen? Wo bleibt Zeit, um einfach mal die Seele baumeln zu lassen und den Kopf frei zu bekommen für das, was sich nicht aufdrängt?

Sodann könnte nach Zeichen des Auferstandenen im Alltag gefragt werden. Es ist ein Leichtes, sie zu übersehen. Petrus und den Jüngern begegnete Jesus bei der Arbeit, ohne vorher einen Termin gemacht zu haben. Bis heute ist er ohne Vorwarnung einfach da. Manchmal laut: in einem

Kind, das hartnäckig Aufmerksamkeit fordert. In einem verzweifelten Menschen, der hier und jetzt Hilfe braucht. Manchmal leise und unscheinbar: zwischen Tür und Angel. An einer roten Ampel – oder einer grünen. Im Supermarkt in der Schlange an der Kasse. Beim Brötchenholen oder an der Tankstelle. In Menschen, die mir begegnen, ein Wort oder ein Lächeln schenken – und einen neuen Blick auf die Welt, die zwar noch die alte ist, wo der Himmel aber sichtbar wird: »Manchmal feiern wir mitten im Tag ein Fest der Auferstehung...« (Singt von Hoffnung 017) wäre ein mögliches Predigtlied, alternativ auch »Wo Menschen sich vergessen...« (SvH 0120).

Werkstück Predigt

Der technische Fortschritt hat es ermöglicht, dass heute großflächige Folien für die Heckscheibe eines Autos so leicht herzustellen sind, dass sich kaum jemand noch einen klassischen kleinen Aufkleber aufs Heck pappt. In meiner Kindheit gab es einen, den kennen Sie vielleicht auch noch: »Nicht hupen! Fahrer träumt vom ...«

Manchmal, wenn ich auf der Straße des Alltags unterwegs bin, sehe ich in der Welt rechts und links am Weg Dinge, die mich an die Welt erinnern, wie sie sein soll. Dann sehe ich Menschen, die aufeinander achtgeben. Eltern, Kinder, Geschwister, Nachbarn. Die anpacken, ein Stück mitgehen, wo Hilfe gebraucht wird. Einander in die Arme nehmen, um zu trösten. Die Hände reichen zur Versöhnung. Begegnungen, die mich an Jesu Wort erinnern, dass das Reich Gottes schon mitten unter uns ist. Dann fange ich an zu träumen.

Manchmal träume ich vom Reich Gottes. Davon, dass der Tod nicht mehr das Leben überschattet. Menschen nicht mehr um ihr Leben fürchten, weil Krieg herrscht oder Krankheit oder Hunger. Nicht mehr ums Überleben kämpfen müssen und in der Angst, es könnte nie genug sein, im Zweifel sich selbst der Nächste sein.

Manchmal träume ich vom Reich Gottes, vom Sieg des Lebens über den Tod, von Ostern hier und jetzt. Und wenn ich unterwegs auf der Straße des Alltags ins Träumen gerate, hätte ich gerne so einen Aufkleber am Heck: »Nicht hupen, Fahrer träumt vom Reich Gottes« – denn es hupt ständig: Träum nicht! Achte auf die Straße! Lass dich nicht von der Welt ablenken!

Literatur: *Rudolf Bultmann,* Das Evangelium das Johannes (KEK 2), Göttingen [21]1986.

Miserikordias Domini (2. Sonntag nach Ostern)

Hesekiel 34,1-2(3-9)10-16.31:
Hirte-Sein

Heinz-Dieter Neef

I Eröffnung: Der häufige Gebrauch des Hirtenbildes

Die Bibel scheut sich nicht, das Wesen Gottes und seines Volkes in recht unterschiedlichen Bildern, Vergleichen und Metaphern zu beschreiben. Dazu gehört in herausgehobener Weise die Rede vom »Hirten« bzw. »weiden«. Das Alte Testament greift ca. 164 Mal auf das Verb »weiden« bzw. das Nomen »Hirte« zurück. Nicht ganz so häufig wird im Neuen Testament vom »Hirten« (Joh 10,12.14) gesprochen. Im Hebräischen gibt es sogar einen Konsonanten, der sich möglicherweise aus dem Bildbuchstaben für einen »Hirtenstab/Treibstecken« entwickelt hat: das »Lamed« (L/l); ihm liegt eine Verbalwurzel zugrunde, die u.a. mit »[Tiere] abrichten« (Jer 31,18; Hos 10,11) übersetzt werden kann; in der althebräischen Schrift ähnelt er einem Hirtenstab. Die Gründe für den häufigen biblischen Gebrauch des Hirtenbildes liegen auf der Hand: Zum einen war dieses Bild im Alten Orient höchst geläufig, in der altägyptischen und mehr noch in der altmesopotamischen Königsnomenklatur stellte der »Hirte« eine Ehrentitulatur dar: Zum anderen spiegelt sich in dem Bild natürlich das Leben der israelitischen und judäischen Bevölkerung, das im 1. Jahrtausend v. Chr. wesentlich von Kleintierhaltung und Ackerwirtschaft geprägt war.

II Erschließung des Textes: »Die Herde meiner Weide«

Ez 34 gehört zu dem Block 33–39, der wesentlich durch Heilsworte gekennzeichnet ist: 33 Das Wächteramt des Propheten; 34 Israels Hirten und ihre Schafe; 35 Gerichtswort über Seir/Edom; 36 Heil für die Berge Israels; 37,1-14 Vision über die Wiederbelebung von Totengebeinen; 37,15-28 Zeichenhandlung zur Wiedervereinigung Israels unter einem Hirten; 38 f. Weissagung gegen Gog aus Magog.

»Ezechiel«: Der (Verbalsatz-)Name des Propheten heißt übersetzt »Gott möge kräftig machen«. Ezechiel selbst dürfte Priester gewesen sein. Dafür sprechen sein Interesse am Tempel, seine Kenntnis sakralrechtlicher Ordnungen, seine Nähe zur Sprache des Heiligkeitsgesetzes (Lev 17–26) und der Priesterschrift. Ezechiel wird 597 v. Chr. als Angehöriger einer der einflussreichsten Familien Jerusalems ins Exil geführt. Nach Ez 3,15 lebte er in der Exulantensiedlung Tel Abib (»Ährenhügel«) in der Nähe von Nippur am »großen Kanal« (1,1.3). An diesem Ort dürfte Ezechiel zum Propheten berufen worden sein. Nach 24,15 ff. ist er verheiratet gewesen, allerdings hat er seine Frau durch einen jähen Tod verloren, etwa um 587 v. Chr. Eine Besonderheit des Propheten liegt in der Beschreibung seines psychophysischen Erlebens: das Klatschen in die Hände (6,11); das Aufstampfen mit den Füßen (6,11); das dramatische Erleiden von Entrückung und Vision (1-3; 37; 40-48). Man hat dies als »autodramatische« Komponente seiner Prophetie bezeichnet. Vielleicht liegt hierin auch die Aufnahme des Hirtenbildes begründet, denn der Hirte ist in seinem Beruf mit seiner ganzen Person, d.h. mit Geist, Sinn und Körper, gefordert.

Ez 34: Das Kapitel handelt von den Hirten Israels und vom Ergehen des Gottesvolkes unter schlechter und guter Hirtenschaft. Es lässt sich in die beiden Abschnitte 1-16 Drohwort und 17-31 Gerichtsrede gegen die starken Schafe und Verheißung für die schwachen Schafe gliedern. So zeigt sich in dem Kapitel die Abfolge Drohwort – Gerichtswort – Heilswort. Chronologisch gehört das Kapitel in den Zeitraum nach 587 v. Chr. Es geht um eine große Verheißung: die heilvolle Wiederherstellung und Sammlung der verstörten Herde. Ezechiel redet in diesem Zusammenhang von »Hirten«. Damit meint er Menschen, die die äußere Führung des Volkes zu besorgen haben und die das Recht Gottes für das Volk durchsetzen sollen. Die früheren Hirten hatten ihr Amt missbraucht, sie waren dem Rausch der Macht erlegen, weshalb das Gericht über sie ergangen ist. Israel muss bis in die Gegenwart hinein unter den Fehlentscheidungen der schlechten Hirten leiden. Aber trotz des Fehlverhaltens: Gott bleibt der gute Hirte über seinem Volk; er verheißt ihm, dass er sich der Verlorenen annehmen wird, er wird sie sammeln und auf eine gute Weide führen; er bringt es in das Land zurück, das er ihm einst verheißen hatte. In der Gestalt des wiederkehrenden David verspricht er Treue. Dieser *David redivivus* wird *der* gute Hirte sein.

V. 1 f.: Ezechiel (»Menschensohn«) bekommt den Auftrag, gegen die Hirten Israels zu prophezeien. Zweimal wird betont, dass es der Herr ist, der zu ihm spricht (1.2b). Mit den »Hirten Israels« sind die Leiter Israels gemeint; ihnen wird vorgeworfen, dass sie sich selbst, d.h. zu ihrem eigenen Vorteil weiden.

V. 3-9: Diese Verse sind zwar in der Vorgabe der Verszuteilung eingeklammert, aber man sollte sie dennoch aufnehmen, denn sie bieten eine Konkretion dessen, was V. 1 f. in grundsätzlicher Weise ausdrücken. V. 3 f bieten einen negativen Hirtenspiegel: Die Hirten haben versäumt, kranke Tiere zu heilen und zu verbinden und versprengte und verlorene Tiere zu suchen. V. 5 f.: Als Folge dieses unverantwortlichen Handelns der schlechten Hirten hat die Herde sich zerstreut und ist wilden Tieren zur Beute geworden. V. 6–10: Das Versäumnis dieser Hirten zieht das Gericht des Herrn nach sich.

V. 11–16: Das Heil für die Herde besteht darin, dass sich der Herr nun selbst seiner Herde annehmen wird. Er handelt allein, keine weitere Gestalt tritt an seine Seite. Der Herr wird zum Hirten seiner verirrten Herde. Sein Hirte-Sein bewirkt folgendes: Er führt seine Herde aus der Zerstreuung heraus; es kommt zu einem neuen Exodus. Er sammelt seine Herde, um sie in ihr Land zurückzubringen. Dort wird der Herr sie auf die besten und fettesten Weiden führen. V. 16 fasst das Hirte-Sein des Herrn noch einmal zusammen, indem die Aussagen von V. 4 wiederholt werden.

V. 31: Das Kapitel endet mit einer großartigen Zusage von Seiten des Herrn: Er versichert seinem Volk seine Treue. Dies geschieht in der Form der Bundesformel, die aus Ez 11,20; 14,11 bekannt ist: »*Sie sollen mein Volk sein und ich ihr Gott!*« In V. 31 wird diese leicht durch die Hereinnahme des Hirtenbildes umgeformt: »*Ihr seid die Herde meiner Weide, und ich will euer Gott sein!*«

III Impulse: Die Verantwortung des Hirten

Grundlegung: Zum Sonntag Misericordias Domini gehört das Bild vom Hirten. Da dieses Bild heute in einer Gottesdienstgemeinde recht unterschiedliche Assoziationen auslöst, sollte die Predigt auf die Bedeutung dieser Rede in der biblischen Welt Palästinas eingehen. Hierfür bieten die Ausführungen Gustaf Dalmans gute Anhaltspunkte. Er hat als Palästinaforscher das Dasein der Hirten im Heiligen Land in den ersten Jahrzehnten des 19. Jahrhunderts genau untersucht und diese Beobachtungen auf die Zeit der Bibel übertragen, was angesichts der sich in den Jahrhunderten kaum verändernden Traditionen zum Hirtenberuf, den ähnlichen klimatischen und geografischen Verhältnissen in Palästina durchaus legitim ist. Der Hirte hat die Herde vor Diebstahl und wilden Tieren zu schützen, verirrenden Tieren nachzugehen und vor allem für Weide und Tränkung aller zu sorgen. Dalman schreibt dazu: »Das ist keine geringe Leistung, wenn man die Verhältnisse des Landes bedenkt.« (Dalman, 217) Er zitiert ein damals umlaufendes Sprichwort: »Das Schafhüten eines Tags macht gut für die Bockigkeit eines Jahrs.« (Dalman, 217) Ich verstehe dies so: Schon ein Tag des Hütens genügt, um für das ganze Jahr mit allen seinen Widrigkeiten gerüstet zu sein. Die Gefährlichkeit des Berufes als Hirte zeigt sich darin, dass er einer Waffe bedurfte: Stab, Dolchmesser, Schleuder. Zur Beruhigung einer Herde verwendeten die Hirten die von ihnen geblasenen Schalmai und Flöte. Der Hirte hatte zudem die Tageshitze und die nächtliche Kälte zu ertragen.

Dalmans Ausführungen zum Hirtenbild wehren aller idyllischen Vorstellungen und damit einer Verzerrung des Hirtenberufs. Ältere Gottesdienstbesucher haben vielleicht noch in Erinnerung, dass in den Schlafzimmern ihrer Eltern und Großeltern ein sehr großes Bild über dem Bett hing, das das Hirte-Sein (Jesu) mit einer Idylle verglich: eine liebliche Landschaft mit Wiesen, Bächen und Bäumen im Hintergrund, die sich um den Hirten gruppierende Herde und dann im Vordergrund des Bildes der Hirte mit einem Lamm auf den Schultern. Solche Bilder verzerren das biblische realitätsnahe Bild vom Hirten.

Eröffnung: Die in der Bibel auftretenden Propheten und Prophetinnen sind keineswegs bequem, es sind kantige Persönlichkeiten, die kein Blatt vor den Mund nehmen. Zu diesen Propheten gehört Ezechiel, der priesterlichen Kreisen nahestand und mit vielen anderen 597 v. Chr. von König Nebukadnezar nach Babylon ins Exil verschleppt wurde.

Schlechte Hirten: Ezechiel macht im Namen seines Gottes das falsche Verhalten der damaligen Hirten offenbar. Diese haben ihren Auftrag ins Gegenteil verkehrt, indem sie ihrer Herde nicht gedient, sondern sich selbstsüchtig an ihr bedient haben. Er hat hier die Könige Israels im Blick, die ihrer Aufgabe als Fürsorger und Diener ihrer Herde nicht nachgekommen sind. Machtgehabe und Eigensucht sind nach Ezechiel nicht mit dem rechten Verständnis eines Hirten vereinbar.

Der gute Hirte: Gott selbst macht sich zum guten Hirten seiner Herde. Er versteht sich als Fürsorger, Unterstützer, Helfer, Begleiter und Anwalt seiner Herde. In dieser Tradition steht Jesus, der von sich sagt: »*Ich bin der gute Hirte. Der gute Hirte lässt sein Leben für die Schafe!*« (Joh 10,11)

Werkstück Predigt

Was kann Hirte-Sein heute heißen? Das Bild vom guten Hirten ist höchst eindrücklich, weil es zeigt, wie sich verantwortungsvolles Handeln in den unterschiedlichen Ebenen unseres Lebens äußern soll: Die Rede von Gott als dem guten Hirten will sagen, dass er in allen Lebenslagen als treuer Begleiter zu uns steht und als Tröster und Anwalt auftritt; Hirte sein im politischen Bereich heißt, die anvertrauten Menschen verantwortungsvoll zu leiten, führen und sie nicht leichtfertig zu spalten und verführen. Hirte sein im beruflichen Bereich heißt, *mit* den Menschen zu arbeiten und nicht gegen sie und von oben herab. Hirte Sein im privaten Bereich heißt, mit Freunden, Kindern, Partnern respektvoll und voller Liebe umzugehen. Jeder und jede von uns kann auf seine Weise als guter, verantwortlicher Hirte wirken. Das Hirtenbild der Bibel zeigt, dass diese Aufgaben durchaus schwierig und mit vielen Widrigkeiten verbunden sein können. Das Hirte-Sein steht aber nach Ezechiel unter der Zusage und dem Segen Gottes, der uns verspricht: »*Ich will euer Gott und ihr sollt mein Volk sein!*«

Literatur: *Gustaf Dalman*, Arbeit und Sitte in Palästina, Band 6: Zeltleben, Vieh- und Milchwirtschaft, Jagd und Fischfang, Gütersloh 1939 (Nachdruck Hildesheim 1964).

 Birgit Weyel

IV Entgegnung: Hirte sein – Gehütet werden

Thank you for your leadership. Regelmäßig bleibe ich an der Formulierung hängen, mit der ein Kollege die gemeinsamen Beratungen kommentiert. Ich rede mir selbst gut zu, dass sprachliche und kulturelle Differenzen, der Kollege lebt in den USA, auch einmal eingeklammert werden können, aber dennoch bleibt mir die Rede von *Leadership* fremd, befremdlich. Ich kann mich damit nicht identifizieren. Führen und Leiten – das löst bei mir Ambivalenzen aus. Herrschaftsansprüche sind in jedem Fall kritisch zu sehen, weil sie für Missbrauch und Asymmetrie anfällig sind. Allerdings möchte ich sehr wohl manches – zumindest *mit* – beeinflussen: wenn Entscheidungen in Gremien, im Verein, im Team fallen müssen. Der Stil des Miteinanders ist mir wichtig. A entfaltet im Hirtenbild positive Leitlinien der Identifikation: »*mit* den Menschen zu arbeiten«, »respektvoll« miteinander umzugehen und »verantwortungsvoll« zu agieren. Und dies würde für alle Menschen gleichermaßen gelten, es wäre die Agenda eines mitmenschlichen Umgangs, der die Menschen nicht von vornherein sortiert oder gruppiert in solche, die führen, und andere, die geführt werden. In dieser Qualität kommt mir das Bild schon näher.

Hirte sein und gehütet werden – beides hat je nach Situation seinen Platz, manchmal ist vielleicht sogar beides gleichzeitig möglich. Das Hirtenbild ist für den Beruf von Pastorinnen und Pastoren namensgebend. Weniger Pfarrherrin zu sein als vielmehr eine Pastorin, die sich sorgt, sich Gedanken macht, nicht übergriffig, eher sachlich, unaufdringlich und die, wenn es nötig ist, das Verwundete verbindet. Das wäre ein seelsorgliches Selbstverständnis, das letztlich auf symmetrische Beziehungen in der Religion zielt. Jeder ist Priester, jeder ist Laie, so kann man es bei Friedrich Schleiermacher in der 4. Rede »Über das Gesellige in der Religion oder Über Kirche und Priesterthum« nachlesen: »Jeder ist Priester, indem er die Andern zu sich hinzieht auf das Feld, welches er sich besonders zugeeignet hat, und wo er sich als Virtuosen darstellen kann: jeder ist Laie, indem er der Kunst und Weisung eines Andern dahin folgt, wo er selbst Fremder ist in der Religion. Es giebt nicht jene tyrannische Aristokratie, die Ihr so gehäßig beschreibt: ein priesterliches Volk ist diese Gesellschaft, eine vollkommene Republik, wo Jeder abwechselnd Führer und Volk ist, jeder derselben Kraft im Andern folgt, die er auch in sich fühlt, und womit auch Er die Andern regiert.« (Schleiermacher, 136)

V Erschließung der Hörersituation: Mensch sein

Es fällt sicher nicht schwer, auf Amtsmissbräuche und schlechte Führungsstile in der Politik hinzuweisen. Nimmt man die Predigtliteratur der Jahre 2011, 2005, als der Text zuletzt Predigttext war, zur Hand, dann sieht man, dass es keinen Mangel an anschaulichen Beispielen gibt, zugleich aber die konkreten Fälle aus heutiger Sicht schon wieder Geschichte sind und nicht unbedingt ergänzt werden müssten. Ich würde mich auf die religiöse Frage konzentrieren und von da aus noch einmal grundsätzlicher auch zum Thema der (politischen) Stile kommen.

Wesentlich geht es doch um die Frage nach unseren Gottesbildern, die wiederum Implikationen für unsere Selbst- und Menschenbilder haben. Wenn Gott der Hirte ist, für den der von A beschriebene Führungsstil der (selbst-)aufopferungsvollen Pflege gilt, dann ist hier in erster Linie von der Beziehung Gottes zu den Menschen zu sprechen. Gott macht sich auf die Suche nach den verlorenen Schafen, er sorgt und kümmert sich, führt seine Herde zum frischen Wasser und auf grüne Auen. Er ist ein seelsorglicher Gott, der die beruhigende Wirkung von Flöte und Schalmei einsetzt. Gleichzeitig weiß er mit Stab und Schleuder äußere Gefahren abzuwehren.

Vor dem Hintergrund dieser Symbolsprache sind autoritäre Gottesbilder ebenso wie depressive Menschenbilder kritisch abzuweisen. Ich erinnere mich noch eindrücklich an den Widerstand, der mir bei einer kirchengemeindlichen Bibelarbeit in einem Kreis von Frauen entgegenschlug, als ich im Anschluss an Lk 15 versucht habe, das Hirtenbild für die Gottesbeziehung anschaulich werden zu machen. Meine Versuche, etwa wie A dies vorschlägt, die Pastorale in Palästina auszumalen, schlugen fehl, weil die Anwesenden an den Schafen als von mir gar nicht primär intendierte Identifikationsangebote Anstoß nahmen. Damals fand ich das irgendwie bockig. Heute kann ich die Widerstände besser würdigen. Ich interpretiere sie als Ausdruck von Selbstbewusstsein und als sehr berechtigte Ideologiekritik gegenüber den Versuchen, mit Hilfe einer metaphorischen Rollenverteilung und in der Bezugnahme auf Gott soziale Konsequenzen herzustellen, die den Gläubigen ihre Mündigkeit abzusprechen versucht. Ich würde meine Hörerinnen und Hörer also nicht allegorisierend zu Schafen und Politiker zu Hirten machen, sondern wie A dies deutlich herausstreicht, die Hörerinnen und Hörer »Hirten sein« lassen. Die Pointe dieses Gottesbildes liegt darin, gegenüber Bevormundungen im Namen Gottes äußerst kritisch zu sein, Führungsansprüche von Menschen nicht zu sakralisieren, sondern sie ganz sachlich als Funktionen zu sehen, die auf Zeit übertragen und stets kontrolliert werden müssen. Es würde somit darum gehen, den Menschen als Mensch zum Vorschein kommen lassen, wie dies Wilfried Engemann homiletisch angeregt hat. Die Theologie als »Hüterin des Menschseins des Menschen« (Engemann, 236) soll in meiner Predigt so zur Geltung kommen, dass ich die Hörerinnen und Hörer anspreche auf »ihre Brauchbarkeit für das Ringen um Freiheit und ein Leben in Beziehungen, in denen Menschen um ihrer selbst willen erwünscht sind.« (Engemann, 234)

VI Predigtschritte: Stilfragen

In dem Roman *Winterbienen* von Norbert Scheuer erzählt der Protagonist Egidius Arimond in chronikartigen Blättern aus seinem Leben in einem Dorf in der Eifel im Winter 1944/45. Aus seinem Beruf als Latein- und Griechischlehrer ist er längst entlassen worden, seine Schüler stehen an der Front oder sind bereits gefallen. Der Himmel über dem Ort ist immer wieder lautstarker Kriegsschauplatz. Mit zunehmender Häufigkeit wird der Ich-Erzähler von epileptischen Anfällen geplagt, weil der Apotheker ihm die nötigen Medikamente zunächst nur überteuert zur Verfügung stellt, schließlich sogar ganz vorenthält. Detailliert beschreibt er die Pflege seiner Bienenstöcke, das Leben und die Geheimnisse der Bienen, ihr Schwarmverhalten, ihr Summen. Egidius verhilft Menschen zur Flucht, indem er sie unter der Erde in den still gelegten Bergstollen versteckt und sie – in präparierten Bienenstöcken – über die grüne Grenze nach Belgien begleitet. In die Skizzen collagenartig eingespielt werden Fragmente aus dem 15. Jahrhundert. Es sind lateinische Texte eines Vorfahren von Arimond, Ambrosius, einem Benediktiner-Mönch, der die Bienenvölker in der Region angesiedelt hat. Egidius sucht immer wieder auf Spurensuche das Archiv auf. Die knappe, aber anschauliche Sprache und die Fragmentarität der Darstellung durch Notizen – Egidius ist immer wieder von Erinnerungsausfällen geplagt – erzeugen eine fesselnde Dichte der Wahrnehmung, die die Leserin in die Erzählung hineinzieht und dem Leben des »unheldischen Helden« (s. u. Internet) gerne folgt.

Auf den ersten Blick hat Egidius keinerlei *Leadership*. Verständnislos kommentiert er das katastrophale Fehlverhalten von Adolf Hitler, den er stets nur »Jupp« nennt. Anlässlich des fehlgeschlagenen Attentats notiert er am 21. Juli 1944: »Ich frage mich, warum bis heute kein Mensch versucht hat, Jupp von Angesicht zu Angesicht zu töten. Unglaublich, dass Generäle, die siegreiche Armeen befehligen und fast ganz Europa erobert haben, die dabei Millionen Menschen töten ließen, zu dieser Tat nicht in der Lage sind.« (Scheuer, 198) Ihn plagt die Angst, wegen seiner Fluchthilfen entdeckt und denunziert zu werden. Auch die an Häufigkeit und Intensität zunehmenden Anfälle bedrohen ihn. Aber er kümmert sich mit großer Sorgfalt um die Bienen, die nicht nur Honig produzieren und die Flüchtenden tarnen, sondern ihn auch trösten: »In der Nacht träume ich, meine Bienen hätten mich gewärmt, hätten mich ganz umhüllt, und ich wäre ein Teil von ihnen geworden. Sie schwärmen mit mir aus und wir schweben am blauen Himmel, Myriaden tanzender, glitzernder Goldteilchen. Später liege ich auf der Wiese, sehe zu ihnen hinauf, körperlos, nur noch Geist, weil sie alle, jede Einzelne von ihnen, ein Stückchen von mir mit in den Himmel genommen haben. Ich bin gerettet.« (Scheuer, 198 f.)

Die sorgfältige Pflege der Bienenvölker, das empathische, aber zugleich sachliche Bemühen um die Menschen, denen er mit seinen Bienen zur Flucht verhilft, die chronikartigen, wenn auch lückenhaften Aufzeichnungen aus dem letzten Kriegswinter, in denen die Sinnlosigkeit des Tötens und das Versagen der politisch Verantwortlichen offen zutage tritt, das ist ein guter Stil – nein, es hat Stil: Hirte sein und gehütet werden.

Literatur: *Wilfried Engemann,* Lebensgefühl und Glaubenskultur. Menschsein als Vorgabe und Zweck der religiösen Praxis des Christentums, in: Wege zum Menschen 65 (2013), 218–237; *Friedrich Schleiermacher,* Über die Religion. Reden an die Gebildeten unter ihren Verächtern (1799), hg. von Günter Meckenstock, Berlin/New York 1999; *Norbert Scheuer,* Winterbienen (Roman), München 2019.

Internet: https://www.perlentaucher.de/buch/norbert-scheuer/winterbienen.html, abgerufen am 31.05.2020.

Jubilate (3. Sonntag nach Ostern)

Apostelgeschichte 17,22-34:
Gottes Geschlecht

Sabine Kast-Streib

I Eröffnung: Das Gotteslob auf dem Hügel und die Mühen der Ebene

Jubilate? Sonntagsthema und Predigttext scheinen zunächst schwer zusammenzupassen. Hier das erfahrungsgesättigte Gotteslob des 66. Psalms – dort der eher verkopfte Vortrag des Apostels. Hier der Frühling in bunter Blütenpracht – dort die weißgraue Steinwüste zwischen Tempeln und Areopag. Hier die nachösterliche Freude – dort die Mühe des »Körnerpickers« (spermológos, V. 18), der mit philosophischen Zitaten die Auferstehung »frohbotschaften« will.

Jubilate! Bei näherem Hinsehen spricht einiges für den Text an diesem Sonntag: Psalm 66 ruft alle Völker zum Lob der Schöpfung auf, zum

Dank für göttliche Rettung und Erhaltung, zur Umkehr. Themen, die in der Paulus-Rede zentral sind und dort auf den Auferstandenen und das Endgericht zulaufen. Der Apostel müht sich mit seinem intellektuellen Vortrag redlich, Gotteslob und Umkehr so zu predigen, dass es die gebildete Hörerschaft verstehen kann.

Adressatenorientiert verkündigen sollen auch wir, nicht nur an Jubilate, das mancherorts Konfirmationssonntag ist. Zum »unbekannten Gott« gesellen sich jedoch die unbekannten Hörerinnen und Hörer. Oft weiß ich nicht, mit welchem Vorverständnis Menschen zuhören, selbst wenn ich »meine« Gemeinde zu kennen glaube. Sprachfähigkeit ist eine Kunst, in der wir uns als Kirche einüben müssen, erst recht in Zeiten fortgeschrittener Säkularisierung. Wie finden wir Worte für Menschen, denen die christliche Botschaft und Sprache fremd (geworden) sind? Wie reden wir in Seelsorge und Unterricht? Wie geschieht Öffentlichkeitsarbeit in der medialen Agora heute? Hilfreich ist die paulinische Haltung: »Wir sind von Gottes Geschlecht.« (V. 28 f.) Sie betont das Gemeinsame, nicht das Trennende, ermöglicht Offenheit für das Gegenüber und Dialog.

Auch für mich ist Gott bestenfalls der/die bekannte Unbekannte. Revelatus und Absconditus, noch nicht »von Angesicht zu Angesicht« erkannt (1 Kor 13,12). Auch wenn ich mich an das halte, »was Christum treibet« (Luther), erlebe ich Momente der Sprachlosigkeit. Es bleibt eine Gratwanderung zwischen theologischem Wissen, Glauben, Erfahrungen und Zweifeln. In dieser Gemengelage verkündige und lobe ich Gott, so gut ich es vermag, nicht nur mit dem, was ich positiv sagen kann, sondern auch mit meinem »Suchen und Ertasten« (V. 27). Gerade darin kann ich hörerbezogen sein.

Dietrich Bonhoeffer hat dem bekannten unbekannten Gott in seinem Gedicht »Von guten Mächten« ein lebendiges Denkmal gesetzt. Geschrieben als Weihnachtsgruß in dunkler Zeit, können sich bis heute auch Menschen darin bergen, denen der christliche Gott fremd ist. Selbst »sperrige« christologische Themen, die Paulus erst am Ende seiner Rede anspricht, leuchten hier auf tröstende Weise auf, ohne explizit benannt zu sein: das Leiden und Sterben Gottes, seine Auferstehung und die Hoffnung auf Umkehr.

II Erschließung des Textes: Keine Menschenlosigkeit Gottes

Im 1. Jahrhundert war Athen eine Kleinstadt mit 5000 Seelen, die vom früheren Glanz zehrte. Paulus predigt auf seiner zweiten Missionsreise in der Synagoge und auf der Agora, wo er mit epikureischen, stoischen und selbsternannten Philosophen diskutiert. Man führt ihn zum Areopag (Ares-Fels). Es ist wohl nicht das Gericht gemeint, das einst dort tagte, sondern der Ort. Doch Jurisdiktives schwingt mit: Paulus' Rede ist auch Apologetik. Als Pointe wird am Ende Gottes Gericht angekündigt.

Redet hier Paulus oder Lukas? Analog zur antiken Geschichtsschreibung hat der Autor die Paulus-Reden kontextbezogen mit Hilfe tradierten Materials komponiert, so der Forschungsstand.

Rhetorisch-klassisch wird die Rede in vier Teilen entfaltet, gespickt mit stoischen Zitaten, die Paulus aus jüdisch-hellenistischer Theologie und Mystik kennt.

1. Einleitung (22b-23): Paulus nutzt eine vertraute kultische Widmung: »Unbekannten Göttern« wurden vorsorglich Altäre geweiht. Den einen Gott (Singular!) wird Paulus verkündigen. Gottesscheu (deisidaimonestéroi, V. 22) nennt er die Athener, was religiös (als captatio benevolentiae) und abergläubisch bedeuten kann.

2. Erzählung (24–27): Gott schuf aus dem Einen (vgl. V. 31) die Menschheit; er gibt Leben und lebt nicht von menschlichen Kulthandlungen. Hier treffen sich griechisch-philosophische und urchristliche Religionskritik. Der Schöpfer des »Kosmos« gibt Zeiten und Räume, ihn zu suchen, ob die Menschen »ihn vielleicht ertasten und finden würden« (V. 27). Der Optativ signalisiert, dass das Gelingen wünschenswert und doch fraglich ist.

Wie verhält sich Apg 17 zu Röm 1,18 ff.? Die neuere Forschung sieht den Unterschied im Kontext, weniger im Inhalt (vgl. Haacker, 304). Der Römerbrief gilt einer christlichen Gemeinde, die Areopagrede will erst die »Unwissenheit« beenden. Menschen sollen ihre von Gott gegebene Fähigkeit nutzen, ihn zu suchen. Damit dies universal gelingt, braucht es nach paulinischem Verständnis mehr als natürliche Gotteserkenntnis, nämlich Gottes Menschennähe in Jesus Christus.

3. Argumentation (28 f.): Statt der Bibel (Jes 55,6!) zitiert Paulus ein pantheistisches Gedicht des Aratos (zum Dreiklang in V. 28 vgl. V. 25 b). Wo dieser vom Geschlecht des Zeus spricht, sieht Paulus die Ebenbildlichkeit (Gen 1,26 f.) mit dem lebendigen Gott.

4. Konklusion (30 f.): Die »Zeit der Unwissenheit« (V. 30), über die Gott gnädig hinwegsieht, ist »nun« vorbei. Der endzeitliche Umkehrruf betrifft alle Menschen. Christus ist der neue Eine, der die Welt richten wird. Gemäß antiker Vorstellung wird er als Bevollmächtigter beschrieben, jedoch nicht des Kaisers, sondern Gottes, der ihn vom Tod auferweckt hat.

Am Ende (V. 32–34) spotten die Epikureer, die Stoiker wollen mehr. Auferstehung ist kaum kompatibel mit griechischer Philosophie. Denn der biblische Gott macht sich primär durch sein heilsgeschichtliches Handeln bekannt, das Menschliches übersteigt und neu schafft.

Ein Blick auf Damaris: War sie Ehefrau des Dionysius oder Hetäre? Apg 16 erlaubt die Hypothese, dass sie eine eigenständige Frau war, wie Lydia.

III Impulse: Wir sind von Gottes Geschlecht

Vier Predigtschritte:

1. Wer hat Ihnen Gott bekannt gemacht? Wo suchen und finden Sie Gott?

2. Gott hat uns längst gefunden: Wir sind von Gottes Geschlecht. Das ist Zuspruch und Verpflichtung. Interessant: Die afroamerikanische Bürgerrechtlerin Fannie Lou Hamer (s. u. Internet) begründete den gewaltlosen Kampf für Menschenrechte mit Apg 17,29, denn Gott hat »alle Völker aus einem Blut gemacht«. (Raboteau, Kap. 7) Gott legt es uns nicht in den Schoß, es liegt an uns, dass wir uns für eine Welt im Sinne Gottes einsetzen.

3. Gott hat mir alles gegeben, was ich dazu brauche: Leben und Odem. Ich gehöre zu ihm, zu seiner Menschheitsfamilie und seinen Kindern in Jesus Christus. Ich kann Gott suchen, ertasten und finden in dem, was mir von ihm, von ihr, bekannt ist.

4. »Nun« ist die Zeit dafür: Wo kann ich mit meinen Möglichkeiten Mitmenschlichkeit üben und Zeichen des neuen Lebens in Gott setzen?

Werkstück Predigt (Doxologischer Schluss)

Co-Autor: Cand.theol. Michael Streib

Jubilate!

Jauchzt, ihr Menschen, dem unbekannten, bekannten Gott!
Singt Gott, dem Schöpfer, der Lebensspenderin, der höheren Macht.
Wer könnte sie festhalten in starren Bildern und steinernen Mauern?
Wenn wir Gott suchen, können wir sie ertasten
in den Schönheiten der Erde, in den Zeiten des Jahres, in den Gesichtern aller Menschen.
Von Gottes Geschlecht sind wir,
geschaffen zur Mit-Menschlichkeit.
In Gott leben, bewegen wir uns und sind wir.
Da ist nicht Mensch und Unmensch, nicht einheimisch und fremd, nicht schwarz und weiß.

Kein ferner Weltenlenker ist Gott,
kommt auf die Erde,
wird Mensch,
freut sich, ärgert sich, weint und lacht,
liebt, wird verraten, erleidet den Tod
und besiegt ihn doch.

Niemand von uns ist Gott fern.
Wenn wir Gott suchen, hat sie uns schon gefunden,
uns Leben und Odem und alles gegeben.
Dem Tod hat Gott die Macht genommen.
Hoffnung leuchtet in unser Leben, schon jetzt:
Tod und Leid, Tränen und Gewalt werden ein Ende haben.
Es ist Zeit, dass wir danach leben
und auf dieser gottgegebenen Erde
Zeichen der Hoffnung setzen.

Niemand von uns ist Gott fern,
kennt auch unsere Schwachheiten und Abgründe.
Gewiss wird Gott nicht gnädig hinwegsehen
über Gedankenlosigkeit, Bosheit und Leiden,
wird uns zur Rechenschaft ziehen für das, was wir getan und unterlassen haben,
und Recht verschaffen, wo uns Unrecht und Leid angetan wurde.

Den Einen hat Gott zu uns gesendet,
den wir kennen,
er ist bei uns,
alle Tage, bis an der Welt Ende.
Er wird uns richten, aber nicht vernichten,
darauf vertrauen wir,
denn wir sind vom gleichen Geschlecht,
geschaffen zum Bilde Gottes,
getauft zum Kind Gottes,
und am Ende neu erschaffen,
ganz in Gott,
in dem wir leben und sind.
Amen.

Lieder: Ps 66,20; lieder zwischen himmel und erde »Du bist das Leben«; EG 65 »Von guten Mächten«.

Literatur: *Klaus Haacker,* Die Apostelgeschichte, Stuttgart 2019; *Albert J. Raboteau,* Seven Religious Radicals and Their Struggle for Social and Political Justice, Princeton 2016.

Internet: *Fannie Lou Hamer,* https://de.wikipedia.org/wiki/Fannie_Lou_Hamer; https://time.com/5692775/fannie-lou-hamer/, beide abgerufen am 31.05.2020.

Markus Engelhardt

IV Entgegnung: Anspruchsvoll niedrigschwellig sein

Paulus (oder »Lukas«, wie A mit Blick auf den Verfasser der Apg zurecht fragt) auf dem Areopag: biblisches Musterbeispiel einer »milieusensiblen«, eigenwilligen Christuspredigt ohne Christusnamen. A indes konstatiert ungnädig: ein »verkopfter Vortrag«. Einspruch, Euer Ehren! Je mehr ich Paulus' »Vortrag« auf mich wirken lasse, desto weniger verkopft kommt er bei mir an. Im Gegenteil: Ich finde den Paulus hier deutlich weniger kopflastig, »ganzheitlicher« argumentierend als die ipsissima vox der Paulusbriefe. Dort ist mehr Katheder als hier. Hier begibt sich Paulus auf die Kanzel. Ich meine: Die Areopag-Rede bietet uns ein *Lehrstück niedrigschwelliger Verkündigung.* Klar, sie ist »intellektuell« und anspruchsvoll – was, entgegen einem unausrottbaren Missverständnis, kein Widerspruch zu Niedrigschwelligkeit ist. Aber eben so, dass Paulus, der Star-Theologe der frühen Christenheit, hier realisiert (oder Lukas ihn realisieren lässt), was er den Galatern programmatisch geschrieben hat: Er wolle den Juden ein Jude und den Griechen ein Grieche sein, sich also auf den Verstehenshorizont des Gegenübers einschwingen. Das deutet sich schon ganz zu Beginn seiner Rede an. Kein erbaulicher liturgischer Gruß wie in den Briefen an seine Gemeinden: »Die Gnade unseres Herrn Jesus Christus und die Liebe Gottes...« Wäre er so eingestiegen, die Großdenker auf dem Areopag hätten abgewinkt.

V Erschließung der Hörersituation: Theologie beginnt mit dem Betrachten der Wirklichkeit

Als ich in den 80er Jahren studierte, boten etliche meiner barthianisch geprägten Lehrer das ganze schwere Arsenal gegen das vermeintliche Gift der »natürlichen Theologie« auf. Dadurch war dieser Terminus für mich lange perhorresziert. Jahrzehnte später und um viele Erfahrungen mit der real existierenden Volkskirche reicher, geht es mir wie wohl den meisten: Der Graben zwischen der reinen (Barthschen) Lehre und dem wirklichen Leben kann garstig breit sein. (Volks-)Kirche als Organisation nötigt zum institutionalisierten theologischen Dauerkompromiss. Dazu gehört, dass wir gerade um des nicht genug zu unterstreichenden Zieles willen, das A formuliert, nämlich die »Kunst der Sprachfähigkeit« zu erlernen, um die wachsende Zahl der religiös Unmusikalischen in unseren Gemeinden noch zu erreichen, gar nicht anders können als eine Sprache zu suchen, die nicht die Flucht ergreift, wenn »natürliche Theologie« am Horizont aufscheint.

Das lässt sich nicht nur empirisch, sondern auch biblisch erheben: aus unserem Text! Paulus demonstriert hier, dass es geht, auf der Grundlage einer tendenziell »natürlichen Theologie« dennoch von Christus zu reden. Er geht hier »induktiv« vor. Er hat sich zunächst in Athen umgesehen und die Lebenswelt der Stadtmenschen besichtigt. Dabei entdeckt er zahllose Tempel und Altäre. Jeder ist einer eigenen Gottheit gewidmet, die für verschiedenste Lebenslagen und Bedürfnisse beansprucht wird. Patchwork-Religiosität pur. Paulus schwingt in dieser Gemengelage nicht den dogmatischen Holzhammer. »Politik beginnt mit dem Betrachten der Wirklichkeit«: Das bekannte Axiom von Franz Müntefering darf auch für Theologie und Verkündigung gelten. »Ihr Männer von Athen, ich sehe, dass ihr die Götter in allen Stücken sehr verehrt.« Paulus nimmt erst einmal wahr, was ist. Und *würdigt* es: Ihr meint es ernst mit eurer Religion! Damit holt er seine Zuhörer ab, und nimmt sie umsichtig an den Punkt mit, von dem aus sie, die als ausgeschlafene Stadtmenschen offen für Neues sind, das Neue hören und dann auch verstehen können. Das, wo sie bisher verständnislos davorstanden, allenfalls mit einem Ahnen um etwas Großes, Geheimnisvolles, und was sie mit der etwas hilflosen Aufschrift »Dem unbekannten Gott« versehen haben.

Was es mit dem auf sich hat, bringt Paulus nun den »Männern von Athen« nahe. Nicht »redlich-verkopft«, sondern elementar und anschaulich: »Er, der Herr des Himmels und der Erde, wohnt nicht in Tempeln, die mit Händen gemacht sind, da er doch selber jedermann Leben und Odem und alles gibt.« Er nutzt die missionarische Gelegenheit, die ihm der Altar für den unbekannten Gott bietet: Von dem kann ich euch etwas erzählen, was ihr nicht wisst! Er ist der Schöpfer der ganzen Welt. Er hat die Menschen auf ihn hin geschaffen. Selber unsichtbar, braucht er keine Opfer und keine Bilder. – Und schließlich lässt er sein Reden münden in die Aussage, dass jener Gott nicht länger unbekannt sein muss: »Er ist keinem von uns ferne. In ihm leben, weben und sind wir.« Wir alle, ihr und ich, sind seine Zeugen und Tempel; nicht die Bilder und Statuen, die hier zu bestaunen sind.

So holt Paulus seine philosophischen Zuhörer ab, wo sie sind. Aber nicht, um mit ihnen dort stehenzubleiben, sondern sie auf einen Erkenntnisweg mitzunehmen. Eine Blaupause für das, was 1750 Jahre später Schleiermacher mit seinen »Reden über die Religion an die Gebildeten unter ihren Verächtern« unternommen hat. Als Beispiel dafür, dass und wie solches immer noch gelingen kann, sei eine Passage zitiert aus der Rede, die der damalige Bundespräsident Joachim Gauck am Reformationstag 2016 bei der Eröffnung des Lutherjahres in Berlin gehalten hat: »Für viele ist der Glaube an Gott oder an eine unverdiente himmlische Gnade keine persönlich erfahrene Wirklichkeit mehr. Ihnen wünsche ich, dass sie hier und da Gnade von ihren Mitmenschen erfahren und auch selber gnädig mit anderen umgehen. Wenn Menschen sich bewusst machen, dass sie hier und da in rational nicht fassbarer Weise beschenkt, getragen oder bewahrt waren, oder wenn sie voller Staunen erleben, dass ihnen Gutes widerfährt, das sie nicht selbst erarbeitet haben, dann haben sie möglicherweise eine Erfahrung der Gnade gemacht.« (s. u. Internet) – So kann paulinische Rechtfertigungslehre, von Goethe übellaunig als »verworrener Quark, der uns noch täglich zur Last fällt« (Goethe, 227) abgetan, auch in unserer Zeit anschlussfähig und nachvollziehbar buchstabiert werden.

VI Predigtschritte: Paulus und der Mut zur theologischen Lücke

1. Stadtluft macht frei – Stadtluft macht Angst. Paulus hat keine Angst vor der Stadt, sondern vertraut darauf, dass auch dort, auf den Straßen und Plätzen der Stadt, ein Resonanzboden für seine Botschaft von der Freiheit des Evangeliums ist. Städte sind immer ein besonders fruchtbarer Boden für Religion gewesen. Es gilt der Merkspruch: Athen ist überall, wo Stadt ist. Und ebenso gilt überall, dass das Reden vom Glauben in der Vielfalt der Stadt milieusensibel sein muss. Mit unserem notorischen »Kirchesisch« (Vagheits-Wendungen wie »ich lade Sie ein«; »wir dürfen uns freuen«; »ein Stück weit«; »gute Begegnungen« etc.) tragen wir selbst zur oft beklagten Milieuverengung unserer Gemeinden bei.

2. Paulus lehrt uns: Die Grundbewegung des Christentums geht immer nach außen, von Jerusalem nach Athen, und bis an die Enden der Welt. Die Kirche ist keine geschlossene Gesellschaft der Hochverbundenen, sondern *das* offene Haus für alle. Über ihrer Eingangstür steht nicht: Vorsicht, bissiger Hund!, sondern: Herzlich willkommen! Deshalb lässt sich aus Paulus' Areopag-Rede lernen: Die Kirche heute muss da sein, wo in der Welt die Zukunftsentwürfe miteinander konkurrieren. Deshalb: mehr raus aus den Kirchen und hin auf die Marktplätze!

3. Es war damals eine Sensation, und manch einer hat dafür Apg 17 als Referenzgröße bemüht: der Dialog zwischen Jürgen Habermas und Joseph Ratzinger über die »vorpolitischen Grundlagen der Demokratie« am 19. Januar 2004 (ein Jahr bevor aus Ratzinger Benedikt XVI. wurde) in München. Ein philosophischer und ein theologischer Meisterdenker, auf denkbar verschiedenen Planeten unterwegs, die einander noch nie begegnet waren, diskutierten auf höchstem Niveau und voller Achtung vor dem anderen. Erstaunliches trat zutage. Habermas, der sich als »religiös unmusikalisch« selbstdiagnostizierte, sprach der Religion Sinngehalte zu, für die die Philosophie keine angemessene Sprache habe: ein Gespür für »Verfehlung und Erlösung«, Scheitern und Gelingen. Nachdem die Religion zu einem schmerzhaften Anpassungsprozess an die Moderne genötigt wurde, müsse sich nun auch das säkulare Bewusstsein hinterfragen. Es müsse lernen, der Religion nicht von vornherein Wahrheitsgehalt abzusprechen. Auch der säkulare Staat dürfe seine »säkularistische« Weltsicht nicht überhöhen und Religion ignorieren (vgl. Habermas/Ratzinger, 31 f.). »Die andern aber sprachen: Wir wollen dich darüber ein andermal weiterhören«: So etwas geschah damals.

4. Jesus kam erst ganz zum Ende seines Weges in die Stadt. Er nahm den Stoff seiner Gleichnisse aus der bäuerlichen und handwerklichen Welt der galiläischen Dörfer, in denen er unterwegs war. Paulus geht nach Athen und wird den Akademikern ein Akademiker, den Philosophen (mindestens) ein philosophisch argumentierender Theologe. Er kennt und zitiert die griechischen Dichter und Denker. Vor allem aber: Er verkündigt hier nicht, wie in seinen Briefen unermüdlich, den Gekreuzigten, sondern den *Schöpfergott*. Er bleibt, mit Ausnahme des Verweises auf den richtenden Christus, ganz im Bereich des 1. Artikels. Paulus sagt ja vom Wort vom Kreuz, dass es für die Weisheit der Welt, wie er sie auf dem Areopag antrifft, zunächst nur eine Torheit sein kann. Er ist so klug, nicht auf dogmatischen Richtigkeiten zu beharren, sondern die Vernunft, die Einsehbarkeit der Schöpfung ins Spiel zu bringen, die anschlussfähig ist für das Denken der Areopag-Intellektuellen. Paulus zeigt damit nicht nur Mut zur »natürlichen Theologie«, sondern auch Mut zur theologischen Lücke.

Lieder: EG 165,1.5–6 »Gott ist gegenwärtig«; EG 427,1–3 »Solang es Menschen gibt«; EG 506,1–2.5 »Wenn ich, o Schöpfer, deine Macht«

Literatur: *Johann Wolfgang von Goethe*, Brief an K.L. Knebel, in: Weimarer Ausgabe (WA) IV/28; *Jürgen Habermas/Joseph Ratzinger*, Dialektik der Säkularisierung. Über Vernunft und Religion, Freiburg im Breisgau 2005 (überarbeitete Neuauflage 2018).

Internet: *Jürgen Gauck*, Rede zum staatl. Festakt »500 Jahre Reformation« am 31.10.2016 in Berlin: http://www.bundespraesident.de/SharedDocs/Reden/DE/Joachim-Gauck/Reden/2016/10/161031-Festakt-Reformation.html, abgerufen am 31.05.2020.

Kantate (4. Sonntag nach Ostern)

Lukas 19,37-40:

Schreiende Steine

Friedrich W. Horn

I Eröffnung: Kantate ohne Gesang

Am Sonntag Kantate wird in manchen Gottesdiensten deutlich mehr Kirchenmusik geboten als zu anderen Gottesdiensten des Kirchenjahrs. Auch kleinere Chöre haben sich oft monatelang auf eine Kantate vorbereitet, daneben treten Posaunenchöre, Kinderchöre und die Bands einzelner Kirchengemeinden auf und überhaupt, es wird mehr gesungen als sonst. Daneben aber fällt es vielen Gemeinden schwer, den Sonntag Kantate hervorzuheben. Es mangelt an etlichem, auch an einer Gemeinde, die mit dem Liedgut vertraut ist und die gerne und mit Hingabe singt. Vor mir entsteht ein Bild des Sonntags Kantate, der sich nicht unterscheidet, der seinen Namen zu Unrecht trägt. Gewiss, wie schön sind die Gottesdienste an diesem Tag in großen und bekannten Kirchen in Leipzig, Hamburg, Stuttgart. Aber wir kennen auch Landgemeinden und Innenstadtgemeinden, an deren Gottesdiensten vielleicht nicht mehr als 10 Christen teilnehmen, deren Gesang kümmerlich ist und in denen kein Chor auftritt. Diese Gemeinden habe ich ab jetzt im Blick. Ihnen gilt es Mut zu machen, und der Predigttext leitet dazu an.

II Erschließung des Textes: Unterdrücken geht nicht

Der Predigttext ist Teil des Einzugs Jesu in Jerusalem, den Lukas wie einen messianischen Festzug beschreibt, der durchaus Ähnlichkeiten mit Triumphzügen römischer Herrscher hat. Nach der ausführlichen Schilderung der Vorbereitungen für diesen Einzug (Lk 19,29-36) stehen zwei völlig gegensätzliche Reaktionen unmittelbar vor Betreten der Stadt Jerusalem im Raum. Die Jünger beginnen mit lauter Stimme Gott über alle Taten, die sie im Rückblick auf den gemeinsamen Weg mit Jesus erlebt haben, zu singen und sie rufen: »Gelobt sei, der da kommt, der König, in dem Namen des Herrn! Friede sei im Himmel und Ehre in der Höhe!« Dieser Ruf ist ein typisches Element der Einholung eines Herrschers, der ihm bereits vor Betreten der Stadt entboten wird. Einige der Pharisäer hingegen versuchen dieses Gotteslob über den königlichen Messias zu ersticken und sie fordern Jesus auf, die Jünger zum Schweigen zu bringen. Es ist dies der Beginn feindlicher Einstellungen Jesus gegenüber, die sich in der Stadt Jerusalem fortsetzen. Die Reaktion Jesu hierauf besteht in dem auf den ersten Blick rätselhaften Wort, das wohl neben dem Gesang der Jünger und dem Psalmzitat den Bezug zum Sonntag Kantate in der neuen Perikopenordnung hergestellt hat: Ich sage euch: Wenn diese schweigen werden, so werden die Steine schreien.

Zwei Textteile müssen zunächst gründlich erschlossen werden.

1. Die Akklamation des einziehenden Herrschers greift auf ein Gotteslob aus Ps 117,26 (LXX) zurück (Ps 118,26 in dem hebr. Text und der Lutherbibel), fügt aber »der König« in dieses Zitat ein und ergänzt es mit einer Doxologie und einem Friedensruf. Darüber hinaus entfällt die in der Lukas bekannten Parallele Mk 11,9f. gebotene Fortführung des Psalmzitats durch die Benediktion: »Gelobt sei das Reich unseres Vaters David, das da kommt! Hosianna in der Höhe!« Das Psalmwort bezog sich ursprünglich möglicherweise auf ein Gruß- und Segenswort, das den ankommenden Festpilgern im Jerusalemer Tempel zugerufen wurde. Ps 118,26b fährt daher fort: »…wir segnen euch vom Haus des Herrn.« Dass Jesus jedoch nicht als ein solcher einfacher Festpilger nach Jerusalem geht, sondern zu seiner Passion und der Aufnahme in den Himmel, das hat Lukas seit Lk 9,51 auf dem Weg in diese Stadt bereits mehrfach deutlich gemacht. Jetzt also bezieht sich das Psalmwort im Evangelium auf Jesus, der als messianischer König im Begriff ist, die Stadt Jerusalem und ihren Tempel zu betreten. Bereits in Lk 13,35 hat Lukas das Psalmwort auf dem Weg Jesu nach Jerusalem eingeführt, jetzt nimmt er es erneut wieder auf. Anstelle der Benediktion in Ps 117,27, die vom Reich unseres Vaters David sprach, treten nun die chiastisch angeordneten Teile Friedensruf und Doxologie. Sie nehmen auf, was zu Beginn des Evangeliums die Botschaft der Engel war (Lk 2,14). Allerdings spricht der Friedensruf

nicht mehr vom Frieden auf Erden, sondern vom Frieden im Himmel. Im Kontext des messianischen Festzugs kommt hiermit bereits der Ort in Blick, von wo aus Jesus als König seine Herrschaft antreten wird. Die Begegnung mit der Stadt Jerusalem und ihrem Tempel im Anschluss an den Disput mit einigen der Pharisäer hingegen (Lk 19,41-46) führt zu einer Gerichtsankündigung über die Stadt und zu der Kultkritik am und im Tempel.

2. Die Antwort Jesu auf die Intervention der Pharisäer wird in der exegetischen Literatur einerseits als versteckter Hinweis auf die Zerstörung der Stadt Jerusalem gesehen, von der Lk 19,44 ja explizit sprechen wird. Das Schreien der Steine (Lk 19,40) wird auf das Bild »kein Stein auf dem anderen« (Lk 19,44) bezogen. Andererseits aber und meines Erachtens auch wahrscheinlicher handelt es sich hier um eine hyperbolische Rede. Eine Hyperbel ist ein rhetorisches Stilmittel der Übertreibung. Sie will besagen, dass der Gesang der Jünger mit lauter Stimme und der Jubel bei dem Einzug Jesu in die Stadt Jerusalem nicht zu unterdrücken sind. Denn in diesem Gesang bricht sich die Erinnerung an alle Taten Jesu eine Bahn und sie schreit und singt förmlich aus den Jüngern heraus. Wenn diese jetzt schweigen sollen, dann werden Steine schreien. Es kann nicht unterdrückt und geheim gehalten werden, dass hier ein König einzieht. Würde es versucht werden, geschähe Unmögliches: Steine würden schreien.

III Impulse: Der Gesang der Kirchenmauern

Wenn der messianische König Jesus Christus in die Stadt Jerusalem einzieht, dann muss der Lobpreis erklingen. Von der Ankunft und der sich daran anschließenden Gegenwart Jesu Christi spricht die Verkündigung der Kirche auch an Weihnachten oder im Blick auf das Sakrament, das Gebet oder die Gemeinschaft der Christen. Der Gesang der Christen ruft diese Ankunft herbei und begleitet antwortend im Danklied diese Gegenwart. Das Kommen Jesu Christi kann nicht aufgehalten werden.

Der Predigttext spricht aber auch von der Möglichkeit einer Behinderung des Jubelrufs und der Erfahrung einer Sprachlosigkeit, die unfähig zum Gesang ist. Der Predigttext vermittelt in solcher Situation die tröstliche Gewissheit, dass mein Verstummen das Gotteslob nicht zum Erliegen bringt. Es greift um sich und findet selbst in Steinen seinen Ausbruch. Wo die menschliche Stimme erstickt, sprechen Steine.

Das ist literarisch eine Hyperbel, eine Übertreibung. Steine können nicht schreien. Aber gibt es nicht die Erfahrung, dass Steine oder andere Gegenstände zu einem Sprachrohr werden, weil Menschen schweigen oder nicht mehr reden dürfen? Ich erinnere mich an einen Gottesdienst in der

Ruine von St. Christoph in Mainz, die heute eines von mehreren Kriegsmahnmalen der Stadt Mainz ist und an die Opfer und die Zerstörung der Stadt im Zweiten Weltkrieg erinnert. Die zerstörten, aber in Umrissen noch vorhandenen Mauern sagen mehr als manches Wort.

Das gilt weit mehr noch für jeden Kirchenbau, der Ort des Gottesdienstes ist. Jede Kirche ist mehr als ein funktionales Gebäude aus Stein und Holz und Farbe. Die Architektur jeder Kirche hat eine Botschaft, ebenso die Ausstattung des Kirchenraums und die Anordnung von Bildern und Symbolen. Der Kirchenraum, oft kalt und dunkel und einsam erlebt, bietet eine reiche Fülle an Botschaften und eröffnet verschiedene individuelle Verstehenshorizonte und ein Sinnangebot. Der Kirchenraum atmet, hört und spricht, ist Ort der Kontemplation und der Liturgie. Obwohl ein geschlossener Raum, erlebt man in ihm eine spirituelle Öffnung. Und man tritt ein in die Jahrhunderte alte Gemeinschaft der Glaubenden, die in jedem Kirchengebäude ihre Spuren hinterlassen hat. Kirchengebäude haben eine sinnlich-ästhetische Dimension. Wir feiern den Sonntag Kantate also immer in einer Kirche, deren Steine mitsingen und die weiterschwingen, wenn der eigene Jubelruf behindert wird und verstummt.

Nicht nur Ps 118,26, auch andere Verse dieses Psalms stellen grundlegende Worte jüdischer und christlicher Frömmigkeit dar. Martin Luther hat eine Auslegung von Psalm 118 im Jahr 1530 einem Gönner geschenkt. Sie trägt den Titel »Das schöne Confitemini« und Luther sagt in der einleitenden Widmung: »Denn es ist mein Psalm, den ich liebhabe ... Denn er hat sich auch oft redlich um mich verdient gemacht und mir aus manchen großen Nöten geholfen.« (Luther, 67). Luther sagt in seiner Auslegung: »wo Gott sein Wort hinsendet, wodurch sein Name und Werk, nicht unser Name und Werk gepriesen wird, da folgt er selbst sicherlich nach und kommt mit lauter Segen und allen Gnaden« (Luther, 113).

Ich möchte den Gottesdienst an Kantate verbinden mit »schreienden Steinen«, möchte einladen dazu, die eigene Kirche und ihre Steine wahrzunehmen. Ich möchte den Blick lenken auf ein ausgesuchtes Stück, vielleicht einen gotischen Pfeiler, ein barockes Gemälde, ein Kirchenfenster, die Eingangstür, ich möchte aufmerksam machen auf die Arbeit der Steinmetze und der Kirchenmaler. Sie nämlich sind es gewesen, die den Steinen die Kraft des Schreiens eingehaucht haben.

Literatur: *Martin Luther*, Das schöne Confitemini (Calwer Luther-Ausgabe Bd. 7), München/Hamburg 1967, 63–153.

Sebastian Feydt

IV Entgegnung: Unerwartete Aktualität

»Wenn Steine schreien...« Oft beginnt die Hinführung zum Versöhnungsgebet aus Coventry in der Dresdner Frauenkirche mit diesen Worten. Der Klang der Friedensglocke um 12 Uhr ist verhallt und dann heißt es: »Wenn Steine schreien, was lassen uns die dunklen Steine in der Fassade der wiedererrichteten Kirche hören?« Schreiende Steine bewahren schmerzliche Erinnerungen auf. Sie sind mahnende Zeitzeugen. Schreiende Steine können zu Trägern einer heilsamen Botschaft werden.

Der Gottesdienst am Sonntag Kantate wird in zeitlicher Nähe zum 8. Mai, dem 76. Erinnerungstag an das Ende des Zweiten Weltkrieges gefeiert. Anders als im Vorjahr, als pandemiebedingt an Kantate wohl nur wenige inhaltliche Bezüge zwischen dem Singen und Loben einerseits und dem wahrhaftigen Erinnern an Zerstörung und Leid durch Krieg und Gewalt andererseits in der Verkündigung möglich waren, legt sich dieser Bezug durch Lk 19,37 ff. mehr als nahe.

A's bereits vor der Covid-19-bedingten Aussetzung von öffentlich gefeierten Gottesdiensten formulierte Empathie für Gottesdienstgemeinschaften ohne große Chormusik und mageren Gemeindegesang erhält mit einem Mal eine völlig unerwartete Aktualität und Bedeutungsschwere. Denn es ist nicht auszuschließen, dass nach wie vor das gemeinschaftliche Singen und Loben Gottes ausbleiben muss, um einander vor der Ansteckungsgefahr zu bewahren. Und das trifft ausnahmslos auf alle Gemeinden zu; die mit umfangreicher kirchenmusikalischer Traditionspflege im Land eingeschlossen. Aber wird deshalb das Lob Gottes verstummen? Wird die musica sacra verkümmern? Oder kann sich das Gotteslob auch auf andere, neue Weise Gehör verschaffen und für viele dennoch wahrnehmbar werden?

Wohl weniger im zum Gesang mutierten Schrei der Steine von Kirchenmauern und allem, was sie hinter sich beherbergen, wie A annimmt. Angesichts des in Lukas 19,41 ff. angesagten Endes (des Tempels) Jerusalems das Schreien der Steine so als Gesang zu deuten, hieße, die Wucht des drastischen, religionsgeschichtlich bedeutsamen Einschnitts des Jahres 70 n. Chr. der Deutung der Rede von den schreienden Steinen als Hyperbel zu opfern. Nein, der die letzten Konsequenzen aufzeigende Gegensatz zwischen dem Lob-Lied der Jünger und dem Auf-Schrei der Steine trägt eine ganz eigene Dynamik in sich, die gehoben und fruchtbar gemacht werden will. Wo der Lobpreis Gottes, wo der Hymnus auf die die Menschen in ihrem alltäglichen Dasein orientierende Gegenwart Gottes verstummt, da schreien am Ende die Steine.

Vergessener Gottes-Bezug, das unbewusste oder bewusste Verschweigen Gottes, also das Ausbleiben einer öffentlich bekennenden Achtung und Ehrung Gottes bleiben nicht ohne Folge. Niemals. Wir wissen das. Denn viel zu laut schreien noch heute die Steine. Und nicht nur in den Fassaden vieler Kirchen in unserem Land und in ganz Europa. Viel zu laut schreit die Schuld der Kirchen und der Christen während der Zeit des Nationalsozialismus noch immer an unsere Ohren. Es ist der Schrei wahrhaftigen Erinnerns, der nicht verstummen wird und vor dem Gläubige niemals die Ohren verschließen dürfen. Es ist der Schrei, der, jetzt in ausdrücklicher Anlehnung an A, mit und in dem vernehmbaren Lob Gottes immer seine Berechtigung behält. Der Ruf: Kyrie eleison ist eben nie nur einstimmig zu hören. Er drückt immer Klage und Hymnus aus.

V Erschließung der Hörersituation: Am Hang

Lukas 19,37 ff. erzählt ein Geschehen am Abhang des Ölbergs. Das ist noch kein Abgrund, der sich da auftut, aber die Gefährdung ist benannt und erhöhte Achtsamkeit ist gefordert. Es wird deshalb auch kein Spaziergang zu einem kirchenmusikalisch wunderbar vorbereiteten Gottesdienst, zu dem wir uns auf den Weg machen können. Wir bewegen uns vielmehr in unwegsamem Gelände am Hang.

Aber gerade dort fängt die Menge an Gott eindrücklich zu loben. Mit lauten Stimmen. Das muss seinen Grund haben. Verlangt die uns geschenkte Gegenwart Gottes in dem Einzug des messianischen Königs Jesus Christus diese lobpreisende Antwort? Nur: Heute kann sich das Lob Gottes nicht in einem erinnernden Wahrnehmen oder in Zustimmung zu den einstigen Heilstaten Jesu durch die Gemeinde erschöpfen. Führen wir vielmehr selbst ein Loblied auf unseren Lippen! Stimmen wir ein in den Lobpreis des Psalmbeters, weil wir die Ankunft Jesu Christi (als Wiederkunft) noch immer glauben! Indem wir darauf vertrauen, dass vor uns eine Zeit liegt, die davon geprägt ist, dass das Reich Gottes Gestalt annimmt, dass die Welt sich verändert und wandelt mit Jesus Christus als dem wahren König an der Seite Gottes.

Wie schauen wir angesichts dieser geistlichen Perspektive und Stimmung beim steilen Abstieg am Hang des alltäglichen Lebens in die Zukunft? Teilen wir den Eindruck, fortwährend in die Tiefe zu schauen, oder doch in die Weite? Blicken wir angstbesetzt und pessimistisch, weil die ganze Welt in eine unerwartete Krise geraten ist, alles auf das Kreuz (eines Virus) zuläuft, die Probleme und Gefahren, die auf uns zukommen, riesengroß und unlösbar erscheinen? Oder wagen wir einen vertrauensvollen und glaubensstarken Blick aus der vom Evangelium her verheißenen Zukunft rückblickend in unseren Alltag heute? Das würde den Unterschied ausmachen. Denn das unterscheidet die Perspektive der Jünger Jesu von der der Pharisäer; das unterscheidet aus ihrer Glaubenshoffnung Kraft schöpfende Menschen von denen, die nur auf die Fortsetzung des Lebens in den herkömmlichen Bahnen und unter den altbekannten Regeln bedacht und fixiert sind.

»Singet dem Herrn ein neues Lied«, lautet der cantus firmus am Sonntag Kantate. »Gott tut Wunder!« Diesem Eingreifen Gottes in das Weltgeschehen Glauben zu schenken, diesem wunderbaren Wandel der Welt Vertrauen entgegenzubringen, wie es einst die Jünger getan haben, das motiviert Menschen bis heute, in ein Loblied auf Gott einzustimmen. Und dabei selbst zu hören, wie der eigene Lobgesang unter neuem Vorzeichen aus den Kirchenmauern herauszudringen vermag und ermutigend und zuversichtlich mitten in der Welt erschallt. Sollte das beherzte Singen und das deutlich vernehmbare Reden immer noch gefährlich sein für unsere Nächsten und uns selbst, dann suchen wir bitte gemeinsam nach Alternativen. Aber lassen uns keinesfalls den Mund verschließen, schon gar nicht verbieten, wenn es darum geht, Menschen zu orientieren und neu aufzurichten.

Im guten Sinn ist mit Lukas 19,37 ff. nicht nur ein, sondern das (!) Krisenbewältigungskonzept, das dem christlichen Glauben innewohnt, öffentlich gemacht worden. Im Vertrauen auf die in die Zukunft getragene Wirkmächtigkeit des Gottessohnes an der Seite des Vaters, im Vertrauen auf die Kraft des messianischen Königs heute vom Frieden zu zeugen, dazu ermutigt das Evangelium an Kantate. Der Weg entlang am Hang des Ölbergs, der Weg nach Jerusalem endet nicht am Kreuz. Er führt nicht in die Apokalypse, nicht in den Weltuntergang, sondern endet in einem Neuanfang: in dem neuen Leben. Lukas 19,37 ff. will von Ostern her verstanden und gepredigt werden. Und dabei dürfen wir getrost Himmel und Erde zusammenhalten. Frieden im Himmel und Friede auf Erden. Mit der Vorstellung vor Augen, wie sich unsere Welt wandelt: wenn Menschen umkehren in ihrem Leben und sich an dem Lebensweg und an den Lebensmaßstäben von Jesus Christus ausrichten.

VI Predigtschritte: Stimmen wir ein!

»Wenn Steine schreien…« Wer freitags 12 Uhr unter der Kuppel der Dresdner Frauenkirche die Friedensandacht mitfeiert, wird mit diesen eindrücklichen Worten angesprochen: »Wenn Steine schreien, was lassen uns die dunklen Steine in der Fassade der wiedererrichteten Kirche hören? Einen Aufschrei? In diese Steine haben sich so viel Leid und Schmerz ob der zerstörerischen Gewalt eingebrannt, als am Ende des von Deutschland in die Welt getragenen Zweiten Weltkrieges die Kirche im Februar 1945 ausbrannte und einstürzte. Aber lange zuvor brannten bereits in ganz Europa Gotteshäuser. Zuerst Synagogen. Dann Kirchen. Seit dem deutschen Bombenangriff auf die mittelenglische Stadt Coventry im November 1940, durch den auch die Kathedrale zerstört wurde, schreien dort die Steine. Bis heute.

Und gleichzeitig ist auch ein ganz anderes Zeichen zu vernehmen: Father forgive, Vater vergib – schrieb Propst Howard an die Ruinenwand der Kirche. Davor stellte er ein Kreuz aus drei Nägeln, entnommen den Dachbalken der eingestürzten Kirche...

Da aus der vorausgesehenen Konsequenz des verhinderten oder unterlassenen Lobpreises Gottes das Schreien der Steine nicht nur wie ein Donnergrollen am Horizont sich abzeichnete, sondern wieder und wieder Wirklichkeit wurde, zuerst 70 n. Chr. in Jerusalem und seitdem sich wie ein Trümmerpfad durch die Geschichte zieht, kann Lk 19,37 ff. nicht allein als Mahnung gehört und vermittelt werden. Der Schrei der Steine ist unüberhörbar zu vernehmen. Immer und überall.

Aber gerade dieser eindringliche Schrei der Geschichte von Gewalt und Zerstörung fordert den lautstarken, weithin zu vernehmenden Lobpreis Gottes heraus.

Predigen wir Lukas gleichsam von heute aus, aus unserer Sicht: Weil die Steine so laut schreien, leben wir aus dem Lobpreis Gottes, aus dem dankbaren Bekennen der großen Wunder Gottes in der Geschichte. Stimmen wir ein in dieses neue, zeitgemäße Lied! Erheben wir die Herzen und die Stimme für Gott.

Sich selbst auferlegtes Schweigen im öffentlichen Raum, der freiwillig gewählte Rückzug in den vermeintlich sicheren und geschützten Sakralraum Kirche, zurück hinter die Kirchenmauern, auch er führt am Ende zum Aufschrei. Wenn die Steine zu schreien beginnen, dann ist kein Stein auf dem anderen geblieben, dann hat die Krise zerstörerische, dramatische Folgen angenommen. Gott überall, vor allem unter freiem Himmel zu loben und zu bezeugen, dieses öffentlich wahrnehmbare Bekenntnis zum Herrn der Welt, zum wahren König der Welt, wie es die Jünger vorleben, gehört heute erinnert und vernehmbar verwirklicht. Verkündigung, Bekenntnis, Lobpreis und Schuldbekenntnis wollen vernommen werden können. Sonst bleibt nicht ein Stein (der Kirchen) auf dem anderen (Lk 19,44). Sonst nimmt sich die Kirche ihre Relevanz. Und ihre Basis. Die Kirche wird vielleicht als nicht systemrelevant wahrgenommen. Ihre Verkündigung ist und bleibt lebensrelevant.

Rogate (5. Sonntag nach Ostern)

Jesus Sirach 35,16-22a:

Vom Abheben und Ankommen

Christian Nottmeier

I Eröffnung: Über den Wolken

»Über den Wolken« ist der wohl bekannteste Song des Liedermachers Reinhard Mey. Eingängig ist es und gut mitzusingen. Zugleich bringt sein Text menschliche Sehnsüchte nach Freiheit und Grenzenlosigkeit zur Sprache, besonders im Refrain:

»Über den Wolken muss die Freiheit wohl grenzenlos sein. Alle Ängste, alle Sorgen sagt man, blieben darunter verborgen. Und dann würde, was hier groß und wichtig erscheint, plötzlich nichtig und klein.«

Tatsächlich kommen bedeutungsschwere Worte wie Freiheit, Angst und Sorgen unbeschwert, aber nicht leichtfertig in diesem Text daher. Das Lied macht gerade in der mit dem Fliegen verbundenen Freiheitserfahrung Mut zum Perspektivwechsel. Der Refrain ist bewusst im Konjunktiv gehalten, denn das Lied schildert den Start des Flugzeugs, den Aufstieg in den Himmel – »der Sonne entgegen« – aus der Perspektive eines Beobachters, der beim Flugfeld bleibt. Schließlich ist das Flugzeug entschwunden. Der Beobachter kehrt, nach dem gedanklichen Aufstieg zu den Wolken, verändert in einen Alltag zurück, in dem sich Jacke auf Luftaufsichtsbaracke reimt, in dem aber auch die benzindurchtränkte Pfütze an das Hoffnungszeichen des Himmel und Erde verbindenden Regenbogens erinnert, in der sich die Wolken spiegeln. Das Bild des Regenbogens regt an, die eigene Sehnsucht auszusprechen: »Ich wär' gern mitgeflogen.«

»Dann ist alles still, ich geh', Regen durchdringt meine Jacke. Irgendjemand kocht Kaffee in der Luftaufsichtsbaracke. In den Pfützen schwimmt Benzin, schillernd wie ein Regenbogen, Wolken spiegeln sich darin, ich wär' gerne mitgeflogen.«

Wie wäre es, am Sonntag Rogate in Gedanken mitzufliegen, ob nun im Kleinflugzeug oder auf einem ökologisch gewiss korrekteren fliegenden Teppich? Angst und Sorgen hinter sich zu lassen, die Freiheit zu feiern, die Dinge in die richtige Perspektive zu setzen und dazu die Kraft des Gebets zu nutzen. Mit den Bildern des weisheitlichen Buchs Jesus Sirach, die dazu einladen, ist das Beten (aber, lieber B, was ist damit eigentlich gemeint? Und was, wenn der Adressat dieses Betens ungewiss geworden ist?) so ein Gedankenflug, in dem die Wolkendecke durchbrochen wird (35,20 f.). Die Wolken sind sogar Bild für Heil und Trost. Gottes Barmherzigkeit »erquickt in der Zeit der Not wie Regenwolken in der Zeit der Dürre« (35,26). Sie stehen für Hoffnung, die der Seele gut tut.

II Erschließung des Textes: Das Beten erden

Bevor ich auf den Flügeln des Gebets gen Wolken fliege, ist es gut zu wissen, welche Ängste und Sorgen in eine neue Perspektive gerückt werden sollen. Zu den Wolken lässt Sirach die Gebete der »Demütigen« aufsteigen, die aber damit rechnen müssen, dass Ängste und Sorgen nicht sofort verschwinden. Denn es dauert, bis die Gebete die Wolken durchbrechen werden (35,21).

Vermutlich um 175 v. Chr. in Jerusalem in einer hebräischen Urfassung entstanden, bemüht sich Jesus Sirach in einer politisch wie kulturell schwierigen Gesamtsituation und in einer konstruktiv-kritischen Aufnahme von Grundeinsichten hellenistischer Kultur und Philosophie um eine alltagspraktisch realisierbare und ebenso lehrbare Plausibilisierung der religiösen Traditionen Israels, in der sich Tora und Weisheit verbinden. Das Buch ist in der weisheitlichen Lehrtradition angesiedelt und das Werk eines »wohlhabenden Gebildeten« (Kaiser, Weisheit, 133). Seinen Schülern sucht der Verfasser »angesichts der in der hellenistischen judäischen Oberschicht verbreiteten Hellenisierungstendenzen den Stolz auf die eigene jüdische Identität und die Einsicht in die Furcht des Herrn als Anfang und Ende aller Weisheit zu vermitteln« (Kaiser, Gott, 298). Sir 35,14-26 stellt dabei ein Kernstück seines Glaubens an die Gerechtigkeit Gottes dar. Diesen Glauben versucht Sirach in mehreren Argumentationsgängen gegenüber verschiedenen Einwänden zu verteidigen, die mit Blick auf den Weltlauf Gottes Gerechtigkeit bestreiten, seine Allwissenheit und Allgegenwart leugnen oder auch die grundsätzliche Verantwortlichkeit des Menschen für sein Tun in Zweifel ziehen (vgl. Kaiser, Gott, 298–304).

Sir 35,14-22 gehört in den Zusammenhang einer von 34,21 bis 36,22 reichenden Lehrrede über den richtigen Gottesdienst. Im Vordergrund steht der Gedanke, dass Gott sich durch Opfer nicht bestechen lasse, die sich Diebstahl, Rechtsbruch oder der Ausnutzung der Schwächsten verdankten. Gott ist ein Gott des Rechts, der jedermann unbestechlich und ohne Ansehen der Person richtet. Er steht auf der Seite von Armen, Witwen und Waisen, auch wenn der Augenschein menschlichen Wohlergehens einen anderen Eindruck erwecken mag. Das Bild von dem Gebet des »Niedrigen« (Luther übersetzt: Demütigen) ist auch Antwort auf die Theodizeefrage, die Sirach weniger grundsätzlich-theoretisch als vielmehr lebenspraktisch zu lösen versucht. Dazu werden hier das Leid wie die Erfahrungen des vermeintlichen Nichterhörtwerdens explizit angesprochen und mit dem Gedanken Gottes als des gerechten Richters verbunden, der nicht nur dafür sorgen wird, dass die Schuld auf ihre Verursacher zurückfällt, sondern der auch die Welt insgesamt richten und Rache an den Völkern nehmen wird, die Israel bedrücken, wie in

Sir 35,22bff. ausführlich geschildert wird. Dann wird sich auch Gottes Treue erweisen, die den Duldenden wie Regenwolken in der Trockenzeit vorkommen wird.

Im Rahmen dieser Weltsicht versucht Sirach zu lehren und zu trösten. Dem dienen auch die Ausführungen über den rechten Gottesdienst sowie das Gebet. Die Weisheit besteht im Festhalten an der Tora, die Liebe im Festhalten an den Geboten. Auch das Gebet übt sich in dieser Geduld, in dem es weniger auf sofortige Antwort, als vielmehr nachhaltige Wirkung hofft. Dabei besticht weniger, dass Sirach darauf verweist, dass sich Gottesfurcht darin bewährt, Mühsal und Anfechtungen als Prüfung zu ertragen, sondern vielmehr, dass er den »garstigen Graben« zwischen religiöser Sehnsucht und den Beschwernissen der Lebensrealität ausdrücklich benennt (35,22-23). Das Gebet ist hier als Klage gedacht, es bringt das Leid der Welt zur Sprache, widersetzt sich der Sprachlosigkeit und vertraut auf einen Gott, der sich diesem Ruf nicht verschließt. Das Gebet des Sirach entflieht der Welt nicht einfach, sondern nimmt die Not mit in die Wolken. Aber gerade indem dieses Gebet auch den Himmel erdet, Angst und Sorgen nicht vergessen lässt, ihnen einen Ort gibt, schenkt es die Freiheit zur Welt.

Sirach lebt dabei in der Hoffnung, dass der Widerspruch zwischen Frömmigkeit und Lebenspraxis einen göttlichen Ausgleich erfahren wird. Ob das theologisch befriedigend ist, mag dahin gestellt sein. Aber er thematisiert in starken Bildern, dass der Weg der Klage wie des Gebets zu den Wolken auch eine Zeit ohne Trost sein kann. Vermutlich meinte Luther diese letzte Ehrlichkeit, wenn er Sirach nicht nur einen rechten Lehrer, sondern ebenso einen rechten Tröster nannte.

III Impulse: Die eigene Zerrissenheit wahrnehmen

»Über den Wolken muss die Freiheit wohl grenzenlos sein« – das gibt nicht nur dem Beobachter am Rande des Flugfelds zumindest einen Abglanz von Hoffnung und Zuversicht, sondern kann auch – mit Jesus Sirach – dem Betenden Freiheitserfahrung eröffnen. Sehnen und Hoffen bündeln sich im Gebet in der Vielfalt der Formen. Dabei ist gar nicht zuerst an die ritualisierten Formen einer bestimmten Gebetspraxis zu denken. Beten im Sinne einer Selbstbesinnung, die sich in der Begegnung mit Gott als dem unbedingten Sinn menschlichen Lebens ereignet, kann sich vielmehr sehr unmittelbar an Alltagserfahrungen entzünden. Es kann der Lebensdank ebenso sein wie die Klage oder sich an Emotionen wie Freude, Trauer, Angst, Scham, Schuld oder Wut knüpfen. Die Unterbrechung, der Blick in den Himmel hält Impulse für einen veränderten Alltag bereit.

»Alle Ängste, alle Sorgen sagt man, blieben darunter verborgen.« – So sehr das Gebet die Perspektive verändert, es ist doch mehr als »die Vergegenwärtigung der Gottesidee in der Selbstbesinnung« (Hirsch, 126 f.). Indem es auch Schmerz und Leiden an der Welt benennt, auch den ausbleibenden Trost zur Sprache bringt, macht Beten den Abgrund der eigenen existenziellen Zerrissenheit sichtbar. Es ist anderes als erhöhtes Selbsterleben oder ein Beruhigungsmittel, das mich über den Schmerz und das Leid einfach hinwegtröstet. Übrigens behauptet Jesus Sirach nicht, dass das Gebet des Frommen im Sinne des konkreten Anliegens *erhört* wird, sondern dass es überhaupt *gehört* wird. Das Beten, das sich vor den Welterfahrungen nicht verschließt, sondern sie in sich aufnimmt, bleibt in einer Spannung und ist ein Wagnis. Es lässt sich nicht vorschnell beruhigen. Die Betende ringt vielmehr mit sich in ihrer Widersprüchlichkeit, ringt mit Gott als dem Sinngehalt des Lebens und den diesem Sinn entgegenlaufenden Lebens- und Welterfahrungen. Darin liegt die Spannung des Betens, die im Beten wie im Glauben immer nur momentweise aufgehoben werden kann. Es kommt dabei gar nicht auf den Inhalt, sondern den Ernst der Sehnsucht an. Nicht, was wir beten und ersehnen, ist dann entscheidend, sondern dass wir bitten und ersehnen. »Die Bitte eines Kindes um ein Spielzeug kann tieferes Gebet sein als die Bitte eines Mannes um die Erhaltung des Evangeliums« (Hirsch, 126).

Dass diese Sehnsucht im Gebet einen Ausdruck findet, dass sie sich in den Bildern und Symbolen der biblischen Tradition wiederfinden und sie produktiv fortspinnen kann, macht den Reiz des Betens aus. Indem Beten den Gedanken und Bildern ihren Lauf lässt, weckt es die Sehnsucht nach mehr, auch wenn man mit beiden Beinen auf der Erde bleibt. Denn: »Wolken spiegeln sich darin; ich wär' gern mitgeflogen.«

Literatur: *Emanuel Hirsch*, Dogmatische Einzelabhandlungen II, Kamen 2013; *Otto Kaiser*, Der Gott des Alten Testaments. Theologie des AT 3: Jahwes Gerechtigkeit, Göttingen 2003; *ders.*, Weisheit für das Leben. Das Buch Jesus Sirach übersetzt und eingeleitet, Stuttgart 2005; *Michael Meyer-Blanck*, Das Gebet, Tübingen 2019.

Matthias Lemme

IV Entgegnung: Abheben – ohne Garantie, auch anzukommen

Was mit dem Beten eigentlich gemeint ist, lieber A? Ich fliege gern ein paar Runden mit bei dieser Expedition tollkühner Frauen und Männer in ihren waghalsigen Kisten. Wenig Lust habe ich auf die stinkige Reinhard-Mey-Maschine, große Neugier aber auf einen fliegenden Teppich. Ein Teppich zwischen Tausendundeiner Nacht und eingeübtem Ritual, mit vielen Anknüpfungspunkten und großer Fallhöhe. Der gefällt mir und inspiriert mich. Weil dieser Teppich vom Abheben und Ankommen erzählt, vom Wagnis, von einer Reise zu Gott und zu mir selbst. Und damit eine Menge übers Beten sagt. Da mir unser Sonntagstext ein wenig klemmig vorkommt (darf er ja, er kommt schließlich von weit her und war damals sicher modern und ein kluger Ratgeber), bleibe ich auf dem Teppich und fliege um den lehrhaften Richtigmacher-Duktus von Sir 35 ein wenig erleichtert drum rum. Was mich dabei interessiert: Wo trägt einen das Beten hin? Was wartet über den Wolken? Und wie kehre ich zurück von dieser Selbstbesinnung?

V Erschließung der Hörersituation: Räume ohne feste Wände suchen

Wer betet, hat etwas auf dem Herzen. Oder ein Loch im Herzen. Auf jeden Fall hat er etwas zu teilen. Dieses urmenschliche Bedürfnis, sich mitzuteilen und nicht bei sich zu bleiben, mündet in Worte und Gesten, manchmal im Schweigen. Mal geschieht das mit einem Adressaten Gott, mal ohne. Der Journalist Till Räther hat im Corona-Frühjahr 2020 einen Essay übers Beten geschrieben. Er denkt darüber nach, was bei seinen Gebeten eigentlich passiert, warum sie ihn beruhigen und manchmal sogar trösten, obwohl er überhaupt nicht an Gott glaubt. Seine letzten Sätze gehen so: »Der Gott, an den ich nicht glaube, ist unfassbar geduldig. So unendlich geduldig und von so unbegreiflich wohlwollendem Desinteresse erfüllt, dass er sich in ein Nichts aufgelöst hat, und alles, was bleibt, sind die Worte, die ich an dieses Nichts richte, mal mehr, mal weniger, und heute und morgen ganz bestimmt mehr.« (s. u. Internet: Räther)

Irgendetwas passiert auf diesen Flugversuchen aus der luftabschneidenden Selbstbezüglichkeit hinaus. So, als ob es Gesten und Resonanzräume bräuchte, um die eigene Hauptrolle im Leben auszuhalten. In unseren Gottesdiensten haben wir Gebetsformen gefunden, kollektive und stellvertretende, in denen Menschen andocken können. Die Mehrheit unserer Kirchenmitglieder betritt diese Räume aber nicht oder äußerst selten. Dennoch werden viele von ihnen ihren Weg gefunden haben, auf dem sie mit einem Gegenüber in Kontakt treten, das meistens eben nicht zu fassen ist. All das ist Beten: sich aufschwingen, den fremden Blick suchen, in einen Raum ohne feste Wände hineinsprechen. Oder hören.

Mutter Teresa soll auf die Frage eines Journalisten, wie sie denn bete, geantwortet haben: »Ich rede eigentlich weniger und höre mehr Gott zu.« – »Und«, hakte der Journalist nach, »was sagt Gott dann zu Ihnen?« – »Er redet auch eigentlich weniger und hört mehr mir zu.«

Ein Luxus, solche Räume mit Gott anzusteuern. Ein lebensnotwendiger dazu. Die Aufforderung zu beten, sich zu äußern und zu ent-äußern, hat auch einen stoischen und fast heiteren Zungenschlag. Nein, ich bin nicht 24/7 im Home-Office auf Sendung, nein, nicht immer bereit – ich bin auch mal weg. Ich hebe ab, suche nach Abstand zu mir selbst, in dem ich mich Gott zu nähern versuche und mich und die Welt mit fremden Augen sehe. So ein *Rogate*, ein Aufsuchen ganz anderer (weniger funktionaler als substanzieller) Resonanzräume, sprengt dann per se den Adressatenkreis einer Predigt – aber auch innerhalb einer Predigt will es weit über sich hinaus. Will sich Luft verschaffen und seine reinigende Wirkung entfalten.

Los jetzt! Der fliegende Teppich schwebt längst über den Dingen. Abflug nach irgendwo. In eine Predigt, die zum Gebet wird – und in die Waghalsigkeit des Gebets, die eine Predigt nicht fassen kann.

VI Predigtschritte: Im weiten Winkel zu sich kommen

Werkstück Predigt

Nichts als ein paar Wünsche habe ich dabei. Das Loch im Herzen. Ein paar Gramm Dankbarkeit. Ich wiege schwerer, als ich dachte. Ich fliege meinen Gedanken hinterher. Weiß, dass Gott keine Wolke ist. Weiß, dass Gott sich verkleidet, versteckt oder gern anderweitig verabredet ist. Trotzdem tragen mich die Gedanken voran. Alles wird kleiner, ich werde kleiner, auch leichter, leichter zu nehmen. Vor allem wird alles weit. Panorama: weiter Winkel.

Ich fliege vorbei an singenden Menschen,
geh raus, mein Herz, und suche Freud ... mach mir in deines Geistes Raum (EG 508),
ich höre Bands zu und Sängerinnen,
ich werd wieder rauchen und ich werd wieder trinken,
ich werd weiter suchen und ich werd etwas finden. (Fiva)
Menschen rufen Hilfe, viele haben Hunger,
die Welt ist undicht an so vielen Stellen,
trotzdem ist Frühling, Balkone erblühen zu Paradiesen,
die Liebe nimmt ein Bad im Fluss,
was für ein Gefühl, tiefer als das Meer. (Wecker)
Jesus schläft in einem Rapsfeld.
Ich habe nicht das Gefühl, irgendwo anzukommen,
ich habe das Gefühl, nicht mehr alleine zu fliegen,
jeder Gedanke bleibt nicht bei mir
Ich teile ihn, mit dir.
Du
und ich.
Und über mir, hinter mir, in mir?
Die zwei schrägen Wände, ein bergendes Zelt,
das Fenster zum Himmel, die Türe zur Welt. (Schöne)

Zu fassen bekomme ich dich nicht. Aber ich fühle mich angefasst. Ein Widerstand, der mich sein und sehen und atmen lässt.
Langsam kommt alles wieder näher. Hat jemand Amen gesagt?
Langsam komme auch ich mir näher. Die Landung ist rumpelig. Ich kullere durchs Gras.
Und komme zu mir. Ich bin kein anderer. Aber ich sehe anders – und das nicht allein.

Weitere Werkstücke

Ich geb' mich mit der Welt nicht zufrieden. Nö, mach ich nicht. Nicht mit meiner kleinen, nicht mit der großen Welt aller.

Also wünsche ich mir was. Immer wieder und in diesen Tagen nicht zu knapp. Wenn ich die Luke öffne, wenn ich meine Wünsche rauslasse, werden sie groß und größer. Sie schwingen sich auf und werden zu Gebeten. Und Gott tut so, als hätte er allein auf mich gewartet. Wir schauen uns alles gemeinsam an. Hamburg-Altona und Sao Paolo. Paradiese und Dreckecken. Wir staunen miteinander. Manchmal weinen wir. Wir hadern. Wir schimpfen wie die Rohrspatzen. Wir lachen uns schlapp. Wir schweigen. Wir warten, bis der andere etwas sagt. Manchmal habe ich Geistesblitze. Wenn ich dann durch die Luke wieder zurückschlüpfe, hat sich die Welt nicht verändert. Aber mein Blick auf sie.

Gott hat die Erde in sechs Tagen geschaffen.
Plus ein Jokertag für Richtfest und Inventur.
Und wenn das nur die halbe Geschichte wäre?
Was hätte er am 8. Tag geschaffen? Was am 613.?
Und was schafft er heute, am 9. Mai?
Und was hat das mit mir zu tun?

Literatur: *Wilfried Härle*, Dogmatik, Berlin ^{4}2012, *Hartmut Rosa*, Resonanz. Eine Soziologie der Weltbeziehung, Berlin 2016, *Eric-Emmanuel Schmitt*, Das Evangelium nach Pilatus, Zürich 2005.

Die Liedtexte von *Fiva*, Die Stadt gehört wieder mir; *Gerhard Schöne*, Unterm Dach; und *Konstantin Wecker*, Liebeslied im alten Stil, finden sich in den gängigen Lieddatenbanken im Internet.

Internet: *Till Räther,* Na ja und Amen, https://sz-magazin.sueddeutsche.de/glaube-und-religion/beten-ohne-gott-88570, abgerufen am 31.05.2020.

Christi Himmelfahrt

Epheser 1,(15-20a)20b-23:
Große Gefühle

Simon Kuntze

I Eröffnung: Superleute

Euer Glaube, eure Liebe, alle Heiligen, mein Gebet, der Herr Jesus, der Gott Christi ... – viele starke Worte finden in unserem Predigtabschnitt zum Himmelfahrtstag zusammen auf engem Raum. Es ist ein Lobgebet auf die Gemeinde. Der Briefabschnitt und der Epheserbrief insgesamt sind nur so allgemein gefasst, dass man seit langem daran zweifelt, ob der Autor dieses Briefes der Paulus sein kann, der doch diese Gemeinde in Ephesus mit begründet hat und viel Zeit mit den Menschen dieser Gemeinde verbrachte. Würde dieser Paulus nun ausgerechnet schreiben »Ich habe von eurem Glauben *gehört*«?! Er kennt ihn doch, ihren Glauben, oder müsste ihn kennen – wenn er denn Paulus ist (vgl. Becker/Conzelmann/Friedrich, 86 f.; Söding, 14).

Die Worte des Briefeschreibers fließen so an einem vorbei. Ein Strom an Herrlichkeit und Lobpreis. Das Schöne an diesem Briefabschnitt ist auch sein Problem: Lob und Zustimmung kann eine Gemeinde gut gebrauchen. Aber kann man diesem Briefeschreiber zuhören? Manches bleibt freilich hängen: »Gott gebe euch erleuchtete Augen des Herzens – dass ihr erkennt, zu welcher Hoffnung ihr berufen seid.« Was für ein Satz!

Die Gemeinde »groß« machen und dieses Evangelium an die Hörenden bringen als eine Sache, die nicht allein an sich gut und wahr ist, sondern eben auch gedacht für besondere Menschen – das wäre doch eine schöne Aufgabe für eine Predigerin. Gute Werbung sagt uns ja nicht alleine, dass ein Produkt brauchbar ist, sondern dass ich in besonderer Weise geeignet bin, mit dessen Güte etwas anzufangen.

Der Briefeschreiber – nennen wir ihn Paulus – wirbt eben so um die Angesprochenen: Euer Glaube ist berühmt. Eure Liebe zu den Heiligen rühmenswert. Das heißt nicht, dass die Angesprochenen schon am Ziel sind und haben, was sie brauchen. Doch eben weil sie wunderbar gemacht sind und zu Gutem berufen, können sie gebrauchen, was Paulus für sie hat (und werden klug und erleuchtet genug sein, das auch zu begreifen): »Weil ich von eurem Glauben gehört habe und eurer Liebe zu den Heiligen, höre ich nicht auf, für euch zu beten, dass Gott euch gebe seinen

Geist der Weisheit ...« (Eph 1,15-17). Eine erstaunliche Wendung also, deren Bewegung uns aber ähnlich aus ganz säkularer Werbung bekannt ist: Gutes für Gute. Eben *weil* die Botschaft vom Glauben der Epheser durch die Welt geht, bittet der Schreiber für sie, dass sie erkennen und ersehnen, was er ihnen vor Augen führt.

II Erschließung des Textes: Erleuchtete Augen

Die Trias Glaube, Liebe, Hoffnung wird in unserem Abschnitt angespielt und originell entfaltet: Von dem Glauben an den Christus und der Liebe zu den Heiligen hört der Briefeschreiber; die Erkenntnis der Hoffnung, zu der die Christen berufen sind, wird wiederum erbeten – dass die Epheser erleuchtete Augen bekommen, eben diese Hoffnung zu erkennen.

Der Glaube richtet uns auf den Himmel aus, auf den Thron, auf dem der Christus sitzt; die Liebe auf unsere Mitmenschen, die nichts weniger als Heilige sind; und die Hoffnung auf uns, die wir gemeinsam einer guten Zukunft entgegengehen. Erleuchtete Augen braucht es, um *uns selbst* und unsere Zukunft zu erkennen. Das Geheimnis der Botschaft scheint also nicht der entrückte und eben so gegenwärtige Jesus zu sein, sondern was es mit den Adressaten auf sich hat.

Um uns Grund und Ziel unseres Lebens erkennen zu lassen, führt der Textabschnitt uns von der Erde, auf der wir leben, in den Abgrund des Todes und von dort herauf zur Rechten Gottes. Der Autor beginnt bei sich selbst, der etwas vernommen hat; berichtet dann über die Leser, von denen er gehört hat; und kommt schließlich auf die Ursache zu sprechen, die macht, dass die Adressaten so sind, wie sie sind – und also auf den Gott, der schon an Jesus Christus gewirkt hat, dass dieser von den Toten auferstehe. Das Leben der Hörenden wird so als christliches Leben vorgestellt. Als ein Leben, das diesem Christus nachgeht. Nicht in moralisch-säuerlicher Art, im Sinne fragender Tat, die in der Zukunft liegt und meist ungetan bleibt (»Was würde Jesus tun?«), sondern sozusagen als Eulogie: die Hörenden sind zu loben, sofern und soweit sie von dem berufen sind, der Christus vom Himmel auf die Erde, von der Erde in den Abgrund, vom Abgrund in den Himmel brachte. Dieser Weg geht uns was an, insofern diese Herrlichkeit Christi auch unsere Herrlichkeit – die Herrlichkeit der Christen – ist. Die Christen nun sind als Gelobte selber Lobende, sofern sie um den Grund ihrer eigenen Herrlichkeit wissen und demütig bekennen, dass sie ohne diesen Grund nicht sind. Dazu eben braucht es »erleuchtete Augen«. Augen, die strahlen vor Freude über das Gute, das einem widerfährt. Augen aber auch, die nicht blöde sind, sondern klug und weise wahrnehmen, was ist: Die Gemeinde erkennt Christus so als den, der über diese Welt herrscht und Haupt ihrer Gemeinde ist; und sich selbst endlich als die, die diesen Christus zum König haben.

In den drei Versen 1,20–22 wird der Herrschaftsbereich des Auferstandenen (als Gekreuzigter kommt er hier gar nicht zur Sprache!) vor Augen geführt – er thront über allen Mächten und Gewalten. Er hat Macht über die gegenwärtige und zukünftige Welt, im Himmel wie auf Erden. Wenn wir Christen sein Leib sind, dann sind wir an keinem Ort einem anderen untertan als diesem Christus. Im Leben und im Sterben, im Glauben und im Tun sind wir ihm zu eigen. Soll keiner meinen, dass es Bereiche gebe, wo wir Anderen Gehorsam schuldig wären!

In dieser Richtung würde ich unseren Abschnitt entfalten wollen: als Lobpreis der Gemeinde; ein Lobpreis, der in dem Christus gründet, der über unsere Welt und unsere Kirche herrscht.

III Impulse: Unter seine Füße

Wir sind es gewohnt, diesen Zusammenhang als Freiheitsgeschichte zu tradieren (z. B. Deeg, 278). Dies ist auch gut biblisch (Gal 5), aber droht doch den Grund der Predigt, die uns hier im Abschnitt des Epheserbriefes vorliegt, etwas zu verwässern. Dass wir so reden und schreiben, liegt ja – Hand aufs Herz – weniger am biblischen Befund, als vielmehr an der sehr menschlichen Tatsache, dass wir uns nicht als die begreifen wollen, die nach den evozierten Psalmen 110 und Psalm 8 die sind, die Gott nun unter die Füße seines Gesalbten gelegt hat. Dann wären wir ja möglicherweise zugleich die, die sich widersinniger Weise empört hätten gegen diesen Gott.

»Alles hat er unter seine Füße getan« – Im Psalm 110 sind es die Feinde, die Gott seinem Gesalbten zu Füßen legt. Im Psalm 8 ist andererseits von der Hoheit des Menschen die Rede, der wenig niedriger ist als Gott und dem »alles unter seine Füße getan ist«. Menschliche Hybris und menschliche Demut begegnen sich also in diesem Vers des Epheserbriefes. Es ist nicht ganz deutlich, wer nun »wir« sind und wo wir stehen in diesem Bild: Gehören wir zum Leib Christi und sind damit die, die mit ihrem Christus die Welt herrschend erfüllen? Oder sind wir solche, die von diesem Christus beherrscht sind und so ihren rechten Ort in der Welt gefunden haben? Doch wohl beides: Weil wir Christen nur als die von Christus »Besessenen« nicht mehr durch andere Mächte beherrscht werden, sind wir eben als solch Besiegte Mitarbeiter am Reich Gottes. Wir sind Besiegte und werden Leben gewinnen, sofern wir uns von Christus durch und durch überwinden lassen. Warum nicht unseren Glauben entfalten von dieser Grunderfahrung her, die keinem von uns ganz fremd ist: gewinnen und verlieren?

Stellen wir die Hörer sich selbst vor als etwas Wunderbares, für die das Beste – die Botschaft von Gottes Liebeswahl – gerade gut genug ist; doch wunderbar sind die Hörer nicht, weil sie perfekt sind, sondern weil sie noch »entwickelt werden«. Sie sind sympathische Verlierer – diesem Christus unterlegen, um als Gottes herrliche Geschöpfe gewonnen zu werden.

Werkstück Predigt (Einstieg)

Liebe Gemeinde,

Sind Ihnen eigentlich Gewinner oder Verlierer sympathischer? Wenn ich an Donald Duck denke oder an die Olsenbande, dann würde ich sagen: Ich mag Verlierer ganz gerne. Aber als ich neulich mit einer Freundin darüber sprach, sah sie das anders: Am Ende sind uns doch die Gewinner und Erfolgreichen sympathischer. Die Beatles finden wir halt gut, weil sie gut sind. ...

Spielen wir ein Spiel. Sie haben die Wahl. Sie stehen auf für das, was Sie bevorzugen oder heben die Hand. Beginnen wir:
Wer ist Ihnen sympathischer: Bayern München oder der 1. FC Union?
Bitte jetzt aufstehen für Bayern München ...

(Beginn der Predigt)

Menschen brauchen Zuspruch und Respekt. Wir Christen schauen für diesen Respekt auf einen, der alles verloren hat – sein Leben und seine Würde; und dem durch den Gott Israels, den Schöpfer der Welt, alles gegeben wurde – sein Leben und die Herrschaft über die Welt. Was bedeutet es für unser Leben, dass wir ausgerechnet auf seinen Namen getauft sind? Dass wir unser Leben als Christen in Christi Namen führen? ...

(Hinleitung zum Schluss der Predigt)

Literatur: *Jürgen Becker/Hans Conzelmann/Joachim Friedrich,* Die Briefe an die Galater, Epheser, Philipper, Kolosser, Thessalonischer und Philemon (NTD 8), Göttingen 1981; *Alexander Deeg,* Die Füße des Auferstandenen und die Wege der Christenmenschen. Zum Predigttext Eph 1,20b-23 am Himmelfahrtstag, in: GPM VI/2 (2014), 273–280.

Internet: *Thomas Söding,* Wachstum der Kirche. Der Kolosser- und der Epheserbrief. Neutestamentliche Vorlesung im Sommersemester 2017, http://www.kath.ruhr-uni-bochum.de/imperia/md/content/nt/nt/aktuellevorlesungen/vorlesungsskriptedownload/skript_kolosser-_und_epheserbrief_sose_2017.pdf, abgerufen am 31.05.2020.

Kord Schoeler

IV Entgegnung: We are the champions

HSV oder St. Pauli? So stellt sich die Frage in Hamburg. Wobei dann interessant ist, wonach die Sympathie verteilt wird. Gewinnen und Verlieren spielen dabei eine Rolle, aber es ist komplizierter als im Vergleich von Bayern München und Union Berlin. Klar, der FC Bayern ist Favorit, Union gibt den Underdog. Der St. Pauli-Fan denkt nicht so simpel. Es gehe ja am Millerntor um etwas anderes, mehr um den Zusammenhalt als ums Gewinnen. Wenn Pauli allerdings das Derby gegen den HSV doch auch mal gewinnt, ist Hamburg gleich braun-weiß! Und wer sind die Pauli-Fans? Durchaus nicht mehr nur die linken St. Pauli-Bewohner, die eine Loser-Romantik pflegen, es wird gerade auch in Harvestehude und Eimsbüttel chic, St. Pauli-Fan zu sein, also bei den sehr erfolgreichen Gewinnertypen in den schwerreichen Vierteln nördlich des Millerntors und der Schanze. – Und der HSV? Ist natürlich in Hamburg der größere, reichere Verein – jedoch bis zur Abstiegssaison ans Verlieren gewöhnt. In der zweiten Liga ist er wieder obenan. Aber sind die schönen Siege wirklich zu genießen, wenn man doch eigentlich in die erste Liga gehört? Die Stimmung im Volksparkstadion ist jedenfalls in der zweiten Liga besser. HSV oder St. Pauli – schwer zu sagen, wie sich die Sympathie hier an Verlierer oder Gewinner verteilen würde. Und ehrlich: So richtig sympathisch sind die Underdogs, weil sie möglicherweise doch einmal den FC Bayern besiegen können, und dann »sitzt hier keiner mehr, sie liegen sich in den Armen, Union schafft das scheinbar Unmögliche, die Mannschaft ...!«.

A führt uns mit dem Beispiel aus der Fußball-Bundesliga auf ein Feld, auf dem sich das Spiel um Gewinnen und Verlieren für die Zuschauer mit der Lust zur ekstatischen Begeisterung verbindet. Begeisternd wirke der Predigttext kaum. A findet: »Die Worte des Briefeschreibers fließen so an einem vorbei.« Und dieser »pathetische Stil«! Ernst Käsemann wird sarkastisch: »I, 3-14 konnte das monströseste Satzkonglomerat in griechischer Sprache genannt werden.« (Käsemann, 519) Das ist hier im Fortgang des Textes nicht viel besser.

Aus den Stadien kennt man die redundante Anhäufung einseitiger Superlative, wie sie den Predigttext prägt, nämlich im Jubel, der kein Ende nehmen will. Die ekstatische Begeisterung lebt auch hier von der Tatsache, dass wir genausogut hätten verlieren können, dass der Ball auch knapp hätte an die Latte gehen können.

Ein anderes Beispiel grandiosen gemeinsamen Siegestaumels im Bewusstsein der Gratwanderung zwischen Gewinnen und Verlieren: Queen im Life-Aid Konzert 1985 »We are the Champions« (s. u. Internet). No time for losers. Ich finde, wenn wir uns diese Emotion erlauben, gewinnt auch der Predigttext schwärmerische Lebendigkeit: »ich hör' nicht auf zu danken für euch ... wie reich die Herrlichkeit ...wie überschwänglich groß seine Kraft an uns ist!!«

Wiedererkennen könnte man auch andere Bilder davon, wie der Gottessohn mit Macht abhebt und uns mitzieht, und zwar Bilder barocker Gewölbefresken, oft genug illusionistisch eingebettet in überquellend ornamentale Architektur. Der Predigttext wirkt wie solch eine hochbarocke Rauminszenierung, die uns uns selbst mit erleuchteten Augen des Herzens erkennen lässt als Gewinner – wider Erwarten! Und A hat recht: das funktioniert, weil wir Loser uns spielerisch mit ihm, dem Champion, identifizieren oder eben identifiziert werden. Der Text trägt dick auf. Es ist das ganz große Pathos: We are the champions!

V Erschließung der Hörersituation: Time for losers?

Wir aber nicht. Einer durchschnittlichen Kirchengemeinde dürfte solch ein Pathos fremd sein. Im Gegenteil ist Selbstkritik im Schwange: Sind wir zeitgemäß genug, erreichen wir die Menschen, tun wir Gutes, das in der Gesellschaft auch gesehen wird? Laufen uns nicht die Mitglieder weg, verlieren wir nicht dauernd? Gegner ist hier weniger ein Konkurrent auf dem Spielfeld des Religiösen als vielmehr die Selbstbetrachtung der Kirche, die sich ein gutes Selbstbewusstsein nur erlaubt, wenn sie meint, wirkliche Erfolge vorweisen zu können: z. B. großen Zulauf. Wann waren da zuletzt triumphale Gefühle angesagt? Lange her, wenn überhaupt!

Persönlich dürfte es für viele nicht anders sein. Wer hätte Anlass zum Überschwang? Wenn nicht gerade wieder der niemals nachlassende Druck »sich zu verbessern« im Nacken sitzt und überall noch persönliche Defizite auszufüllen sind, wenn uns nicht gerade eine Krankheit kläglich macht und traurig, bleiben immer noch »Reiche, Gewalt, Macht, Herrschaft« (V. 21), also Weltzusammenhänge, Entwicklungen, Katastrophen und politische Mächte, denen wir uns jedenfalls ausgeliefert und unterlegen fühlen.

Wie kann diese Gemeinde ins Spiel kommen? Möchte sie es eigentlich? Oder hegt sie doch eine Sympathie für (sich selbst als) Verlierer und pflegt deshalb ein geknicktes Selbstbewusstsein?
Die Leitfrage »FC Bayern oder Union?«, »St. Pauli oder HSV?« führt mich zu der Vermutung, dass auch die Sympathie für Verlierer eigentlich deren Sieg will. Sie möchte am Ende mit im goldenen Konfettiregen stehen, und zwar am liebsten eben mit derjenigen Mannschaft, der man diesen Triumph nicht zugetraut hat. Das ist noch geiler, als wenn da wieder der Serienmeister den Pokal in die Höhe stemmt.

Der kirchliche Habitus der Selbstkritik mag also auch der Versuch sein, sich an die Seite des großen Verlierers am Kreuz zu stellen. Erlauben wir uns die Einsicht, dass wir uns mit ihm deshalb solidarisieren, damit wir am Ende mit ihm triumphal erhoben werden. Ist OK. Ist so gedacht! Fällt der Gemeinde aber schwer! Den spielerischen Elementen des Glaubens traut sie wenig zu. Dabei können sie so viel freisetzen!

Dass Weltzusammenhänge, Entwicklungen, Katastrophen und politische Mächte immer wieder in der Geschichte für einzelne und auch Gemeinden ihre Unausweichlichkeit, ihre Übergröße, ihre Durchsetzungsmacht und ihre unbedingte Geltung verloren haben, dass man auch gegen sie andenken und -handeln konnte, hatte viel damit zu tun, dass sich Menschen im ernsten Spiel von Wort und Sakrament mit dem überlegenen auferstandenen Christus identifizieren ließen.

VI Predigtschritte: Fühlt einfach!

Wichtig wäre für diese Predigt bereits der atmosphärische Rahmen. Ein prächtiges hymnisches Stück Musik könnte die Rede einleiten. An der

Orgel könnte, wenn es das Instrument und der Geschmack der Kirchenmusikerin erlauben, über den Queen-Hit improvisiert werden. Dann würde sich ein ungehemmt pathetischer Vortrag des Predigttextes anbieten.

Für den Predigteinstieg dürfte viel davon abhängen, wie sich die Folgen der Pandemie entwickelt haben werden, wer Verlierer, wer möglicherweise Gewinner sein wird, konkret, ob und wie die Fußball-Bundesliga und ihre Vereine das Pandemie-Geschehen überlebt haben werden. Im günstigen Fall würde auch ich zum Einstieg das Fußball-Spielfeld eröffnen und skizzieren, womöglich eine Siegerehrung narrativ vergegenwärtigen und wie es dazu kam.

Die Regung des unbändigen Jubels sollte deutlich werden und noch in die mögliche Irritation der Gemeinde hinein könnte dem entgegengesetzt werden, wie hemmungslos wir umgekehrt die Macht der Gegebenheiten, die schlimmen Entwicklungen des Weltgeschehens groß und furchtbar vor uns aufbauen und uns ihnen zu unterwerfen geneigt sind.

Durchspielen könnte die Predigt dann wiederum demgegenüber einige dieser sehr schönen überschwänglichen Bilder des Predigttextes: »erleuchtete Augen des Herzens, damit ihr erkennt, zu welcher Hoffnung ihr berufen seid« (V. 18), »alles hat er unter seine Füße getan« (V. 22; die stehen nicht mehr auf), »sein Leib, ... die Fülle dessen, der alles in allem erfüllt« (V. 23). Himmelfahrt 2021 wird mit sich bringen, wofür wir dann konkret freigesetzt werden müssen, und das sollte als Zielsetzung entfaltet werden.

Schließen würde ich diese Predigt mit einer gemeinsamen hymnischen Liedstrophe.

Werkstück Predigt

Liebe Hörer,

es ist ein Waaahnsinn, was hier passiert, mit diesem Comeback hat keiner mehr gerechnet, der Tod dachte diese Partie einfach noch runterzuspielen, und dann diiese Wendung! Hier im himmlischen Rund sitzt keiner mehr, es hält niemanden auf den Plätzen! Der war so mausetot hingerichtet, und jetzt ist er kurz vor dem Ziel! Und die Serienmeister, Gewalt, Macht, Herrschaft, sie liiegen am Boden! Und jetzt ist es aus! Er ist ganz oben angelangt, sie fallen sich in die Arme ... sie und die Fülle dessen, der alles in allem erfüllt!

Lieder: EG 123 »Jesus Christus herrscht als König«; EG 112 »Auf, auf, mein Herz« (Strophen 1–3); EG Nordelbien 576 »Ewig steht fest der Kirche Haus«.
Literatur: *Ernst Käsemann*, Art. Epheserbrief, in: RGG3, 517–520; *Ulrich Luz*, Der Brief an die Epheser, in: Jürgen Becker/Ulrich Luz, Die Briefe an die Galater, Epheser und Kolosser (NTD 8/1), Göttingen 1998, 107–180.

Internet: *Queen*, https://www.youtube.com/watch?v=FP808MiJUcM, abgerufen am 31.05.2020.

Exaudi (6. Sonntag nach Ostern)

Johannes 7,37-39:

Ach, diese Lücke!

Astrid Kleist

I Eröffnung: Ach, diese Lücke. Diese entsetzliche Lücke

Man holt Luft und der Atemzug strömt ein. Dann kommt ein gewisser Punkt und der Atem steht still. Dann fließt er wieder hinaus. Exaudi empfinde ich als den Sonntag im Kirchenjahr, an dem sich metaphorisch gesprochen der Atem umdreht. Genauer gesagt: Ich empfinde die Lücke zwischen Christi Himmelfahrt und Pfingsten vergleichbar der zwischen dem Ein- und Ausatmen. Jesus entschwindet gen Himmel vor den Augen seiner Jünger. Dies wird auch ein Schreckmoment für sie gewesen sein. Sie halten im Bild gesprochen den Atem an. Der Geist, der den Jüngern verheißen ist, lässt noch auf sich warten und wird erst zu Pfingsten über sie ausgegossen. So animiert dieser Sonntag dazu mit den Worten eines Besteller-Buchtitel zu seufzen: »Ach, diese Lücke. Diese entsetzliche Lücke« (Meyerhoff)!

Der Moment zwischen dem einströmendem und dem wieder ausströmendem Atem lässt sich mit Hilfe des Predigttextes als Resonanzraum eröffnen, um den Sonntag bewusster in seiner besonderen Stellung im Kirchenjahr wahrzunehmen und zugleich die Verheißung Jesu aus dem Johannesevangelium neu zu hören und sinnlich wahrnehmbar werden zu lassen. Die Ströme lebendigen Wassers, die aus dem Inneren derer fließen werden, die an Jesus glauben, bekommen einen Vergleich im menschlichen Atemstrom, der den Hörenden helfen kann, die Zusage Jesu in ihrer existenziellen und rekreierenden Bedeutung zu erfahren.

II Erschließung des Textes: Leere schafft Raum

Unmittelbar vor dieser Perikope äußert sich Jesus souverän angesichts der ihm drohenden Verhaftung. Öffentlich verkündet er in Anwesenheit derer, die nach seinem Leben trachten, dass er nicht mehr lange bei ihnen sein wird. Es zieht ihn zurück zu dem, der ihn beauftragt hat. Dorthin können sie ihm nicht folgen (Joh 7,32-36). Ebenso souverän ignoriert Jesus im Anschluss die für ihn äußerst gefahrvolle Situation und spricht in größter Öffentlichkeit ein Verheißungswort. Dafür gestaltet der Evangelist Johannes die Szene um. Der Ort bleibt vermutlich der Tempel, das

Gegenüber die Menge. Nur ist es jetzt im Unterschied zu vorher vermutlich der letzte, d.h. siebte Tag des Laubhüttenfestes, dessen Wassermetaphorik für Jesu Wort konstitutiv ist.

Zum Verständnis dieser Metaphorik gehört der Ritus des Priesters, am Sukkot Wasser mit einem Krug aus der Schiloaquelle zu schöpfen und sie anschließend in einer feierlichen Prozession zum Tempel zu bringen. Dort angekommen, wird das frisch geschöpfte Wasser in die hierfür am Brandopferaltar aufgestellte Schale gegossen. Die Freude bei der Wasserprozession ist im Kontext des jüdischen Festes Ausdruck der heilvollen Nähe und Gegenwart Gottes, die in der Wasserspende ihre sinnliche Anschauung findet.

Wie ein Weisheitslehrer fordert Jesus die Menge am letzten Tag des Festes auf, ihn zu hören. Den Dürstenden sei verheißen, dass sie genug zu trinken bekommen (vgl. Jes 44,3). Denen, die an ihn glauben, solle der Lebensdurst gestillt werden. Jesus selbst sei die Quelle dieses lebenspendenden Wassers, die aus ihnen fließen wird. Die Ströme lebendigen Wassers, die aus dem Inneren der Gläubigen strömen sollen, entspringen nicht ihrem eigenen Geist, sondern der Auferweckte wird ihn ihnen verleihen. Durch sie hindurch wird Jesu Geist so auch für andere zur Segensquelle werden.

In den Abschiedsreden wird Jesu die hier anklingenden Themen seines Fortgangs und seiner Verherrlichung sowie dessen segensreiche Folgen für seine Jünger vertiefen. Jesus wird sie verlassen. Aber er lässt sie nicht ohne Verheißung zurück. Just sein Fortgehen wird den Raum schaffen, in dem sein Geist nun durch sie fließen kann. Eine existenzielle Erfahrung, die hier anklingt und an die in der Predigt anzuknüpfen ist: Es braucht die Trennung, oder wie hier die unfreiwillige Loslösung von einem geliebten Menschen und verehrten Lehrer, um selbst verkörpern zu können, was es zum Leben braucht. Um den Geist zu atmen und zu verströmen, den der andere bis dahin allein verkörperte.

Der französische Jesuit, Mystiker und Kulturphilosoph Michel de Certeau (1925–1986) spricht von Himmelfahrt als dem eigentlichen Fest der Kirchengründung. Seine These sensibilisiert für das, was auch im Kontext des Johannesevangeliums zu entdecken ist: Erst Jesu Abwesenheit und der in den Himmel entrückte Jesus, erst die damit einhergehende Leere schaffen den Raum für Nachfolge in seinem Geist. Jesu Entschwinden wird existenzielle neue Erfahrungen und eine neue Praxis unter den ihm Nachfolgenden ermöglichen (vgl. Christian Bauer/Marco A. Sorache, 23). Der abwesende Jesus wird zum anwesenden Christus, dessen Geist durch die an ihn Glaubenden strömt und ihnen ihren Lebensdurst stillt.

III Impulse: Von zweierlei Gnaden

Im West-östlichen Divan lässt Johann Wolfgang von Goethe den Sänger Talismane über die im Atemholen liegende »Zweierlei Gnaden« singen:

»Im Atemholen sind zweierlei Gnaden:
Die Luft einzuziehn, sich ihrer entladen;
Jenes bedrängt, dieses erfrischt;
So wunderbar ist das Leben gemischt.
Du danke Gott, wenn er dich preßt,
Und dank ihm, wenn er dich wieder entläßt.«

(Goethe, 12)

Als Einladung zu einer Atempause möchte ich den Sonntag Exaudi interpretieren. Als eine im Kirchenjahr bewusst gesetzte Zäsur zwischen dem Ein- und Ausatmen Jesu, der Entrückung des Auferweckten (Himmelfahrt) und der Ausgießung des Geistes (Pfingsten). Die göttliche Atempause hilft die Lücke zu spüren, die zwischen den »zweierlei Gnaden« Jesu, seiner An- und Abwesenheit, zu unterscheiden lehrt. Es braucht die Lücke, den Zwischenraum zwischen dem, was nicht mehr bzw. noch nicht ist, damit der Atemstrom der Heilsgeschichte Gottes durch seine Jüngerinnen und Jünger strömen kann und auch von ihnen verkörpert wird. Einatmend gehen wir in uns und erinnern uns der Verheißung Jesu. Ausatmend gehen wir aus uns heraus und geben anderen Anteil an dem Geist Christi, der uns verliehen ist. Die Einladung des Sonntags und seines Predigttextes ist, den Punkt zwischen beiden Atemzügen zu finden, der zugleich die Kontinuität und den Wendepunkt zwischen Ein- und Ausatmen markiert. Just die Atempause wird als Wohltat zu spüren sein, weil sie die Leere zur Voraussetzung erhebt, dass Jesu Geist durch uns strömen kann.

Es gibt Professionen, die wahrscheinlich berufener sind über die Bedeutung des Atems und der Atmung zu sprechen als wir. So könnte es reizvoll sein, diesen Gottesdienst gemeinsam mit einer Meditationsgruppe vorzubereiten. Eine Lebensexpertin könnte eingeladen werden, ein Stimm- und Sprechtherapeut, ein Yoga-Lehrer oder eine Hebamme. Ein Mann oder eine Frau, die in besonderer Weise um die Bedeutung des Atmens weiß und davon anschaulich und mitfühlend sprechen kann.

In jedem Fall erschiene mir wichtig, darauf zu achten, dass die Sinnlichkeit und Leiblichkeit der Atmung, »der Ströme lebendigen Wassers« des Geistes Jesu, auch durch die, die an diesem Tag sprechen, verkörpert wird. Es ist kein Geheimnis, dass in unserer vielfach kurzatmigen Zeit die meisten Menschen unter uns falsch atmen. Hektik und Stress lassen viele zu hastig und zu flach Luft holen. Dabei schieben wir nur verbrauchte Luft hin und her. Der Körper wird ungenügend mit Sauerstoff versorgt. Gewebe, Organe, vor allem aber das Gehirn werden schlecht durchblutet. Wer darum weiß oder sich dessen bewusst wird, dem dürfte sich Jesu Verheißung neu erschließen.

Eine ganz einfache Atemübung, die dabei hilft, könnte darum Teil des Gottesdienstes sein. Sie kann helfen, ruhig ein- und auszuatmen und dabei zu spüren, wie sich der eigene Atem im Körper verteilt. Die meisten Menschen atmen erst einmal hauptsächlich in die Brust. Bei der Anleitung wäre darauf zu achten, den Atem so zu lenken, dass bewusst in den Bauch hinein geatmet wird. Um das Moment von Peinlichkeit und Unsicherheit zu nehmen, die in manchen sicherlich aufsteigen wird, ist wichtig, die Freiwilligkeit der Übung zu betonen. Auf eine gute Vorbereitung und sensible Einführung der Übung ist zu achten; dazu gehört auch, zu entfalten, wobei diese Übung helfen kann und welche Erwartung und Aussicht sie vorzubereiten hilft. Diese lautet: dass »Flüsse lebendigen Wassers aus ihrem Innern fließen werden.«

Werkstück Predigt (Einstimmen in den Atemstrom Jesu)

Ein- und Ausatmen. Die allermeiste Zeit funktioniert unsere Atmung wie von allein. Sie ist uns nicht bewusst. Wir nehmen sie für selbstverständlich. Aber jeder Mensch kann seine Atmung beeinflussen, wie wir es gerade eben erlebt haben. Ein gesunder Atem richtet sich dabei nicht nach starren Regeln. Wichtig ist jedoch, dass die Atembewegung den gesamten Körper erreicht.

Der bewusst zugelassene Atem ist Arbeit unseres ganzen Körpers, die auf den Atemfluss und unsere Körperhaltung einwirkt. Dabei wird der Atem nicht geführt, eingesetzt oder gelenkt, sondern er selbst ist das führende Element.

Pneuma, das griechische Wort für Geist, bedeutet übersetzt auch »Luft«, »Hauch«, »Atmen«.

An diesem Sonntag zwischen Himmelfahrt und Pfingsten geht es um Jesu göttlichen Atem. Um seinen Geist, an dem er allen, die an ihn glauben, Anteil gibt. Der aus unserem Inneren, aus uns herausströmen soll wie »Ströme lebendigen Wassers«, wie sie Jesus im Johannesevangelium verheißt.

Literatur: Christian Bauer/Marco A. Sorache (Hg.), Gott anders wo? Theologie im Gespräch mit Michel de Certeau, Ostfildern 2019; Johann Wolfgang von Goethe, Berliner Ausgabe. Poetische Werke [Band 1–16], Band 3, Berlin 1960; Joachim Meyerhoff, Ach diese Lücke. Diese entsetzliche Lücke, Köln 2015.

Marcus A. Friedrich

IV Entgegnung: Atempause oder Atemstillstand

»Ach, diese Lücke«! In Vorbereitung auf Exaudi 2021 werden wir uns an den Lockdown vor einem Jahr erinnern, und an den langsamen Ausstieg aus dem Ausstieg im Rahmen der Corona-Krise. Wo werden wir an Exaudi 2021 stehen?, frage ich mich, während das öffentliche Leben noch weitgehend ruht und die Kirchen noch nicht wieder eröffnet sind. Werden wir wieder singen in unseren Gottesdiensten? Werden wir uns an den durch Masken gebremsten Atem gewöhnt haben? Wie werden wir Abendmahl feiern, wie Taufe? Darf das lebendige Wasser fließen?

»Die Erde ist im Burnout!«, diese knappe Äußerung des so unverwechselbar melancholisch und ernst dreinblickenden Bundestrainers Jogi Löw brachte es auf den Punkt. Die ganze Welt hält gebannt die Luft an. Atempause oder Atemstillstand?, das ist die Frage. Noch mehr einatmen, um Luft zu kriegen, noch mehr Welt konsumieren geht jedenfalls nicht. Dafür steht dieses weltumspannende Ereignis auch. Und, verrückt genug, die Erde holt Atem, weil der Mensch stillhält. In all dem erschließt sich mir das Bild, ja, das Phänomen vom fließenden Atem, wie es A entfaltet, mit jener Atempause zwischen Ein- und Ausatmen, auch wenn Jesus selbst nicht vom Atem, sondern vom strömenden, lebendigen Wasser spricht. Und es wird in Atemtherapie wie in Predigttext und Predigtimpuls gleichermaßen deutlich: Willst du Atem holen, dann atme aus, lass los, lass strömen und lebe mit der Leere des »Noch-Nicht« ganz in der Gegenwart.

V Erschließung der Hörersituation: Flusserfahrungen in der Meditation

»Im Atemholen sind zweierlei Gnaden!« Goethes West-östlicher Divan und die Spur, die A entfaltet, führen mich auf der Suche nach weiteren Impulsen zur west-östlichen Weisheit zu einem ihrer prominentesten Repräsentanten, zum Benediktiner-Mönch und Zen-Meister Willigis Jäger. Man kann mit Fug und Recht sagen, dass er die Praxis des Zen in das zeitgenössische Christentum in Deutschland eingetragen hat wie kaum ein zweiter. Am 20. März 2020 ist er im Alter von 95 Jahren gestorben.

»Nun hast du es geschafft. Die Welle ist wieder in das Meer zurückgekehrt. Du bist von uns gegangen in einer Zeit, in der die Welt den Atem anhält. Das ist sicher kein Zufall – dieser Moment. Es ist ein letztes Signal von dir«, lese ich im Nachruf des Vorsitzenden der Willigis Jäger Stiftung auf der Website von »West-östliche Weisheit« (s. u. Internet, Kothe). Ich bin einmal mehr irritiert von den bedeutungsschwangeren Zuschreibungen gegenüber einem »Meister«, diesem ungebrochenen Personenkult, betrieben von klugen Menschen. Und dennoch: Im Benediktushof und an anderen Orten kontemplativer Meditation »sitzen« wörtlich auch im christlich-ökumenischen Kontext jene »Lebensexperten«, die in einem größeren Rahmen das vom menschlichen Wollen und Trachten freigelassene Atmen üben und es rituell und spirituell auslegen. Was können wir bei ihnen für die Spur, die A im Predigttext ausmacht, lernen?

»Nicht unsere Predigt-Hörerschaft!«, mögen Predigende jetzt schon einwenden. Da bin ich mir nicht sicher. Liebäugeln doch viele engagierte Christen mit einer kontemplativen Praxis oder pflegen sie sie sogar, von MBSR (Mind-Based-Stress-Reduction) über Christliche Meditation bis zum Zen. Der Sonntagsgottesdienst ist immer noch und immer wieder gefordert, der verbreiteten Überbietungsfigur etwas entgegenzusetzen, die auch Jäger gegenüber dem institutionalisierten Christentum anwendet: »Wer bei einem ganz simplen, einfachen Glauben bleiben will, kann das tun. Aber viele Menschen in der heutigen Zeit können dieses Glaubensbekenntnis nicht mehr nachvollziehen. Sie versuchen auf eine

Erfahrungsebene zu kommen, wo der Glaube eine andere Darstellungsform bekommt als das eben in der Tradition gesagt wird«, so Jäger in einem Interview mit dem schönen Titel »War Jesus Zen-Meister?« (s. u. Internet: Jäger).

Er hält sich und seine Praxis doch für etwas Besseres!, durchfährt es mich wieder, aber ich vermute dennoch, dass Jäger mit dieser Äußerung recht hat. Die Kritik ist als Zeitansage schmerzhaft, führt aber auch direkt in die Worte Jesu im Predigttext. Jesus selbst nämlich bricht bereits, wie A exegetisch einleuchtend entfaltet, den Ritus der Tradition um die Shiloa-Quelle auf und transformiert das Geschehen auf eine persönliche Fluss-Erfahrung hin, die aus dem Leib des Menschen entspringt, wenn er an die wahre Quelle geht. Wer oder was aber ist die »Quelle«?

Im genannten Interview verweist Jäger auf die exemplarische Geschichte des sogenannten »verlorenen Sohns«, der »um die Welt reist«, wie er sagt, um sich am Ende demütig und ohne Status in der Begegnung mit dem Vater als Geliebter selbst zu finden, reine Gnade. Der Sohn kehrt zu Gott als dem eigentlichen »Seinsgrund« zurück. »Heraus aus dem Ego-Tunnel!«, nennt Jäger das programmatisch. Die Welt einatmen, vor Gott ausatmen.

Gleicht die weltumwälzende Corona-Krise als Kollektivgeschehen einer Passage des »verlorenen Sohnes« zurück zum Seinsgrund? Angesichts des Kreuzfahrt- und Fernreisenwahns und sinnloser Konsumflut vom anderen Ende der Welt könnte man diese Sicht teilen. Manch ein Theologe, manch eine Pastorin sieht entsprechend in der »Lücke« den lang ersehnten Kairos und hofft auf neue spirituelle Einsichten des materialistisch verblendeten Menschen. Vielleicht ist auch darauf das verstärkte Sendungsbewusstsein des Berufsstands auf allen medialen und analogen Kanälen zurückzuführen. Vielleicht aber liegen die vielen Verkündigungsimpulse, die sich neu entwickeln, auch mit der erzwungenen De-Ritualisierung des gemeindlichen Lebens im Umfeld der Krise zusammen.

Die Zeremonie an der Shiloa-Quelle jedenfalls wirft uns auch auf unsere gottesdienstlichen Traditionen zurück, und die jesuanische Anfrage ihr gegenüber. Denn Jesus huldigt hier eben nicht der ewigen Wiederkehr des Gleichen im überkommenen Ritual, sondern bringt ein klares Konditional auf den Punkt: »Wer an mich glaubt, von dessen Leib werden Ströme lebendigen Wasser fließen.« Er lockt seine Nachfolger auch hier auf eine »Erfahrungsebene, in der der Glaube eine andere Darstellungsform bekommt« als das rituell-kollektive Geschehen. Glauben ist das Erlebnis eines Flusses, der aus dem Selbst entspringt. »Wer an mich glaubt, aus dem werden Ströme des lebendigen Wassers fließen.« An Jesus als den Erhöhten zu glauben hieße dann also auch, den Ego-Tunnel, oder müssten wir hier etwa sagen den »Wir-sind-Wir«-Tunnel, zu verlassen und an den Seinsgrund zu rühren, der in mir liegt, in mir in der glaubenden Einheit mit Christus, oder, wie unter den Meditierenden bezeugt wird, in der Einheit mit dem großen Einen.

Eine solche Erfahrung im Hier und Jetzt und in der Einheit ist als leibliche Erfahrung sinnlich mehrdimensional, nicht nur rein kognitiv, nicht nur rein emotional, nicht nur allein sozial und auf jeden Fall auch physisch, und über all dies hinausgehend. Sie ist – vor allem – nichts Verfügbares, sondern als etwas Unverfügbares wie der Rhythmus des Atems da, etwas, das überwältigt in einem Moment totaler Gelassenheit, wenn ich bei dem bin, was ist.

Könnte man in der Äußerung, V. 39, dass Jesus im Bild der wirksamen Ströme auf den Heiligen Geist verweise, bereits wieder den Versuch einer wertenden Erklärung, einer beherrschenden Deutung sehen? Die an Bilder- und Begriffslosigkeit orientierte kontemplative Meditation würde womöglich sagen: Der pfingstliche Geist ist noch nicht da. Enttäuschung, Abschiedsschmerz, Zukunftsangst, Festhalten an Beziehung, nimm das alles wahr und lass es los!

Ich möchte am Schluss noch auf ein Paradox hinweisen, an dem sich offensichtlich auch Johannes abarbeitet. Jesus sagt: »Wen da dürstet, der komme zu mir und trinke!« Wie aber zu ihm kommen, wenn er denn nicht mehr da ist zwischen Himmelfahrt und Pfingsten? Zu ihm zu kommen heißt offensichtlich auch die personale Beziehung zu verlassen und in den Leib zu kommen, aus dem es strömt in einer Erfahrung des apersonalen göttlichen Geistes.

VI Predigtschritte: »Go with the flow!«

Für die Predigt, ja für den ganzen Gottesdienst möchte ich die Idee der Atempause zwischen Ein- und Ausatmen aufnehmen. Der Null- und Wendepunkt des Atmens als Moment größten Lassens kann anschaulich mit dem liturgischen Zeitpunkt im Kirchenjahr verknüpft werden. Der Predigt-Skopus wäre nach den hier entfalteten Zugängen auf die kritisch-konstruktive Auseinandersetzung mit leib-geistlicher Erfahrung in der Meditation zu legen. Was heißt es, von dort aus den folgenden Gedanken zu entwickeln, den A fokussiert hat? Das Christentum konnte sich nur in der Abwesenheit Christi so entwickeln, seine Abwesenheit als Voraussetzung für Erfahrungen der Anwesenheit.

Werkstück Predigt

Acht Schichten Lack habe ich in den letzten zwei Wochen auf 70 Jahre altes Holz aufgetragen. Je etwa eine Stunde lang. Ich musste dazwischen immer 24 Stunden warten. Dann ließ ich mich wieder für eine Stunde ein auf den Pinsel, auf das Öl, auf die Maserungen des Holzes, wurde eins mit dem Geschehen und vergaß alle meine Gedanken und Sorgen. Einmal wurde ich ungeduldig, ein anderes Mal verging die Zeit wie im Fluge. Ich musste mich immer wieder neu konzentrieren. Dachte ich an etwas anderes, ging der Lack daneben. Lacknasen sollte es ja nicht geben, aber auch keine übersehenen Stellen. Zuviel Druck half nicht, aber auch nicht zu wenig. Zunehmend merkte ich, wie gut mir das Ritual tat. Ist das eigentlich schon Meditation gewesen?, fragte ich mich am Ende.

»Wer an mich glaubt, aus dessen Leib werden Ströme des lebendigen Wassers fließen«, so Jesus von Nazareth. Er beschreibt den Glauben, so könnte man sagen, als eine lebenserquickende Flusserfahrung. Eine Flusserfahrung, die mit dem Körper beginnt. Menschen, die meditieren, machen sich aktiv und absichtlich auf die Suche nach dieser Erfahrung, weil sie darin Gott in besonderer Weise wirksam sehen. Das Faszinierende dabei ist, dass sie dafür entschieden nichts tun, sich durch keine Tätigkeit und keine Kommunikation ablenken, sondern einfach nur in der Stille sitzen. Und dann durch Körper und Geist spüren, was an ihnen geschieht.

Lieder: »In der Stille angekommen«, in: My life is in Your Hands. Songs und Lieder für Gottesdienste und Andachten, München 2005; »Atme in uns, heiliger Geist«, in: Freitöne. Liederbuch zum Reformationssommer 2017.

Literatur: *Mihaly Csikszentmihalyi*, Das Flow-Erlebnis. Jenseits von Angst und Langeweile: im Tun aufgehen, Stuttgart 1985.

Internet: Interview mit *Willigis Jäger*, »War Jesus ein Zen-Meister?«, https://www.youtube.com/watch?v=hEx8ZaEZVoo; *Paul J. Kothe*, Ein letzter Gruß, lieber Willigis! Nachruf, https://west-oestliche-weisheit.de/verstehen/willigis-jaeger/, beide abgerufen am 31.05.2020.

Vergleichstabelle zur neuen Predigtperikopenreihe III

1. Advent	Sach 9,9-10	Marginaltext
2. Advent	Jak 5,7-8(9-11)	Reihe II
3. Advent	Lk 1,67-79	Reihe V 1. Advent
4. Advent	1 Mose 18,1-2.9-15	NEU
H. Abend Christvesper	Jes 11,1-10	Reihe V Christfest II
H. Abend Christnacht	Mt 1,18-25	Reihe I
1. Weihnachtstag	Jes 52,7-10	Reihe VI 4. Advent
2. Weihnachtstag	Hebr 1,1-4(5-14)	Reihe II Christfest II
1. S. n. Weihnachten	Lk 2,(22-24)25-38(39-40)	Reihe I
Silvester	2 Mose 13,20-22	Reihe IV
Neujahr	Phil 4,10-13(14-20)	Reihe VI
2. S. n. Weihnachten	Lk 2,41-52	Reihe I
Epiphanias	Jes 60,1-6	Reihe V
1. S. n. Epiphanias	Röm 12,1-8	Reihe II
2. S. n. Epiphanias	Joh 2,1-11	Reihe I
3. S. n. Epiphanias	Rut 1,1-19a	NEU
Opfer des Nationalsozialismus	Mt 10,26b-28(29-31)	Reihe II Reformation
Letzter S. n. Epiphanias	2 Petr 1,16-19(20-21)	Reihe VI
Sexagesimae	Lk 8,4-8(9-15)	Reihe I
Estomihi	Jes 58,1-9a	Reihe VI
Invokavit	Joh 13,21-30	NEU
Reminiszere	Jes 5,1-7	Reihe IV
Okuli	Eph 5,1-2(3-7)8-9	Reihe II
Lätare	Joh 12,20-24	Reihe I
Judika	Hiob 19,19-27	NEU
Palmarum	Hebr 11,1-2(8-12.39-40); 12,1-3	Reihe VI (Zusätze)
Gründonnerstag	Mt 26,17-30	Marginaltext
Karfreitag	Jes 52,13-53,12	Reihe VI
Osternacht	Mt 28,1-10	Reihe III Ostersonntag
Ostersonntag	2 Mose 14,8-14.19-23.28-30a; 15,20-21	Marginaltext 6.S.n.Trin
Ostermontag	Offb 5,6-14	Reihe IV 1. Advent
Quasimodogeniti	Joh 21,1-14	Reihe III
Miserikordias Domini	Hes 34,1-2(3-9)10-16.31	Reihe III
Jubilate	Apg 17,22-34	Reihe VI
Kantate	Lk 19,37-40	Marginaltext
Rogate	Sir 35,16-22a	NEU
Christi Himmelfahrt	Eph 1,(15-20a)20b-23	Reihe VI
Exaudi	Joh 7,37-39	Reihe III

Perikopenverzeichnis

1 Mose 18,1-2.9-15		38	Johannes 2,1-11	114
			Johannes 13,21-30	156
2 Mose 13,20-22		79	Johannes 12,20-24	178
2 Mose 14,8-14.19-23.28-30a;			Johannes 21,1-14	237
15,20-21		222	Johannes 7,37-39	281
Rut 1,1-19a		121	Apostelgeschichte 17,22-34	251
Hiob 19,19-27		185	Römer 12,1-8	107
Jesaja 11,1-10		45	Epheser 5,1-2(3-7)8-9	170
Jesaja 52,7-10		58	Epheser 1,(15-20a)20b-23	274
Jesaja 60,1-6		100		
Jesaja 5,1-7		163	Philipper 4,10-13(14-20)	86
Jesaja 58,1-9a		150		
Jesaja 52,13-53,12		208	2 Petrus 1,16-19(20-21)	135
Hesekiel 34,1-2(3-9)10-16.31		244	Hebräer 1,1-4(5-14)	65
			Hebräer 11,1-2(8-12.39-40); 12,1-3	192
Sacharja 9,9-10		16		
			Jakobus 5,7-8(9-11)	23
Jesus Sirach 35,16-22a		267		
			Offenbarung 5,6-14	229
Matthäus 1,18-25		52		
Matthäus 10,26b-28(29-31)		128		
Matthäus 26,17-30		200		
Matthäus 28,1-10		215		
Lukas 1,67-79		30		
Lukas 2,(22-24)25-38(39-40)		72		
Lukas 2,41-52		93		
Lukas 8,4-8(9-15)		143		
Lukas 19,37-40		259		

Anschriften

Herausgeberinnen und Herausgeber

Claussen, Johann Hinrich, PD Dr., Jg. 1964, Kulturbeauftragter der EKD, Abendrothsweg 34, 20251 Hamburg, E-Mail: JohannHinrich.Claussen@ekd.de

Engemann, Wilfried, Prof. Dr., Jg. 1959, Universitätsprofessor, Fichtnergasse 14, A-1130 Wien, E-Mail: wilfried.engemann@univie.ac.at

Gräb, Wilhelm, Prof. Dr., Jg. 1948, em. Universitätsprofessor, Burgfrauenstr. 79a, 13465 Berlin, E-Mail: wgraeb@t-online.de

Hiller, Doris, PD Dr., Jg. 1968, Seminardirektorin Predigerseminar Petersstift, Neuenheimer Landstr. 2, 69120 Heidelberg, E-Mail: doris.hiller@morata-haus.de

Oxen, Kathrin, Jg. 1972, Pfarrerin an der Gedächtniskirche, Lietzenburger Straße 39, 10789 Berlin, E-Mail: oxen@gedaechntniskirche-berlin.de

Spehr, Christopher, Prof. Dr., Jg. 1971, Universitätsprofessor, Theologische Fakultät der Friedrich-Schiller-Universität Jena, Fürstengraben 6, 07743 Jena, E-Mail: christopher.spehr@uni-jena.de

Stäblein, Christian, Dr., Jg. 1967, Bischof der Evangelischen Kirche Berlin-Brandenburg-Schlesische Oberlausitz, Georgenkirchstr. 69–70, 10249 Berlin, E-Mail: c.staeblein@ekbo.de

Weyel, Birgit, Prof. Dr. (Geschäftsführung), Jg. 1964, Universitätsprofessorin, Evangelisch-theologische Fakultät der Universität Tübingen, Liebermeisterstr. 12, 72076 Tübingen, E-Mail: birgit.weyel@uni-tuebingen.de

Redakteur

Kumlehn, Martin, PD Dr., Jg. 1965, Pastor, Universitätsprediger, ESG Rostock/ Kirchengemeinde Buchholz, Kirchenstr. 7, 18059 Ziesendorf, E-Mail: Martin.Kumlehn@t-online.de

Mitarbeiterinnen und Mitarbeiter

Aßmann, Helmut, Jg. 1958, Oberkirchenrat, Landeskirchenamt der Ev.-luth. Landeskirche Hannovers, Rote Reihe 6, 30169 Hannover, E-Mail: Helmut.Assmann@evlka.de

Baden, Maximilian, Dr. des., Jg. 1989, Vikar, Osterstraße 3, 29348 Eschede, E-Mail: m.baden@me.com

Bähnk, Wiebke, Dr., Jg. 1965, Pastorin, Geistliche Begleiterin CCB, Ev.-Luth. Innenstadtgemeinde Itzehoe, St. Laurentii, Kirchenstraße 10, 25524 Itzehoe, E-Mail: w.baehnk@gmx.de

Beckmayer, Sonja, Dr., Jg. 1981, Wissenschaftliche Mitarbeiterin, Praktische Theologie, Johannes Gutenberg-Universität Mainz, August-Wolff-Straße 17, 65203 Wiesbaden, E-Mail: beckmayer@uni-mainz.de

Beese, Dieter, Prof. Dr., Jg. 1955, Landeskirchenrat i.R., Waldring 53, 44789 Bochum, E-Mail: Dieter.Beese@rub.de

Brinkmann, Frank Thomas, Prof. Dr., Jg. 1961, Universitätsprofessor, Karl-Glöckner-Str. 21H, 45394 Gießen, E-Mail: frank.t.brinkmann@evtheologie.uni-giessen.de

Bronk, Kay-Ulrich, Dr., Jg. 1957, Pastor, Direktor des Prediger- und Studienseminars der Ev.-Luth. Kirche in Norddeutschland, Domhof 30, 23909 Ratzeburg, E-Mail: k-u.bronk@predigerseminar-rz.de

Claussen, Johann Hinrich, PD Dr., Jg. 1964, Kulturbeauftragter der EKD, Abendrothsweg 34, 20251 Hamburg, E-Mail: JohannHinrich.Claussen@ekd.de

Coenen-Marx, Cornelia, Jg. 1952, Pastorin, OKR a. D., Robert-Koch-Str. 113D, 30826 Garbsen, E-Mail: Coenen-Marx@seele-und-sorge.de

Decke, Carolyn, Jg. 1961, Pröpstin im Kirchenkreis Hamburg-Ost, Vahlenkampffweg 1, 21075 Hamburg, E-Mail: c.decke@kirche-hamburg-ost.de

Engelhardt, Markus, Jg. 1961, Dekan, Habsburgerstr. 2, 79104 Freiburg im Breisgau, E-Mail: engelhardtpaulus@aol.com

Engemann, Wilfried, Prof. Dr., Jg. 1959, Universitätsprofessor, Fichtnergasse 14, A-1130 Wien, E-Mail: wilfried.engemann@univie.ac.at

Feydt, Sebastian, Jg. 1965, Pfarrer, Superintendent Ev.-Luth. Kirchenbezirk Leipzig, Nikolaikirchhof 4, 04109 Leipzig, E-Mail: sebastian.feydt@evlks.de

Friedrich, Marcus A., Dr., Jg. 1968, Pastor, Südermarkt 16, 24937 Flensburg, E-Mail: friedrich@nikolaikirche-flensburg.de

Fuß, Tilman, Dr., Jg. 1979, Pastor, Ev.-Luth. Kirchengemeinde Kaltenkirchen, Brookweg 3b, 24568 Kaltenkirchen, E-Mail: t.fuss@kirche-kaltenkirchen.de

Gidion, Anne, Jg. 1971, Pastorin, Rektorin des Pastoralkollegs der Ev.-Luth. Kirche in Norddeutschland, Domhof 33, 23909 Ratzeburg, E-Mail: a.gidion@pastoralkolleg-rz.de

Gräb, Doris, Jg. 1948, Pfarrerin, Burgfrauenstraße 79a, 13465 Berlin, E-Mail: dorisgraeb@gmx.de

Gräb, Wilhelm, Prof. Dr., Jg. 1948, em. Universitätsprofessor, Burgfrauenstr. 79a, 13465 Berlin, E-Mail: wgraeb@t-online.de

Greifenstein, Johannes, PD Dr., Jg. 1980, Akademischer Rat, Ludwig-Maximilians-Universität München, Evangelisch-Theologische Fakultät, Geschwister-Scholl-Platz 1, 80539 München, E-Mail: Johannes.Greifenstein@lmu.de

Grözinger, Albrecht, Prof. Dr., Jg. 1949, em. Universitätsprofessor, Theologisches Seminar, Nadelberg 10, CH-4051 Basel, E-Mail: Albrecht.Groezinger@unibas.ch

Grözinger, Elisabeth, Dr., Jg. 1953, Pfarrerin und Psychotherapeutin, Lehranalytikerin am C.G. Jung-Institut Zürich, Thiersteinerrain 134, CH-4059 Basel, E-Mail: Elisabeth.Groezinger@unibas.ch

Gutmann, Hans-Martin, Prof. Dr., Jg. 1953, em. Universitätsprofessor, FB Ev. Theologie, Universität Hamburg, Gorch-Fock-Wall 7, #6, 20354 Hamburg, E-Mail: Hans-Martin.Gutmann@uni-hamburg.de

Hiller, Doris, PD Dr., Jg. 1968, Pfarrerin, Seminardirektorin Predigerseminar Petersstift, Neuenheimer Landstr. 2, 69120 Heidelberg, E-Mail: Doris.Hiller@morata-haus.de

Hinz, Andreas, Dr., Jg. 1962, Pfarrer und Pädagoge, Ev. Schuldekan für die Kirchenbezirke Leonberg und Mühlacker, Gerlinger Straße 4, 71254 Ditzingen, E-Mail: Andreas.Hinz@elkw.de

Horn, Friedrich Wilhelm, Prof. Dr., Jg. 1953, Universitätsprofessor, Stefan-Zweig-Straße 8, 55122 Mainz, E-Mail: fhorn@uni-mainz.de

Jaeger, Christof, Jg. 1971, Pastor, Dipl.-Psychologe und psych. Psychotherapeut, Leiter der Studentischen TelefonSeelsorge in der ESG Hamburg, Grindelallee 43, 20146 Hamburg, E-Mail: Christof.Jaeger@esg.nordkirche.de

Janssen, Wibke, Dr., Jg. 1965, Pfarrerin, Liebfrauenschule Bonn, Graurheindorfer Straße 27, 53111 Bonn, E-Mail: wibke.janssen@ekir.de

Kast-Streib, Sabine, Jg. 1963, Pfarrerin, Kirchenrätin, Leiterin der Abteilung Seelsorge Geschäftsführende Direktorin des Zentrums für Seelsorgeder Ev. Landeskirche in Baden, Am Steinweg 66, 76297 Stutensee, E-Mail: Sabine.Kast-Streib@ekiba.de

Kirsner, Inge, PD Dr., Jg. 1963, Pfarrerin, ESG Tübingen, Neckarhalde 25, 72070 Tübingen, E-Mail: Inge.Kirsner@gmx.net

Kleist, Astrid, Jg. 1971, Pröpstin, Jakobikirchhof 22, 20095 Hamburg, E-Mail: kleist@jacobus.de

Köhler, Wiebke, Dr., Jg. 1963, Pastorin, Langer Wall 16A, 37574 Einbeck, E-Mail: wiebke.koehler@email.de

Koll, Julia, PD Dr., Jg. 1975, Pastorin, Soltauer Straße 19, 29525 Uelzen, E-Mail: julia.koll@evlka.de

Krause, Stephanie, Jg. 1975, Pfarrerin, Evang. Kirchengemeinde Stuttgart-Zazenhausen, Richbodstr. 18, 70437 Stuttgart, E-Mail: stephanie.krause@elkw.de

Kretzschmar, Gerald, Prof. Dr., Jg. 1971, Universitätsprofessor, Brenzstr. 15, 72766 Reutlingen, E-Mail: gerald.kretzschmar@uni-tuebingen.de

Kubik-Boltres, Andreas, Prof. Dr., Jg. 1973, Universitätsprofessor, Universität Osnabrück, Institut für Evangelische Theologie, 49069 Osnabrück, E-Mail: akubikboltre@uni-osnabrueck.de

Kumlehn, Martin, PD Dr., Jg. 1965, Pastor, Universitätsprediger, ESG Rostock/Kirchengemeinde Buchholz, Kirchenstr. 7, 18059 Ziesendorf, E-Mail: Martin.Kumlehn@t-online.de

Kuntze, Simon, Jg. 1975, Pfarrer, Am Grünen Gitter 1, 14469 Potsdam, E-Mail: simon.kuntze@evkirchepotsdam.de

Kunz, Ralph, Prof. Dr., Jg. 1964, Universitätsprofessor, Theologische Fakultät der Universität Zürich, Kirchgasse 9, CH-8001 Zürich, E-Mail: KunzR@access.uzh.ch

Lacher, Simon, Jg. 1992, Dipl. Theologe, Wissenschaftlicher Mitarbeiter am Lehrstuhl für Praktische Theologie I, Universität Tübingen, Liebermeisterstr. 12, 72076 Tübingen, E-Mail: Samuel.Lacher@uni-tuebingen.de

Lemme, Matthias, Jg. 1977, Pastor, Bei der Osterkirche 13, 22765 Hamburg, E-Mail: lemme@kirche-ottensen.de

Lobe, Matthias, Dr., Jg. 1962, Pastor, Bei der Flottbeker Kirche 4a, 22607 Hamburg, E-Mail: matthias_lobe@yahoo.de

Lütze, Frank Michael, Prof. Dr., Jg. 1970, Universitätsprofessor, Moschelesstr. 8, 04109 Leipzig, E-Mail: frank.luetze@uni-leipzig.de

Magaard, Friedemann, Jg. 1965, Pastor, St. Marien Husum, Osterhusumer Str. 26, 25813 Husum, E-Mail: Friedemann.magaard@st-marien-husum.de

Marcen, Jennifer, Jg. 1986, Pfarrerin i.E., Erlöserkirche Dingolfing/Christuskirche Burglengenfeld, Klostergasse 4, 93133 Burglengenfeld, E-Mail: jennifer.marcen@elkb.de

Martens, Helge, Jg. 1957, Pastor, Johannes-Böse-Weg 1, 22419 Hamburg, E-Mail: helge.martens@gmail.com

Maysenhölder, Fabian, Jg. 1985, Vikar, Geleener Str. 8, 71034 Böblingen, E-Mail: fabian.maysenhoelder@elkw.de.

Merle, Kristin, Prof. Dr., Jg. 1974, Universitätsprofessorin, Lehrstuhl für Praktische Theologie, Universität Hamburg, Gorch-Fock-Wall 7, #6, 20354 Hamburg, E-Mail: kristin.merle@uni-hamburg.de

Neef, Heinz-Dieter, Prof. Dr., Jg. 1955, apl. Professor für Altes Testament, Evangelisch-theologische Fakultät der Universität Tübingen, Liebermeisterstr. 12, 72076 Tübingen, E-Mail: Heinz-Dieter.Neef@gmx.de

Niethammer, Ute, Dr., Jg. 1970, Pfarrerin, Landeskirchliche Beauftragte für den Prädikanten- und Prädikantinnendienst an der Evangelischen Hochschule Freiburg, Zasiusstr. 53, 79102 Freiburg, E-Mail: ute.niethammer@kbz.ekiba.de

Nottmeier, Christian, Dr., Jg. 1974, Pfarrer, Superintendent im Evangelischen Kirchenkreis Neukölln, Rübelandstr. 9 b, 12051 Berlin, E-Mail: Christian.nottmeier@t-online.de

Obert, Angelika, Jg. 1948, Pfarrerin i.R., Dernburgstraße 37, 14057 Berlin, E-Mail: mail@angelika-obert.de

Petri, Sven, Jg. 1976, Pfarrer, Superintendent Kirchenbezirk Leisnig-Oschatz, Kirchplatz 3, 04703 Leisnig, E-Mail: sven.petry@evlks.de

Petsch, Hajo, Prof. Dr., Jg. 1945, em. Universitätsprofessor, Schottenanger 13, 97082 Würzburg, E-Mail: hjpede@yahoo.de

Poser, Ruth, Dr., Jg. 1970, Wissenschaftliche Mitarbeiterin am Fachbereich Evangelische Theologie (Altes Testament) der Universität Marburg, Stresemannstr. 31, 35037 Marburg, E-Mail: ruth.poser@gmx.de

Raatz, Georg, Dr., Jg. 1976, Oberkirchenrat im Amtsbereich der VELKD im Kirchenamt der EKD (Hannover), Wallmodenstraße 47, 30625 Hannover, E-Mail: georg.raatz@freenet.de

Roth, Ursula, Prof. Dr., Jg. 1967, Professorin für Praktische Theologie am Fachbereich Evangelische Theologie der Goethe-Universität Frankfurt am Main, Norbert-Wollheim-Platz 1, 60629 Frankfurt am Main, E-Mail: roth@em.uni-frankfurt.de

Sarx, Tobias, Dr., Jg. 1975, Pastor, Studienleiter am Prediger- und Studienseminar der Ev.-Luth. Kirche in Norddeutschland, Domhof 33, 23909 Ratzeburg, E-Mail: t.sarx@predigerseminar-rz.de

Sauer, Kathrin, Dr., Jg. 1985, Pfarrerin, Ringstr. 3, 78727 Oberndorf am Neckar, E-Mail: Kathrin.Sauer@elkw.de

Schaede, Stephan, Dr., Jg. 1963, Akademiedirektor, Münchehäger Str. 6, 31547 Loccum, E-Mail: stephan.schaede@evlka.de

Schlag, Thomas, Prof. Dr., Jg. 1965, Universitätsprofessor, Theologische Fakultät der Uni Zürich, Kirchgasse 9, CH-8001 Zürich, E-Mail: Thomas.Schlag@access.uzh.ch

Schoeler, Kord, Dr., Jg. 1965, Pastor, Bogenstraße 28, 20144 Hamburg, E-Mail: k.schoeler@standreas-hamburg.de

Schroeter-Wittke, Harald, Prof. Dr., Jg. 1961, Universitätsprofessor, Abelbachstr. 6, 33142 Büren, E-Mail: schrwitt@mail.upb.de

Spehr, Christopher, Prof. Dr., Jg. 1971, Universitätsprofessor, Theologische Fakultät der Friedrich-Schiller-Universität Jena, Fürstengraben 6, 07743 Jena, E-Mail: christopher.spehr@uni-jena.de

Spehr, Nina, Jg. 1984, Pastorin der Ev.-Luth. Kirchengemeinde Jena, Fritz-Krieger-Straße 1, 07743 Jena, E-Mail: nina.spehr@kirchenkreis-jena.de

Springhart, Heike, PD Dr., Jg. 1975, Privatdozentin für Systematische Theologie an der Universität Heidelberg und Pfarrerin der Evang. Johannesgemeinde Pforzheim, Lameystraße 70, 75173 Pforzheim, E-Mail: heike.springhart@ekiba.de

Stahlberg, Thomas, Dr., Jg. 1960, Pfarrer, Beuthener Str. 39a, 55131 Mainz, E-Mail: th.stahlberg@gmail.com

Stroh, Ralf, Dr., Jg. 1962, Theologischer Referent für Wirtschafts- und Sozialethik Zentrum Gesellschaftliche Verantwortung der EKHN, Albert-Schweitzer-Str. 113–115, 55128 Mainz, E-Mail: R.Stroh@zgv.info

Theurich, Henning, Dr., Jg. 1943, Pfarrer i.R., Osloer Str. 101, 53117 Bonn, E-Mail: henning_theurich@web.de

Vorländer, Martin, Jg. 1972, Pfarrer, Rundfunkbeauftragter der Evangelischen Kirche in Hessen und Nassau für den Hessischen Rundfunk, Medienhaus der EKHN GmbH, Postfach 10 33 52, 60103 Frankfurt am Main, E-Mail: m.vorlaender@ev-medienhaus.de

Wagner-Rau, Ulrike, Prof. Dr., Jg. 1952, em. Universitätsprofessorin, Wilhelm-Roser-Straße 29, 35037 Marburg, E-Mail: wagnerra@uni-marburg.de

Wegner, Margrit, Jg. 1974, Pastorin, Dom zu Lübeck, Mühlendamm 2–6, 23552 Lübeck, E-Mail: wegner@domzuluebeck.de

Weyel, Birgit, Prof. Dr., Jg. 1964, Universitätsprofessorin, Evangelisch-theologische Fakultät der Universität Tübingen, Liebermeisterstr. 12, 72076 Tübingen, E-Mail: birgit.weyel@uni-tuebingen.de

Weyerhäuser, Christina, Jg. 1987, Pfarrerin i.E. und Mitarbeiterin am Hans-von-Soden-Institut für Theologische Forschung der Philipps-Universität Marburg, Schiessersgarten 3, 55291 Saulheim, E-Mail: christinaweyerhaeuser@web.de

Wöhrle, Stefanie, Dr., Jg. 1976, Pfarrerin, Ev. Kirchengemeinde Hagelloch, Wahlhau 10, 72070 Tübingen, E-Mail: Stefanie.Woehrle@elkw.de

Zerrath, Martin, Dr., Jg. 1974, Pastor, Studienleiter am Pastoralkolleg der Nordkirche Domhof 33, 23909 Ratzeburg, E-Mail: m.zerrath@pastoralkolleg-ratzeburg.de

Zürn, Senta, Jg. 1974, Pfarrerin, Nürtinger Straße 31/2, 72663 Großbettlingen, E-Mail: Senta-Zuern@elk-wue.de

Ökumenische Bibelauslegungen für 2021

462 Seiten | Gebunden
mit Leseband
ISBN 978-3-946905-77-6

Ein zuverlässiger Begleiter für jeden Tag des Jahres: die Auslegungen mit kurzen Gebeten folgen dem ökumenischen Bibelleseplan und sind verfasst von evangelischen, katholischen, freikirchlichen und orthodoxen Autorinnen und Autoren. Zusätzliche Einführungen erklären anschaulich Aufbau, Anliegen und geschichtlichen Hintergrund der biblischen Bücher.

In jeder Buchhandlung!

HERDER www.herder.de

Segensfeiern für alle Anlässe – mit praxiserprobten Modellen

272 Seiten I Gebunden
ISBN 978-3-451-37990-1

Segensfeiern an Lebenswenden sprechen Menschen in ganz konkreten Situationen an: werdende Eltern, Verliebte, Trauernde und Kranke und viele mehr. Dieser Band liefert eine Sammlung praxiserprobter Entwürfe, die in einem Bausteinsystem angelegt sind: Ihre Elemente lassen sich sowohl in der Grundform einer Segensfeier verwenden als auch in den sonntäglichen Gottesdiensten, eine Wort-Gottes- oder Eucharistiefeier integrieren.

In jeder Buchhandlung!

HERDER   www.herder.de

PASTORALBLÄTTER
PREDIGT • GOTTESDIENST • SEELSORGE • DIE PRAXIS

einfach
überzeugend
predigen

Hier informieren
und bestellen!

Mit den PASTORALBLÄTTERN einfach überzeugend predigen: Für sämtliche Sonntage im Jahr stellt die Zeitschrift aktuelle und verlässliche Predigttexte bereit. Darüber hinaus bietet sie Ihnen Auslegungen der Wochen- und Monatssprüche sowie Alternativpredigten und Kasualansprachen. So können Sie sicher, leicht und mit gutem zeitlichen Vorlauf Ihre Gottesdienste vorbereiten.

In jeder Buchhandlung!

HERDER

www.herder.de